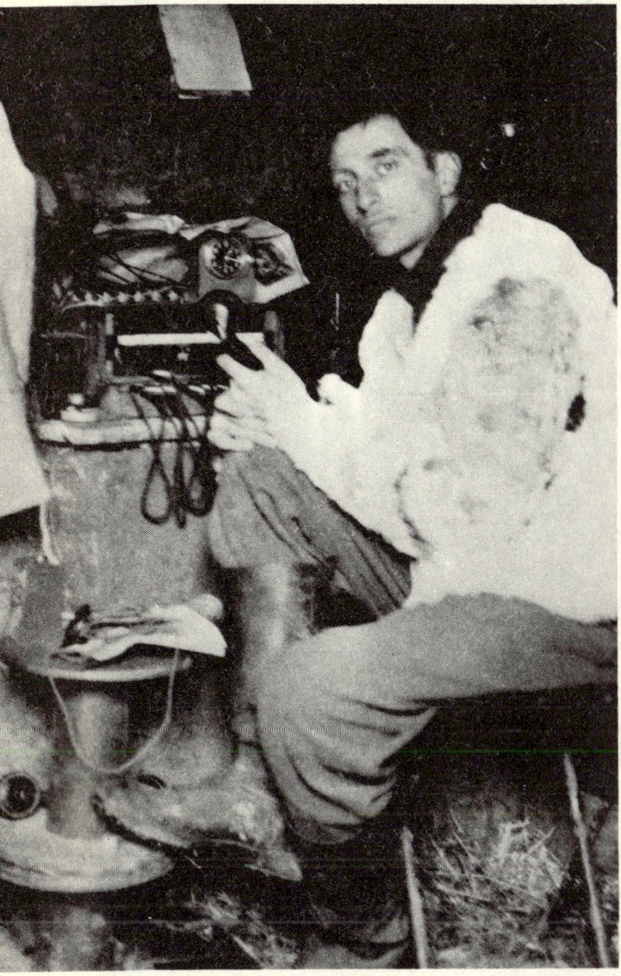

Erich Kuby

Mein Krieg

Aufzeichnungen 1939–1944

KNESEBECK & SCHULER

CIP-Titelaufnahme der Deutschen Bibliothek

Kuby, Erich:
Mein Krieg: Aufzeichnungen 1939–1944 / Erich Kuby. –
München: Knesebeck u. Schuler, 1989
ISBN 3-926901-20-9

Umschlaggestaltung Hanno Rink & Team 86, München
Gesetzt aus der Aldus
bei Dörlemann Satz, Lemförde
Druck und buchbinderische Verarbeitung
Pustet, Regensburg
Printed in Germany

Inhalt

1942

1943

1944

Vorbemerkung zur Neuausgabe

Die Vorgeschichte dieses Buches reicht bis ins Jahr 1940 zurück. Dem Inhaber des List Verlages, der damals noch in Leipzig seine Niederlassung hatte, waren durch gemeinsame Bekannte Briefe und Notizen, die ich als Soldat im Frankreich-Feldzug geschrieben hatte, bekannt geworden. Er beabsichtigte, daraus ein Buch zu machen, das den Titel haben sollte »Kriegsreise durch Frankreich«, und schloß mit mir darüber einen Vertrag, der angesichts des Umstandes, daß wir uns mitten im Krieg befanden, ich nach wie vor Soldat war, aberwitzig genannt werden muß. Der Leser wird erfahren, was sich daraus entwickelte, nämlich ein Kriegsgerichtsverfahren, bei dem das Manuskript in einem Leitzordner vor dem Richter lag, in einer russischen Bauernkate an der Front, die gegen Leningrad vorrücken sollte, aber nicht vorwärtskam.
1946 griff Paul List, inzwischen nach München umgesiedelt, freundschaftlich unsere Abmachung auf. Was da in Kisten und Schachteln, Umschlägen und Tüten sich als geschriebene Kriegsbeute angesammelt hatte und gänzlich ungeordnet aufbewahrt worden war, wäre genug gewesen, zehn dicke Bände zu füllen. Einen kleinen Teil der an der Ostfront entstandenen Notizen und Briefe übergab ich dem Verlag, der daraus ein schmales Bändchen machte. Es erschien 1947 unter dem Titel *Demidoff oder Von der Unverletzlichkeit des Menschen,* fünftausend Exemplare waren im Handumdrehen verkauft, und das in einer Notzeit, in der die Läden leer waren. Als Autor figurierte Alexander Parlach – ein von mir später häufiger verwendetes Pseudonym.
Das Büchlein blieb nicht ganz unbemerkt. Franz Josef Schöningh, vor dem Dritten Reich dem katholischen Kreis um die Zeitschrift *Hochland* verbunden, nunmehr einer der »Lizenzträger«, also Miteigentümer, der *Süddeutschen Zeitung,* der ich ab 1947 angehörte – dieser nach Herkommen und Gesinnung konservative Mann, der gewiß nicht mit meinen politischen Überzeugungen harmonierte, schrieb am 27. März 1948 in seiner Zeitung unter anderem: »Es ist wichtig, daß ein solches Buch jetzt

erscheint, da die trostlose Misere der Gegenwart manche schon wieder verführt, das ›Kriegserlebnis‹ zu glorifizieren [...] Noch wichtiger ist, daß hier mitten im grauen Kollektiv ein einzelner die Unverletzlichkeit des Menschen dartut, die Fähigkeit, sein Wesen klar vor der unheimlichen Gefahr zu bewahren, nicht nur als Nummer betrachtet zu werden, sondern es tatsächlich zu sein. [...] Dies ist das eigentliche Anliegen dieses Buches, das phrasenlos das wahre Antlitz des Krieges zu zeichnen sucht und das gerade in seiner abgrundtiefen Skepsis gegen den kriegerischen ›Heroismus‹, gegen jeden Ismus überhaupt, von einer unaufdringlichen überzeugenden Männlichkeit ist [...] Parlach, der ›Erzprosaist‹, macht in seinen nüchternen Notizen klar, wie jeder auch in der grauen Masse nicht ›das‹, sondern *sein* Leben lebt oder doch leben müßte, um nicht das Menschenantlitz zu verlieren. [...] Er sieht den Krieg nicht als »stürmenden Jüngling mit dem Schlachtruf auf den Lippen, sondern als eine unpersönliche, schweigende Gewalt‹.« Schließlich schrieb Schöningh vor mehr als vierzig Jahren, also zu einer Zeit, als ich noch nicht zu einem unverrückbaren Stein des Anstoßes in den Augen der »guten Deutschen« geworden war, den Satz: »Es wird das Schicksal dieses Autors bleiben, nach allen Seiten hin Anstoß zu erregen. [...] Er wird offensichtlich von der Leidenschaft bestimmt zu sehen, wie es wirklich ist. [...] Dies ist freilich eine Kampfansage an alle Ideologien.«
Ja und nein. Ich bin mir nicht ganz sicher, ob ein konservativer Katholik, dem seine Befangenheit in der christlichen Ideologie nicht bewußt war, mir noch heute bestätigen würde, ich sei immun gegen alle Ideologien. Wie dem auch sei, darin hatte mein liebenswürdiger Kritiker, der seinen Sekt auch aus meiner Hirnschale trinken konnte, recht: In meinen Kriegsaufzeichnungen hat meine strikte Antiposition – nicht eigentlich gegenüber dem Ereignishaften des Krieges, sondern gegenüber den Kriegführenden, einschließlich meiner sogenannten Kameraden, vor denen mich wegen ihrer Gesinnung und ihrem Verhalten fast ausnahmslos ekelte – absolut nichts, was als ideologische Vorgefaßtheit zu deuten gewesen wäre. Das habe ich gesehen, das habe ich gehört, so habe ich es aufgeschrieben! Indem ich in jeder Lage schrieb,

selbst im Schützenloch, überstand ich den Krieg innerlich unzerstört.

Aus *Demidoff* wurde *Mein Krieg*, aus 150 kleinen, mit meinen Zeichnungen durchsetzten Seiten über fünfhundert große in der Ausgabe, die 28 Jahre später erschien. Die eine wie die andere Veröffentlichung ist ausschließlich durch Auswahl entstanden, innerhalb des Ausgewählten und Gedruckten ist nichts verändert worden. Nun wäre es ja möglich gewesen, diese Auswahl tendenziös vorzunehmen, als Gesinnungsdokumentation, hier verstärkend, dort abschwächend, aber nichts lag mir ferner, und ich darf sagen: Nichts wäre unnötiger gewesen. Den Leser mit Landschaftsschilderungen und den privaten Problemen zu behelligen, mußte jedoch vermieden werden.

Mein Krieg erschien in der großen Ausgabe 1975, als Taschenbuch ungekürzt 1977. Darüber machten sich nun nahezu hundert Kritiker her. Der Klügste schrieb, ich erweckte in diesen Briefen und Aufzeichnungen den Eindruck, als sei ich es gar nicht selbst, der das alles erlebt habe. Der Dümmste unterstellte mir, ich hätte erst nach Jahr und Tag geschrieben, was ich betrügerischerweise als vor Ort festgehalten ausgebe. Daß zu denen, die sich ausführlich geäußert haben, auch Heinrich Böll gehörte, freute den Autor wie den Verlag. Es ist weiter nicht verwunderlich, ja es ist fast selbstverständlich, daß der Verlag, der diesen Neudruck herausbringt (nachdem er von mir schon *Deutsche Schattenspiele* 1988 veröffentlicht hat), nicht umhin kann, einige Sätze aus der Kritik dieses prominenten, in seiner Integrität »unverletzbaren« Autors auf der Umschlagrückseite zu zitieren.

Es sind dieselben, die ich sogleich hier noch einmal wiederholen werde. Die Redaktion hatte über Bölls Beitrag den Titel gesetzt: »Ein Nestbeschmutzer von Rang«, damit war der Tenor seiner Ausführungen genau getroffen. Er hat nämlich das Buch selbst eigentlich gar nicht unter die Lupe gelegt, sondern den Autor, der in Jahrzehnten mit seinen Veröffentlichungen als Journalist und Bücherschreiber ein unbequemer Geselle geworden war. Das hatte schon Schöningh dreißig Jahre früher bemerkt, aber nichts hätte ihm ferner gelegen, als den Begriff »Nestbeschmutzer« zu verwenden.

1947 war noch nicht viel zu beschmutzen gewesen, wenn auch schon viel zu kritisieren, was ich 1947 als verantwortlicher Redakteur des *RUF* bereits getan hatte, bevor *Demidoff* erschien. Aber die Lage war doch noch anders, hoffnungsvoller. Von Aufrüstung, Nato-Komplizenschaft, Berufsverboten, »Nachrüstung«, lückenloser Polizeiüberwachung konnte noch keine Rede sein, der »deutsche Mensch« hatte sich noch nicht von seiner zweiten Pleite in diesem Jahrhundert erholt. Auch Böll schrieb seine Bücher, seine Artikel, hielt seine Reden, mit denen er so bekannt geworden ist, wie er sich bei der Mehrheit mißliebig gemacht hat, als das Nest beschmutzt werden konnte. Konnte? Nein, mußte! Und deshalb schrieb er über *Mein Krieg*: »Mit bewegter und engagierter Kälte hat ein Soldat, der Erich Kuby hieß, es einmal bis zum Obergefreiten gebracht hatte, dann degradiert und zu Gefängnis verurteilt wurde, Tagebuch geführt, Briefwechsel aufbewahrt; kein Schweijk, kein Barbusse, ›nur‹ ein – Gott sei Dank – zersetzender Intellektueller, der durchaus zu herzlichen und durchgehaltenen Freundschaften fähig war [...] Sein Motiv: Er wollte dabeisein, er wollte sehen, hören, erfahren; er war dabei, er hat gesehen, gehört, erfahren, er hat Tagebuch geführt, Durchschriften seiner Briefe gemacht, sein Protokoll durch Briefe seiner Frau, seiner Familie, Briefe von Bekannten ergänzt. Er hat gewußt, wie es kommen, wie lange es dauern, wie es ausgehen würde. [...] In diesen Zusammenhang gehört auch der Kubysche Briefseufzer: ›Warum muß ich in ein Volk hineingeboren worden sein, das aus Wagneropern Geschichte macht.‹«
Sowohl die große wie die textgleiche Taschenbuchausgabe sind seit Jahr und Tag nicht mehr zu haben. Ich erhielt Briefe, die mich um ein Exemplar angingen, aber ich hatte keines mehr bis auf die einzigen im eigenen, äußerst lückenhaften Archiv. Es gab beharrliche Fahnder, die in Antiquariaten vergeblich gesucht hatten, und schließlich auf eigene Kosten komplette Fotokopien herstellten. Solches individuelles Interesse soll man buchhändlerisch nicht überschätzen, aber ich muß gestehen, und meine neuen Verleger teilen offenbar diese Meinung, daß es *Mein Krieg* wert ist, präsent zu sein. Deshalb wird es nunmehr neu vorgelegt. Kritisch gelesen, zeigte

sich, daß Straffungen der Lesbarkeit zugute kommen. Den letzten Abschnitt der Originalausgabe »Unter Amerikanern in Frankreich«, das heißt meine Aufzeichnungen aus der Gefangenschaft bis zur Heimkehr (Mitte September 1944 bis Mitte Juni 1945), habe ich jetzt ersatzlos weggelassen. Die keineswegs bedrückende Gefangenschaft war zwar eine Folge des Krieges, aber nicht mehr »mein Krieg«.

Unvermeidliche Erklärungen hielt ich so kurz wie nur möglich, sie stehen in eckigen Klammern. Sofern kein Adressat genannt ist, handelt es sich um Auszüge aus Briefen an meine Frau oder aus tagebuchartigen Aufzeichnungen. Zwischen beiden Quellen streng zu unterscheiden, für den Leser erkennbar, war um so weniger notwendig, als die Briefe selbst häufig, und zwar je länger der Krieg dauerte desto mehr, tagebuchähnlichen Charakter annahmen. Außerdem führte ich, meist in Stichworten, einen Notizkalender; Abdrucke daraus sind gekennzeichnet.

In kursiver Schrift ist alles gesetzt, was Freunde oder Bekannte an mich geschrieben haben. Steht hinter dem Datum die Abkürzung E. K.-Sch. (Edith Kuby-Schumacher), so handelt es sich um Auszüge aus Briefen, die meine Frau an mich geschrieben hat.

München, im Dezember 1988 E. K.

1939

In den Krieg gleitend

Berlin, 27. August 39. Mein für Urfeld angemeldetes Gespräch wird erst morgen zustande kommen – wenn überhaupt. Ab morgen geht der private Verkehr auf der Bahn nicht mehr. Hier sind viele Leute durchaus optimistisch, darunter auch Dein Vater. Um 12 Uhr sollte es eine Regierungserklärung geben, aber sie wurde schon mehrfach verschoben. Man sagt, der polnische Außenminister sei hier. Man sagt viel.
Mein Zug kam auf die Minute pünktlich an, ich habe kein Wort geredet, mit niemand. Eine recht nette Frau, die aus dem Urlaub kam, vermutete, ihren Mann nicht mehr anzutreffen, und machte ihrem Herzen Luft. Transporte sah man überall.
In der Frankfurter Zeitung stand heute, man könne die Stimmung in Paris am besten dadurch kennzeichnen, daß man sage, »die Leute gingen auf Zehenspitzen«. So war's hier auch, eine unwahrscheinliche, beinahe ländliche Stille am Anhalter Bahnhof, und in den Straßen kein Hupen, zwischen Passanten kein lautes Wort. Es war aber vielleicht gar nicht ungewöhnlich, sondern nur das Wochenende. Aber es paßte so gut. Diese seltsame Stille schien mir auch viel überzeugender als das Hurrageschrei und Blumenwerfen, von dem man uns aus dem Jahre 14 erzählt. Das Kriegerischste auf der Fahrt, kriegerischer als Kanonen, waren die Reservistentransporte – in Zivil noch – in den offenen Viehwagen. Die Leute winkten, aus unserem Zug wurde zurückgewinkt – ganz still.
Ich habe also noch keinen Befehl. Du weißt ja, daß ich glaube, daß ich recht alt werde, und ich glaube auch jetzt, daß wir auf jeden Fall durchkommen werden. Wie, das ist daneben ganz gleichgültig. Solange ich nichts anderes höre, schreibe ich zum Walchensee – gehst Du dort weg, so mußt Du sorgfältig die postalische Kette knüpfen, möglichst ohne der Geschicklichkeit und Zuverlässigkeit der Post zuviel zuzumuten.
Heute früh wurden Brotkarten und Karten für alle Lebensmittel, Fleisch, Seife usw. ausgegeben, für Rasierseife und Schuhsohlen braucht man besondere Karten – und

ich Esel kaufte gestern abend noch Rasierklingen, aber keine Seife.
Und noch ist kein Krieg.

Urfeld, 27. August 39 [E. K.-Sch.]. *Ich versuche Dich anzurufen, was aber gar nicht glücken will, so überlastet ist das Fernamt. Bis eben war ich voller Zuversicht, aber nun heißt es im Radio, daß England die Bedingungen, unter denen kein Krieg von uns geführt würde, nicht annähme. Das leuchtet mir ein. Das Haus hier wurde vollständig eingerichtet übernommen. Corinths Atelier ist jetzt das Schlafzimmer.* [Die Absenderin befand sich bei ihrer Schwester (Lisel), der Frau des Physikers Werner Heisenberg, der kurz zuvor den ehemaligen Besitz des Malers Lovis Corinth in Urfeld am Walchensee von dessen Erben erworben hatte.]
Lisels beide Mädchen wollen, wenn's Krieg gibt, fort. Die eine will an Stelle ihrer Mutter in eine Pulverfabrik, die andere zum Roten Kreuz. Der wahre Grund ist wohl, daß sie die Berge bedrücken. Es ist ihnen zu einsam, die Küche zu eng, die Kinder schreien zu viel, und es gibt viel Arbeit. Ich ginge lieber nach Salem [Schloß- Schule und Internat Salem beim Bodensee, wo E. K.-Sch., als Bildhauerin ausgebildet, kunstgewerblichen Unterricht gegeben hatte], *müßte aber Lisel helfen, bis sie Ersatz hätte! Im Radio hörte ich, daß bereits Bezugscheine für viele Sachen nötig sind (damit nicht gehamstert wird).*

Berlin, 28. August 39. Ich war bei Jeanne [Malerin Jeanne Mammen, die damals in ihrem Atelier am Kurfürstendamm lebte, eine nahe Freundin], sie sah recht frisch und vergnügt aus, aber ich glaube, das täuscht, im Grunde ist sie so hoffnungslos wie die Lage. Wir sitzen hier völlig in der Luft. Jeder meint, es ginge noch gut, aber wie viele Leute werden das am 30. Juli 1914 gesagt haben! Indes, man verhandelt, und so ist Polen nicht, noch nicht verloren. Die Buchvertreter, die bis jetzt sehr ordentlich verkauft haben, habe ich, nachdem wir darüber eine Sitzung hatten, telegrafisch erst mal stillgelegt. Es hat jetzt keinen Sinn. Der Verlag ist im großen und ganzen noch intakt. Redaktionen sind jedoch gelichtet, bei der Bauzeitung war heute früh niemand mehr. Die Einberufungen kommen telefonisch nachts zwischen 12 und 5 Uhr und sind

so gut wie fristlos. Ich könnte Dich vielleicht nicht mehr anrufen. Dann bitte ich Flöhrchen, es zu tun. [Buchhändlerin Helene Flohr, Bücherkabinett Berlin, ebenfalls befreundet.]
29. August 39. Das allgemeine Stimmungsbarometer ist heute um viele Striche gefallen. Die Radio- und Zeitungspolitik ist kaum zu verstehen. Man zeigt heute ein Bild in der BZ, von einem Kurfürstendammcafé, in dem unter anderen auch ein Fliegeroffizier sitzt. Unterschrift: Völlige Ruhe in Deutschland. Man wundert sich! Ich bekam doch noch zwei Tuben Rasierkrem. Schuhe und Kleider brauchen wir nach dem Text der Verordnung auf Jahre nicht zu kaufen – wir bekommen nämlich keine. Die Frauen sind geschlagen: zwei Kleider, zwei Paar Schuhe pro Jahr. Sie haben sich gestern wie närrisch hier angestellt, haben 12 Lippenstifte und 20 Flaschen Gesichtswasser gekauft. Bei Michels war zum Schluß für 25 Mark noch ein seidenes Höschen im Schaufenster, um 10 Uhr kam eine Dame und wollte es haben, aber in diesem Augenblick wurde der Verkauf verboten. Das Höschen blieb Michels erhalten. Statt Kaffee bekommt man Tee, soviel man will. Ich besorgte einen kleinen Vorrat.
Die Neutralitätserklärung Amerikas bedeutet gar nichts. Geht's England schlecht, helfen sie ihm doch. Japan scheint sich mit England erst mal zu einigen. Der Verlag will sich noch ein Reklameblättchen aufhängen lassen, damit die Maschinen was zu fressen haben. Ich schlage als Titel vor: Von der Maas zum Kreml. Wahrscheinlich soll es »Die jungen Völker« heißen. Du siehst, ich weiß nichts zu schreiben. Man weiß nichts und hilft sich so durch den Tag.

Urfeld, 29. August 39 [E. K.- Sch.]. *Ich bin hier sehr gut aufgehoben. Die Stille und die Notwendigkeit, daß ich helfe! Im schlimmen Fall müßte ich immer mutig und fatalistisch sein wegen Lisel und ihrer Kinder. Ich komme durch. Bis zum 26. glaubte ich das Gegenteil. Zähneknirschend komme ich durch.*
Gestern hatten wir ein langes Gespräch. Werner [Heisenberg] *und Du, Ihr wäret Euch wohl wörtlich einig. Wir haben so lange geredet, bis einige Ordnung in meinem Kopf entstan-*

den ist. Mir ist zuletzt doch immer nur mit Worten beizukommen, und für mich gibt es nur die Dinge, die gesagt werden können. Mein vieles Reden wird etwas eingeschränkt, und manchmal denke ich, daß hier zu uferlos geredet wird. Damit will ich Deine sonstige Stummheit nicht beschönigen. Die Gesprächigkeit Deiner Briefe tut mir sehr wohl.
Werner hat die Schule von Mies van der Rohe bei Chicago besichtigt und sehr interessant davon erzählt. Diese Dinge rücken jetzt weit von uns weg.

30. August 39. Da sitze ich wieder im Büro – noch im Räuberanzug, Kniehosen, graues Hemd, grünliche Jacke – und kein Krieg ist. Sie haben 20 Leute gebraucht als Funker und haben dafür ungefähr 200 einberufen. Ist das nicht ein Skandal? Wieviel Aufregung, Kosten, Mühe – nur weil ein Major gesagt hat: na, berufen Sie mal eine ordentliche Portion ein, da nehmen wir dann die geeignetsten. Man rief aber auch solche ein, die, wie ich, überhaupt nicht als Funker in Frage kommen konnten. Wenn ich mich sehr gedrängt hätte, würden sie mich vielleicht behalten haben. Es war natürlich eine Chance, in die Funkabteilung des OKW zu kommen, denn dort wird voraussichtlich wenig geschossen.
Es ist mir nach dieser Geschichte nun ganz unmöglich, noch ernsthaft zu glauben, es könne Krieg geben – obschon das natürlich unbegründet ist. Aber man kann nur einmal so auf den äußersten Punkt der Spannung kommen – jetzt ist es mir lächerlich, und was ich da sah und hörte heute früh, trug nicht dazu bei, mich mit dieser Art Tätigkeit anzufreunden, weiß Gott nicht.
Es ist langweilig im Büro, und die Zeit schleicht. Es gab gestern abend noch eine Komödie. Ich war am späten Abend zur Behandlung bei Frau W. [Zahnärztin, Frau des Bildhauers Wamper] und ging dann noch mit anderen dort zu einem Glas Bier. Als ich in unsere Straße bog, ging gerade der Telegrafenbote aufs Haus zu. Ich wußte sofort, was er wollte, und fragte sehr gleichmütig: Zu wem wollen Sie denn? Zu Kuby, sagte er. Ja, sagte ich, der wohnt hier. Indes er zu Fuß die Treppen hinaufging, fuhr ich mit dem Lift bis zum Dach durch, wartete, bis er weg war, und hatte somit für alle Fälle Zeit gewonnen. Doch nun also

Kommando zurück! Ich werde die Wohnung sehr liebevoll betrachten, wenn ich nach Hause komme – und denken, daß sie besser ist als ein Viehwagen. So bekommt man rasch neue Maßstäbe für die Freuden des zivilen Lebens. Du fährst auf keinen Fall zurück, bevor nicht Danzig und was wir sonst für unsere nationale Wohlfahrt benötigen, in unserem Besitz ist – und wenn es Monate dauert …

Urfeld, 30. August 39 [E. K.-Sch.]. *Das war also blinder Alarm! Was Du nun alles wieder zurückorganisieren mußt! Ich weiß nicht, ob ich nach Berlin kommen soll oder nicht. Es kann ja eine Reihe von Tagen noch so hin und hergehen. Einstweilen bleibe ich hier. Du kannst ja morgen schon wieder eingezogen werden.*
Dein Vater hat sich zur Verfügung gestellt. Seine Motive kann ich nicht begreifen.
Ordnest Du Deine Papiere? Haben die Eltern etwas gesagt, daß wir bei ihnen einstapeln können im Fall der Fälle? [Der Vater war der inzwischen verstorbene Nationalökonom Hermann Schumacher. Die Familie bewohnte in Berlin auf dem Fichteberg, hinter dem Botanischen Garten, ein Haus.]
Ich höre, es wäre gelungen, ein Atom zu zertrümmern. Ungeheure Energien würden dabei frei. Vielleicht gelingt es in einiger Zeit, eine größere Quantität von diesem Explosionsstoff herzustellen, dann kann man eine Stadt wie New York in Weißglut versetzen. Da taucht also das Ende dieser Kriege auf! Wer das findet (vielleicht die Franzosen?), der kann die Welt erpressen!!! Ich bin recht froh um diese lieblichen Aussichten auf Zerstörungsmöglichkeiten.
Auf dem Herzogstand befindet sich eine Flakstellung zum Schutz des Walchenseewerkes. Im Corinthhaus ist aber ein ganz guter Keller. Werner las vor, was er im Mobilmachungsfall mitzubringen hat. Dasselbe mußt Du wohl auch dabeihaben? Wo nimmst Du die Decke und die Tourenstiefel her? Sind Deine Skischuhe in Weilheim?
Schreibe mir gelegentlich die Kündigungsfristen für die Berliner Wohnung.

31. August 39 [Telegramm nach Urfeld]. Gemeinde muß Lebensmittelschein ausstellen ohne Ummeldung nach dort. Maßgebend ist nicht Wohnsitz, sondern Aufent-

haltsort. Siehe Reichsgesetzblatt. Briefe dauern jetzt vier Tage von Dir zu mir.

31. August 39. Mein Telegramm wirst Du haben. Vielleicht ist die Marken-Versorgung in Urfeld nicht so glänzend organisiert wie hier. Es soll ein dreibändiges Werk in Vorbereitung sein »Über den Gebrauch und die Verwendung von Lebensmittelmarken samt einem Nachwort, was man essen soll, wenn es keine Lebensmittel mehr gibt«. Ich beherrsche vorerst nur die Anfangsgründe. Die Stimmung hier ist brillant, vor allem bei den Hausfrauen, weil sie endlich Gelegenheit haben, ausführlich miteinander zu schwätzen, wenn sie sich anstellen. Manche sind darüber so erfreut, daß sie in laute Rufe ausbrechen und sich die Haare raufen – aber man hat Verständnis für so überschwengliche Gefühle und läßt sie gewähren. Die Herbstmode dieses Jahres ist auf das nächste verlegt. Niemand hat weniger als zwei Kleider, also sind die ausgestellten nur zum Anschauen da. Bei Tietz, wo ich mit der Bezugskarte nach der Textilwurst warf, waren ernste Männer emsig beschäftigt, die Stoffe auszumessen. Verkauft wurde nirgends. Ein Zeichen der Zeit ist auch das Auftauchen der alten Rentenmarkscheine, neu gedruckte Noten. Die Ausgabe erfolgt aus rein ästhetischen Gründen und nicht etwa, weil silbernes Kleingeld gehamstert würde. Das tun nur, wie man erfährt, die Polen, die gemeinen charakterlosen Schufte.

Heute abend gehe ich zu Sch. und bringe mein Essen mit – so ist das nun schon. Man glaubt es kaum, dauert die Geschichte doch erst drei Tage. Das nenne ich Vorbereitung! Die ursprünglich (wann?) festgesetzten Quantitäten sind bereits Wunschträume. Post aus England und Danzig kam gestern noch an. Was soll ich schreiben? Ich warte!

1. September 39 [erster Kriegstag]. Da haben wir den Salat! Hört Ihr Radio? Hört bloß nicht zuviel, das verzerrt die Verhältnisse und macht dumm. Ich höre kein Wort. Lese eine Zeitung, um auf dem laufenden zu sein, eine hiesige, und die Frankfurter, die jeweils drei Tage später ihre Meinung sagt, oder was man als Meinung bezeichnen könnte. Man schießt, und es ist doch noch kein Krieg. Ob es einer wird? Die Engländer sagen, sie hätten von nichts gewußt. Die Italiener sind gar still.

Als ich gestern von Sch. zurückfuhr, mußten wir Ende Heerstraße die Bahn wechseln. Man baut dort Tag und Nacht und rammt enorme Eisenschienen mit unvorstellbarem Lärm in die Erde. Die Umwohner fallen bei jedem Stoß aus den Betten. Es war ein Bild der Kraft und der Arbeit, Dampf zischte usw. Ein Arbeiter aus dem Norden, der mit seiner Frau von einem Grunewaldausflug kam, sagte: »Das ist recht, sollen die reichen Leute hier auch mal gewahr werden, wie wir schaffen.«
Ich will Dich hier nicht abmelden. Aus gutem Grund ist Juno rund. Die Bayern scheinen doch noch hinterm Mond zu leben. Wie angenehm! Brieftelegramme sind nicht mehr möglich ... Der See muß schön sein jetzt im Herbst.

Urfeld, 1. September 39 [E. K.-Sch.]. *Eben haben wir die Reichstagsrede, also die Kriegserklärung gehört. Soll ich versuchen Dich anzurufen? Der Andrang wird wieder groß sein auf der kleinen Post im Dorf. Schreibe mir, was mit der Wohnung ist, wann wir kündigen können? Du wirst viel Schlimmes durchzustehen haben, aber wenn das einer kann, ohne Schaden an seiner Seele zu nehmen, dann bist Du es. Fritz* [einer von drei Brüdern, lebt in England] *wird es viel furchtbarer angreifen, und ich bin froh, daß er nicht da ist. Umsonst hat man sich ja doch nicht mit dem Krieg all die Jahre, seitdem man denken kann, herumgeschlagen. Man quält sich nicht mehr um Sinn und Ethos ab. Ich brauche nur an Deinen »Gleichmut« zu denken, diese Deine »moderne« und charakteristische Eigenschaft, um ihn auch zu gewinnen. Er muß sich auf mich ausdehnen, wenn Du wirklich in den Krieg kommst, er Dich von mir wegtragen wird.*
Wir sind hier dem möglichen Chaos der Großstädte entrückt. Besseres kann nicht sein. Nicht wahr, kalt bis ans Herz, das sei! Spucke auf diese Welt!

2. September 39. Ich werde an die DAZ [*Deutsche Allgemeine Zeitung*] einen Leserbrief schreiben: Damen, die Anschluß suchten, sollten eine kleine rote Lampe tragen, man kennt sie sonst nicht mehr heraus im Finstern. Ich höre, Papa sei Kompanieführer geworden. Ich wußte immer, daß der Krieg eigentlich seine beste Zeit war. 1914 hatte er einen großen Hof zu Hause. Heute die bürokrati-

sche Arbeit gegen Soldatenarbeit besserer Art zu vertauschen, muß ihm eine Befreiung sein.
Heute war noch kein Alarm.

Urfeld, 2. September 39 [E. K.-Sch.]. *Unten in Kochel ist man ungeheuer optimistisch. Deine Stimmung am Telefon gestern war mir sehr unverständlich. Glaubst Du wegen der zurückgenommenen Einberufung nicht mehr an den Wolf? Oder weißt Du mehr als wir? Hier wissen wir unheimlich wenig. Wenigstens wird Lisel nächstens sich eine Zeitung halten und sich aus der Leipziger Wohnung einen Atlas kommen lassen. Jetzt mußt Du alle Tage verdunkeln! Ob wir hier überhaupt erfahren, wenn es einen Luftangriff auf Berlin gibt?*

3. September 39. Als ich das Geld an Dich einzahlte und mir der Postbeamte gerade die Quittung aushändigte, gab es Alarm, und wir stürzten in den Keller. Eine halbe Stunde später war's zu Ende. Ob Ernst, ob Scherz, weiß niemand. Schreibe mir unter keinen Umständen in Briefen Nachrichten, die nur aus einem ausländischen Sender stammen können – das sind *alle* Nachrichten, die für uns abträglich sind.
Die Postkontrolle ist nur noch eine Frage von Tagen.
Gestern früh hat Sibylle ihre Zugehfrau, die langsam arbeitet, ermahnt. »Ach«, sagte die Frau, »entschuldigen Sie, aber es ist mir so lächerlich, da soll ich nun putzen und morgen schlägt eine Bombe ein.«
4. September 39. Zunächst sind Einberufungen gestoppt, da das Ausrüstungsmaterial knapp wird, aber das ändert sich natürlich in wenigen Wochen. Außerdem brauchen sie in den folgenden Jahren ja auch noch Leute. Es wird lange dauern – sehr lange, glaube ich, weil nicht einzusehen ist, wie es beendet werden soll. Wir können die andern nicht erschöpfen, schlagen erst recht nicht; die andern werden uns auch nicht schlagen, aber vielleicht können sie uns »aushöhlen« – das dauert sehr lange. Polen ist ganz unwichtig.
Ich kündige zum Ersten die Wohnung – das heißt, kündigen kann ich sie ja nicht, wir haben den Vertrag, aber ich suche jemand, der sie nimmt. Außerdem würden wir eben einfach ausziehen, das andere fände sich. Keinesfalls hierbleiben.

Du stellst Betrachtungen an über meine Reaktion auf den Krieg. Es wird in mir gar keine Reaktion geben. Wir sind gezwungen – und das ist meine einzige Verbindung zu allem, was jetzt geschieht. Schlimmstenfalls fängt man nachher noch mal von vorne an.
Das wichtigste ist, Neugierde auf Nachrichten, ich meine auf Nachrichten unseres Rundfunks und unserer Presse, zu verlieren, kein Radio zu hören und sich nur hin und wieder über die Situation informieren.
Du wirst erst in einiger Zeit sehen, wie wichtig das ist, und H.s sehen es vielleicht überhaupt nicht ein. Die Folge wird sein, daß Euer Radio doch läuft. Das untergräbt alle Ruhe, verhindert Distanz gewinnen und etwas Gelassenheit. Die Nachrichten sind ja nicht dazu da, etwas mitzuteilen, sondern eine gewisse Seelenstimmung zu schaffen, die als notwendig betrachtet wird für die Fortsetzung des Krieges. Man lese nur die Berichte und Blätter der letzten acht Tage! Übrigens versuche ich die Zeitungen zu sammeln und etwas ausführlicher Tagebuch zu führen. Ich bitte Dich, es auch zu tun. Es wird später gut sein, die Zeit zu verfolgen, die wir nicht zusammen waren.
5. September 39. Im Schlafanzug auf dem Bett. Ich las ein paar Seiten in dem neuen Giono. Taube Blüten, vier Novellen. Vorher holte ich die Kisten aus dem Keller. Es ist noch nicht lange her, daß ich sie hinuntertrug.
Was das Packen angeht, kann ich wohl sagen: gelernt ist gelernt. Es gibt immer wieder Augenblicke, in denen ich nicht geneigt bin zu glauben, daß unser bisheriges Leben ganz und gar zu Ende ist. Ich räume zwar die Schränke und Regale aus, lasse aber zunächst das große Zimmer, die Diele und die Küche noch in Ordnung.
Wenn Dir Urfeld als der ruhigste Ort erscheint, so bleibe dort. Wo immer Du Distanz legen kannst, da bleibe. Ich gewinne sie ganz unabhängig von den äußeren Umständen – und ich werde zu meinem eigenen Erstaunen lernen, sie mir in jeder Lage zu erhalten. Es ist ohne Sinn und ohne jede gute Wirkung, teilzunehmen. Es ist uns aufgezwungen – das ist die einzige Verbindung, die es gibt. Zu viel Vorsorgen schafft eine künstliche Atmosphäre, etwas Lebensfeindliches entsteht. Vielleicht ist es eine notwendige Erfahrung, einmal ganz gründlich im Dreck zu sitzen – ich meine in ganz realem Unglück,

nicht in solchem, das sich aus Seelenschmerzen zusammensetzt, die zum Teil eingebildet sind, weil nur Konventionen dahinterstehen.
Ich kaufte heute früh noch fünf alte Kisten und fange nun richtig zu packen an.
6. September 39. Im Büro. Es ist so wunderbares Wetter, daß man kaum glauben kann, daß sie sich rundherum schießen. Aber sie tun es wohl doch.
Gestern abend aß ich mit Jeanne, die merkwürdigerweise noch immer einen Rest Optimismus hat – der Strohhalm, an den sie sich hält.
Eine alte Angestellte kommt eben zu mir und macht mich darauf aufmerksam, daß vor einem Geschäftshaus nebenan drei Lastwagen vorgefahren sind, einer mit Schutzpolizei, zwei leer. Nach einer Weile seien die beiden leeren mit jungen Zivilisten gefüllt gewesen und abgefahren. Auf diese Weise möchte ich nicht gern einberufen werden.
Wir warten hier im Betrieb auf Gesetze betr. Kürzung der Gehälter. Einen Antrag auf Unterstützung kannst Du erst stellen, wenn ich einberufen bin. Schreibe, was ich schikken soll. Mit den paar Sachen, die Du dort hast, kommst Du nicht über den Winter. Die Lastwagen haben mir die Schönwetterlaune verdorben.
Wir könnten die Möbel bei Knauer [große Speditionsfirma in Berlin] einstellen, das kostet nicht die Welt.

[An die Mutter]
11. September 39. Ich wollte nicht, daß die Mandeln mir beim Militär Ärger machen, und ging zum ersten Spezialisten hier, Prof. Döderlein, der mir zunächst ein Attest ausstellte. Dann wartete ich Edith [die aus Urfeld nach Berlin gekommen war] ab und begab mich heute, von ihr begleitet, nach Potsdam-Nedlitz zur Kaserne. Dort gelang es mir dank einer ganzen Reihe von Glücksfällen, abends um 6 Uhr das Tor als Zivilist wieder zu durchschreiten mit einem Aufschub bis nach der Operation, das ist etwa bis in 14 Tagen.
Uniform und Stiefel, die ich bekam und zwei Stunden später wieder abgab, paßten kein bißchen, waren zum erstenmal 1870 getragen und seither auch nicht gereinigt worden. Was ihnen an Material und Farbe fehlte, er-

setzten sie durch eine feuchte, etwas seifige Schicht. In 14 Tagen ist wahrscheinlich alles besser organisiert, und für die Frontfreuden wird's wohl neues, sauberes Zeug geben. Soviel vom Krieg.
Es ist unwahrscheinlich, daß E. zu Dir kommen wird. Sicher ist nur, daß wir die Wohnung auflösen und sie aufs Land geht, wo es wahrscheinlich doch leichter sein wird mit Ernährung. Nach Urfeld ginge sie nur zurück, wenn sie müßte, das heißt, wenn ihre Schwester für ihre drei Babys gar kein Mädchen mehr bekommt. Eine bessere Lösung wäre vielleicht Salem, dort unterrichtend, falls es Schule bleibt, oder pflegend, wenn es Lazarett wird. Vielleicht aber Holzschuhe schnitzen, vervielfältigen, verkaufen. Das hat gewiß eine große Zukunft in den lederlosen Jahren.
Bücher werden viel gekauft bzw. ausgeliehen werden. Trotzdem wird vielleicht der Verlag etwas einschlafen, vor allem, wenn Dr. M. [Dr. Friedrich Minssen, Cheflektor] auch einberufen werden sollte.
Was wird Lisl [die einzige, zwölf Jahre jüngere Schwester] tun?

[Von Elsa Bernstein, die später in das KZ Theresienstadt kam und es als achtzigjährige, blinde Frau überlebte]
München, 29. September 39. O Zerstörung, Zerstörung, und auf lange hinaus. Denn ich bin ganz Deiner Ansicht – auf Jahre!

[Am 15. 9. wurde ich operiert, am 22. 9. verließ ich die Klinik, und da kein genauer Termin für die Rückkehr in die Kaserne befohlen war, machten ich und meine Frau eine »Erholungsreise« nach Weimar und durch den völlig leeren, stillen Thüringer Wald. Am 5. Oktober kamen wir »bei sehr trübem Wetter« nach Berlin zurück. Unter der Post befand sich die Mitteilung, ein Einschreibebrief läge auf dem Postamt. Am 6. Oktober um 10 Uhr vormittags holte ich diesen Brief ab: eine Mitteilung, ich würde als Fahnenflüchtiger behandelt, wenn ich mich nicht umgehend in der Kaserne meldete. Der angegebene, letzte Termin war der 6. Oktober früh 8 Uhr. Ich telefonierte mit der Kaserne und fuhr sofort nach Potsdam-Nedlitz, um mich bei der 1. Kompanie der Nachrichtenabteilung der 3. Inf. Div. zu melden. Das Telefongespräch mit dem Hauptfeldwebel dieser Kompanie war mein erster massiver Zusammenstoß mit einem militärischen Vorgesetzten.]

6. November 39. Kommen nachts 12 Uhr in Daleiden an [bei Prüm in der Eifel]. Ich versuchte mir im Dorf beim Arzt, Dr. Wippfelder, ein Zimmer zu mieten als Rückzugsklause, aber es ist unmöglich. Das Dorf hat sechsmal weniger Einwohner als Soldaten. Ich denke, wir bleiben hier vier bis fünf Tage.

7. November 39. Mitternacht. Ich sitze in unserem Mercedes und habe die Wache auf dem Parkplatz übernommen. »Schlafwache« nennt man das, ich dürfte schlafen, aber es ist nicht gerade bequem. Ich habe eine Lampe im Auto aufgehängt und lese schon eine Stunde im »Grischa« [Arnold Zweig »Der Streit um den Sergeanten Grischa«, ein antimilitaristischer Roman]. Die Wagen stehen auf einem der höchsten Punkte weitum, und die Konturen der Eifelberge sind rundum gegen den Horizont zu sehen, selbst jetzt. Überall sind kleine Lichtinseln eingestreut, hier scheint man es mit dem Verdunkeln nicht ernst zu nehmen. Auch meine Lampe muß auf Kilometer zu sehen sein. Zwei sind aus dem Urlaub zurückgekommen und sind schlechter Laune, weil sie die Freuden häuslichen Lebens gerade wieder genossen haben. Für alle diese Leute, die sich eigentlich nur wohl fühlen, wenn sie in ihrem Gleis sind und Freude nur aus ganz primitiven Genüssen gewinnen, ist eine solche Soldatenexistenz viel schwerer als für mich. Sie müssen laut sein und renommieren, um es überhaupt durchzustehen. Dann kommt der Augenblick, wo die Wut darüber, Soldat sein zu müssen, umschlägt in die Wut auf den Feind. Ergebnis: der gute Soldat. Immer feige und gelegentlich »mutig«. Es ist mir hier noch keiner begegnet, der ruhig und gelassen und ein wenig sportiv das kriegerische Handwerk betriebe – nachdem er sich dem Zwang gebeugt hat. Wäre die Masse hierzu fähig, es gäbe sogleich keine Soldaten mehr, nur noch ein paar ehrgeizige Führer. Es wäre unmöglich, daß ein Volk, das in seiner Gesamtheit zu denken fähig geworden wäre, noch Kriege führte. Übrigens beweisen das die Juden.

Man braucht nicht General zu sein, um zu wissen, daß einige Siege, und zwar bequeme Siege, not tun als eine Art Impfung gegen die Vernunft.

8./9. November 39. Es ist einer da mit einer großen Ziehharmonika und macht Musik – er kann gut spielen. Wir waren gerade im Ort, um Bier zu holen – was natürlich verboten ist mit dem Wagen –, und nun, 10 Uhr abends, hebt sich die Stimmung sichtlich. Nach volkstümlichen Begriffen ist es urgemütlich. Eben hat Hitler gesprochen, wir haben es in unserer Hütte nicht gehört, aber es wurde gesagt, er habe angedeutet, es ginge los. Da vor uns frontwärts nur noch die kleinen, dickummauerten Zimmerchen mit kleinen Öffnungen für Schießwerkzeuge sind [= Bunker des »Westwalls«], so kann ich mir ausrechnen, daß wir in Kürze auch bald darin sitzen werden.

10. November 39. Wir liegen friedlich in unserem Waldheim und verbessern es täglich. Unten im Tal ist eine Quelle, an der ich mich jetzt immer wasche. Wenn man denkt, wie es noch werden wird, ist das hier paradiesisch. Das Attentat [im Bürgerbräukeller in München] ist natürlich gestern abend Gespräch gewesen. Es wird die Stimmung gegen England erheblich steigern, da ja nur die Engländer Anstifter einer solchen Tat sein können. Noch immer lese ich im »Grischa«. Unser unerschöpflicher Bauwagen enthält auch eine Geige aus Polen. Sie ist ganz ordentlich. Mit dem Ziehharmonikaspieler habe ich musiziert, es klang geradezu nach Konzert. Jeder spielte, was ihm einfiel, und der andere fand sich dazu.

10. November 39. Auf unseren Briefen darf nicht »Funker« stehen, weil daraus auf die Waffengattung geschlossen werden könnte. In Zukunft also nur noch »Soldat K.«. Post wird gelegentlich zensiert. Vermutlich eher die an uns als die von uns. Wir haben nichts zu berichten, aber Ihr könnt »Stimmung« verraten.

17. November 39. Gestern abend, nachdem sich der Sturm gelegt hatte, habe ich im Dunkeln noch einen langen Spaziergang gemacht. Unterhalb des Hügels ist der Bach, dem der Regen viel Mut gemacht hat, von Buchenwald und Tannen eingesäumt. Ich legte mich an einer trockenen Stelle unter eine Tanne und leuchtete manchmal mit der Taschenlampe in ihre Zweige hinauf, die dann scharf gezeichnet gegen die Dunkelheit standen. Ein stilles schö-

nes Spiel, aber es ist von Übel, sich in zivile Seelenzustände zu versetzen. Es ist mir sogar zuwider, den Roman in der Frankfurter zu lesen, obschon er nicht schlecht ist. Den »Grischa« schicke ich morgen zurück. Ich habe ihn gestern beendet, es ist kaum ein verstaubtes Wort darin.

[An Jeanne Mammen]
17. November 39. Liebe Jeanne, ja, wir leben friedlich und denken, es bleibt so den Winter durch. Wir verschönern unser Heim, Villa »Eifelblick«, ich bemale Lampenschirme.
Der Trupp ist beim Saufen im Dorf. In zehn Minuten wird die Horde da sein. Etwas so Buchstabengläubiges wie diese Leute, obschon mit gutem Verstand versehen für ihre eigenen Dinge und nicht einmal ohne eine gewisse Urteilsfähigkeit, haben Sie gewiß nie erlebt.

24. November 39. Seitdem Reif über den Feldern liegt, profilieren sich die Linien der Landschaft viel deutlicher. Ich will ein paar Skizzen machen. Es ist kaum möglich zu schreiben, eine allgemeine Unterhaltung über nichts ist im Gange. Auch ist es schrecklich heiß im Büdchen. Ich habe die F. Z. [*Frankfurter Zeitung*] gelesen – hast Du unser großes Inserat [der Steiniger-Verlage] in der vorletzten Nummer gesehen? Es war recht gut gemacht. Ich will mal an Hausenstein schreiben, er könnte mir Bücher zum Besprechen schicken, solche Arbeit ließe sich vielleicht hier machen. Sonst sieht es trüb aus mit Schreiben mangels Ruhe.
27. November 39. Wir tun heute gar nichts, sitzen in der Hütte und pflegen den Eifelkoller, abgekürzt EK, in drei Klassen, auch am Halse zu tragen, dann irrenhausreif. Ich habe weder diesen noch andere Orden zu erwarten, Kopf, Magen und so weiter befinden sich bei guter Laune. Es ist heute so föhnig und warm, daß wir die Fenster aufgemacht haben, und das will etwas heißen bei diesen Leuten, die die Zug-Angst haben. Drei lesen, einer schläft, zwei holen Essen, einer ist in Prüm mit dem Wagen zur Reparatur, der Uffz. in Berlin, und ich schreibe. So werden wir nicht die Weltherrschaft erringen.
Habt Ihr an dem Abend bei Vs. sehr klug geredet? Fehlen mir solche Abende wirklich? Ich glaube nicht. Der Gang

der Dinge ist unerbittlich. Sie kritisch bedenken, motiviert Ohnmachtempfindungen.
29. November 39. [Umzug der Truppe nach Prüm]. Wir haben das Innere der Hütte ausgeleert, ein Anblick wüster Zerstörung. Ich hatte nicht wenig Gepäck, dreimal so viel wie die andern, demnächst muß ich es mal sichten. Unser Wagen war randvoll. Um 9 Uhr ging's los. Hohe Vorgesetzte hatten hier einen Parkplatz ausgesucht, der sich als Sumpf erwies, und die schweren Wagen steckten bis zur Achse im zähen Lehm. Den letzten Wagen zogen, o klägliche Technik, zwei schwere belgische Pferde aus dem Morast.
Der Film »Verwehte Spuren« steht sogar auf dem Dienstplan, kostet 40 Pfennige Eintritt, natürlich gehe ich nicht hin, d.h. ich bezahle die 40 Pfennige und tu nur so als ob. Gehe statt dessen zur Orgel. Will sehen, daß ich Noten auftreibe.
30. November 39. Im Wachlokal am Tor, das keine Torflügel hat, nur ein Loch in der Mauer ist, schreibe ich stehend an einem Schülerpult. Und habe also Wache. Das ist eine neue Nuance meines Dienstes fürs Vaterland, ich denke, sie wiederholt sich künftig häufiger. Dies ist der einzige Ort, wo ich Ruhe habe, und hier ist Schreiben eigentlich verboten.
Ich werde Dr. Minssen schreiben, ob er nicht den Verlag bestimmen kann, mich zu reklamieren.
3. Dezember 39, Sonntag abend. Heute früh kam ich auf unvermutete Weise zu einem Stadtbummel. Es wäre eigentlich Dienst gewesen, aber unser stellvertretender Hauptwachtmeister griff mich im Flur auf und sagte, ich solle mich stadtfein machen und drei Kameraden nachgehen, die sich eben zur Kirche abgemeldet hätten. Er aber glaube nicht, daß sie zur Kirche gingen. Stell Dir vor, er erwartete, daß ich Spitzeldienste täte! Na, ich ging los, fragte, freilich vergeblich, nach Post und erkundigte mich bei dem Schaltermenschen nach der evangelischen Kirche. Er sagte: »Die Gnadentankstelle kenne ich nicht, ich bin von der Partei.« Derart belehrt, ging ich weiter und traf die drei Sünder auf dem Marktplatz vor dem katholischen Münster. Es war halb neun, der kath. Gottesdienst sollte um 10 Uhr anfangen. Also gingen wir alle vier ins Hotel »Gebauer« zum Kaffee, oder was sich so nennt.

5. Dezember 39. Eben kam ein Junge mit der Lokalzeitung. Ich werfe hin und wieder einen Blick hinein, ohne gescheiter zu werden, aber auch ohne mich noch zu ärgern. Ob wir den finnischen Krieg mit so großer Begeisterung registrieren, wie wir vorgeben, erscheint mir zweifelhaft.

Wenn wir hierbleiben, will ich mich doch um ein Zimmer im Ort bemühen, so kann es nicht bleiben, immer mit 17 Leuten in einem Loch von Raum.

9. Dezember 39. Notiere doch alle die Bücher, die Du in der F. Z. anstreichst. Im Frieden kaufen wir sie dann – vielleicht. Ich sitze hier im Gebauer-Saal, wo Wehrmachtskonzert ist. Das beweist Dir, wie toll gemütlich es im Konvikt ist, wo ich floh. Ich bin durch die Hintertür herein und warte drauf, hinausgeworfen zu werden. Ich habe keine Karte. Das Volk strömt in Massen.

17. Dezember 39. Also Weihnachten zusammen in Bonn, wenn es mit dem Urlaub klappt. Und dann kommst Du hierher, obwohl Ehefrauen und Bräute hier streng verboten sind, damit die Nester nicht noch mehr überlaufen. Da würde sich ja das Reich in die Eifel verlagern.

Ich zeichne Weihnachtspostkarten, die auf dem Vervielfältigungsgerät der Kompanie zweifarbig abgezogen und verteilt werden. Die Wachtmeister wollen auch Karten haben. Dergleichen ist immer mit Vorteilen verbunden.

[Von Dr. F. Minssen]

Berlin, 20. Dezember 39. … Mögen wir alle das nächste und die folgenden Jahre in einem immer größeren, mächtigeren, schöneren usw. Reiche verbringen, und unsere Führer alle für ihre Verdienste die ihnen zustehende Anerkennung ernten! Wenig zu sagen ist über Ihren in einem Ihrer letzten Briefe gemachten Vorschlag [»Reklamation« vom Militärdienst]. *Es sind sogar für unseren Betrieb lebenswichtige Spezialisten wie Ätzer, Offsetdrucker etc. nicht freigekommen …*

[Aus dem Notizkalender:]

23. Dezember 39. Um 7 Uhr früh nach Bonn über Köln. Zu Pütters [Verwandte]. E. ist schon da. Das Haus liegt schön unmittelbar über dem Rhein. Jugend vorhanden, Vettern und Kusinen von E. – 26. Dezember 39. Um 4 Uhr abgefahren nach Prüm mit E. – 27. Dezember 39. E. bei

Wollwerth in der Hindenburgstraße einquartiert. Orgelkonzertvorbereitungen. – 28. Dezember 39. Nach Trier bei großer Kälte im Wagen mit dem Hauptwachtmeister. Kino, Rühmann. Ich bekomme »Stadt«-Urlaub über Neujahr. Wir feiern Neujahr in der Hindenburgstraße, machen weite Spaziergänge.

1940

Musik in der Eifel

15. Januar 40. Die Orgel hat das Konzert nicht gut überstanden, aber nun geht sie wieder. Etwas gespielt. Abends Quartett beim Ortskommandanten. E. hat eine Werkstatt gefunden und schnitzt in der Kälte Schuhmodelle.
17. Januar 40. Abends Quartett. Frl. Becker, E.s Hausgenossin bei Wollwerths in der Hindenburgstraße, schenkt mir einen Notizkalender für 1940, der im ganzen Ort nicht aufzutreiben war. So führe ich ab heute das neue grüne Büchlein in gutem Leder. Glücklicherweise enthielt das vorige noch den Januar.
Musik beim Ortskommandanten. Sehr kalt. Mittags eine Stunde Ski gelaufen.

[Aus dem Notizkalender:]
18. Januar 40. Geige geübt für das Konzert am 4. Februar.
25. Januar 40. Wache bei sehr großer Kälte und Mondschein.
30. Januar 40. Adolf H. spricht abends ohne Neuigkeiten.
31. Januar 40. Musik mit Studienrat Klein. Bachkonzert.
4. Februar 40. Vormittags muß noch ein Ofen gesetzt werden, denn es ist zu kalt in der Aula. Abends mit großem Erfolg das Konzert. Anschließend bis 1 Uhr beim Ortskommandanten. Wir spielten die Quartette Haydn, op. 77/1, das Adagio aus Beethoven op. 18/6, und KV 387 von Mozart. Ich nach der Pause, begleitet von Studienrat Stein, das a-moll von Bach. [Die Überschüsse, 4. und 8.2 (Wiederholung), in Höhe von 145,55 lieferten wir für das WHW (Winterhilfswerk) bei der NS-Kreisleitung ab.]
6. Februar 40. Erfahre von Hpt. Ritter, daß Edith abreisen muß, es wissen zu viele jetzt, daß sie hier ist. Abschiedsbesuche, packen. Nachts in der Hindenburgstraße ohne Urlaubsschein.
7. Februar 40 (Aschermittwoch). Bringe E. zum Zug um 8.10. Die Schuh-Modelle gehen mit der Post. Ziemlich flau zumute.
8. Februar 40. Das Konzert mit großem Erfolg vor vollem Saal wiederholt. a-moll gut gespielt.
[Dem Krieg, den Umständen in Prüm verdankte ich für

Monate eine hohe Konzentration aufs Musizieren. Weder vorher noch nachher habe ich musikalisch etwas reproduziert, das so, wie Bachs Geigenkonzert am 8. Februar 1940, dem nahekam, was man Musik nennt. Nach dem Krieg habe ich die Geige weggelegt.]

19. Februar 40. Ich bin ab heute zum normalen Vermittlungsdienst eingeteilt, der jeweils acht Stunden dauert. Die Vermittlung befindet sich im Konvikt, hier laufen alle Felddienstleitungen und einige Amtsleitungen der Division zusammen.

Ich schreibe auf der Stube, und es ist wieder große Unruhe. Ich weiß nicht, was ich tun würde bei diesem Radiogetöse ohne das Wollwerthsche Zimmerchen. Ich stelle alle zwei Minuten ab, die andern immer wieder an. Es ist eine Krankheit, eine schlimme und unheilbare, sich vor Stille zu fürchten. [Wegen des Radio-Mißbrauches kommt es eines Tages, von mir ausgelöst, in der Unterkunft zu einer schweren Schlägerei, nach der ich zum Arzt muß und genäht werde.]

[Vom 27. Februar bis 12. März 40 bekomme ich Urlaub, wir verbringen ihn in der bereits halb ausgeräumten Berliner Wohnung. In diese Tage fallen verschiedene Begegnungen mit Dr. Jürgen Eggebrecht, Lektor der Hanseatischen Verlagsanstalt vor dem Krieg, 1940 jedoch bereits Zensor im OKW als Kriegsverwaltungsrat mit goldenen Kragenspiegeln. Im »Dom-Hotel« in Köln habe ich in diesen Tagen ein langes Gespräch mit dem Leiter des Insel-Verlages, Prof. Kippenberg, darüber, ob es eine Möglichkeit gebe, die Zeit realistisch darzustellen und die Darstellung dennoch unter den gegebenen Verhältnissen zu veröffentlichen.]

3. April 40. Sehenden Auges und daher unverzeihlich rannten Bertram und ich gestern abend in unser Unglück, in den Soldatenfilm »Das Gewehr über!«. Wie schön war es, danach in das Städtchen, in eine menschliche Umgebung hinauszutreten aus der Höhle. Der Film war ein Alpdruck, er zeigte das heitere Militär und das erzieherische Kasernenleben.

[In diesen Wochen beginnt die einzige enge Freundschaft, die ich in diesem Krieg knüpfte, mit dem jungen Bildhauer Hansheinrich Bertram aus Peine.]

Kriegsreise durch Frankreich

10. Mai 40. Ich will wieder numerieren. Brief Nr. 1 (neue Zählung) ging vor einer Stunde ab, es ist halb acht abends. Wir haben seit 12 Uhr 5 km (!) zurückgelegt, sind immer noch in Deutschland. Wir halten an einem steilen Hügel. Die Pferdekolonnen sind an uns vorbeigezogen. Wenn wir erst aus dem Nachschub heraus sind, wird es schneller gehen. Wo unsere Division ist, wissen wir nicht. [Wenn ich im folgenden »die Division« oder »das Regiment« usw. schreibe, ist immer der Gefechtsstand ihrer Führungen gemeint, nicht ihre Masse an Soldaten und Waffen.] Es ist völlig ruhig, keine Artillerie. Vor uns Luxemburg, etwas weiter nördlich Belgien. Sauerkraut mit Fleisch wird ausgegeben, die Feldküche ist bei uns.

13. Mai 40. Ich bemerke, daß Zeit- und Ortsangaben eigentlich störend sind in der Wiedergabe dessen, was wir hier treiben. Sie spielen gar keine Rolle. Alles fließt ... Wann wir wo sind – das ergibt sich aus den Entschlüssen unserer und der französischen Führung; ich habe allerdings den Eindruck, zunehmend nur durch unsere Entschlüsse. Das Kaninchen erwartet den motorisierten Adler.

Irgendwo gingen wir auf Quartiersuche. Ich kletterte auf einer Leiter in den 1. Stock eines Bauernhauses, trat ein Fenster ein und war drin. Wer hätte gedacht, daß ich einmal fremder Leute Häuser so betreten würde. Ein komisches Gefühl, durch die verlassenen Zimmer zu gehen. Aller Kram ist verstreut, Wertvolles aus den Laden gerissen und mitgenommen. Die Besitzer handeln wie Räuber, wir wie Besitzer, indem wir Ordnung machen, ein bißchen Ordnung, um schlafen zu können und um einen sauberen Tisch zu haben fürs üppige Essen, das auch nicht gekauft ist.

14. Mai 40. Wir sind vorgefahren durch ein enges Tal zu einem kleinen Schloß. Wir bauten beim Wartehäuschen einer Kleinbahn 300 m von dem Schlößchen entfernt unseren Vermittlungsladen auf, wobei wir Feuer erhielten von den Höhen. Drei Stunden später: Wir sind zurückgegangen und müssen wieder vor. Wieder drei Stun-

den später: ein lebhafter Tag, von La Cachette, so heißt das Schlößchen, zurück auf der Vormarschstraße in eine ordentliche Feuertaufe. Ich stellte fest, daß sie mich kaltließ. Ich bediente einen Telefonanschluß neben einem Bauerngehöft, dicht neben der Straße und so hoch gelegen, daß ich den Verkehr unter mir vorbeiziehen sah. Die Artillerie bezog Stellungen, Panzer kamen, die Infanterie ging vor, die Flieger brausten über uns weg, und es schoß gewaltig. Um 4 Uhr wieder nach La Cachette. Man sah recht längliche Gesichter, und einige zögerten so herum. Aber dann fuhren wir natürlich und kamen gut durch.
15. Mai 40. Noch in La Cachette. Es ist Kohlhases Regiment, das vorne kämpft. [Organist Kohlhase, Straub-Schüler, der bei den Prümer Konzerten mitwirkte.] Weil's nicht weitergeht, wird unser Wägelchen zweimal von La Cachette nach Neufmanille geschickt, um für die Feldküche »einzukaufen« – Olivenöl, Essig, Nudeln, Kaffee, Tee, herrliche Marmeladen in kleinen irdenen Töpfen aus einem reichen Privathaus. Ist befohlenes Plündern Plündern? Ich gestehe, mein Gewissen schlägt nicht. Die hinter uns kommen, werden dieses Freßparadies ausleeren. Über die Marmeladen war Pergament gezogen, rundum ordentlich abgeschnitten, datiert. Wie Gottfried Kellers Schwester das Brennholz zu überwintern pflegte, hat diese Bäuerin ihre Marmelade geschont, die Hälfte ist Ernte 1938. Für den Trupp habe ich einen Gasherd mit Gasflasche mitgenommen. Wir werden unabhängig von der Reichsversorgung.
Der Übergang ist immer noch nicht geschafft. Der arme v. Hiller, der musikalische Offizier aus Prüm, ist sehr schwer verwundet. Man konnte ihm lang keine Hilfe bringen, der Zufahrtsweg lag unter Feuer. Der General ließ ihn mit einem Panzer holen. Am 9., heute vor einer Woche, traf ich ihn im »Café Endres«, und er erfuhr durch mich, daß die Division alarmiert sei.
Abends gegen 11. Man baut jetzt eine Brücke. Eine Brükke ... eine Brücke ... Wir werden morgen laufen müssen, um wieder aufzuholen. Ich sah heute Panzer neuer Konstruktion, sie sahen kräftig und elegant zugleich aus. Wir wollen den Krieg nehmen wie andere Unannehmlichkeiten.
16. Mai 40. Ich höre, ab 1. Juni würden alle Kleinbetriebe

geschlossen und die Frauen in die Fabriken befohlen. Schlimmstenfalls laß Dich nach Weilheim schicken als landwirtschaftliche Hilfe auf schwiegerelterlichen Boden. Besser als Fabrik wäre das auf jeden Fall. Ich denke, mit den allerdümmsten Vorschlägen, wenn sie nur ins Schema passen, Landwirtschaft paßt immer, kommt man am leichtesten durch.

17. Mai 40 [dem Kurierwagen in Iviers am 18. Mai mitgegeben]. Freitag. Dorf La Férée, auf einer Weide unter einem Kirschbaum. Sonne, heiß, doch kühler Wind. Ich bin etwas betrunken von Rotwein, den ich zu sieben Rühreiern getrunken habe. Essen statt Schlaf. Ein großes Stück vorangekommen.

18. Mai 40. Hannogne, 25 km südlich vom letzten Ort: Iviers. Schau auf die Karte, dann siehst Du, wir haben in den letzten zwölf Stunden eine große Flankenschwenkung vorgenommen und haben eine nach Süden gerichtete Verteidigungsstellung bezogen. Ich denke, das ist ein kritischer Moment des Feldzuges. Die Franzosen scheinen noch etwas in der Tasche zu haben. Ihre Panzer sollen eingreifen.

Wir kamen durch Rozoy, gestern eine Stadt, heute brennende Ruinen. Auf dem kleinen Marktplatz war die Straße eine Furt durch die Trümmer. Überall lag das zerquetschte, rauchende Blech von Autos herum. Deutsches Militär drängte über die Schuttberge hinweg nach vorne. Wir hielten einen Augenblick. Ein alter Mann stocherte in der Asche herum. Familien mit Säuglingen und Greisen waren auf dem Rückweg zu ihren Wohnungen, hoffend, sie noch heil zu finden, aber zweifelnd, ob es der Fall sei. Sie fürchteten uns und drängten sich trotzdem an uns vorbei. Stiegen über tote Pferde hinweg. Die toten Menschen sind immer schon von irgend jemand zugedeckt worden. Ob es dafür ein Kommando bei uns gibt – zwecks Verringerung der Kriegsschrecken?

Ich schaute mir die Karte an und sah, wir sind der vorderste Punkt der ganzen Front vom Süden bis zum Meer. Wie ein Sack hängt unser Abschnitt nach Frankreich hinein. Über die Aisne, zu der es nicht mehr weit ist, kommen wir allein nicht hinüber. 70 km südlich von uns liegt Reims. Ob wir nach Westen abdrehen, Richtung Paris?

22. Mai 40. Das ist ein merkwürdiger Krieg, der Eindruck entsteht, daß sie drüben keine rechte Lust haben, sich zu schlagen. Sie könnten uns sonst doch ziemlich in Verlegenheit bringen, hier und im ganzen Abschnitt, es ist ziemlich dünn bei uns, die richtige Familienvorstellung findet wohl derzeit in Belgien statt.
Ich traf einen alten Franzosen, der lebt hier seit seiner Geburt, und er sagte, im vorigen Krieg sei monatelang gerade um dieses Uferstück gekämpft worden, an dem wir liegen. Beim Graben eines Loches wurden ganz in unserer Nähe Gasmaskenteile und Stahlhelme von 1917 gefunden.
Sind meine Briefe sehr leer? Ich habe mir überlegt, daß ich von diesem Waldloch aus mit Dir telefonieren könnte. Technisch wäre es ohne weiteres möglich. Über meinen Kasten lief schon ein Gespräch bis nach Koblenz.
24. Mai 40, früh halb vier. Im Dorf nach St.-Quentin (le petit) war eine Kneipe, in der es aussah, als habe Meyerhold »Unordnung« inszeniert. Das Radio brachte uns heute alle zum Lachen, ja, zum Lachen, als es meldete, »die französischen Kolonialsoldaten, abziehend, hätten in Belgien schrecklich gehaust, Schränke aufgebrochen, alle Wäschestücke verstreut, die Spiegel zerschlagen« u.s.f. Einer meinte, bei solchen Nachrichten sollte vorher ein Sprecher sagen: Nicht für Soldaten an der Front. Nun, wir wissen jetzt jedenfalls, wer hier so gehaust hat. Mit der gestrigen Post kam auch eine DAZ [*Deutsche Allgemeine Zeitung*] vom 9. 5. (!), die auf der ersten Seite groß bringt, die englische Presse schreibe, zwei deutsche Armeen bewegten sich mit großer Geschwindigkeit auf Holland zu. »Dieser militärische Blödsinn stammt natürlich aus dem britischen Lügenministerium ...« usw.
Ich bin gegen halb 10 aufgestanden und war dann mit Schönberg, dem wackeren BMW-Fahrer aus Neukölln, auf Kaperfahrt. Als wir gegen 5 Uhr zurückkehrten, schwankte der Wagen hochbeladen. Es war Zeit, unsere Vorräte waren dahingeschmolzen. Feldküche findet überhaupt nicht statt.
Es ging durch die Dörfer von gestern, ohne fündig zu werden. Sie sind wirklich leer. Dann suchte ich auf der Karte vereinzelt liegende Güter abseits von den großen, ausgezeichneten Straßen. Reizvoll sind die Äcker, auf

denen der weiße Kreidegrund zutage tritt. Die Güter, große Komplexe von Ställen und Scheunen, ohne Herrenhäuser, vorgestern noch von französischem Militär belegt, waren entweder ausgeräubert oder von unseren Einheiten belegt. Ich befürchtete schon einen Fehlschlag unserer Expedition, wir fuhren aber noch weiter nach Westen und befanden uns längst im Abschnitt einer anderen Division.

26. Mai 40, abends. Nr. 15. Eine 100-km-Sonntag-Nachmittag-Fahrt liegt hinter Schönberg und mir. Wir sind bis Laon gekommen. In der Stadt standen Posten an allen Straßen. Unter Bewachung mußten Gefangene die Läden ausräumen, die bei dieser Beschäftigung äußerst vergnügt waren, ununterbrochen aßen und tranken. Ein Armee-Oberzahlmeister leitete die Aktion. Den suchte ich auf und sagte, wir brauchten Nahrungsmittel. Er meinte, das ginge so nicht. Natürlich meinte er das. Wir fuhren die steile Straße den Kirchenberg hinauf, und oben stieß ich auf einen netten Wiener Leutnant, der mit fünf Franzosen gerade einen Delikatessenladen ausräumte. Von dem bekam ich nicht nur Marmeladen und Kekse, sondern auch den Hinweis, wo sich das Zentrallager aller requirierten Waren befände. Eine Stunde später hatten wir den Wagen voller Herrlichkeiten. Dann ließen wir uns Zeit und besichtigten die Kathedrale. Als ich sie fotografieren wollte, kamen drei Posten gesprungen, um es mir zu verbieten. Ich fotografierte, während sie auf mich einredeten. Die Farbe der Fassade ist ein silbernes Grau.

28. Mai 40. Heute kam sogar die Frankfurter vom 20. und wurde gelesen. Diese Art Propagandakonsum mag noch hingehen. Aber ich weiß nicht, ob es eine gute Methode ist, die Wochenschauen anzusehen. Es ist bestimmt viel grausiger, sich aus dem Klappstuhl ein verwüstetes Dorf, ein Gefecht, Tote und dergleichen anzusehen, in einer filmischen Wiedergabe, die darauf abgestellt ist, Eindruck zu machen, als selbst dabeizusein, mit der Möglichkeit, sich zu schützen, zu fühlen und zu verändern.

Die Nachtigallen lassen sich von den über uns rasenden Fliegern nicht stören.

31. Mai 40. Auf dem Gut Tremblat Ferme. Nein, ein Verdun 1916 wird das hier auf keinen Fall. Nicht unmöglich,

daß wir jenseits der Aisne auf die Maginotlinie einbiegen, um sie von hinten zu nehmen, dann wird der Schreckensname Verdun auftauchen. Aber keine Sorge, das wird diesmal anders verlaufen. Diese Franzosen sind fabelhafte Leute, die haben einfach keine Lust, in die Partie, die wir ihnen liefern, richtig einzusteigen. Sie werden fürchterlich aufwachen, wenn es zu spät ist.

Meine gute Mutter schreibt, sie wolle mir Geld schicken, wenn ich dafür hier Kaffee oder Tee *kaufen* könnte. Das fugenlose Ineinander von bürgerlichen Vorstellungen und Barbarei (d.h. die Nichtzurkenntnisnahme selbiger, was auf das gleiche hinauskommt) hat für mich schon lange etwas Faszinierendes.

3. Juni 40. Deine letzten Briefe haben unsere Südschwenkung (wie lange liegt sie für mich zurück?) noch gar nicht zur Kenntnis genommen. Unsere »größten Schlachten der Geschichte« kommen erst noch. Hier sind ausschließlich aktive Divisionen zusammengezogen worden, und ich denke doch, daß wir die Maginotlinie von hinten aufrollen sollen, was zweifellos angenehmer sein wird als von vorne. Im übrigen machen mich diese Superlative lachen.

4. Juni 40. Wochenschauen sind gewiß keine gute Information. Darüber habe ich schon geschrieben. Deine Prognosen verraten, daß sogar Du ein Opfer der Propaganda bist. Wir wollen uns nächstes Jahr wieder darüber unterhalten.

6. Juni 40, abends. Die Frau von Schönberg schrieb ihm, er solle ihr in den Briefen auch »gute Worte« sagen. Auf einer Ansichtskarte, die ich heute in der Kirche von La Malmaison fand, stand zu entsprechenden Bildern der Vers:

> Qu'il vente, qu'il pleuve, je prends un parapluie.
> Quand il pleut des baisers, je ne crains pas la pluie.

Auf der Karte stand handschriftlich: »Ma fois tu a bien fais, tu n'a pas besoin d'avoir peur car j'ai confiance en tois.« Ich empfahl Schönberg, sich diese Karte für die guten Worte zur Vorlage zu nehmen.

8. Juni 40. Flohr schickte mir den »Nachtflug« von Saint-Exupéry. Ich lese darin, das sind so modische Sachen. Fein und dumm, strohdumm. Ich hasse diese Kleisterstreicher, diese Zukleisterer.

9. Juni 40. Villers-devant-Le-Thour. Nun hat der Krieg wieder angefangen. Um 12 Uhr heute nacht sind wir umgezogen in das nächste Dorf und haben uns da im Keller etabliert, unweit der Kirche. Er ist klein und luftlos und überfüllt. Trotzdem schlief ich zunächst einige Stunden ganz gut, bis genau um 4 Uhr 45 die Sache losging. 200 Geschütze begannen zu feuern, es war ein unbeschreiblicher Lärm.

10. Juni 40. Guten Morgen – nach einer sogar durchschlafenen Nacht. Ich blieb nicht im Keller und lebe doch noch. Französische Flieger schossen Leuchtkugeln, die an Fallschirmchen hingen – hübsch, sehr hübsch in der Sommernacht. Sie warfen auch Bomben. Die Franzosen wehren sich jetzt verzweifelt. Gestern schossen in unserem Abschnitt fast 1000 Kanonen.

Heute hat Italien wirklich den Krieg erklärt. Auf die offizielle Begründung bin ich gespannt. Wie heruntergekommen ist dieses charmante Volk! Im ersten Krieg schicke Verräter der schlechten Sache, stürzen sie sich jetzt in – die gute.

Bazancourt, 11. Juni 40 [mit der Schreibmaschine geschrieben]. Wir sind auf dem Marsch, und ich schreibe auf einer Maschine! Ein Wachtmeister hat sie gefunden und mitgenommen. Ich darf sie benützen. Hier fanden sich alte Zeitschriften, mir ist wichtig ein Sonderheft von »Illustration« zum Münchner Abkommen, Fotos, die man bei uns nicht gesehen hat. Aber auch ein französisches Soldatenblatt mit Propaganda, darin eine Phantasie-Reportage »Hitler und die Frauen«, unser Führer, umgeben von lauter halbnackten Mädchen, die ihn auszuziehen versuchen. Daß man in Frankreich Vermenschlichung für Antipropaganda hält ...

Man hat mich übrigens soeben zum Gefreiten befördert wegen der Störungssuche neulich in Villers. Jaja, so werde ich denn peu à peu General. Die Beförderung erfuhr ich dadurch, daß der Kompaniechef am Ende der Unterhaltung plötzlich scherzend fragte: »Wie heißen Sie?« Ich sagte: »Soldat K.« – »Nein«, antwortete er, »Gefreiter K.«

Wir hören, Reims sei wirklich genommen und die Deutschen stünden 20 km vor Paris. Wenn der Krieg so weitergeht, werde ich einen Salonkrieg erlebt haben. Das Un-

angenehme ist ja nicht, daß man dann und wann in Gefahr kommt. Unangenehm ist, mit nassem Zeug irgendwo in einem nassen Graben liegen zu müssen, unangenehm ist, sich nicht waschen zu können, unangenehm sind 30- und 40-km-Märsche.
12. Juni 40. Wir sind wieder ins Rennen gekommen – für die Infanterie schlimm. Die Lahmen und Ausgepumpten hängen immer in Trauben an unseren Wagen. Unser Trupp und ein anderer, vier Fahrzeuge, halten, ohne einen Befehl zu haben, am Rhein-Marne-Kanal bei Alliancelles, es wird lebhaft mit Maschinengewehren geschossen, und nach und nach kommen sie aus den Wäldern heraus, Franzosen ohne Waffen, Artillerie und bespannte Teile der Infanterie holen das Äußerste aus den Pferden heraus, fahren Trab, weil sie sonst das Tempo nicht halten können. Wir sollen, so hieß es vage, unseren Divisionsstab finden, aber wo wir hinkommen auf der Vormarschstraße, ist er schon durch. Diese Erfolge lassen immerhin an die Möglichkeit denken, daß die Trennung sich verkürzt.
Sermaize-les-Bains, 15. Juni 40, Nr. 35. Ich schreibe unter komfortablen Umständen in einem gepflegten Garten. Das Dorf verließen wir gestern gegen Abend, zuvor hatte ich ein Klavier entdeckt, Bach-Suiten lagen herum, ich spielte ein bißchen. Das ist nicht die Art Musik, mit der man hier Zuhörer findet. Es hieß gleich: Spiel doch mal was Richtiges.
Die Flüchtlinge fangen an, uns um Essen zu bitten. Was sie bekommen, stammt aus ihren Häusern. Nichtsdestoweniger werden sie heiter, zutraulich und satt, und im Gespräch mit ihnen wird der Krieg unversehens zu einer über ihnen wie über uns stehenden detestablen Sache, gleichsam vom Schicksal verfügt.
Ich trage seit zwei Tagen graue Flanellhosen, weil meine Militärhosen zerrissen sind. Habe ich den Militärrock ausgezogen, so ist nichts mehr vom Soldaten an mir, denn statt der Militärschuhe trage ich gelbe Sandalen. Zu einem grauen Sporthemd kommt noch ein Strohhut in der Form eines Tropenhelms. So laufe ich auf Rastplätzen herum, und wenn ich französisch spräche wie ein Franzose, brauchte ich nur 50 m vom deutschen Haufen mich zu entfernen und könnte mich unter die Besiegten mischen.

Abends. Der Krieg scheint Rücksicht darauf zu nehmen, daß heute Sonntag ist. Wir befinden uns auf einer Kraft-durch-Freude-Reise ins Blaue Frankreichs. Ein siegreicher und glatt beendeter Krieg – glatt würde ich auch sagen, wenn er in einem Jahr zu Ende ginge – würde sogar, dessen bin ich sicher, in den Köpfen unserer Freunde Verwirrung anrichten. Wir müssen uns dann auf einige elementare Einsichten zurückziehen und auf diese Weise ausmachen, wohin wir gehören. Wir würden versuchen müssen, auf dem Lande zu leben; seit Rousseau sind in letzter Zeit einige Gründe dazugekommen, die dafür sprechen. Ländliche Umgebung würde sich wie eine Art Stoßdämpfer auswirken.
Im Durchlesen bemerke ich, daß nur jeder dritte gedachte Satz auf dem Papier steht, aber ich rede trotz dieser Sprunghaftigkeit immer vom selben Thema.
So phantastisch es klingt, es sieht aus, als gingen wir auf Straßburg zu. Der Kessel, der sich dadurch bildete, enthielte etwa fünf Armeen.

Als Sieger im Paradies

20. Juni 40. Villecomte, Dept. Côte-d'Or. Daß dies hier Feindesland ist, vermögen wir uns schon seit Tagen nicht mehr vorzustellen. Die allgemeine Lage ist uns undeutlich. Müssen wir ganz Frankreich besetzen, fahren wir bis in die Gascogne in einer Jahreszeit, in der dort vor Hitze die Vögel tot von den Bäumen fallen?
Zunächst ging es heute früh nach Dijon, wo ich in einem Gespräch mit dem Oberleutnant für den ganzen Haufen einen Aufenthalt von zwei Stunden herausschlug. Diesmal kaufte ich nur für mich ein, seidene Hemden, andere Wäsche, einen weißen ärmellosen Pullover, Sporthosen, Parfüms für Dich. Da ich sie nicht ausprobieren konnte, kaufte ich drei Sorten. Die Fläschchen schicke ich bei nächster Gelegenheit ab, zusammen mit Tee. Hemden kosten 50 bis 60 frs. (= 2,50 bis 3,- RM), es ist unglaublich, und es wird sich ändern.

21. Juni 40. Eine außergewöhnliche Sache ist an uns vorbeigegangen – um ein Haar wären wir nach Italien abkommandiert worden. Eine militärische Formation – ich weiß nicht, wie stark, ich weiß nicht, ob aus Prestigegründen oder ob die Italiener tatsächlich Hilfe brauchen (gegen dieses Frankreich?) – geht in den Süden. Wäre der Motor unseres großen Wagens nicht so schlecht, wir wären bei dem Kommando dabeigewesen.
24. Juni 40. Ich höre, daß Berlin bombardiert wurde.
26. Juni 40. Schloß St.-Romain bei Dorf Perrecy-les-Forges im Dept. Saône-et-Loire. Es ist tiefe Nacht. Unser großer Wagen, in dem ich bei einer Kerze sitze, erstens weil ich Nachtdienst mache, zweitens weil die elektrische Lichtanlage kaputt ist, steht im Park des Schlosses in einem schmalen Gang zwischen fast 4 m hohen Taxushecken. Dieses Schloß zeichnet sich vor allen, die wir mit unserem Besuch beehrten, dadurch aus, daß es fabelhaft instand ist, es stinkt nach Reichtum. Der Herr Graf, er ist fort, unterhält hier einen Reitstall und einen Hundezwinger. Manche glauben, hier werde es nun eine lange Ruhezeit geben. Hm ... ich könnte mir sogar eine afrikanische Expedition denken.
St.-Romain, 26. Juni 40. Briefe, die ich bekomme, sind wirklich erstaunlich. Natascha B. schrieb mir aus München; ihr Brief ist entweder ein Dokument beginnender Zersetzung des Gehirns oder, wie ich hoffe, reine Ironie.
1. Juli 40. Ich warte in der Kirche von Perrecy auf den Militärpfarrer, es soll Gottesdienst abgehalten werden, und ich habe Befehl, die Orgel zu spielen. Es ist 11 Uhr vormittags. Die Kirche ist noch leer, Dämmerlicht erfüllt sie. Die Steinwände haben die Farbe des Altars, die keine Farbe ist, weder weiß noch gelb, noch grau, etwas Unbenennbares dazwischen. Neben dem Ortsgeistlichen, einem hageren Herrn mit klugem Schädel, an dem alle Knochen hervortreten, ist noch ein anderer, aus dem Elsaß hierhergeflüchteter Geistlicher hier, eine hohe Gestalt mit Prophetenbart. Beide erschienen soeben und öffnen das große Tor im Mittelschiff, durch die ganze Kirche hindurch kann ich von meinem Platz aus in das sommerliche Licht hinausschauen. Im Türrahmen stehen die schwarzen Silhouetten der Männer. Die Soldaten strömen herein.

2. Juli 40, St.-Romain. Gestern kam Bertram noch herüber, der in einem Bauernhaus in der Nähe wohnt. Wir feierten seine kürzlich geborene Tochter Heide mit ein paar Flaschen Champagner. Heute stand ich schon gegen halb acht auf, weckte Bertram telefonisch und ging mit ihm zum Baden. Am Waldsee ist es in den Morgenstunden am schönsten. Wir blieben bis elf und waren fast die ganze Zeit allein. Zurück holte uns der Wagen, das war gut, denn es ist glühend heiß.

Le Creusot, 9. Juli 40. Unsere Lebensumstände haben sich wieder einmal von Grund auf gewandelt. Bei schönem Wetter ging es heute die 25 km nach Le Creusot, ein Schwarm von Arbeitersiedlungen umgibt den schüchternen Versuch, ein Stadtzentrum zu bilden. Die Eisenbahn zerreißt, was man Stadt kaum nennen kann. Auf der höchsten Erhebung liegt die Villa der Schneider-Familie, angefüllt mit Kunstschätzen und schönen Möbeln. Einen solchen Gebäudekomplex mit Seitenflügeln, Vorhöfen und Innenhöfen in einem weiten Park müßte man eigentlich ein Schloß nennen, aber es ist eben doch nur der großzügige Wohnsitz eines reichen Bürgers. Nicht so maßlos wie Krupps »Villa Hügel«. Im Schloß wird der Divisionsstab vermutlich Quartier beziehen. Uns erwartet eine moderne Mädchenschule im Stadtteil St.-Charles, wir haben es bezogen. Die Anlage erlaubt, ja ist darauf abgestellt, einen perfekten Kasernenbetrieb einzurichten, und so wird es auch kommen. Über den drei Stockwerken liegt ein flaches, begehbares Dach. Hier also wird ein zweites Prüm entstehen, und ich habe schon manches unternommen, um der Entwicklung einen erträglichen Dreh zu geben. Vor allem kaufte ich mir ein ballonbereiftes Fahrrad für 22.50, das zwei Übersetzungen hat. Nach vorwärts tritt man im ebenen Gelände, nach rückwärts, wenn's bergauf geht. Ein ziemlich ulkiger Mechanismus. Mit dem Rad fuhr ich die Stadt ab, zusammen mit Bertram – der Riese auf der Querstange, aber das Ding hielt es aus! Wir tranken Kaffee zwischen Spiegeln und weißen Wänden und besichtigten das Schloß.

Le Creusot, 10. Juli 40. Ich bin ziemlich erfolgreich darin, mich in der Kompanie unsichtbar zu machen. Musik, Sprachkurs, dolmetschen ... Gestern wurden vom Schloß zur Postzentrale einige Leitungen gelegt, ich vermittelte

die Unterhaltung mit den Postbeamten. Heute wird es damit weitergehen, aber vorerst warten wir ab, es regnet nämlich. Herr Wachtmeister wollen nicht naß werden.
Ich hatte mich gestern nachmittag mit Kohlhase (Organist) an einem Badesee verabredet, das Wasser war fast zu warm. Wir blieben nicht lange, fuhren in die Stadt und besuchten M. Laurent, den Organisten der gleichnamigen Kirche: St.-Laurent. Die Gemeinde ist dank dessen, daß die Schneiders zu ihr gehören, eine der reichsten Frankreichs. M. Laurent ist ein älterer Herr, der von Schneider aus Lyon hierhergeholt wurde als Organist und das ortsübliche Niveau weit überragt. Wir redeten alle drei wie die Wasserfälle. Laurent nahm uns mit zu einem blinden Freund, auch einem Musiker, der mir seine Geige leihen wird. Ich spielte ein bißchen aus dem Gedächtnis, und Kohlhase improvisierte auf dem Klavier dazu. Am Samstagnachmittag wollen wir in der Kirche spielen. So fangen wir also an, uns einzurichten, aber ich habe keine Spur Lust dazu. Ich habe es satt.
12. Juli 40, Le Creusot. In Schneiders Theater steht ein Klavier, ich spiele dort zuweilen vor dem leeren Zuschauerraum mit Polstersitzen.
Schönberg geht morgen »ins Reich« zurück, Mechaniker werden gebraucht. Ich habe den falschen Beruf. Man müßte jetzt der Frage der Reklamation durch Steiniger, unter Einschaltung von Eggebrecht, wieder nähertreten.
Die Franzosen erhöhen hier die Preise, und unser Einkommen sinkt, die Kriegszulage ist bereits bei der letzten »Gehaltszahlung« gestrichen worden.
Quatorze-Juillet 40, der für die Franzosen diesmal kein Feiertag ist. Trotz Sonntag und 14. 7. ist es ein ruhiger Tag. Vormittags schrieb ich in einem Café Briefe, aß dann mit Bertram und fuhr mit ihm zum Badesee, wir zwei Riesen auf dem kleinen Rad. Ein halbes Dutzend fischende Franzosen saßen am Ufer und machten ein Palaver mit mir. Bertram versteht zu seinem Kummer nur ein paar Worte. Ich werde französische Stunden nicht bei Frl. Reguin (der charmanten Tochter des blinden Musikers) nehmen, sondern bei M. Laurent, bei dem ich viel mehr lernen kann. Er ist ungewöhnlich geistreich und säße bei uns längst hinter Gittern. Gestern waren wir alle vier in der Kirche

St.-Laurent. Kohlhase hat gespielt und Bewunderung geerntet, obwohl er selber unglücklich darüber war, so viel verlernt zu haben. Laurent gab ihm ein Thema, und er phantasierte mit großem Elan eine halbe Stunde darüber, zum Schluß in strenger Form.

17. Juli 40. Ich habe eine dreistündige Unterhaltung mit M. Laurent hinter mir über komplizierte Themen. Da streikt mein Französisch. Als Zuhörerin wirkte ein anmutiges Mädchen namens Tatjana Léontieff, Tochter eines wahrscheinlich toten weißrussischen Offiziers, Enkelin eines Generals, also mit der allzu üblichen Vergangenheit einer russischen Emigrantin. Dieses Mädchen von 16 1/2 vereinigt russische und französische Reize. Ihre Augen sind so [kl. Zeichnung]: So schräg stehen sie wirklich, ich untertreibe eher. Sie machte einen tiefen Knicks, als sie mir guten Tag sagte. Sie spricht russisch und französisch gleich gut und ist Schülerin bei Laurent. Übermorgen habe ich bei Laurent wieder französische »Stunde« – das werden endlose Schwätznachmittage werden, bei denen jeder gleich profitieren wird.

18. Juli 40. Meine Lage hat sich verbessert. Aus meiner Anregung, ein Büchlein der Kriegsfahrt zu machen, ist ein Befehl der Abteilung, also unserer nächsthöheren Befehlsstelle, geworden, eine Chronik des Krieges nicht nur für die Kompanie, sondern für die ganze Abteilung, das sind ungefähr drei Kompanien, zu schreiben. Ich werde eine kleine Arbeitsgemeinschaft, Schreiber, Zeichner, Fotografen usw., zusammenbringen, eine Wohnung beschlagnahmen, eine Druckerei ausfindig machen und den militärischen Dienst Dienst sein lassen für die andern.

[Ich durfte in Urlaub fahren »ins Reich« und kehrte am 17. August 1940 nach Le Creusot zurück.]

18. August 40. Die Kriegschronik-Gruppe, das sind also Bertram (Bildhauer), Manteufel (Pfarrer), Prestel (Schauspieler), Fehrmann (Ufa) und ich.

Ich genieße Laurents Höflichkeit und aller anderen Franzosen, mit denen wir in Berührung kommen. Fehrmann sagte, als wir nach Hause gingen, es sei ganz gleichgültig, ob uns diese Leute eigentlich haßten und ihre Höflichkeit nur aufgesetzt sei. (Was soll sie sonst sein?) Er sagte: »Lieber schlechte Gedanken und gutes Benehmen als gute Gedanken und im schlechten Benehmen eine Tugend sehen. Und außerdem steht dahin, ob die Gedanken gut sind.« Seine Mutter ist Engländerin, sein Vater ein halber Russe, er lebte bis 1924 in Rußland – das Beiseitestehen und Die-Dinge-von-außen-sehen-Können, bei mir eine Folge der Denkungsart, hat er von Hause aus durch Erziehung mitbekommen. Er spricht gut russisch. Wir gingen abends den Hügel hinauf, der Marolles heißt; da wohnen Schneiders russische Arbeiter, vor Jahrzehnten emigriert. Auf tief ausgetretenen Pfaden stiegen wir hinauf, kamen ins Gespräch mit einer alten Frau, die ein hübsches Kind spazierentrug. Sie brachte Stühle aus dem einzigen Raum herbei. Bald versammelte sich, von überall her wie durch ein Signal gerufen, eine Menge Leute, Russen oder Deutschrussen, ein alter Kaukasier, der etwas Kroatisch konnte. In zehn Minuten war eine slawische Welt hingestellt mit wenigen Sätzen. »Oh, ihr lieben Herrchen«, sagte die Alte, »habt ihr nicht Wäsche, bringt sie uns, wir müssen ein wenig verdienen, man gibt uns keine Arbeit, Fremde sind wir nun plötzlich, erst kommen die eigenen Leute, ach, diese Franzosen, sie sind wie Juden, alles fürs eigene Volk, für uns nichts mehr. Sie werfen uns vor, wir essen ihr Brot. Bis zum Krieg war es gut hier, aber jetzt! Mein Schwiegersohn hat eine Harmonika zu verkaufen, wissen Sie nicht jemand, der sie kauft?«

19. August 40. Ich bin auf der Suche nach einer Bleibe und habe mit dem Bürgermeister gesprochen. Er versucht, etwas zu finden. Heute früh war ich auch beim Divisionsstab, weil ich mit dem Hauptmann v. Bissing etwas über die Chronik zu reden hatte. Es ergab sich, daß er auch mit mir etwas zu reden hatte. Ein Schriftsteller namens Mende (er heißt a. mende und zeichnete früher im Simplizissimus Beiträge mit »am ende«) hat dem General 12 Briefe »geschenkt«, die er während des Krieges geschrieben hat. Von Bissing fragte, ob wir – Steiniger – diese Briefe als kleines Buch veröffentlichen wollten. Ich bat ihn, mir das Manuskript zu besorgen. Die Division will einen Absatz von 500 Exemplaren garantieren. Außerdem schreibt auch im Divisionsstab jemand Kriegsgeschichte, und er fragte, ob vielleicht auch dafür verlegerisches Interesse bestünde. Nur zu – es braucht aus nichts etwas zu werden, aber es diene mir als Floß!

Bei Laurent heute, ich war schon fast im Gehen, erschien ein Freund von ihm. Französische Männerfreundschaften in ihrer Distanziertheit haben viel Charme. Dieser, ein Techniker aus den Schneiderwerken, aber Sohn eines Literaturprofessors und sich sehr poetisch gebend, fing plötzlich an – über mein Gesicht und meine Hände zu meditieren, als sei ich nicht im Zimmer. Das war seltsam. Schon wieder ein Mensch. In diesem Kaff so viele Menschen, Russen, Kaukasier, Franzosen, Organisten, blinde Geiger. Bertram auch, o ja!

20. August 40. Mit Fehrmann und Prestel am Marolles Omelett und gefüllte Tomaten gegessen. Wir sprachen über die Chronik, und irgendwie müssen wir uns mit der Sache doch beschäftigen; sie nur als Tarnung benützen, das wirkt nicht überzeugend genug. Ich führe einen Kleinkrieg gegen die militärischen Instanzen, um uns Luft zu schaffen, und höre dann Fragen wie: Warum können Sie eigentlich nicht das Kompanie-Exerzieren mitmachen, auch wenn Sie an dieser Sache arbeiten? Ja, was soll man da antworten?! Heute kam ein Auto voller Leutnants angefahren, die sich unseren Laden ansehen wollten. Zehn Minuten früher hätten sie uns schlafend gefunden. Ich sah den Wagen kommen, wir spielten eine gute Szene »Arbeitseifer«.

Byrrh-Cassis, gemischt im Verhältnis 1:4, wird mein Lieblingsgetränk. Es ist noch sehr ungemütlich hier, aber ich fange nicht an, es behaglicher zu machen, bevor wir nicht eine bessere Bleibe gefunden haben. Ich werde mich nicht langweilen: die Geige, die Stunden bei Laurent, musizieren mit anderen, die Chronik und, darauf brachte mich ein Gespräch mit Bertram, meine eigenen Briefe durchsehen und auf ihre Möglichkeit prüfen, ob sich etwas daraus machen läßt ... Zeichnen und zum Baden fahren nicht zu vergessen. Fast hätte ich gesagt, Blumen auf einen Misthaufen pflanzen, aber das ist ja der beste Platz, dort wachsen sie am üppigsten.

19. August–6. September 40 [eine diese Tage zusammenfassende Eintragung im Notizkalender]. Die neue Wohnung finden wir gegen Ende der Woche bei Madame L'Henry in der Avenue de la République. Wir haben den denkbar größten Ärger mit den Militärs wegen unserer »Chronik«, aber auch in dieser Hinsicht kommen die

Dinge gegen Ende der Woche ins Lot. Wir hausen in den fast leeren Zimmern des Erdgeschosses, inmitten eines großen Gartens, um den sich eine Mauer zieht. Ich verbringe halbe Nächte draußen im Liegestuhl, schreibe viele Briefe, spiele mit Laurent Händel-Sonaten. Er hat aber zu Händel und Bach kein richtiges Verhältnis. Das Wetter ist immer strahlend schön und zuweilen heiß. Wir tun so gut wie nichts an unserer »Chronik«. Tatjana Léontieff mit den schrägsten Augen, die ich je sah, und ihre nicht minder reizvolle Freundin Vera Popoff kommen zu uns in den Garten. Bertram richtet sich in der leeren Garage von Madame ein Atelier ein und beginnt einen Kopf von Tatjana. Die Eltern fürchten, ihre Tochter komme ins Gerede, und machen Schwierigkeiten. Tatjana macht keine. Wir sehen viele Russen bei uns und haben täglich Gäste, darunter auch einen jungen Franzosen, mit dem ich eifrig deutsch-französischen Sprachaustausch betreibe. Gerüchte, die Division werde verlegt, verdichten sich. Am 6. 9., also heute, werde ich alarmiert und soll mit einem Vorkommando der Division nach Avallon, wo ich als Dolmetscher für die Quartiermacher fungieren muß.
Avallon, 8. September 40. [A. ist eine französische Kleinstadt im Dpt. Saône-et-Loire, die in ihrer Lage und in ihrer Architektur ein französisches Rothenburg ob der Tauber darstellt. Die Tauber von Avallon heißt Cousin, der sich zu Füßen der Stadt mit einem zweiten Flüßchen, der Cure, vereinigt.]
9. September 40, Avallon. Meine erste Maßnahme als Quartiermacher war, mir mein eigenes Quartier zu suchen. Ich habe es am Stadtrand gefunden, dort, wo die Felsennase, auf der Avallon liegt, fast senkrecht zum Fluß hin abfällt. Ich brauche nur zehn Schritte vor meine Tür zu machen – die Tür eines in sich abgeschlossenen Appartements, dessen Existenz die Kompanie nie erfahren wird – und habe einen freien Blick in eine veritable Freischütz-Landschaft. Meine Wirtin heißt Madame Dubreuil. Ich habe einen Wohnraum, einen Schlafraum, eine Kleiderkammer, eine Besenkammer, Wasser und Gas. Der Fußboden besteht aus roten Ziegeln. Die Tapeten sind braun, die Möbel aus Mahagoni. Die Schreibmaschine steht auf dem Tisch.
19. September 40. Wir werden »ins Reich« verlegt! Ge-

stern abend haben Bertram und ich unseren privaten Abschied von Frankreich gefeiert. Wir sind gegen 8 Uhr ins Cousin-Tal gewandert, es war noch nicht ganz dunkel, einige sanft hingestrichene Schleierwolken ließen das Blau des Abendhimmels nur um so tiefer erscheinen. Im »Moulin Ruat« [Gasthaus, berühmt für seine Küche] werde ich schon als Freund des Hauses empfangen. Sohn und Bruder der Besitzerin dieses Zauberlokals am rauschenden Fluß besitzen in Paris bekannte Eßlokale. Doch ist der Sohn im Augenblick in Gefangenschaft, in die er als Koch eines Generals geriet. Auf diese Idee müssen unsere Generale erst noch kommen: sich französische Köche halten! Wir wurden »nach Art des Hauses« bewirtet: Suppe, Forelle in brauner Butter, Pommes frites, Butterbohnen und Salat, ein Omelett confiture, dazu eine Flasche Chablis. Dann Käse und einen uralten Cognac, der in gewaltigen Schwenkern serviert wurde. Die Rechnung machte für uns beide 63 Franken, das sind umgerechnet 1,50 RM für jeden. Wir bezahlten stumm und hätten uns fast entschuldigt. Ich sagte zu Bertram: Denk dran, wenn wir wieder in der deutschen Wüste sind, und auch dann, wenn sich die Wüste bis hierher ausgebreitet hat. Frau Bertier zeigte uns ein paar Zimmer, eines hübscher und verspielter als das andere, und ich sagte, wir würden im nächsten Sommer mit einem Baby zu ihr kommen.
Gegen 10 Uhr brachen wir auf, das ganze Haus versammelte sich zum Abschied, es war Nacht geworden, ein Fast-Vollmond stand über dem Tal. Die Felsen sahen wie Knochengebilde aus, und was tagsüber lieblich und romantisch wirkte, empfanden wir jetzt als großartig und geheimnisvoll. Einige leere, verlassene Gehöfte am Weg sahen wie Schlösser aus. Der Fluß glänzte silbern. Avallon lag schimmernd hoch oben auf seiner Felsenterrasse.
19. September 40, Avallon (abends). Ein nachgelieferter Hochsommertag. Ich ergatterte einen Wagen und machte mit Bertram eine Fahrt, zunächst zum »Moulin Ruat«, dort tranken wir Kaffee, zu dem uns Madame Bertier einlud. Auch erklärte sie uns einen besonders schönen Weg nach Vézelay, der uns zu der herrlichen Stelle im Cure-Tal führte, wo eine alte römische (unter einer hochgeschwungenen modernen) Brücke die steilen Talufer

verbindet. Auf dem Rückweg besuchten wir das Schloß Castellux, und als ich es auch von innen sehen wollte, lernten wir nicht, wie erwartet, einen Verwalter kennen, sondern den Herzog persönlich, der so unsagbar degeneriert war, daß ich ihn aus Angst, er fiele unter einem direkten Blick auseinander, gar nicht anzusehen wagte.

Zum letztenmal dürften 1787 Tapezierer in Castellux tätig gewesen sein. Wir versuchten, der Führung schon im Parterre Einhalt zu tun, denn so hatten wir uns den Besuch nicht vorgestellt. Ich fürchte, es war unsere Sieger-Qualität, die meine dringenden Bitten, zum Ausgang zurückzukehren, unwirksam machte – einmal aufgezogen, schritt die Puppe lautlosen Schrittes, aber pausenlos Erklärungen abgebend, vor uns her durch alle Stockwerke. Irgendwo mußte sich eine bewohnbare, von diesem Gespenst bewohnte Höhle befinden, aber die bekamen wir nicht zu Gesicht. Ich hätte zu gern die Küche der Frau Herzogin gesehen.

Als wir zum Wagen zurückgingen, waren wir in einer zwiespältigen Stimmung: Einerseits kamen wir uns wie die boches aus dem Bilderbuch vor, andererseits war der Herzog doch eine hochgradig lächerliche Figur. Auf dem ganzen Weg bis Avallon machten wir ihn nach, bis Bertram vor Lachen fast in den Graben gefahren wäre.

20. September 40, Vézelay. Der Krieg bekommt noch einmal einen schönen Akzent. Heute wurde ich durch den Befehl aufgestört, nach Vézelay zu kommen, ich sollte dort Orgel spielen, der General wünsche es.

Abends gegen 6 Uhr waren wir in Vézelay, und ich meldete mich beim General, der beim Pfarrer, unmittelbar neben der Kathedrale, einquartiert ist. Irgend jemand hatte aus der Generalsmücke einen Elefanten gemacht. Lichl sagte, einen Befehl habe er nicht gegeben, nur angeregt, daß ich am Sonntag beim Schlußgottesdienst für die Soldaten in der Kathedrale die Orgel spielen solle. Er setzte die Mütze auf und ging mit mir hinüber, wollte etwas vorgespielt haben, es war aber nicht möglich, es gab keinen Strom für den Blasbalg. Der General war aber offensichtlich in der Laune, sich zu unterhalten, ging mit mir durchs halbe Dorf und erzählte mir von seinem Besuch bei Romain Rolland, den er am Tag zuvor gesprochen hatte. Rolland wohnt seit drei Jahren hier, in der Nähe ist er geboren. Der General war durch Zufall in das Haus gekommen, nicht ahnend, wen er antreffen würde, und als er es erfuhr, konnte er nicht mehr zurück. Es schien ihm ein wenig peinlich zu sein, da er etwas von deutschfeindlichen Äußerungen Rollands hatte läuten hören.

Wir kamen überein, daß ich morgen mit ihm nach Avallon führe und ihm nachmittags dort auf der Orgel etwas vorspielen würde. Er wird mich dann wieder hierherbringen, und am Sonntag spiele ich bei beiden Pfarrern in ihren Frankreich-Ende-gut-alles-gut-Gottesdiensten. In dieser Kathedrale! Als mich der General verabschiedet hatte, ging ich zum Pfarrer, um ihm ein empfehlendes Wort für R. R. zu entlocken, das er sofort schrieb. Das bedeutet, daß ich am Sonntag bei Rolland Tee trinken werde.

22. September 40. Mit dem General war ich seit gestern in Avallon und spielte ihm eine Stunde Bach vor – es war der Abschied von dem vertrauten, herrlichen Instrument. Am späten Abend spielte ich bei Kerzenschein in der Vézelay-Kathedrale die Toccata und Fuge in d-Moll. Die Kerzen beleuchteten nur die nächste Umgebung. Während des Spiels hörte ich manchmal die Klänge durch den Raum entschweben, der sich im Dunkeln in die Unendlichkeit verlor.

Die Stunde nachmittags bei Romain Rolland war schön. Er sah wunderbar aus, aber so angegriffen und zerbrechlich, daß es zum Erbarmen war. Er sprach in der Hauptsache von seinem Werk über Beethoven, das er vor Jahrzehnten begonnen hat. Vier Bände liegen vor, er zeigte sie uns (Bertram war mit, der nicht Französisch versteht und deshalb mehr Muße hatte, den wie aus Marmor gebildeten Kopf zu betrachten). Die kostbaren Drucke enthalten viele Faksimile. Im fünften Band, an dem er arbeitet, will er von den letzten Werken sprechen. Er lebt ganz in dieser Arbeit und beteuerte immer wieder, daß die Idee, mit der er vor Jahrzehnten, als er noch Musikprofessor an der Sorbonne war, daran zu arbeiten begonnen habe, tragfähig geblieben sei bis heute. Er bedauerte, daß die weitere Übersetzung ins Deutsche nicht mehr erlaubt sei. Dieses Werk, sagte er, trägt doch zum Ruhme

Deutschlands bei. Ich versprach, einen Versuch zu machen, ob daran etwas zu ändern sei. [Das geschah ohne jedes Ergebnis im Winter 1940/41.]
Von außen unterscheidet sich sein Haus in nichts von den anderen, die grau und heruntergekommen die ansteigende Hauptstraße von Vézelay bilden. Neben dem unscheinbaren Tor befindet sich ein Papierwarenlädchen. Eine alte Frau öffnete, wir traten in einen kleinen Innenhof. Ich gab meinen Empfehlungsbrief vom Pfarrer ab, wir warteten. Es dauerte nicht lange, bis die Alte wiederkam. Sie führte uns durch die Küche in einen kleinen Flur, von da in ein großes Eßzimmer mit hellgelben Tapeten, das ohne Tür mit einem Bogen ins Musikzimmer übergeht. Hier bilden unverglaste Bücherschränke eine ganze Wand. Davor steht, fast in die Mitte des Raumes gerückt, ein großer, mit seidener Decke verhangener Konzertflügel, später zeigt sich: ein Erard. Einige Sessel, ein niedriger Tisch vollenden die Einrichtung. Vor den Fenstern steinerne oder gemauerte Säulen, die einen Balkon im 1. Stock tragen. Der Ausblick war großartig und weit wie von allen Stellen des die Kathedrale tragenden Berges.
R. R. stand wartend im Eßzimmer, als wir eintraten. Er führte uns ins Arbeitszimmer, die Frauen des Hauses hielten sich verborgen. Wir kamen ohne jede Schwierigkeit ins Gespräch dank seiner sich lange im Unverbindlichen haltenden Freundlichkeit. Ich saß ihm ganz nahe, er sprach leise und litt an Atemnot. Offenbar hatte ihm der Geistliche gesagt, daß ich Musik triebe. Bei Beethoven blieben wir lange. Jetzt im Alter, sagte er, nähere ich mich der Alterswelt Beethovens. Ich gebrauchte in diesem Zusammenhang das deutsche Wort »Entmaterialisierung«, woraufhin er lebhafter wurde und aus seiner Unverbindlichkeit heraustrat.

Heim ins Reich

25. September 40, Alttucheband bei Frankfurt/Oder. Eine gute Sache, daß die Post jetzt nur noch zwei Tage unterwegs ist – ganz normale Post, in einen ganz normalen Kasten geworfen. Ich habe mit dem Adjutanten des Stabs gesprochen, der meint, daß ich Anfang Oktober in Arbeits-Urlaub fahren könnte. Kaum zu fürchten, daß etwas dazwischenkommt.

Am Sonntag ist große Parade der Division in Frankfurt vor dem General. Ich werde also wahrscheinlich am Mittwoch fahren können.

Der bisherige Stabsadjutant ist heute Kompaniechef bei uns geworden, und aus diesem Anlaß sind wir mit Stahlhelm und Gewehr im Gutshof angetreten. Einige Dörfler hatten das militärische Schauspiel eines schlampigen Parademarsches.

Obschon unseres oder meines Bleibens hier gewiß nicht lange ist, habe ich mir doch bei der Gärtnerin Tietz eine Stube gemietet, als Rückzugs- und Rettungsplatz. Diese Menschen hier sind mir so fern und so fremd wie ein Eisbär im Zoo. Ich sitze jetzt in Frankfurt in einem Café, wo ein »Künstlertrio« zum Erbarmen sich abquält. Der Cellist guckt sich in den Pausen seine Zähne in einem Taschenspiegel an.

27. September 40. Die starken Einschränkungen, die in unserer Ernährung fühlbar werden gegenüber Frankreich, bessern die Stimmung nicht. Alles ist in Vorbereitung für die Parade. Bertram hat gesagt: »Wir parodieren am Sonntag.« Ich war heute beim Stab, um die Schreibmaschine und die Akten der »Kriegschronik« zu holen, und überhaupt tue ich alles, damit diese Arbeit wieder in Gang kommt. Bertram wird uns in Berlin besuchen.

Ich soll bei der Parade Aufnahmen machen – also nicht in der Kompanie mitmarschieren. Erstens brauchen sie wirklich Bilder, und zweitens fürchten sie vermutlich, und zwar mit Recht, daß ich ihnen das flotte Bild versauen würde.

1. Oktober 40, Alttucheband. Die Untätigkeit und die Aussicht, einen zweiten »Eifel-Winter«, diesmal am an-

dern Ende des Reiches, verbringen zu müssen, liegt schwer auf allen. Da haben wir so fein gesiegt – und nun? Bertram rettet sich kaum noch in Galgenhumor, und ich fühle es ihm nach. Die Dauer des Krieges wird täglich unabsehbarer.
Die Kinder Berlins werden evakuiert.

[An Dr. Jürgen Eggebrecht, Oberkommando der Wehrmacht]
1. Oktober 40. Verehrter Herr Eggebrecht, halten Sie es für möglich, daß die im Frühjahr besprochenen Pläne irgendwie während meines Berliner Aufenthaltes Wirklichkeit werden könnten? [Ich wollte »reklamiert« werden.]
Der Start wäre jetzt sogar besser als im Frühjahr, ich habe den Feldzug mitgemacht, wodurch mein Soldatensein doch immerhin einen Sinn bekommen hat, und das hier entstehende Buch [gemeint: die »Kriegschronik« der Truppe] könnte man vielleicht auch ein wenig dafür aktivieren. Wollen Sir mir ein Wort sagen ...?

[Aus dem Notizkalender:]
3. Oktober 40. Umzug von Alttucheband nach Frankfurt. Denkbar größten Ärger mit der Kompanie. Ich komme erst um 2.15 weg und verliere einen Urlaubstag. Abends in Berlin.
[Der Arbeitsurlaub, den der Verfasser in Berlin verbringt, dauert bis zum 31. Oktober. Eine Bitte um Verlängerung wird von der Truppe abgelehnt. Für November und Dezember setzen die täglichen Eintragungen im Notizkalender aus. Statt dessen sind die vorgesehenen, datierten Seiten des Kalenders über die Tageseinteilungen hinweg mit zwei zusammenhängenden Eintragungen gefüllt. Die erste bedeckt die vorgedruckten Seiten vom 31.10. bis 30.11.40 und wurde an diesem Tage geschrieben:]
Ich fuhr am 31.10. nach Frankfurt zurück und zog bei Krabo, Buschmühlenweg 71c, ein, wo die »Kriegschronik« arbeitete. Bei Krabo bewohnte ich mit Prestel, dem Schauspieler, die Mansarde, Bertram kam nur über Tag, er wohnte oben auf dem Berg beim Wasserturm. Manteufel, der sture Pastor, Gott sei seiner armen Seele gnädig, bewohnt das Zimmer im ersten Stock allein. Wir

verachten ihn und machen uns über ihn lustig, aber er hat ein dickes Fell. Ich versuche noch einen weiteren Urlaub durchzudrücken, aber die Abteilung will nicht. Täglich gehen wir zweimal zum Antreten der Leichten Kolonne über den Berg und die Gleise hinauf und verlieren damit viel Zeit. Aber im ganzen führen wir ein ruhiges Dasein.

Wir sahen ein paar Filme, der harmloseste und hübscheste: »Kleider machen Leute« nach Keller mit Rühmann und Käutner als Regisseur; der entsetzlichste, von mir betitelt: Die Rote Kuh, mit Zarah Leander als Maria Stuart. Der absolute Tiefstand! Wir biegen uns vor Lachen.

Es geht das Gerücht um, wir müßten umziehen, und am 17. 11. ist es wirklich soweit. Die 30 Mann der Kolonne [eine technische Einheit der Nachrichten-Abt.], der wir angehängt sind, weil wir dort am wenigsten Unruhe stiften, werden in einen Saal des Wirtshauses »Sanssouci« verlegt. Mir gelingt es jedoch durchzusetzen, daß ich zur »Bewachung der Akten« im Büro der Arbeitsgemeinschaft »Kriegschronik« schlafen darf. Dieses Büro befindet sich im Hause des Schulrats Kretschmann, dort in einem schönen großen Zimmer. K.s sind gebildete, großzügige Leute, und ich bin gut bei ihnen untergebracht (Luisenstraße 27a). Mit E. telefoniere ich jede Woche ein paarmal. Gegen Ende des Monats besuche ich das Musikheim und dessen Leiter, Prof. Goetsch. Das Musikheim ist eine moderne Institution. Ich höre bei G. eine Vorlesung und knüpfe musikalische Beziehungen an.

Unser Mit-Chronist, Pfarrer Manteufel, findet mit seinen 30 Jahren, und vielleicht auch infolge des Umgangs mit uns, er müsse heiraten. Er gibt ein Inserat in der Odertante [Lokalzeitung] auf und – 24 Mädchen melden sich! Nun hat er die Wahl. Wir suchen sieben aus, die andern bekommen sofort Absagen. Morgen (geschrieben am 30. abends) fängt er an, sich mit den sieben zu treffen. Nur wenige Briefe der Bräute waren orthographisch richtig.

[An Carl Rothe. Der Schriftsteller C. R., im Freundeskreis Aki genannt, lebte mit Familie in einem schönen Haus auf der Rehmenhalde bei Überlingen am Bodensee. Im Haus daneben mieteten wir später durch Rothes Vermittlung eine Dachwohnung, in der meine Frau und der älteste Sohn Thomas, 1944 kam Gabriele dazu, die weiteren Kriegsjahre verbrachten. Auf der Rehmenhalde entwickelte sich um Rothe, Friedrich Georg Jünger und andere künstlerische Existenzen eine kleine Kolonie Gleichgesinnter, die sich gegenseitig halfen. Vom Überlinger Kreisleiter der NSDAP ist der Satz überliefert: Man braucht nur einen Zaun herumzuziehen, dann ist das KZ fertig. Carl Rothe ließ sich als »Generalsekretär« einer offiziösen Schriftstellerorganisation mißbrauchen und machte »Kulturreisen« in besetzte Länder. In seinem Selbstverständnis war er ein radikaler Gegner des NS-Regimes und für uns ein zuverlässiger, hilfsbereiter Freund.]

30. November 40, Frankfurt/Oder. Lieber Herr Rothe, ich stelle fest, daß noch ein Dank offensteht für Ihre Maria-Theresia-Briefe. Zu geruhsamem Lesen hatte ich allerdings in den vier Wochen Arbeitsurlaub, die vorgestern zu Ende gegangen sind, keine Zeit. Jeder Morgen sah mich gegen 8 Uhr bereits im Verlag. Ein paar Dinge können wir zu Weihnachten vorzeigen: Weltkriegsbriefe des Generals v. d. Marwitz; ein Bändchen Briefe aus diesem Krieg, von einem Pionierleutnant meiner Division geschrieben, wohltuend, wenn man sie vergleicht mit üblichen Erzeugnissen dieser Art. Unpathetisch und nicht so verlogen. Der alte Kuhn [Sinologe] hat seine chinesische Kuh, dieses leistungsfähige Rindvieh, wieder gemolken und dreizehn chinesische Liebesgeschichten herausgebracht. Eine so umfangreiche Sache wie die »Internationalen Beziehungen im Zeitalter des Imperialismus« – Dokumente – konnte durch einen Band russischer Akten fortgesetzt werden, und das erste Japan-Handbuch, ein umfangreiches, zuverlässiges Werk für 30 RM, erscheint zu Beginn des kommenden Jahres.

Aber dies alles läuft, intern gesehen, nur so mit neben den minder erfreulichen Produkten, die den engen Beziehungen zwischen dem Unternehmen und den Ministerien und Kriegslenkern ihr Dasein verdanken und die Sie in jedem Papierladen, auch in Überlingen, werden liegen sehen: Kriegsbücherei der deutschen Jugend, Kolonialbücherei. In Vorbereitung Erlebnisbücherei, Mädelbücherei usw. Schauerliches Zeug.

In den Kompanien weht ein scharfer Wind, weil allen

die Situation zum Halse heraushängt und jeder seinen Grimm an jedem ausläßt. Dem bin ich glücklicherweise ferngerückt. Schon seit Le Creusot liefert mir die Abfassung einer Kriegschronik der Abteilung die Begründung für ein Ausnahmedasein. Man teilte mich und die von mir dafür vorgeschlagenen »Mitarbeiter« einer Instandsetzungskolonne zu, einem Appendix der Abteilung, wo es schon immer sehr ruhig zugegangen ist. In diesem Haufen nehmen wir nun wiederum eine Sonderstellung ein, und so ist die Lage nur lächerlich und unangemessen, aber keinesfalls unangenehm.

Meine »Mitarbeiter« sind ein Bildhauer, ein Schauspieler und ein Pfarrer. Wir meiden ihn, aber er ist sehr brauchbar, er sammelt das Material, das wir sogar mit einer Fragebogenaktion aus der Truppe herausholen wollen, und verbreitet den Geruch von Arbeit. Der Bildhauer zeichnet den Schauspieler und macht Gipsabgüsse von uns, der Schauspieler, der Aussicht hat, zur Ufa zu kommen als Regisseur, schreibt an einem Filmtreatment, und ich werde, wenn ich länger hierbleiben sollte, was Gott verhüten möge, meine Kriegsbriefe redigieren unter dem Gesichtspunkt einer Veröffentlichung. Wie unter solchen Umständen die Kriegschronik zustande kommen soll, der wir dieses Dasein verdanken, ist unklar, aber es ist auch gleichgültig.

Ja, lieber Herr Rothe, so leben wir. So leben einige Millionen Soldaten, so und noch viel schlechter. Wenn meine Briefe durchredigiert sind, würde ich sie Ihnen gern schikken, damit Sie sagen, ob man dergleichen veröffentlichen soll. Ob man es kann, ist eine ebenso offene Frage, und je länger ich darin lese, desto weniger möglich erscheint es mir, weil die Individualität des Gefreiten K. darin die Anmaßung hat, sich gegen den ganzen Kriegs- und Zeitschematismus zu stellen – worin jedoch wiederum auch der Reiz der Sache besteht. Über das »kann« soll unser Freund Eggebrecht urteilen.

[An Frau Dr. Elisabeth W., eine Freundin aus Universitätsjahren]

Soweit ich darüber hinaus Gedanken habe, werden sie von umfangreicher Lektüre gefesselt, indem ich die vielfache Gunst des Augenblicks nutze, die stillen Nächte und eine glänzende Bibliothek. Ich bin auf die Romantik gekommen, der Katalog umfaßt unter diesem Stichwort volle sechs Blatt. Ich habe davon nicht allzuviel gewußt und bemerke, was es hier an Zeitbezügen gibt, eine Art Modernität, modern für die wenigen, höchst unzeitgemäß für die vielen. Außerdem fördere ich meine Briefe, will sie in diesem Urlaub abschließen, im nächsten beantworten und versuchen, sie irgendwo herauszubringen.

[An Carl Rothe]
Frankfurt, 15. Dezember 40. Lieber Rothe, wir haben hier gestern Adventsmusik bei Kerzen und Kaminfeuer gemacht. Am 3. Februar geht im Musikheim ein neuer Kurs an. Ohne Zweifel ist manches im »Musikheim« dilettantisch – dieser Zug zur Universalität steht Goetsch und jedermann, der wie er im goethischen Sinn ein Dilettant ist, gut. Aber Goetsch will seinen meist durchschnittlichen Schülern in sechs Wochen etwas von dieser Universalität mitgeben, das geht natürlich nicht.

[Aus dem Entwurf eines Briefes an Goetsch]
Sie sollten sich darüber im klaren sein, daß Sie keine Gegenposition von Ihrer »Universalität« her aufbauen können. Gerade unter diesem Stichwort wird doch der ganze Rummel hier gestartet, und obschon ich weiß, wie Sie es meinen: Es ist gefährlich, überhaupt mit einem Ganzheitsbegriff zu arbeiten, ganz gleich, welchen Inhalt man da hineinpackt. Der »zersetzende« Intellektuelle wird benötigt. Nicht umsonst ist das ein Schimpfwort. Die Ganzheit auseinanderreißen, damit man sieht, was drin ist ...

[Von Dr. Jürgen Eggebrecht]
Berlin, 27. Dezember 1940. Sehr geehrter Herr Kuby! Eine Möglichkeit, Sie nach Berlin zu holen, um Ihnen innerhalb meines Arbeitsgebietes ein Tätigsein zu schaffen, besteht gegenwärtig zu meinem Bedauern nicht.
Ich teile Ihnen das auf Ihr freundliches Schreiben vom 29. Oktober d.J. deshalb so spät mit, weil ich insgeheim immer noch hoffte, Ihnen einen günstigeren Bescheid geben zu können.

Wenn Sie wieder einmal in Berlin sind, rufen Sie mich doch an.
Mit den besten Wünschen für ein gutes neues Jahr Ihnen und Ihrer Frau ergebener Eggebrecht.

[An Carl Rothe]
Berlin, 31. Dezember 40. Wir haben einen Tisch erworben, einen soliden, einfachen, geeignet zum Essen wie zum Arbeiten. Da wir immer an dem niedrigen Couchtisch gegessen hatten, kommen wir uns jetzt herrschaftlich vor. Der Flügel nimmt wenig Platz weg, die Hobelbank, an der E. ihre Schuh-Modelle schnitzt, wurde im Keller aufgestellt, Porzellan und Vasen, auch Bücher wieder ausgepackt. Kurz, wir machen das Gegenteil von dem, was alle anderen Berliner tun, wir richten uns ein; die anderen überlegen, wohin sie ausweichen sollen. Aber das ist ja doch nur für den Winter. Wenn im Frühjahr das Kind kommt, wird die Bude hier dichtgemacht, und zwar wahrscheinlich für immer. Anfang März, denke ich, wird unsere private Liquidation Berlins stattfinden.
Wir machten Musik bei uns und in Frankfurt; ich spiele jeden Tag, solange ich hier bin.

[In diesem »Arbeitsurlaub«, und während ich an einem Manuskript meiner eigenen Kriegsbriefe arbeitete, besorgte ich die Buchausgabe der Briefe jenes schon erwähnten Leutnants Mende, der kein Hurra-Schreier war, aber ein Soldat und brav. Für den Verkauf des Buches bei der Truppe ließ ich einen Prospekt herstellen, dessen Text ich verfaßte. Er tönte wie folgt:]
Die Wochen vergingen, das Pionier-Bataillon lag irgendwo in einem kleinen Ort des Departements Saône-et-Loire, und der Leutnant Mende hat keine Zeit, sich um das weitere Schicksal seiner Briefe zu kümmern.
Da entstand ein Gerücht, die Division werde nach Deutschland verladen, es verdichtete sich zur Wahrscheinlichkeit, und eines Tages wurde es Gewißheit. Der Herr General war inzwischen mit einem Teil seines Stabes nach Vézelay umgezogen, und an einem der letzten Tage befahl er den Gefreiten K. der Nachrichtenabteilung zu sich. Dieser Befehl hatte zunächst mit den Briefen des Leutnants Mende nichts zu tun.

Aber während des Gespräches mit K. erinnerte sich der General plötzlich, daß K. im bürgerlichen Leben in einem Verlag tätig sei. »Sie sind doch Verleger«, sagt der General zu K., »ich habe da eine Sammlung von Briefen bekommen, man sollte sie veröffentlichen. Im allgemeinen bin ich nicht für derartige Literatur, aber diese Briefe sind gut. Sie machen keine unnötigen Worte und sagen doch mehr über die inneren Voraussetzungen für unseren großartigen Sieg in Frankreich als alle Kriegstagebücher. Wollen Sie sich das Manuskript ansehen?«
»Jawohl, Herr General«, antwortete der Gefreite K. Eine Woche später war die Division in Deutschland, und das Manuskript lag auf dem Schreibtisch unseres Lektorates. »Diese Briefe sind gut« – das war auch unser Urteil. Und wie ungewöhnlich es auch sei, jetzt, da wir noch mitten in diesem Krieg stehen, ein solch persönliches Dokument zu veröffentlichen, so sprach doch alles dafür, es zu tun. Nun wird das Buch zu diesem Weihnachtsfest in den Schaufenstern aller deutschen Buchhändler liegen und wird seinen Weg zu vielen Lesern finden. Vor allem aber geht dieses Buch die Division an, in deren Reihen der Leutnant Mende marschierte. Ihr inneres Erlebnis bildet seinen Inhalt, und ihren Männern bahnten die Pioniere des Pionier-Bataillons, zu dem der Verfasser gehört, den Weg über die Maas und über die Aisne.

1941

Dem Kriege fast entlaufen

[Aus dem Notizkalender:]
4.–10. Januar 41. An Rothe in Überlingen geschrieben, ob er eine Wohnung für uns finden kann. Die Evakuierungen aus Berlin werden immer planmäßiger durchgeführt, und alle Welt erwartet eine starke Welle von Angriffen im Frühjahr. R. antwortet sehr freundlich, und E. wird dort bestimmt gut unterkommen.
In Frankfurt (Oder) erwarten mich völlig veränderte Verhältnisse. Ich schreibe sogleich intensiv am Brief-Ms. weiter und bin nach einer Woche fertig. Das Ms. geht an Rothe und andere. Auch am Kriegsbuch [der Truppe] wird weitergearbeitet. Man spricht von einer baldigen Änderung unserer Lage, aber Hptm. v. Bissing versichert mir, »das Ei sei noch nicht gelegt«. Wir haben noch kaum einen neuen Wagen für unsere Motorisierung. Das schlimmste wäre eine Umsiedlung auf den Truppenübungplatz Wandern (40 km ostwärts von Ffo.). Unser neuer Vers: Solche, die im Trüben fischen, wird der liebe Gott erwischen. – 13. Januar 41. Ich bin nach Abschluß der Briefe in einem luftleeren Raum. – 14. Januar 41. Lese Klages, Graphologie. – 15. Januar 41. Es deutet sich die Möglichkeit an, daß ich ins Heeresarchiv (nach Potsdam) muß, um Akten abzuschreiben. Das bedeutet längeren Sonntagsurlaub. – 16. Januar 41. Es klappt mit Potsdam, ich fahre morgen (bis Mittwoch) nach Berlin. – 20. Januar 41. Sehr zustimmender Brief von Rothe zum Manuskript. – 29. Januar 41. Aisne-Kapitel abends fertig, Gott sei Dank. Werde Freitag nach Berlin fahren können. – 3. Februar 41. Mittags kommt das Ms. von Rothe mit kleinen Änderungsvorschlägen zurück. Ich bringe es zum Abschreiben weg. Ich lese die Herzogin von Guermantes [Proust] und bin fasziniert. – 5. Februar 41. Unser Leutnant Meyer besucht uns überraschend, findet uns bei der Arbeit. Ich soll auf seiner Hochzeit die Orgel spielen. Grund für einen Urlaub.

[Von Carl Rothe]
Überlingen, 16. Januar 41. Kurz, daß ich gestern Ihre »Briefe« erhielt. Ich las sie noch in der Nacht – bei den letzten Seiten, wo Sie die Begegnung mit Romain Rolland schildern, von Schauern des Kummers, ja mehr noch ... geschüttelt. Ich habe nämlich noch immer nicht den zehnten Mai [Beginn des »Frankreich-Feldzuges«] *verwunden, und wieder und wieder jagt mich die Frage, warum alles dies so kommen mußte –* mußte? *Ihre Briefe riefen alles wieder wach. Ihre sehr schönen und inhaltsreichen Briefe. Ich werde sie noch einigemal lesen und Ihnen sehr bald ausführlich schreiben. Vielleicht bin ich ein schlechter Kritiker für Sie, denn ich habe eine große Schwäche für die Art, wie Sie die Dinge anleuchten.*
Dieses Manuskript wird Ihnen aus der Hand gerissen werden.

[Aus dem Notizkalender]:
6. Februar 41. Bekomme einen Brief von der Reichsschrifttumskammer wegen Buchhändler-(Verleger-)Examen und beantrage vier Wochen Urlaub. Deshalb schon wieder nach Berlin. – 14. Februar 41. Heute nachmittag nach Berlin mit neuem Urlaub bis Mittwoch, teils, weil ich auf der Hochzeit des Leutnants Orgel spiele, teils um zu arbeiten für das Examen bei der R.S.K. [Reichsschrifttumskammer]. – 16. Februar 41. Im Grand-Hotel in Potsdam zum Geburtstag von Traub eingeladen. Viele fremde adelige Leute, Unterhaltung mit H. v. Mackensen, dem Sohn des Feldmarschalls. Abends v. Nasow [Schriftsteller] kurz bei uns. – 17. Februar 41. Mittags kommt Bertram und zeichnet die Braut des Leutnants. – 18. Februar 41. Bild gerahmt für die Braut. Um 3 Uhr Frankfurter Allee, dann Glaubenskirche in Lichtenberg, Trauung, Schleier und Uniform. Ich spiele Pastorale und Schlußfuge. Zum Kaffee mit vielen Torten eingeladen. – 28. Februar 41. Nachmittags nach Berlin mit Urlaub bis 1. April. Jetzt beginnen die Vorbereitungen für die Umsiedlung nach Überlingen.

An Nachrichtenabteilung 3 (mot), Frankfurt/Oder
6. Februar 41
Betr.: Beurlaubung zum Zwecke der Berufsausbildung.
Laut Mitteilung der Reichsschrifttumskammer vom 4. 2. besteht die Möglichkeit, daß ich die Gehilfenprüfung als

Buchhändler in Rücksicht auf meinen Wehrdienst ohne vorherigen Besuch der Reichsschule des Deutschen Buchhandels am 29. oder 30. 3. 41 vor dem Landesleiter der Reichsschrifttumskammer in Berlin ablege. Gemäß den bestehenden Bestimmungen ist die weitere Ausübung meines Berufes nach Beendigung des Krieges von dieser Prüfung abhängig, durch die ich ordentliches Mitglied der Reichsschrifttumskammer (Gruppe Buchhandel) werde. Es ist daher für mich von größter Wichtigkeit, von dieser Gelegenheit Gebrauch machen zu können, um nicht nach Jahren der durch den Krieg verursachten Unterbrechung der Berufsausübung weitere Zeit durch den Besuch der Reichsschule zu verlieren.
Ich bitte daher die Abteilung, unter Bezugnahme auf die für die Wehrmacht geltenden Bestimmungen betr. Förderung der Berufsausbildung während des Krieges, mich zum Zwecke der Vorbereitung auf das Examen vom 1. März bis 1. April zu beurlauben.

[Die im Jahre 1975 zur Veröffentlichung ausgewählten Teile meiner Kriegsaufzeichnungen und -briefe sind selbstverständlich nicht identisch mit jenen, die ich im Winter 1940/41 für »Kriegsreise durch Frankreich« zusammenstellte. Es findet sich dort kein Satz, der mich durch seinen Inhalt, seine verbal faßbare Aussage der Staatspolizei ausgeliefert hätte. Aber es konnte sich darin auch kein Satz finden, der den Tonfall gehabt hätte, in dem die Deutschen öffentlich und privat sprachen.
Indem ich zustimmende Freundes-Urteile von damals in die Texte dieses Buches aufnehme, könnte man mir vorwerfen, ich lieferte für die Kritik eine Sprachregelung gleich mit. So ist es gewiß nicht gemeint. Es würde aber das Bild der Zeit, das dieses Buch vermittelt, verzerren, wenn ich den Eindruck erweckte, ich hätte alleingestanden.]
4. Februar 41. Von Rothe heute einen neuen, drei Seiten langen Brief zum Manuskript. Was er an einzelnen Korrekturen vorschlägt, ist vernünftig, manches hatte ich ganz ähnlich im Sinn. Aus dem allgemeinen Schmus folgende Zitate:
»... so führt das persönliche Erlebnis doch noch eine besondere Sprache, und das ist das Fundament Ihrer schönen und –

ja! – rein dichterischen Briefe ... Man vergißt darüber den Krieg, der Anlaß zu ihnen gab. Die Dosis, mit der Sie Ihre Meinung aussagen, ist wirklich so, wie Sie mir in einem Brief schrieben: daß kaum Zensur die Schlupfwinkel aufstöbern können wird. Und schließlich das verdiente und genialische Glück der Begegnung [mit Romain Rolland], *mit der Sie schließen – der Geist behält das letzte Wort auch über diesen Krieg.*

[An Carl Rothe, Überlingen]
4. Februar 41. Die Morgenpost hat Ihren Brief gebracht. – Sie haben mich in Dankesschulden gestürzt. Daß Sie den Briefen Lobendes nachsagen, freut mich. Mehr noch die Kritik im einzelnen, die ich beherzigen werde. Einen Titel will ich erst ausbrüten, wenn ein Verleger gewonnen ist.
6. Februar 41. Du scheinst nicht bemerkt zu haben, daß der wertvollste Inhalt Deines Briefes das Schreiben der Reichsschrifttumskammer ist. Da bahnt sich ein Urlaub an gemäß den Bestimmungen über Förderung der Berufsausbildung. Vom 1. März bis 1. April – wär das nichts? Die Arbeit für die Prüfung würde mich keine Woche beschäftigen. Ich muß das Formular jetzt zum Verlag schicken. Steiniger kann es an die Kammer weiterleiten.
Ferner will die Organisation eine Liste von zehn Büchern, die ich in letzter Zeit gelesen habe. Wenn ich diese Liste wahrheitsgetreu aufstelle, werden sie an meiner weiteren Berufsausbildung kein Interesse mehr haben. Ich koche ihnen einen schönen Brei zusammen, unter anderem wird »Michael« von Goebbels draufstehen; diese expressionistische Jugendsünde hat mit dem N. S. inhaltlich nichts zu tun, aber gegen den Verfasser können sie nichts haben, und ich möchte wetten, daß der Kammer noch von keinem Kandidaten eine Liste vorgelegt wurde, auf der »Michael« genannt ist. Das Buch ist längst nicht mehr im Handel. [Die hier abgedruckte, für die Reichsschrifttumskammer bestimmte Liste zeigt, daß ich »Michael« dann doch nicht aufgenommen habe.]
Frankfurt, 20. Februar 41

10 Bücher,
die ich in den letzten Monaten gelesen habe:

(Ich zitiere die Titel aus dem Gedächtnis und wahrscheinlich unvollständig, da ich im Militärdienst stehe und keine Gelegenheit habe, nachzuschlagen.)

1. Dokumente zur Vorgeschichte des Krieges
2. Hans F. K. Günther, Der nordische Gedanke
3. Lechler, 5000 Jahre Deutschland
4. Ina Seidel, Unser Freund Peregrin
5. Weinheber, Vereinsamtes Herz
6. Thomas Wolfe, Strom und Zeit, 3 Bd.
7. Kurt Kluge, Der Herr Kortüm
8. Adam Kuckhoff, Der Deutsche von Bayencourt
9. Zillich, Zwischen Grenzen und Zeiten
10. Ortega y Gasset, Aufstand der Massen.

22. Februar 41. Heute war ich mit Bertram im Film »Sieg im Westen« – Du mußt ihn Dir wegen einer Szene anschauen: Es wird ein Soldat gezeigt, der auf der Orgel der Kathedrale von Laon spielt. Ich bin es nicht, aber Du hast genau die Situation, in der ich mich befand. Der Soldat spielt etwas anderes, als der Ton wiedergibt. Das läßt die Stellung der Hände und die Bewegung der Finger erkennen. Nicht einmal in einer so einfachen Sache können sie zuverlässig sein.

Im Kriegsfilm waren kleine Schulkinder, und als ein Dorf, von schweren Bomben (oder Granaten) getroffen, in der Luft herumwirbelte, hatten sie viel Spaß, als wären sie im Kasperletheater.

Bertram hat in unserem Arbeitsraum Fotos von Maillol-Plastiken aufgehängt. Von den Wänden herab wirken sie noch stärker, als wenn man nur die Mappe durchblättert.

[Meinen »Arbeitsurlaub zwecks Abschluß der Berufsausbildung« (März 1941) benützen wir, um die Berliner Wohnung aufzulösen, bleiben aber im Vertrag. Die kleine Wohnung am Bodensee übernehmen wir möbliert. Die eigenen Sachen und den umfangreichen Besitz von emigrierten Freunden, den ich bis dahin in Berlin eingelagert hatte, darunter zwei Flügel, verstecken wir in Zimmern verschiedener Bauernhäuser im Dorf Ricklingen bei Salem, die wir auf Kriegsdauer mieten. Wir suchen diesen Ort auf einer Generalstabskarte aus, weil er weder an einer Eisenbahn noch an einer Durchgangsstraße liegt und für Bombenflieger demnach uninteressant ist. Die Holzschuhproduktion meiner Frau wird zunächst von meiner Schwester in Berlin weitergeführt, dann nach Überlingen verlagert, bis die Schwierigkeiten so groß werden, daß sie eingestellt werden muß. Doch gerade in der Zeit, in der wir Berlin verlassen, entwickelt sie sich gut, Modezeitschriften bringen Berichte darüber.]

[An die Mutter]
Berlin, 2. März 41. Bestelle für den 14. bitte schon jetzt Zimmer für uns in der Pension A. [in München], die Menge der norddeutschen Auswanderer läßt es ratsam erscheinen. In Überlingen ist alles gut vorbereitet, ein vorzüglicher Arzt vorhanden und durch Rothes eine freundliche Umwelt. Rothe hat sogar aus dem Manuskript meiner für die Veröffentlichung vorbereiteten Kriegsbriefe in einer größeren Gesellschaft vorgelesen, um, wie er sagte, Edith einen guten Startplatz zu bauen. Was wir dort haben werden, ist nur eine ausgebaute Mansarde, aber hoch über dem See schwebend mit Blick bis zum Säntis hinüber. Weinberge nebenan.

29. März 41, Berlin. Heute früh von 10–1 mußte ich fünf Klausurarbeiten in der Hardenbergstraße nachschreiben, und heute nachmittag von 2–6 war mündliche Prüfung. Sie haben gar keinen dummen Kram gefragt (Politik etc.), sondern nur Verlagstechnisches, Gesetze usw., ich war erstaunt, was ich alles wußte. Im ganzen war es vernünftig. Man sagte mir nachher etwas Lobendes und gab mir das Zeugnis.
Mit Jugoslawien wird es doch Krieg geben, d.h. ich vermute, die Kroaten rufen eine Separatregierung aus, unterstellen sich »deutschem Schutz«, das übrige Land besetzen wir per kleinem Krieg.
In der Wohnung fand ich drei oder vier Anfragen von Bildfirmen, sie wollen Aufnahmen von Deinen Schuhen machen, aber nur mit Dir zusammen für Berichte: Deutsche Frau im Krieg. Da Du nicht da bist, könnte vielleicht Lisl figurieren, sie sieht so teutsch aus.
30. März 41, Berlin. Ich sitze im großen oberen Eckzimmer auf dem Fichteberg [Haus der Schwiegereltern] nach gutem Abendessen und etwas Unterhaltung. Der Krieg mit Rußland, allen Leute, die ein wenig informiert sind, als nahe bevorstehend gewiß, wirkt auch hier deprimie-

rend. Daran, daß Einzelentwicklungen des Krieges solche Wirkung tun, ermesse ich, wie sich doch die meisten noch optimistischen Erwartungen hingeben. Als wäre die Entwicklung eine militärische Frage. Daß die wenigen Nicht-Verrückten nicht begreifen, daß das Volk verrückt geworden ist, bedeutet eigentlich, daß sie auch verrückt sind.
Übermorgen geht Ernst [jüngster Bruder von E. K.-Sch., der mit 18 in Rußland fiel] zum Regiment – das liegt Deinen Eltern sehr auf. Dich an einem der ruhigsten Plätze der Welt zu wissen, ist doch sehr gut. Ein Beweis für die allgemeine Verrücktheit ist auch, daß uns viele für verrückt halten, weil wir glauben, man dürfe nicht länger in Berlin bleiben. Der allgemeine Schwachsinn ist ein bedeutender, würde eine bedeutende Person des Reiches sagen, wenn sie die Natur des Schwachsinns begriffe. In diesem Fall hätten wir in Berlin bleiben können. Ich frage mich manchmal, ob Irrenärzte durch ihren Beruf zur Ironie neigen.
Wie mir Lisl sagt, finden sich für Deine Schuhe ganz feine Kundinnen ein: Frau v. Collande, Gisela Uhlen – also von der Sorte.
Eggebrecht ist aufgerührt durch das Manuskript und scheint jetzt besser zu ziehen. Er will mich dem obersten Kommandeur der Propagandakompanien empfehlen, und ich diktiere heute früh vom Fichteberg aus seiner Sekretärin telefonisch meinen Lebenslauf, der mögliche Zuhörer in anstoßenden Zimmern nicht schlecht amüsiert haben dürfte. Was ich wirklich tun würde, wenn Eggebrechts Initiative in dieser Richtung Erfolg haben sollte, kann ich mir überhaupt nicht vorstellen. Aber ich hätte mir ja vor Prüm auch nicht vorstellen können, daß ich dort einen Winter lang Musik machen würde, statt das Vaterland zu verteidigen. In unseres Herrn Narrenhaus sind viele Wohnungen und Notquartiere.

Das OKW entdeckt den Gefreiten E. K.

25. April 41. Wir hatten einen Marsch von 25 km gemacht, um neun kam ich nach Hause mit schweren Beinen. Frau Schütte sagte: Oben liegt ein Telegramm, und zwinkerte. Es gibt viele Telegramme, aber eben: Sie zwinkerte, und es war dann auch das wichtigste Telegramm von der Welt [Sohn Thomas geboren].
Trotz der unmenschlichen Zeit wächst uns das Leben unter den Händen. Wie mühsam und beschwerlich es in unserem Land ist, dieses eigene Leben den allgemeinen Verhältnissen abzugewinnen, vergesse ich glücklicherweise manchmal. Aber als Flohr neulich von ihrer Zeit in Kalifornien erzählte und als jetzt der Brief von G. W. aus Newark [USA] kam [G. W., ihr Mann, ihr Sohn emigrierten zunächst nach London. Prof. W. bekam dann ein Lehramt in Priceton], da war mir's doch, als wären diese Botschaften gar nicht von unserer Welt, und es wurde mir bitter. Thomas – das Kind liefert Kraft, Dir wie mir, und später finden wir vielleicht ein Hintertürchen.
Er muß Griechisch und Lateinisch lernen, nicht nur auf der Schule, sondern mit Selbstverständlichkeit von klein auf, wie unsere Mütter bei ihren Erzieherinnen Französisch und Englisch lernten. Die Einsicht, daß ihm dann HJ-Erziehung nichts mehr schaden kann, verdanke ich Hofmiller. Außerdem soll er nicht so ungebildet bleiben wie sein Vater.

[Das Manuskript »Kriegsreise durch Frankreich« kam vom OKW zurück, trug auf der 1. Seite den Stempel: Gesperrt!, mit dem handschriftlichen Zusatz von Dr. Eggebrecht: »In dieser Form«, und mit seiner Unterschrift.]
[An den Paul List Verlag, Leipzig]
20. Mai 41. Man wollte das Ms. noch ans Propamin [Propaganda-Ministerium] weitergeben, aber das hätte die Lage für uns noch verschlechtert, ich habe es verhindert.
20. Mai 41. Das Ms., das ich vom OKW zurückbekam, ist mit vielen grünen Strichen verziert. Manche kann man hinnehmen, andere nicht. Ich werde in dieser Woche

nach diesen grünen Strichen Änderungen vornehmen – was dabei herauskommt, ist der äußerste mir mögliche Kompromiß. Vielleicht versuchen Sie mit diesem Ms. dann, ob Sie noch etwas erreichen können? ...

[Vom Paul List Verlag, Leipzig]
23. Mai 41. *In dem Begleitbrief erwähnen wir Ihrer Anregung entsprechend, daß eine Kopie Ihrem Disziplinarvorgesetzten vorliegt und dessen Einwilligung zur Veröffentlichung nachgereicht wird. Das Mskr. werden wir an das OKW morgen zur Absendung bringen.*
Und nun wünsche ich Ihnen recht viel Glück, wenn es zu einem Aufbruch kommen sollte. Mit freundlichsten Grüße Ihr E. W. List.

[An Oberkommando der Wehrmacht, Berlin]
25. Mai 41. Sehr verehrter Herr Dr. Eggebrecht, der Herr Referent lehnte es leider ab, mir die wirklichen Gründe für die Entscheidung zu sagen; als jedoch das Manuskript hier ankam, enthielt es die Striche und Bemerkungen der Zensoren, und ich konnte mich mit jedem einzelnen Einwand vertraut machen. Zwei Striche berühren den Kern des Buches so stark, daß, sofern darüber die Zensoren nicht anderen Sinnes werden könnten, das Schicksal des Buches für die nächsten Jahre entschieden wäre. Es bliebe dann in der Schublade liegen.
Diese Stellen sind: die Verteilung von ein paar Äpfeln an erschöpfte französische Gefangene und meine Reaktion im Anhören des Schmerzensgebrülls eines Verwundeten. Ich weiß wohl, daß mein militärischer Rang es mir im Augenblick verbietet, mit den Zensoren in eine Diskussion zu kommen. Aber ich werde nicht immer Soldat sein. Im Manuskript, das Ihnen vorlag und das mit grünem und grauem Stift die Striche der Zensoren enthält, habe ich nun mit Tusche meine Striche eingetragen, so daß ein Blick genügt, um zu sehen, in wieweit sie sich überdekken. Herr Dr. List schreibt mir soeben, er werde das Ms. in dieser Form noch mal an Sie schicken.
Eine Kopie des Ms. liegt jetzt meinem Disziplinarvorgesetzten vor, dessen Einwilligung zur Veröffentlichung ich durch den Verlag nachreichen werde.
Schon jetzt beginnt dieser Krieg nicht mehr nur eine

Zäsur zwischen zwei historischen Perioden zu sein, sondern er schafft sich selbst sein Zeitalter, seine Menschen. Wir müssen bereits auf der Hut sein, daß er unsere Substanz nicht angreift.

Oberkommando der Wehrmacht
1 t 12 J (III b) *Berlin W. 35, den 30. Mai 1941*
2445/41 *Tirpitzufer 72–76*

Betr.: Manuskript »Kriegsfahrt durch Frankreich« – Kriegsbriefe von Erich Kuby

Bezug: Dort. Schreiben Scho vom 24. 5. 41.

An den Paul List Verlag, Leipzig.
Das vorliegende Manuskript hat dem Oberkommando der Wehrmacht/Abt. Inland bereits zur Prüfung vorgelegen und ist mit Schreiben 1 t 12 J (III b) Nr. 2445/41 vom 15. 5. 41 der Einheit des Verfassers zugesandt worden mit dem Bemerken, daß die Veröffentlichung militärisch unerwünscht ist. Diese Stellungnahme kann sich nicht dadurch ändern, daß der Gefreite Kuby 1. das gesperrte Manuskript durch den Verlag vorlegen läßt und 2. die Streichungen und Änderungen der Zensoren »anerkennt«. Wäre eine Veröffentlichung bei Berücksichtigung der Textverbesserungen möglich gewesen, wäre dies dem Verfasser über seine Einheit zur Kenntnis gebracht worden.
Anliegend wird das Manuskript zurückgesandt.

Der Chef des Oberkommandos der Wehrmacht
Im Auftrage
gez. Graf v. Rothkirch

Anlage:
1 Manuskript

Aufmarsch gegen die Sowjetunion

3. Juni 41. Eiligst, eiligst. Mein Gepäck ist bereits im Auto. Ich fahre spätestens übermorgen nach Insterburg, nordöstliches Ostpreußen.

4. Juni 41. Es ist glühend heiß. Wir haben 80 km hinter uns und werden heute noch Schneidemühl erreichen, mir nur dadurch bekannt, daß dort vor Jahren ein großes Eisenbahnunglück stattfand. Der Kompanie ist der Ort in freundlicher Erinnerung, weil sie dort im August 39 einen Monat lang in Privatquartieren lag. So schließen sich die Kreise! Morgen Graudenz-Ostpreußen. Ich fahre in einem Simca, ein viel zu kleiner Wagen für vier Männer. Ich sitze hinter dem Fahrer, neben diesem der Unteroffizier neben mir ein netter Mann namens van Almsick. Etwas pedantisch und ohne Schwung, aber anständig und in manchem gleichdenkend. Er hat fünf (!) Brüder im Krieg – sie verständigen sich durch vervielfältigte Rundbriefe.

5. Juni 41, am Ende des zweiten Reisetages. Das Erlebnis dieses Tages ist der Unterschied zwischen den 150 km, die wir durch das ehemalige Polen fuhren, und den 100 km in Ostpreußen, das hier allerdings Westpreußen heißt. Staubige, schlechte Straßen, armselige Dörfer, eine in ihrer Weite großartige Landschaft, aber wie der Rohguß einer Landschaft, ohne Anmut [in Polen]. Die Stimmung in Graudenz seltsam zwiespältig, schroff die einen, unterwürfig die andern. Die Orte ohne Mitte, der Markt kein Zentrum, rasch zerbröckeln die Häuserzeilen. Hier dagegen unter dichten alten Alleen Asphaltstraßen, das Land bearbeitet und geformt bis in den letzten Winkel, die Dörfer freundlich, die Leute gleichmäßig unfreundlich oder wenigstens zurückhaltend. Die Leute im Trupp sind nett, der Unteroffizier jedoch ein vollkommener Schafskopf in seinen Meinungen. Darüberhinzuhören, habe ich gelernt. Es ist kein strenges Dienstverhältnis zwischen uns, er lag als Gefreiter schon in Prüm mit mir auf einer Stube. Ich hörte eine herrliche Antwort. Einer fragte: Was wird denn nun?, und meinte im allgemeinen unsere militärische Zukunft. Sagte ein anderer strohtrocken und

ruhig: Ach, die werden noch so lange weitermachen, bis sie den Krieg gewinnen!
Die Fernsprech-Vermittlung wird in die Nähe eines Schlosses kommen, nicht weit von hier. Ruhige Tage sind uns gewiß. Hübsch ist es bei Petroleumlicht.
Abends spielte einer Harmonika im Dorf, als ich nach Hause ging. Der Wald stand als Scherenschnitt gegen den noch hellen, aber nicht mehr leuchtenden Himmel (es war 11 Uhr), und die beiden Störche kamen nach Hause gesegelt als riesige ausgereckte Schatten und ließen sich auf dem Rand des Nestes nieder, das ebenfalls scharf sich gegen den Himmel abhob. Frau Storch setzte sich auf die Eier nieder, Herr Storch blieb stehen wie ein Wächter.
7. Juni 41. [An Wilhelm Hausenstein, Schriftsteller, Redakteur des Literaturblattes der *Frankfurter Zeitung*, nach dem Krieg erster Botschafter der Bundesrepublik in Paris]
Auch sind die Zeiten kurios, und es möchte sein, daß wir eine militärische Allianz mit den Franzosen eingehen – sofern wir sie nicht schon haben –, und die freundlichen Äußerungen eines Soldaten über Frankreich kämen dann vielleicht der Frankfurter zupaß. (Ich denke dabei an die letzten 30 oder 40 Seiten, Avallon, Vézelay, Begegnung mit Romain Rolland.)
Das ist recht vorgegriffen, aber ohne Zweifel wird für mich auch die postalische Verbindung in Kürze auf einige Zeit abreißen, und zum andern ist gewiß, daß wenig Anständiges und Pro-Französisches im Krieg geschrieben worden ist.

Noch in Ostpreußen

[An Dr. Paul List, Leipzig]
Ich denke an die Möglichkeit, daß Sie einem maßgebendem Mann aus der politischen Propaganda gerade in dem Augenblick begegnen könnten, in dem wir Schulter an

Schulter mit unseren französischen Brüdern irgendwo siegen. Im übrigen wollen wir, meine ich, alle Betriebsamkeit lassen und unsere Zeit abwarten. Dr. Hausenstein schreibt mir heute einen interessanten Brief über die Arbeit. Falls die Frankfurter die letzten 30 Seiten abdrukken will und Sie damit einverstanden sind, so mag sie es tun. Ich betreibe das aber nicht weiter.
Ich sitze manche Stunden bei einem Windmüller in seiner Mühle, zeichnend und nichts tuend; es ist eine großartige Beschäftigung, eine launenhafte Naturkraft sich dienstbar zu machen, das mächtige alte Gebälk zittert unter dem Druck des Windes, aber es hält und tut was es soll wie seit jeher.

[An W. E. Süskind, Schriftsteller, Journalist, Freund und entfernt verwandt]
Ostpreußen, 12. Juni 41. Mein bescheidenes geistiges Kind haben sie mir nun doch endgültig verboten – endgültig, soweit man dieses Wort heutzutage überhaupt gebrauchen kann. Ich ändere aber eine Anweisung an meine Schwester, Dir eine Kopie zu schicken, nicht. Vielleicht macht Dir die Sache Spaß. Ich hörte nicht ungern ein Wort von Dir darüber.

13. Juni 41. Heute nacht, als ich Dienst hatte, zogen auf der Chaussee vor dem Haus endlose Radfahrabteilungen vorbei, jedes Rad mit einem Lämpchen – ganz still zogen sie dahin, nur ein leises Rauschen und ab und zu ein halblautes Wort waren zu hören ...
Ich war in der Windmühle – sehr schön!, zeichnend und fotografierend. Sinnvoll, riesig, klobig. Die Windmüllerin klug. Ihre Kinder klettern auf den Flügeln bis zum obersten Punkt, wenn die Mühle steht.
14. Juni 41. In Syrien ist richtig englisch-französischer Krieg. Ich lese nichts, ich höre nichts, aber dieses vorläufige Hauptereignis ist doch bis zu mir gedrungen. Das Blatt muß jetzt zu Herrn Hallmann herunter, er sortiert schon eifrig und macht die abgehende Post zurecht. Die Hallmanns sind 1914 zweimal geflohen, und nun erwarten sie wieder einen Ostkrieg. Freilich, sie glauben nicht, daß sie noch einmal fliehen müssen. Ich weiß nicht, ob Ostkrieg oder nicht, ich habe keinerlei Anhaltspunkte.

In meiner Stube hängen Genrebilder, für die ich eine ausgesprochene Schwäche habe. Ein Junge mit Matrosenanzug und Reifen schaut einer Spreewälder Amme zu, die das Schwesterchen stillt. Unterschrift: Eine merkwürdige Begebenheit. Im Forsthaus hängt Willi II. mit Familie in bunt. Etwa 1910 aufgenommen.
15. Juni 41. Unsere Divisionsherren sind jetzt alle da, etwa 40. Sie telefonieren, und das Netz reicht nicht aus. Wir brauchten eine zweite Vermittlung. Ich mache sehr viel Dienst am Schrank [der Vermittlung] und lasse mich nicht aus der Ruhe bringen, aber unser Unteroffizier ist leider ohne Ruhe, man braucht ihn von oben nur anzutippen, dann gerät er in Unrast und Liebedienerei. Erfreulicherweise ist Bertram heute zu uns gestoßen, er gehört nun zum Trupp. Der kleine französische Wagen war doch zu klein, statt seiner bekamen wir einen Horch, und was für einen, ein Generaldirektorsgefährt mit blauen Polstern, Plüsch, Deckenbeleuchtung, Aschenbecher, Vorhängen, Zwischenscheibe zum Chauffeur, usw.
Leider ist eine Kopie meines Manuskriptes noch immer hier beim Stab der Abteilung. Zu mir hat noch niemand ein direktes Wort gesagt, aber Bertram sprach mit einigen, die sich getroffen fühlten. Nun ist Krieg, wird Krieg und die Sache wird vergessen. Ich will auch zum Stab hinüberfahren und mir das Ms. zurückholen.
16. Juni 41. Im fahrenden Wagen kurz hinter Mohrungen. Wir fahren so langsam, daß ich in dem glänzend gefederten Wagen schreiben kann. Ich will einen Code für unsere Briefe ausarbeiten für die wichtigsten Informationen. Datum und Unterschrift bedeuten etwas besonderes, wenn sie unterstrichen sind. Wenn sie nicht unterstrichen sind, bedeuten sie im Sinne dieses Codes nichts, ganz gleich, wie sie abgefaßt sind. Ich wähle als Beispiel das heutige Datum:
16. 6. 41 = wir sind noch in Deutschland (Ostpreußen)
16. 6. 1941 = wir überschreiten die russische Grenze friedlich zum Durchmarschieren in südöstlicher Richtung
16/6/1941 = wir marschieren durch Rußland weiter
O.U. [Orts-Unterkunft], 16. 6. 1941 = wir verlassen Rußland und gehen in den Irak
O.U., den 16. 6. 1941 = wir sind in einem Lande südlich von Rußland in Kämpfe mit den Engländern verwickelt

O.U., den 16. 6. 1941! = es ist ein ziemlich lebhafter Krieg im Irak.
Wofür ich nichts vorsehe, weil es darüber keine Geheimhaltungsvorschriften geben könnte: Wir machen diesen nächsten großen Krieg.
Unterschrift, wenn unterstrichen (so, als gehöre die Unterstreichung zum Namenszug): Erich = militärisch schwierige Situation
Dein Erich = kommen nicht vorwärts, starker Widerstand
Dein Erich. (mit Punkt dahinter) = Rückzug
E. = neben Engländern auch Amerikanern gegenüber.
Na, runden wir's ab:
16. Juni 1941 (gerade unterstrichen) = wir sind auf russischem Gebiet in kriegerischen Aktionen
16. Juni 41 = sehr ernsthafte Kämpfe in Rußland.
(Für das Brüllen der Welt entwerfe ich einen Code!)
18. Juni 41. Der Horch de luxe ist ein Zeichen dafür, daß unser Weltkrieg aus der hohlen Hand improvisiert wird. Der Fall dürfte selten sein, daß Luxus Mangel verkündet, und das Wort, das man Marie Antoinette nachsagt: Ich verstehe gar nicht, daß die armen Leute hungern; wenn sie kein Brot haben, sollen sie Kuchen essen – ist offenbar ein ausführbares Rezept.
Ich kann mich schlecht konzentrieren, neben mir liegen ein paar im Gras und führen eine Diskussion über die allgemeine Lage. Die Spannung ist groß, und die Gemüter sind aufgewühlt. Ich bekomme wenig Zeitungen zu sehen, aber in den wenigen sagt jeder Satz, was er verhehlen will: wohin die Reise geht. Es gibt nichts, was in einem andern Sinn spräche. Und trotzdem, trotzdem will es mir nicht in den Kopf. Aber das ist nichts als sentimentale Verehrung für den gesunden Menschenverstand und bedeutet gar nichts.
Gott hat uns mit einem blödsinnigen Unteroffizier geschlagen. Er ist so voll innerer Unrast und von solcher Haltlosigkeit, daß er dauernd Wirbel um sich herum erzeugen muß. Dabei wäre der Trupp tadellos, es sind alles eingearbeitete Leute, die ihre Sache verstehen. Solange noch kein richtiger Krieg ist, nehmen wir dieses Getue hin, im Einsatz werden wir ihn zu bremsen wissen. Es ist entsetzlich mit einem Menschen umgehen zu müssen,

der ohne Gelassenheit ist und immer nur danach ausschaut, was die andern von ihm denken, über ihn sagen.
19. Juni 41. Auf der Bank vor einem gelben Häuschen, hingeduckt unter großen Bäumen, dennoch mitten in einer Kleinstadt, der Mitte eines großen Bezirks (Breitenstein). Warum muß ich in ein Volk hineingeboren worden sein, das aus Wagneropern Geschichte macht?
Es wird zu dunkel zum Schreiben. Mich erwartet ein weiß überzogenes Bett – das kommt nicht alle Tage vor.
19. Juni 41. Noch in demselben Ort. Wie Du siehst, habe ich hier ein neues Farbband bekommen, so daß, wenn Du eines geschickt hast, es als Vorrat dienen wird. Auch eine Orgel gibt es hier. Es traf sich, daß unser Kriegspfarrer te Reh nebenan im Pfarrhaus wohnt und mich mit dem Pfarrer des Ortes bekannt machte. Ich spielte eine Stunde, und zwei kleine Jungen, die sich nachher Eis kaufen durften, mühten sich schrecklich mit den Bälgen ab, denn es war mir nach viel Luft = viel Lärm zu tun, und die Finger liefen ordentlich, die Füße auch. Von Telemann waren kleine Fugen da, von Bach lag nichts herum.
Ich habe immer noch keine entschiedene Meinung über die bevorstehende Entscheidung, ich muß über mich selber lachen, daß ich mich so standhaft weigere, diese rückhaltlose Auslieferung unseres Volkes an die Irrationalität auch nur zur Kenntnis nehmen zu wollen. So verstehe auch die ulkigen Chiffren, die Du inzwischen bekommen haben wirst, die Phantasie beschäftigt sich mit den absurdesten Möglichkeiten, d.h. also Unmöglichkeiten, um das eigentlich Unmögliche und dennoch sich Ereignende auszusparen. Nun ist schon der nächste Morgen, der 20. Ich habe eine Aufnahme von meinem Waschzeug gemacht, es lag glitzernd in der Sonne. Der Pfarrer des Ortes begegnete mir, als ich vom Orgelspiel kam. Bertram war dabei. Es begann ein Gepräch, in dessen Verlauf uns der Pfarrer, eine mächtige Gestalt, er heißt Moderegger, in seine Kirche führte, und dort begannen wir ein fröhliches Planen, denn er will den Bau renovieren.
Wir aßen dann vor unserm Häuschen zu Abend, gingen wieder zu ihm und führten ein hochpolitisches Gespräch in den weitesten Aspekten, das bis 2 Uhr morgens dauerte. Bald fanden sich die beiden Divisionspfarrer ein, der

evangelische und der katholische, die aber nicht viel sagten, die Unterhaltung ging im wesentlichen zwischen Moderegger und mir. Ich war nicht schlecht im Zug, und die außerordentliche Situation, Ort und Stunde, in der wir sprachen, verbot, daß sich das Gespräch im Seichten verlor, die ungeheuerlichsten Möglichkeiten stehen ja greifbar vor uns.
Der katholische Pfarrer blühte immer mehr auf und sog sich voll, der evangelische litt ganz schrecklich, er hatte Angst, logisch zu denken. Wo die Logik hätte einsetzen müssen, war bei ihm ein sentimentaler Nebel.
Die Pfarrer verabschiedeten sich, weil sie für 3 Uhr früh bereits einen Marschbefehl hatten, wir drei gingen noch im schönen Pfarrgarten spazieren und lüfteten unsere Gehirne. Es fällt mir eben ein, daß ich Luther als einen geistigen Vorfahren Hitlers bezeichnete, von solcher Zuspitzung waren alle meine Formulierungen.
Es ist mittags, 21. 6. Ich bedauere sehr, daß ich Dir von der nächtlichen Unterhaltung nicht das wirklich Wesentliche mitteilen konnte, aber das ginge denn doch zu weit. Konzipiert man den Gedanken einer Vergrößerung des europäischen Raumes bis zum Ural, so bedeutet das nicht nur die Auflösung der UdSSR und eine Eingliederung ihrer Einzelstaaten in das deutsch-europäische System, sondern man muß dann auch unterstellen, daß eine geistige Union zwischen unserer und der östlichen Weltanschauung für möglich gehalten wird, scharf ausgedrückt zwischen Rosenberg und Marx. Ich glaube nicht, daß wir dort nur das Viertelpfund Butter und das Pfund Fleisch suchen gehen, die uns jetzt pro Nase und Woche fehlen. Ruft das Militärische die politische Konzeption hervor – oder umgekehrt?
Später. Es war doch nicht Zeit, weiterzuschreiben. Ich gehe jetzt zum Pfarrer zum Kaffee. Du verstehst gewiß, was dieses Gestammel sagen will. Meine Gedanken sind keine anderen geworden über die nun anscheinend Wirklichkeit werdende Entwicklung. Ich rede nicht von dem, was einmal sein wird, après, aber was jetzt ist, und was die, die es anstellen, sich dazu denken – das hat doch auch seine Bedeutung. Mit meiner après-Orientierung gerate ich in Gefahr, die Diskontinuität überzubewerten. Das verträgt sich weder mit meiner Überzeugung, der Mensch

sei wie er sei (was nicht heißt, daß er nicht zu allerhand zu bringen ist), noch mit der anderen, daß das Demokratische in dieser Diktatur überhaupt nicht überschätzt werden kann, die Zustimmung, der Jubel, die Paßform, der Maßanzug. Der Jubel ist hier im Augenblick gedämpft. Aber warte nur, balde –

Der Krieg beginnt wieder

22. Juni 41 früh 7 Uhr im Horch an einem Waldrand. Ein herrlicher Morgen, kühl und klar, Tau auf den Wiesen. Nun weißt Du es also auch, d.h. vielleicht im Augenblick noch nicht, denn gewiß schlieft Ihr noch bei der ersten Verlesung [der Erklärung zum Rußland-Krieg] um halb sechs. Aber bald wird Frau Schultze heraufkommen, und sie wird erschrocken sein. Du wirst mit Thomas in den Garten gehen und zärtlich mit ihm darüber sprechen, daß ich auch hier wieder herauskommen werde. Wenn Du erschrickst, so mag es allgemeinere Gründe haben.
Wir verabschiedeten uns gestern nachmittag gegen 6 Uhr vom Pfarrer, nachdem sich das Gespräch der Nacht fortgesetzt hatte, ohne die vorige Intensität wieder zu erreichen. Ich hatte mir zudem den Magen verdorben und war nicht in Form. Dann bauten wir unseren Laden ab und hatten noch eine halbe Stunde Zeit, im »Hotel Januscheid« zu Abend zu essen, wobei ich meine letzten 100 g Fleischmarken loswurde. Wir fuhren in den Abend hinein. Die Wälder rückten näher. Kaum ein Fahrzeug war unterwegs, nach dem Trubel der letzten Wochen lag die Stille vor dem Sturm über dem Land. Der Himmel war gelb und rot, schwarz standen die Umrisse der Wälder davor, und bald auch die der Panzer, die in langen Reihen warteten. Wir erreichten ein Gehöft, dessen Scheunen und Ställe um einen quadratischen Hof herumgebaut sind. Nicht eine unruhige Linie war in dem Bild. Die langen Waagrechten der Dächer mit dem schräg ab [hier fehlt ein Blatt] Front von Kirkenes bis zum ägäi-

schen Meer kann sich sehen lassen. Aber die Entfernung Berlin–Wladiwostok auch.
Wir haben inzwischen das Gehöft verlassen, kreuzten den Fluß des Deutschlandliedes, dessen vier geographische Markierungen ich somit kenne, und haben nun im Garten einer Försterei eine kleine Vermittlung aufgebaut. Die Aussprache im Trupp hat genützt, es klappt jetzt ordentlich. Es mag 10 Uhr sein – so alt ist der Tag schon, und es ist erst 10 Uhr vormittags! Nun hast Du das Radio bestimmt gehört. Rothe wird manches dazu zu sagen wissen. Welch Glück, Dich jetzt nicht in Berlin zu wissen. Da ist also wieder Krieg – schrecklich genug sagen zu müssen: gar nichts besonderes. Wir werden fahren, sanft geschaukelt von den guten Federn unseres Wagens, fahren, fahren, fahren, und wir werden von Zeit zu Zeit in heftige Kämpfe verwickelt werden, deren jeder Öl in das Feuer des russischen Nationalgefühls gießen wird. Man wartete, bis die Frühjahrsbestellung erledigt war, denn was hätten uns die leeren Felder genützt?
Vielleicht gibt es gar keine Postsperre, man hat damit schlechte Erfahrungen gemacht.

22. Juni 41 [E. K.-Sch.]. *Dies ist der erste richtige Kriegsbrief! Ach je! Ganz am Ende hast Du erst an diese Möglichkeit gedacht. Jetzt bist Du also mitten drin! Mir sind heute früh auch die Augen aufgegangen, daß das End . . .* [unleserlich] *ist. Halt Dich dran. Wir haben's hier gut, können hier immer bleiben. Hoffentlich bleibt das Glück Dir treu und Du erlebst nichts zu Schlimmes. Die russischen Weiten werden einen anderen Krieg bringen als in Frankreich und ein »Vorn« gibt's dort sicherlich so gut wie gar nicht. Grüß Bertram – ich bin froh, daß Ihr zusammen seid.*
Mein Herz zittert auch um Ernst [Bruder]. *So jung Offizier – kann das gutgehen?*
Es ist Hochsommer.
Abends 10 Uhr.
Immer wieder fällt es mir neu ein, daß schwerer Krieg ist und Du dabei.

22. Juni 41, mittags. Noch immer ist dieser Tag kaum über seine Höhe gegangen, inzwischen habe ich geschlafen auf dem Rasen, mich gewaschen und rasiert an der kalten

Pumpe, und Kaffee gekocht auf dem Herd des Oberforstmeisters. Von ihm weiß ich, daß Litauen ein sehr billiges Land sei, in dem Milch und Honig flössen. Die Litauer waren, solange sie sich ihrer Selbständigkeit erfreuten, sehr bockbeinig gegen Vorschläge, mit uns zusammenzuarbeiten. Nach 1 1/2 Jahren russischer Herrschaft werden sie uns möglicherweise als Befreier begrüßen und schließlich ein Protektorat werden. Die nationalen litauischen Führer sollen vor den Russen damals nach Deutschland ausgewichen sein, die werden wir jetzt verwenden. Leider habe ich keine ordentliche Karte dieser Gebiete. Unsere Panzer sollen bis jetzt 70 km hinter sich gebracht haben. Die Russen wären dumm, wenn sie sich stellten, und wahrscheinlich sind sie nicht dumm.

[An Dr. List, Leipzig]
22. Juni 41. Ihr Brief erreicht mich nicht mehr in Bestendorf und also auch nicht der Lawrence, den ich mit Vergnügen und Dank annehme. Dem Postmeister in Bestendorf werde ich sogleich schreiben, den Lawrence an Sie zurückzuschicken, und Sie bitte ich, das Buch schonungslos in so viele Teile zerlegen zu lassen, als die Feldpost es nötig macht.
Wir haben also den Krieg, den ich seit langem erwartete, seit heute früh um 3 Uhr, die Woge rollt schon tief im fremden Land, 14 Stunden sind vergangen, seitdem Donnern der Flakgeschütze und der Kanonen sich erhob. Ich hatte meinem Verstand und manchem Wissen bis zum letzten Augenblick Stille geboten und in einer beinahe katholischen Simplizität auf das Wunder gehofft, von dem Lichtenberg mit Recht sagt, das Wunderbare daran wäre, daß es zuweilen geschähe. Es geschah aber nicht, und nun sind die Maße erreicht, die keine Vergrößerung mehr kennen, weil die Erde nicht größer ist.
Ich mache denselben Dienst wie in Frankreich bis jetzt und wünsche kaum eine Änderung, denn ich befinde mich an einem Punkt, von dem aus Übersicht möglich ist und ich doch nicht irgendwo hinten bin in der Langweile. Nun wollen wir sehen, wo es uns hinträgt.

22. Juni 41. Gerade als wir ein stattliches Picknick auf Bertrams blauer Decke ausgebreitet hatten zum Abend-

brot, kommt der Hauptwachtmeister, mit ihm die Feldpost, mit ihr zwei Briefe von Dir. Seit heute früh wirst Du in Unruhe sein, hoffentlich hast Du bald Post von mir. Ich werde Nachtdienst machen und habe dabei Zeit zu schreiben. Wenn ich nicht zu müde bin, werde ich auch lesen, Kügelgen, Erinnerungen eines alten Mannes, irgendwo herbekommen, so fern, so sternenfern der gegenwärtigen Welt und Umwelt, und doch findet sich in mir beides leicht und einfach zusammen. Die Schnakenplage ist wieder groß.

List hat mir den Lawrence geschenkt – er ging nach Bestendorf. Nun muß ich sehen, wie ich ihn herkriege.

24. Juni 41. Als ich den letzten Brief an dich expedierte, waren wir noch ein paar Kilometer von der Grenze entfernt. Ich hatte bis 2 Uhr Nachtdienst gemacht, mich in einer Scheune schlafen gelegt, wurde nach einer dreiviertel Stunde wieder geweckt. Ich wurde nicht richtig wach und mußte alle Energie zusammennehmen, um über die Leiter vom Heuboden herunterzukommen. Wir fuhren dann 500 m weit und standen an dieser Stelle mehr als 12 Stunden auf der Straße. Das funktioniert also noch nicht so richtig. Ich schlief neben der Straße unter Birken. Diese Kirche, die ich vor dem Einschlafen etwas vor uns erblickte, liegt jetzt 600 m hinter uns. Das ist die Marschleistung der Nacht. Bertram ist bei solcher Fortbewegung zu bedauern.

Der Deutschlandliedfluß fließt hier genau nach Westen und ist breiter, als ich ihn mir vorgestellt habe. Das diesseitige Ufer fällt als ein Sandstreifen kaum 2 m tief zum Wasser ab, jenseits säumen ihn Hügel. Dort sieht man »soweit das Auge reicht« Kolonnen in Bewegung.

Zwei Stunden später. Wir sind vorausgefahren und halten in einer Ortschaft. Auf dem Strom Dampferverkehr, die Schiffe zeigen die deutsche Flagge, die Dampfer ziehen Lastkähne zusammen, um aus ihnen eine Brücke zu bauen. In der Ferne, wohl nahe der Hauptstadt Kowno, eine hohe Rauchsäule. Die Häuser am Ufer schmutzig, mit jüdischer Bevölkerung. Das eigentliche Dorf liegt oberhalb des Steilufers. v. Almsick ist gestern schon hier gewesen und hat uns Seife gekauft.

Inzwischen fahren wir wieder am Strom entlang.

Sonne auf dem blauen Fluß. Sturmartillerie geht, in

Staubwolken gehüllt, vor. Wir betrachten mit dem Glas das jenseitige Ufer, wo berittene Truppen und Infanterie vorgehen. Auf halber Höhe sieht man wartende Lastwagenkolonnen. Kurzum, sagte Bertram plötzlich trocken, überall ein fröhliches Treiben. Ich muß jetzt wieder lachen, wenn ich es hinschreibe; als er es sagte, bekam ich fast einen Lachkrampf.

Gegen Abend. Wir haben den Strom, in dessen überraschend warmem Wasser wir kurz gebadet haben, verlassen, fuhren ein kurzes Stück nach Norden, jetzt bewegen wir uns wieder gen Osten. Wir halten im Gefolge des Divisionsstabes an einem Gehöft. Es ist schmutzig und armselig. Meine These, daß diese Bauern im Gegensatz zu einem Arbeiter in Berlin N nicht zu bedauern seien, findet keinerlei Anklang. Wir wissen nichts über die allgemeine Lage. Man sagt, der Feind sei 10 km vor uns, aber das wird nicht stimmen. In großer Höhe ziehen vereinzelt russische Flieger vorbei, von der Flak vergeblich beschossen.

25. Juni 41, 49 km hinter Kowno. Abends gegen 7 Uhr. Wir fuhren die ganze Nacht mit großen Pausen und erreichten am Morgen Seta, das radikal zerstört ist. Gerade wo wir hielten, lag eine tote Frau in Uniform – einer von der Vorausabteilung erzählte, sie habe geführt, und mit ihr hätten sich die letzten russischen Soldaten erschossen, als der Widerstand aussichtslos wurde. Nachher hat sie aber wohl noch ein Geschoß getroffen, ihr Körper war aufgerissen. Wenn es der sowj. Führung gelingt, die Parteimitglieder zu solchem Fanatismus aufzustacheln, das übrige Rußland national zu bewegen, so werden wir uns durchbeißen müssen.

Hinter Seta bauten wir in einem Gehöft eine kleine Vermittlung auf. Ich war außer Betrieb gesetzt durch heftige Magenschmerzen, legte mich auf eine Wiese, nun geht es wieder.

Wir fahren. Die Straße ist miserabel, Bertram lenkt den Horch, der viel zu tief liegt für diese Zwecke, sorgsam durch die zahllosen Löcher und Bodenwellen. Der Staub stört uns nicht, ein frischer Wind treibt ihn weg. Malerisch ist alles. Da und dort arbeiten die Bauern wieder auf den Feldern. Die Russen hinterlassen nichts, kein zerstörtes Fahrzeug liegt am Straßenrand.

Vor Seta sahen wir Flüchtlinge aus der zerstörten Stadt. In einem so dünn besiedelten Bauernland kann das Flüchtlingselend niemals die Formen annehmen, die es in Frankreich hatte. Die Bauern laden Vorräte auf einen Wagen und ziehen in den Wald.
Der Nachschub wird im Augenblick andere Sorgen haben als die Beförderung der Feldpost. Ich schreibe unkonzentriert, Du merkst es.
Wir durchfahren eine größere Ortschaft, Wilkomir, hier haben die Russen Kasernen und Schulen gebaut, sie sind nicht zerstört, die haben sie jetzt für uns gebaut. Das Krieger- oder »Befreiungs«-Denkmal besteht aus Betonklötzen.
26. Juni 41. Morgens. Wir sind nun die dritte Nacht durchgefahren. Auch tagsüber nur wenig Schlaf. Die Nächte sind kurz, aber während drei Stunden ist es doch stockdunkel, und in dieser Zeit ist es reines Glück, wenn wir nicht im Graben landen. Im Staub ist das abgeblendete Rücklicht des Vorwagens selbst dann kaum zu sehen, wenn die Stoßstangen sich fast berühren. Gegen 7 Uhr schlief ich neben Bertram am Straßenrand; als ich aufwachte, lag neben mir auf der Decke Dein Brief vom 15. Juni mit der Schilderung der Einladung bei Rothes. Ich lese so etwas ohne zu denken: Wie schade, daß ich da nicht dabei war. Du verstehst, natürlich möchte ich bei Euch sein. Aber meine Sehnsucht gilt nicht dem Silber, den Kerzen und dem Essen. Die Wirklichkeit hat mich dermaßen in den Klauen, daß mir ein irreales Milieu – und dazu würde ich solche festlich hergerichteten Stunden auf unseres lieben Vaterlandes Boden rechnen – nicht ohne Fatalität ist. Après moi le déluge – das hat etwas Gesundes, verglichen mit dem derart charakterisierten Verhalten in der Sintflut selbst. Aber das ist nun wirklich eine unerlaubt übertriebene Reaktion auf etwas durchaus Hübsches und Harmloses, und ich meine es eigentlich eher so im allgemeinen und sage es zur Beschreibung meiner inneren empfindlichen Verfassung.
Die Kraftfahrer werden, soweit möglich, für Stunden ausgewechselt, sie können nicht mehr. Vielleicht gibt es aber heute Fahrpause, weil uns das Benzin ausgeht. In Seta hatten die Russen ein Benzinlager, aus dem diese Heerwürmer soffen, und jetzt haben sie es erfolgreich

bombardiert. Zwei der abgelösten Kraftfahrer dürfen in den Samtpolstern des Horch schlafen, v. Almsick und ich sitzen im offenen Kübelwagen eines Leutnants und werden vom Staub weiß wie die Müller.
Wir fahren doch weiter.
28. Juni 41. Wir warten auf einen Flußübergang. Die Brücke ist noch nicht fertig. Zwischen sandigen Ufern ist der Fluß fast 100 m breit. Es ist kühl und beginnt zu regnen. Wann schrieb ich zuletzt? Ich kann nicht nachsehen, der Briefordner ist hinten in einer Kiste, und ich packe sowieso den ganzen Tag ein und aus, der Wagen ist überfüllt mit Kram. Inzwischen sind die Wege so schlecht geworden, daß wir sehr oft aus dem Wagen springen und schieben müssen. Immerhin haben wir es bis zum Boden nur ein paar Zentimeter, vor uns aber fuhr längere Zeit ein hochbordiges Ding der Pioniere, und die 15 Mann, die dort in luftiger Höhe saßen, mußten auch alle Viertelstunde abspringen, um ihre Riesenkarre wieder flottzumachen. Es war auch ihre vierte durchwachte Nacht, und sie waren völlig erledigt. Bei drei Stunden Dunkelheit haben die Flieger 21 Stunden Frist, sich mit uns zu beschäftigen, und das tun sie nach Strich und Fadenkreuz. Wir können bemerken, daß dies vorerst ein russischer Luftraum ist. Sie fliegen herum als machten sie Übungen, aber sie treffen nicht viel mit ihren Bomben.
Wir warten noch immer, haben die Wagen getarnt, Tarnung ist das Gebot der Stunde. Wir sehen Fahrzeuge auf einer Fähre über den Fluß schwimmen. Die Brücke wird weiter unten gebaut. Merkwürdigerweise war die große Brücke bei Dünaburg unversehrt, man erzählt sich allerlei Verkleidungsmärchen, wie man sie in Besitz genommen habe. Durch die Motorisierung der ganzen Division – und aller Teile, die hier eingesetzt sind – hat sich für uns die Art der Kriegführung verändert. In Frankreich hatten wir das Gefühl der Leichtfüßigkeit gegenüber der marschierenden Infanterie, die wir nach Belieben und Befehl überholten. Hier bewegen wir uns langsam in geschlossenen Kolonnen vorwärts. Ich werde mich bei nächster Gelegenheit auf den Horch einüben und Bertram dann von Zeit zu Zeit ohne viel Aufhebens ablösen. Ein solcher Staatswagen mit seiner gar nicht auszuschöpfenden Motorleistung ist nicht schwer zu fahren.

Unser Infanterieregiment 29 ist jenseits des Flusses eingeschlossen.
1. Juli 41. In einem Bauernhaus habe ich wegen des Nachtquartiers verhandelt. Ich fand eine komplette Familie – geradezu ein Wunder: Frau, Mann, der geschwätzige Vater, ein schüchterner Sohn von etwa zehn Jahren und drei kleine grüne Entenkücken mit schwarzen Schnäbeln. Der Hund habe ihre Mutter vor ein paar Tagen umgebracht. Mit Kroatisch und dem kleinen russischen Lexikon, das mir F. geschickt hat, kamen wir ganz gut zurecht. In diesen Holzhäusern, an denen alles stimmt, stehen oft Fabrikmöbel, an denen nichts stimmt.
2. Juli 41. Wir gingen um 11 schlafen und wurden um 12 alarmiert, fuhren nach vorn und bauten in der ersten Morgendämmerung unsern Laden in einem Gehölz auf. Es regnete kräftig, Hügel und Wälder waren nebelverhangen, es wurde eifrig geschossen, es sah wie Krieg aus und hörte sich so an. Wir arbeiteten bis Mittag, dann fand ich eine halbe Stunde Schlaf, aus der ich müder zurückkehrte, als ich hineingegangen war. Wir bauten in Hast ab, eilten weiter, bauten wieder auf, Wanderzirkus. Es geht vorwärts.
3. Juli 41. Eine Ruhepause am Straßenrand abends gegen 8 Uhr. Straßenränder, Höfe, Waldstücke, Scheunen – das sind die Orte unseres Verweilens, verbunden durch Straßen, hügelan, hügelab, staubüberwölkt, oder, nach Regengüssen, wie mit Seife überzogen, das mag unser Horch nicht.
In jenem Vortrag vor meinem Haufen in Frankfurt – das Manuskript mit den Stichworten muß unter den Papieren sein – habe ich vom Krieg mit Rußland gesprochen, und vorgestern war ich bei diesen Leuten, um Gerät abzuholen, und da sagten sie zu mir: Du hast recht gehabt. Sie waren begierig auf neue Prognosen, deren ich mich aber enthielt. Bertram, der mich hinfuhr, sagte: Fragt ihn nicht, sonst schlaft ihr nicht mehr.
Ganz unglaublicherweise stand in einem Haus, das wir vor kurzem verlassen haben und das ein Klassenzimmer und die Lehrerwohnung enthielt, ein fast neuer Flügel, auf dem ich eine Viertelstunde spielte. Der Unteroffizier, dessen Psycho-Porträt deshalb nicht gelingen will, weil die meisten seiner Aussprüche mir schon nach ei-

ner halben Stunde durchs Ohr gerutscht sind, und dieser Grad von geistiger Deformation nur durch die allergenaueste Wiedergabe mitgeteilt werden könnte, Herr Hahn aus Berlin also, sagte, als ich von dem Instrument aufstand: Ein SA-Kamerad von mir kann die Revolutions-Ouvertüre von Liszt aus dem Kopf.
Gegen mich war oder ist eine spezielle Hetze im Gang, die Gründe sind nicht benennbar, vielleicht ist ihnen nachträglich aufgegangen, daß ich den ganzen Frankfurter Winter ein mehr oder weniger ziviles Dasein gelebt habe, und nun sind sie im nachhinein neidisch. Aber wozu nach Gründen suchen: ihrer Dummheit, sich selbst nicht zu erkennen, Kehrseite ist ihr Scharfsinn, das Fremde zu bemerken. Solange ich dienstlich unangreifbar bin, können sie wohl nichts machen.

[An die Mutter]
5. Juli 41. Nachts wird gefahren auf unergründlichen Straßen, und der Schlaf wird stundenweise zusammengekratzt. Das bringt allerorten Nervosität hervor, und eine ziemlich unglückliche Kombination von Leuten in meinem Trupp tut das ihre dazu, daß ruhige Augenblicke selten sind. Lisl [die Schwester] hat Papa nicht im Sudetenland, sondern in Lübben im Spreewald getroffen – das entnahm ich einem Zettel, der mich noch in Ostpreußen erreichte. Ich weiß nicht, wo Papas Division liegt, wahrscheinlich ein gutes Stück südlicher als wir.
Ich habe nicht wenig lachen müssen, daß Du mir zum Obergefreiten gratuliert hast. Das wird man, wenn man das Vergnügen hat, länger als zwei Jahre Soldat zu sein. Dagegen läßt sich nichts tun, dafür auch nicht viel.
6. Juli 41. Dieser Zettel muß weg in aller Eile, freundliche Urlauber nehmen ihn mit. Hier ist ein kleiner Fluß, in dem wir baden. Das hilft leider nicht gegen Hautausschlag infolge einseitiger Ernährung (vermute ich). Vielleicht Vitamin C? Kannst Du einen Arzt fragen, was ich nehmen soll? Ich brauche meine ganze Elastizität, um oben schwimmen zu bleiben – nicht wegen des Krieges, sondern wegen des menschlichen Milieus. So einen Krieg, nein, den Krieg so können nur Deutsche führen, verdammt, die Sprache ...: nur Deutsche können diesen Krieg so führen – wie Postangestellte Schalterdienst ma-

chen. Aber ich denke, es wird ihnen noch vergehen. Sie sehen die Raben nicht. Da haben sie doch diesen Groß-Raben-Vater Wagner und pilgern nach Bayreuth, alle Jahre wieder dämmern ihre Götter, ihnen dämmert aber nichts.

[Frau Elsa Bernstein an E. K.-Sch.]
Harlaching, Hochleite 2, Pilotyhaus, 5. Juli 41. Und nun hat sich die Welt in diesen letzten drei Wochen wieder verwandelt, noch häßlicher, noch verzerrter, Uferlosigkeit kulturunwürdigen Geschehens ... Hast Du Nachricht von Erich? Ahnung, wo er sein könnte? Baronin L. aus dem 1. Stock, die mich vor ein paar Tagen besuchte, hat ihren Sohn draußen, in Rußland, bangt und glaubt noch an eine lange Dauer dieses Kriegsgrauens.

6. Juli 41. Ich schlief in einem Holzschuppen, in den Häusern ist die Luft unerträglich. Noch ganz verschlafen, legte ich mich eine Weile in das warme weiche Wasser des Flüßleins. Solange ich drin war, ließ das Hautjucken nach. Der Doktor gab mir Kalktabletten, sie schmecken nach Pfefferminz, und das ist wahrscheinlich ihr einziger Vorteil. Schrieb ich, daß ich die Jugenderinnerungen von Kügelgen aus einem zerstörten Schulhaus mitgenommen habe? Dieses stille, besonnene Buch nehme ich seitenweise ein wie Medizin. Würde man für Gedanken bestraft – man wird ja! –, so müßten sie mich immer mal wieder wegen Fahnen-, ja wegen Kriegs- und Gegenwartsflucht einsperren.

7. Juli 41 [Zu einer Zeichnung]. An diesem Bach nach ein paar vergeblichen Ansätzen zu zeichnen. So ein idyllisches Durcheinander von Weiden und Buchen, die großen abgeschliffenen Steine im Flußbett und ein paar Hausgiebel samt Brücke und Wasserfall – das ist kein Thema für mich. Ich kann es mit Geduld hinkriegen, aber nachher ist doch nichts auf dem Papier, was zusammenläuft. Du siehst die gespreizten Ansätze ...
Gestern erreichten die Zwistigkeiten zwischen dem Leutnant, der diesen Fernsprechbetrieb überwacht, und uns einen solchen Grad, daß sogar unser Unteroffizier ein Wort der Opposition wagte, etwa des Inhalts: Mit Büro-

kratie gewinnen wir den Krieg nicht. (Der Leutnant hatte nämlich anläßlich eines fehlenden Punktes hinter einer formelhaften Abkürzung gesagt: »Dieser Trupp macht nicht Betriebsdienst, sondern treibt Sabotage.«) Hier hakten wir ein, und der Unteroffizier legte sich wortreich ins Zeug – was auch falsch war, und beide Seiten nahmen solchen Unsinn ernst.

Den Ekel vor unserem Volk brauche ich nicht zu lernen, dafür gab's ja vorher schon Kurse. Er allerdings erreicht hier und jetzt Höhen. Bei so lebhaften und eindeutigen Empfindungen neige ich dazu anzunehmen, sie bewirkten auf irgendeinem geheimnisvollen Wege Veränderungen. Das hieße: hier herauskommen. Darauf zu hoffen, gibt es nicht den mindesten realen Anlaß.

Das Idyll ist mir ärgerlich. Das sagte ich zu B., als wir, begleitet von unseren Mondschatten, durch die Felder gingen. Nanu, sagte er, in Frankreich hast du das Daueridyll genossen? Damit hatte er recht, und ich sagte, dieses Vorspiel habe in jeder Hinsicht eine andere Dimension gehabt. Jetzt finge ein ganz anderes Stück an, und ich könnte von der Direktion erwarten, daß sie es nach seiner Bedeutung inszeniere. Zum Beispiel den Mond verhängen, sagte Bertram.

8. Juli 41. An einer Landstraße, einer russischen Landstraße, schnurgeradeaus, miserabel, rechts zwei Reihen, links eine Reihe Telegrafenstangen und -drähte, nach allen Seiten Ebene bis zum Horizont. Die Erde ist doch eine Scheibe! Das Gras von schmutzigem Grün ist längs der Straße gepudert vom Staub, weiß und tot. Wir sind nicht nur den ganzen Nachmittag, sondern auch die ganze Nacht gefahren, mehr als 100 km. Es war mühsam. Ich hielt mich fest und verspreizte mich zwischen Sitz und Lehne vor mir, um nicht gegen die Decke geschleudert zu werden. Laut Karte ist das eine Straße erster Ordnung. Dank des Vollmondes wurde es nie ganz dunkel. Plötzlich spritzten Garben von Leuchtspurmunition zum Himmel. Wir ergriffen die Stahlhelme, sprangen aus dem Wagen und liefen ins Feld. So die ganze Kolonne. Zwei russische Flugzeuge waren über uns, warfen Bomben und schossen. Nach einer halben Stunde kamen sie noch einmal. Ich hatte mich in ein Kornfeld geworfen, drehte mich auf den Rücken und schaute in das Feuer-

werk. Instinktiv möchte man sich mit dem Gesicht nach unten auf Mutter Erde drücken, aber das ist ein blöder Reflex.
Seit gestern sind wir abgelöst und fahren mit den anderen, nicht eingesetzten Teilen der Kompanie im Nachtrab. Auf ihn haben es die wenigen Flugzeuge abgesehen, die der Iwan aufbietet. Der Iwan, die Krautfresser, die Katzelmacher ... Zwölf Tote zählen die Nachschub- und Versorgungseinheiten bis jetzt, schon vier mehr als während des französischen Feldzuges.
Wir haben unsere Fahrzeuge unter ein paar kümmerliche Birken gestellt, die um ein noch armseligeres Gehöft herumstehen. Es gibt ein paar Millionen solcher Gehöfte, verteilt über den Riesenraum, der Rußland heißt, und darin steckt eine Krisenfestigkeit, die allen denen entgeht (= allen) die meinen, das machen wir auch so mit der linken Hand. Nach dem ersten Schock – es war einer – heißt es jetzt: noch drei Wochen, und im August gibt's wieder Urlaub. Das russische Heer werde nicht mehr zentral geleitet, die Revolution stünde vor der Tür. Träte alles dies ein, träfe es zu, so wäre damit Rußland noch immer nicht unser, selbst dann nicht.
Die Postsperre scheint bis zum 28. 6. gedauert zu haben. Heute habe ich zwei FZ [*Frankfurter Zeitung*] und Briefe von L. und F.
Die Kinder der Bauern spielen mit einem jungen gezähmten Fuchs. Er hat ganz helle Augen und faßt sich schön an. Ich dachte an die Novelle von D. H. Lawrence [Titel: »Der Fuchs«].
9. Juli 41. Ich wusch mich mit einer halben Schüssel Wasser aus dem Loch, das, von einem Balkengeviert eingefaßt, auf der Wiese den Treffpunkt der Bauersfrauen aus den nächsten Höfen bildet. Sie gehen mit einer Wippe über den Schultern hin, an beiden Enden hängt ein Eimer. Die Verwahrlosung ihrer Hütten, die keine Folge dieser paar Kriegswochen sein kann, läßt für ein überhebliches deutsches Gemüt wirklich nichts zu wünschen übrig, und die Leute, jeden menschlichen Begriffs bar und als Maßstab WC's und Fabrikmöbel mit Schleiflack in sich tragend, verfehlen nicht, die Segnungen zu preisen, die sie den armen Russen bringen werden. Jetzt sieht man auch Flüchtlinge auf den Straßen, nicht lange Züge

wie in Frankreich, aber immer wieder Gruppen von zwei, drei Fahrzeugen, kleinen leichten Wagen mit einem sehnigen Pferdchen davor, und hochbeladen mit Säcken. Hausrat sieht man so gut wie nie, es gibt keinen, der beweglich wäre.
Die Besetzung Islands durch die USA und die Entsendung amerikanischer Schlachtschiffe in Richtung Europa ist sicherlich der Beginn des Krieges mit den USA. Die Berichte Kirchers [Chefredakteur] in der Frankfurter aus Italien sind das Kläglichste, was ich in diesem Blatt gelesen habe. Aber wie gern und genau liest man es dennoch, ich habe nichts anderes. Die Russen werden uns den Weg nach Leningrad mit allen Mitteln, die sie aufbringen können, verlegen wollen. Gelingen kann es ihnen nicht, da sie von Finnland her zugleich angegriffen werden. Wenn sie's freilich bis zum Winter hinziehen können, sehe ich mich noch nicht in der Eremitage. So ein Jammer, daß ich mit den Bauern nicht reden kann – schneiten und frören wir hier irgendwo ein, müssen ein Wörterbuch und eine Basisgrammatik her.

[An Natascha B. in München, eine Russin]
10. Juli 41. Da geht die Sonne über Ihrem Land unter, glutrot in Wolkenschleiern, nachdem der Tag glühend heiß war und die Hitze in brennenden Tropfen herabfiel in die weite Schale der Ebene. Ein Kartoffelacker, gänzlich verwahrloste armselige Gehöfte mit ausgefransten Strohdächern, des Tags ein schmaler Schattenstrich neben dem Haus oder unter einer Birke – das ist die nähere Welt. Die Hälfte des Dorfes ist verbrannt, nach Aussage der zurückgebliebenen Einwohner von Russen selbst angezündet auf Befehl der Kommissare. Im Staub der Straßen wälzen sich die endlosen Prozessionen unserer Fahrzeuge vorwärts, vom Panzer bis zum Rad. An den Spitzen der Marschsäulen wird mit Erbitterung der Krieg geführt. Ich werde zum Gespött der Leute, weil ich mich manchmal nicht enthalten kann, auszurufen »schön« – was natürlich für Augen, die Schönheit nach Wasserspülung und Radio beurteilen, nicht sichtbar sein kann. Meine Versuche, diese Schönheit in Skizzen ein wenig festzuhalten, mißlingen vorerst gänzlich. Ich beneide Sie sehr darum, dieses Land aus seinem innersten Wesen begrei-

fen zu können, ich beneide sie noch mehr darum, daß Sie die Sprache sprechen – hätte ich doch, kann ich nur sagen, hätte ich doch mit Ihnen Russisch getrieben! Die kleinsten Kinder sind mir an Ausdruckskraft über, stumm geht man vorbei, und wieviel möchte man wissen! Der Winter wird ja lang genug werden, Russisch zu lernen. Haben Sie Adressen in Petersburg oder Moskau von Ihren Leuten, die ich grüßen könnte, so schreiben Sie mir. Die erstgenannte Stadt werde ich ziemlich gewiß berühren. Das ist ein ganz anderer Krieg als der französische, mir setzt er sehr zu, es kommt zutage, daß ich auf dem Lande aufgewachsen bin – ein zerstörter Bauernhof, die Not dieser Bauern greifen mich an und finden mich wehrlos.

10. Juli 41. Unser Wagen steht an einer Scheunenwand, zwischen ihm und dem vorstehenden Strohdach ist ein schmaler Schattenstreifen, ein Rückzugsplatz vor der Hitze, die den Acker ausglüht. Viele Höfe sind abgebrannt, die Straße zwischen den Gehöften ist von Bombentrichtern zerrissen. In den Resten der Häuser wohnen die zurückgebliebenen Bauern, die Kinder. Ein paar Frauen waschen für uns Hemden unten am Wasserloch, am Anfang der Ebene. Das Dorf ist auf einen Hügelrücken gesetzt, ringsum wölben sich die flachen Schalen der Weiden, zur Hitze hin geöffnet, sie einsaugend, einschlürfend, in Selbstverbrennung. In der Nähe von Wassertümpeln gibt es noch einen Rest des Viehs. Wir haben zwischen 5 Uhr nachmittags und 3 Uhr früh in mühseliger Stuckelei 60 km zurückgelegt, im Vollmondschein rollten wir durch die weißen Staubwolken. Wenn wir anhielten und die Motoren nach einem letzten Druck des Gaspedals aufheulend stehenblieben, sprang uns die Stille aus den Gehölzen und aus den nebeligen Wiesengründen entgegen. Der Himmel, im Süden vom Mond, im Norden von der unterm Horizont hinschleichenden Sonne erhellt, war von einem gleichmäßigen, sanft verfließenden Teppich aus Schäfchenwolken bedeckt, die im Westen aus einer dunklen Wolke geboren wurden. Es war schon wieder heller Tag, als wir hier ankamen, unser Trupp hatte Wache.
Hunderte verbrannter Höfe lagen diese Nacht an unse-

rem Weg. An einer Brandstelle, wo wir anhielten, saßen neben den Trümmern, d.h. neben den niederen Stümpfen der gemauerten Fundamente, die allein übriggeblieben waren von der Kate, die Bauersleute mit vier Kindern. Sie hatten sich mit ein paar Brettern über einem Erdloch ein Notdach gebaut. Darunter saßen sie, zu sechst, und aßen reihum aus einem deutschen Kochgeschirr, das ihnen ein Soldat gab.

11. Juli 41. Es ist Freitag laut dem Kalender im Wagen, auf dem täglich ein Spruch steht, heute z.B.: »Mit Taten schmückt sich Treue, nicht mit Worten.« Was sie nur immer mit ihrer Treue haben – wer von einem fahrenden Schiff aus nicht ins Meer springt, ist der treu? Seit gestern früh 4 Uhr sind wir keinen Meter vorgerückt. Derzeit ist die Front eine reinliche Scheidelinie zwischen vorne und hinten. Heute nacht fielen rundherum Bomben. Es scheint, daß in Angriff und Verteidigung gleichviel Energie gesteckt wird. Warum wir eigentlich dieses Leningrad haben müssen, verstehe ich nicht – Himmel, ist das eine alberne Bemerkung, als ob überhaupt irgend etwas zu verstehen sei! Aber immerhin, hier fehlt mir sogar der relative Sinn – aber es scheint so zu sein, daß, je mehr wir uns darauf kaprizieren, desto wilder verteidigen die Russen ihre Zarenstadt. Am Sonntag dort zu sein, war die erklärte Absicht.

12. Juli 41. Aus einer Sumpfwildnis kamen vorhin vier estländische Offiziere mit einer weißen Fahne heraus. Sie liefen über. Gestern sahen wir schon zwei Kompanien dieser Leute in tadelloser Zucht an uns vorbeiziehen, die Offiziere voraus. Im Ganzen soll sich in unserem Abschnitt ein Bataillon der Estländer freiwillig ergeben haben, aber das mag ein Gerücht sein. Ganz glaubhaft ist, was eifrig seit gestern beredet wird: wir sollten nach Ankunft in Leningrad verladen werden – und wohin? Zu Salazar! Die paar tausend Kilometer bis dorthin – eine Kleinigkeit per Schiff durch die Ostsee, durch den holsteinischen Kanal und unter Englands Küste entlang.

Briefumschläge bekam ich heute beim Kantinenwagen – Du brauchst also keine zu schicken.

[An den Vater, er ist, 63 Jahre alt, Hauptmann bei der 19. Panzerdivision, rückwärtige Dienste]
12. Juli 41. Es wird Zeit, einmal ein Wort hören zu lassen. Von Lisl weiß ich, daß Du sie auf dem Weg nach Osten noch in Lübben getroffen hast, wo ich 14 Tage vorher mit meinem Divisionspfarrer war, um bei seinem Gottesdienst die Orgel zu spielen. Wir sind wohl erheblich weiter im Norden als Du, ich hörte, obschon mein Telefonohr manchmal über den Bereich des Korps hinausreicht, noch nichts von Deinem Verband. Wir sind durch die Randstaaten gegangen und wenden uns nun der zweitbesten Stadt in diesem Lande zu mit erheblicher Konzentration von Kräften. Hier erscheinen manchmal, eine weiße Fahne schwingend, Soldaten und Offiziere aus den baltischen Ländern, in Deinem Bereich werdet Ihr mit den Ukrainern vielleicht ähnliche Erfahrungen machen. Im übrigen ziehen sich die Russen in vorzüglicher Ordnung zurück, und es ist nicht viel an den Vormarschstraßen zu finden. Die Prognosen über die Kriegsdauer sind sämtlich phantastisch, es wird mit innerrussischen Entwicklungen gerechnet, eine Annahme, für die alle Anhaltspunkte fehlen.
14. Juli 41. In einem Dorf an der breiten Mittelstraße. Ich habe mir einen Tisch vors Haus gestellt und sitze auf der Bank, auf der sonst die Frauen und die alten Leute abends ihren Nachbartratsch machen. Ein paar Häuser weiter sitzt tatsächlich ein alter Mann vor dem Haus, wie aus dem Bilderbuch: Mutze, großer grauer Bart, eine rote Überfallbluse. Aber er redet mit niemand, er ist allein, das Dorf ist fast leer. Die Leute haben sich in die Wälder zurückgezogen. Wenn sie glauben, die Gefahr sei vorbei, kommen sie wieder heraus, mit Sack und Pack und aller Kreatur. Dann steht der Staub über den Waldwegen, aufgewühlt von einem Dutzend leichter Wagen. Ein alter Mann führt meistens das Pferd und treibt es mit fortwährenden Zurufen an, ein paar junge Burschen, manchmal auch die Mädchen, schieben von hinten, ihre Hände stemmen sich gegen das Querholz, ihre Gesichter sind zwischen den ausgestreckten Armen nach unten gebeugt, und sie sehen nichts außer dem Staub, mehlfein, den sie einatmen. Andere schreiten frei daneben her, manche mit schweren Traglasten, aber es scheint ihnen nichts

auszumachen, sie strotzen alle von Kraft, auch die Frauen. Es kommen auch Frauen vorbei, die Kinder auf dem Arm tragen, Säuglinge oder Drei- und Vierjährige. Ich denke an Euren Frieden über dem See, Thomas im Garten in seinem Körbchen, behütet von einem Gazeschleier, und stelle mir vor, daß dies, was ich hier sehe, eines Tages unsere, Eure, Deine Lage sein könnte. Kämen wir durch? Ich denke ja. Wenn ich dieses Elend sehe, erscheint es mir größer, als es diejenigen empfinden, die es zu bestehen haben; als ich es empfände, wenn ich es zu bestehen hätte. Es verhält sich damit so wie mit dem Krieg in den Wochenschauen, seiner Wirkung auf diejenigen, die in einem Polsterstuhl sitzen und nur schauen, gegenüber dem wirklichen Krieg, in den man gestoßen ist. Gewiß ist der Platz, an dem ich mich befinde, von jenem Polstersessel im Kino nicht so weit entfernt wie von einer vordersten Grabenstellung, gegen die ein russisches Regiment stürmt. Aber ich bin eben doch in der Realität des Krieges, und ich werde, was auch kommt, in jedem Augenblick sozusagen die notwendige Menge von Aufmerksamkeit, Umsicht, Lebenswillen und körperlicher Kraft zur Verfügung haben, die notwendig sind, die Situation zu bestehen. Ich würde nur durch eine zerstörende Kraft umkommen, auf die ich mich nicht vorbereiten kann. Eine Kugel kam geflogen – na ja. In gleicher Beziehung zur Realität stehen auch die fliehenden oder wieder zurückkehrenden Bauern.
Als ich vor ein paar Tagen von »Fluchtmöglichkeiten« aus der Realität schrieb, habe ich eine vergessen, die nächstliegende, der Krieg selbst bietet sie. Der arg böse Feind, je ernster er es meint, desto leichter macht er es mir, mich darüber hinwegzumogeln, daß ich in dieser Uniform in dieser Armee in diesem Krieg Soldat bin. Die Auseinandersetzung mit der Gefahr ist ein Kinderspiel gegenüber der Auseinandersetzung mit den Umständen, die diese Gefahr hervorgerufen haben. Das ist mir in Frankreich so klar nicht gewesen. Krieg ist nicht Krieg – dieser Krieg ist unvergleichbar mit allem, was Deutsche, seitdem sie als Nation auftreten, getan haben, und das meine ich nicht im quantitativen Sinn. Damit läßt sich vielleicht nur die Beschießung von Paris unter den Augen solcher Edelmänner wie dem ersten Kaiser, Bismarck und Moltke

vergleichen, Gehirne voll rotem Nebel, vom nackten Zerstörungstrieb besessen.
Niemals wäre ich imstande, die Gefühle zu verstehen, mit denen sich angeblich die Jugend aus Zivilisationsüberdruß 1914 in den Krieg stürzte – damals, als auch Intellektuelle wie Thomas Mann im »Stahlbad des Krieges« idiotische Töne von sich gaben. Aber hineingezwungen, wird auch mir der Krieg gegen den Krieg helfen. Gegen das Gefühl des Ekels, in dem ich ertrinke wie in Jauche.

[An die Mutter]
15. Juli 41. Unsere Division ist sehr mitgenommen, sie muß wohl »renoviert« werden; an diese Notwendigkeit knüpfen sich Gerüchte, die von einem Wechsel des Kriegsschauplatzes zugunsten eines Landes sprechen, wo es Orangen und Korkeichen gibt, und viel Meeresküste. In der Nähe der Grenze war es armselig, jetzt wird es besser; ich komme auf die Vermutung, die Regierung habe als eine Art Isolierstreifen das Grenzgebiet besonders vernachlässigt.
Schicke vorläufig kein Geld hierher, dies auf Deine Frage, bevor nicht klar ist, wohin es uns treibt. Wahrscheinlich brauche ich überhaupt keins, es sei denn, ich hätte in der Stadt [Leningrad] Gelegenheit, mir eine Kamera zu kaufen. Meine ist leider gestohlen worden. Edith möchte auch gern eine 8 mm-Schmalfilm-Kamera, um damit Thomas' frühe Lebenszeiten für mich zu konservieren.
Es wäre nicht schlecht, wenn jemandem in der Familie beikäme, mir jedes Wochenende »Das Reich« zu schikken, es müßte aber mit einem Zeitungshändler der regelmäßige Bezug verabredet werden, die Nummern sind rasch vergriffen. Die Frankfurter kommt dann und wann, ich finde, es stimmt nicht, daß man gar nichts aus den Zeitungen erfährt. Zum wiederholten Male, dankbar für so viel kluge Voraussicht, lese ich Le Bon. Die Sieben Säulen der Weisheit, die mir List (als deren Verleger) geschenkt hat, sollen im Anrollen sein. Für Lesbares bin ich immer zu haben, es brauchen keine Bücher zu sein, Broschüren schicken sich leichter, ich denke etwa an »Das XX. Jahrhundert«, »Europäische Revue«, »Monatshefte für auswärtige Politik«.
Von W. E. Süskind steht im Reich ein Bericht über Münch-

ner Theateraufführungen, ich vermute, daß Du sie alle gesehen hast, einige scheinen gut gewesen zu sein, am meisten lobt er »Diener seines Herrn«. Im Reich zu schreiben – ob das sein muß? Ich will aber ganz still sein, vor ein paar Tagen bekam ich vom Propagandaministerium einen Fragebogen, an Hand dessen sie offenbar beurteilen wollen, ob ich als PK-Berichterstatter geeignet wäre. Das geht auf die Geschichte mit dem Frankreich-Manuskript im OKW zurück. Ich habe das Formular ausgefüllt und als Anlage einen Lebenslauf dazugeschrieben. Als ich nachher las, was ich geschrieben hatte, mußte ich mich fragen, von wem eigentlich die Rede ist. Nichtsdestoweniger ist da nicht ein Schatten von Wahrscheinlichkeit, daß etwas daraus werden könnte. Ich schickte dennoch die Papiere an die Kompanie mit der Bitte um Weiterleitung auf dem Dienstweg, bei Geheimdiensten nennt man so etwas Spielmaterial, es ist nichts dahinter, aber man kann etwas erfahren. Im Reich wirst Du mich jedenfalls nicht lesen.

15. Juli 41. Vom selben Platz wie gestern. Die Nacht verbrachte ich in der Türöffnung eines halb fertig gebauten Hauses, da zog es, das mögen die Mücken nicht. Nur einige waren sportiv und gingen auf Blutjagd. Ich habe die Dorfstraße gezeichnet und schicke das Blatt mit der gleichen Post, es gefällt mir ganz gut. Die erste Skizze von vielen seit dem 22. 6., die man anschauen kann.
16. Juli 41. Gestern ein Gewitterregen, in der Folge Abkühlung und damit, da sie auch nachts anhielt, Mäßigung der Mückenplage. Wir haben uns sogar in das Bauernhaus hineingewagt, neben dem wir parkten. Wir haben eine Stube ausgeräumt, dort wird jetzt geschrieben und Skat gespielt, indes Bertram und ich alles zeichnen, was uns vor die Augen kommt, schonungslos kritisiert von unseren Modellen. Im ganzen ist es im Trupp etwas besser geworden, mag sein deshalb, weil wir nicht in Bewegung sind. Ob es wieder so nervös und unruhig wird, wenn wir neu eingesetzt werden, weiß ich nicht, aber ich befürchte es.
Ich bedauere unendlich, nicht mit den Bauern reden zu können. Das bißchen Kroatisch hilft nichts. So einfache Fragen wie die, wie der Bau eines neuen Hauses finan-

ziert wird – ein halbfertiges steht nebenan –, kann ich mir nicht beantworten und fragen kann ich nicht.
Gestern abend haben Bertram und ich noch einen Gang zu der Kirche am andern Ende des Dorfes gemacht, von außen sah sie christlich aus, innen war sie eine Reparaturwerkstatt für landwirtschaftliche Maschinen. Jetzt aber sollen sie für den Sieg beten, die guten Kommunisten.
18. Juli 41. Gestern war es kalt und unfreundlich, als seien wir im Spätherbst. Ich bin mit Pull und Mantel auf Wache gezogen. jetzt beginnt es aufzuklaren, der Umschwung schenkt uns einen schönen Abend. Der Himmel geht auf, die Bläue breitet sich aus. Wir haben uns in westlicher Richtung fortbewegt. Hier ist nichts verbrannt, nichts zerschossen, das Dorf ist bewohnt, jedes Haus. Zum erstenmal bekommen wir hier eine Ahnung davon, wie das Leben hier ohne Krieg sein mag. Ein 79jähriger Mann, den Bertram heute schon zweimal gezeichnet hat, seine Stiefel reichen bis zum Knie und die Pelzjacke bis zu den Waden, sitzt neben mir und wundert sich sehr über das Klappern des Maschinchens. Er fragte mich, was das sei, er sieht fast nichts mehr, und mit Hilfe des Lexikons versuchte ich es ihm begreiflich zu machen. Aber was stellt sich jemand unter einer Schreibmaschine vor, der noch nie eine gesehen hat? Als wir anfingen, gestern Splittergräben für den Fall eines Fliegerangriffs auszuheben, glaubten die Bauern, wir bereiteten uns mitten in ihrem Dorf auf einen Infanteriekampf vor, und sofort strebten Frauen mit Bündeln auf dem Rücken dem Wald zu. Ich schlief, soweit der Wachdienst es erlaubte, außerhalb des Dorfes in einem Heustadel mit frischem Heu. Wache stehen oder laufen ist hier nicht mehr nur Formalität wie in Prüm. Außer von der Front vor uns gibt es die Bedrohung von den Seiten, aus den Wäldern, und demzufolge habe ich auf Wache jetzt auch Eierhandgranaten am Koppel hängen. Was tagsüber eine Wiese mit Büschen ist, wird nachts eine geheimnisvolle Welt, und wenn, wie heute nacht, noch Nebelschwaden von den Talwiesen den Dorfhügel heraufkriechen, dann kann man sich vorstellen, daß man so ein Ding abzieht und auf den nächsten Busch wirft.
Es wird dunkel, und ich gehe nun zu Heu.
20. Juli 41. Schwer zu sagen, ob wir noch im Krieg sind.

Seitdem wir uns hier festfuhren, und das ist nun über eine Woche her, haben wir nur das Dorf gewechselt, sehr zum Vorteil. Die Heuhütten, leer, übers Feld verstreut, sind nicht nur nachts ein guter Schlafplatz, auch tagsüber sitze ich in ihrem Schatten, zeichnend. Da es bei diesem bewegungslosen Dasein an wechselnden Motiven gebricht, habe ich die Hütte einmal von rechts, einmal von links gezeichnet und zum Überfluß noch ein wenig die Tageszeiten durch entsprechende »Beleuchtung« hineingebracht. Wäre ich ein Maler oder Zeichner, diktierte mir ein Talent den Platz im Fluß der Entwicklung, dann dürfte ich mich dieser idyllischen Beschäftigung des Abmalens vom Sichtbaren nicht hingeben. Als reproduzierender Musiker hätte ich immer noch die Freiheit, selbst im obersten Rang, den ollen Beethoven einem Publikum so hinzuklavieren, daß es jubelte. Aber wenn ich zeichnen könnte wie Dürer oder malen wie Leibl, und das eine oder andere mit deren Zielsetzungen täte, würden die Leute sagen: Verdammt begabt, nur schade, daß er so dumm ist! In der gleichen Lage ist natürlich auch der schöpferische Musiker, im gleichen Zwang, nicht von gestern zu sein. Bei uns ist es freilich anders, unsere Herren schöpferischen Künstler, könnten sie wirklich zeichnen wie Dürer, malen wie Thoma, komponieren wie Brahms, und machten sie in etwa, wie jene machten, da läge die Nation ihnen zu Füßen, die sogar Herrn Breker und Herrn Padua für Künstler hält. Siehst Du, wenn ich so auf meinem Balken sitze und die Hütte wasserfärble und wenn ich mir vorstelle, daß, wenn ich mir nur recht Mühe gäbe, das eine oder andre Blatt wirklich im Haus der Deutschen Kunst hängen könnte, ohne daß die Leute sich kaputtlachten: Da fühle ich mich doch recht erhoben. Daß diese Behaglichkeit der Blöden so unbehagliche Seiten hat, daß ich also nicht am Starnberger See Skizzen mache, sondern etliche Kilometer vor Leningrad – das zeigt, daß diese geruhsame Kunst Schwindel ist. Ich meine: im allgemeinen. Meine Blättchen sind mir teuer.
Ab 5 Uhr haben wir Schule bei unserem Herrn Unteroffizier – das ist eine Neuerung seit gestern. Da müssen pro forma Fernsprüche ausgefüllt und Leitungsskizzen gezeichnet werden, er korrigiert mit einem Rotstift und schreibt: 8 Fehler. Es ist unbeschreiblich komisch, aber ich

bleibe ernst und schleife mich überhaupt so ab, daß ich einer Kugel gleich über das psychische Gelände rolle – nicht gerade das, was mir in die Wiege gelegt ist. Und so ganz glatt ist die Kugel auch noch nicht.
Zu einem Spaziergang durchs Dorf müssen wir umschnallen und das Gewehr mitnehmen. Deshalb bleibe ich besser auf der Wiese und rege mich nicht. Heute mittag wurde ein scharfer Befehl des Divisionskommandeurs verlesen, die Disziplin lasse zu wünschen übrig, niemand grüße richtig, man schnalle nicht um, usw. Er befehle den rückwärtigen Diensten, vormittags und nachmittags eine halbe Stunde Gruß-Exerzieren machen zu lassen! Offenbar war der Begriff rückwärtige Dienste so dehnbar, daß es bei uns noch nicht zum Exerzieren gekommen ist.
Der Schematismus der Kriegführung, sichtbar schon in der Art, wie wir jetzt in motorisierter Kolonne über die Straßen rollen (als wir noch rollten), ist durch die Motorisierung, diesem Ergebnis der Winterruhe, diktiert. In Frankreich war der Elan spürbarer, marschierende Infanterie ergab ein männlich-kriegerisches Bild als wie aus alter Zeit. Eigentlich müßte es ja gerade umgekehrt sein, denn mit einer voll motorisierten Division läßt sich natürlich schneller und eleganter operieren als mit Pferden und Marschkolonnen. Aber eben weil das Instrument flexibler ist, wird es zur »Kriegsmaschine«. Daß wir hier, so dicht hinter der Front, Kaserne spielen und »Unterricht« machen, bestätigt was ich meine.

[Von Dr. Wilhelm Hausenstein, *Frankfurter Zeitung*]
Tutzing, 21. Juli 41. Ich habe Ihr Manuskript an die Schriftleitung der Frankfurter Zeitung geschickt und habe einen sehr zuständigen Kollegen gebeten, sich damit zu beschäftigen. Er schreibt mir: »Ich lese darin und versuche, dem Feuilleton Vorschläge zu machen. Wenn das Material in toto auch vom OKW abgelehnt worden ist, kann doch der eine oder andere Abschnitt vielleicht gebraucht werden ...«
Dies ist natürlich noch keine verbindliche Äußerung, und ich werde meinem Kollegen auf alle Fälle nochmals schreiben, daß er sich mit Ihnen in Verbindung setzt, ehe etwa ein Stück abgedruckt wird.

23. Juli 41. Wir sind nicht mehr bei den nicht eingesetzten Teilen, sondern ein bißchen weiter vorne, allein auf weiter Flur mit ein paar Leitungen, in einem kleinen Dorf, das ganz verlassen ist. Die Front ist wieder ins Rutschen gekommen, es geht also weiter – wie weit und ob gleich bis zum vorläufigen Ziel, steht dahin, wahrscheinlich nicht. Die Russen werden in der Woche, in der wir ihnen Zeit lassen mußten, eine neue Verteidigungsstellung gebaut haben.
Das kriegerische Unternehmen und das Land, im Gegensatz zu Frankreich, funkeln gar nicht, alles ist trüb, schwer und klettenhaft – acht Tage Vormarschpause ändern daran nichts.
Ich habe gestern, eine halbe Stunde bevor wir alarmiert wurden, also zu spät für diesmal, angefangen, Dialoge aus unserm Trupp zu kleinen Szenen zusammenzufassen; das möchte, könnte ich fortfahren, ein artiges Dokument werden, mit Goethen zu reden.

[Von einer Tante von E. K.-Sch.]
Bad Schwartau, 24. Juli 41. Du wirst vielleicht schon durch E. die ersten russischen Vokabeln, die ich hier durch eine Dame, die viele Jahre in Rußland lebte, bekomme und unendlich oft abgeschrieben habe, erhalten haben. Nun wurde noch eine Fortsetzung ausgearbeitet, die sich ganz besonders für den Feldzug eignet. E. meinte, Du würdest selbst mit dieser schweren Sprache fertig werden. ...
Die Zersetzung der russischen Armeen wird vielleicht am besten zum endlichen Sieg führen. Wenn schon der Sohn von Stalin sich ergibt, weil er den Kampf für aussichtslos hält, muß sie schon tief eingegriffen haben.
Unsere Gedanken und Wünsche folgen Dir, denn wir leben natürlich nur mit unseren Herzen an der Ostfront, wo so viele junge Verwandte und Freunde für unser Vaterland Heldentaten vollführen.

24. Juli 41. Gestern nachmittag wurde unsere Vermittlung überflüssig, und so fuhren wir unerwarteterweise in das Dorf und zu unserer Heuhütte zurück. Wir kamen gerade recht zur Postverteilung, Dein Brief vom 10. 7. war dabei, in dem Du schreibst, du seist zu neun Zehntel ruhig. Und das eine Zehntel, wieviel wiegt es? Was muß

alles an Dich unterwegs sein an Post, fast täglich ein Brief, Zeichnungen, Filme, zwei Päckchen, Seife und Bonbons enthaltend – der deutsche Soldat kommt nicht nur in Frankreich, nein, auch in Rußland, dem verachteten, zu Waren, die zwecks Kanonenproduktion zu Hause ausbleiben, aber wenn wir nun nicht Krieg führten, hätten wir sie dann? Heißt's nicht, wir führten Krieg, damit wir sie künftig haben (wie war das eigentlich vormals??) – also ein bißchen Seife und Bonbons sind unterwegs.
Heute früh sind wir schon um 2 Uhr losgefahren, nach sehr kurzem Schlaf, und kamen zunächst durch die bekannten Gegenden unseres zehntägigen Stillstandes. Jetzt sind die Dörfer verbrannt und zerschossen. Wir wurden falsch geführt, mußten umkehren, nähern uns jetzt einem größeren Ort an einer Eisenbahnlinie, die uns die Russen mißgönnen. Es wird lebhafter. Während gestern der wiederaufgenommene Angriff in einen fast leeren Bereich hineinstieß – das ist keine ungeschickte Taktik –, verteidigen sie jetzt Ort und Bahn zäh. Bombergeschwader mischen sich ein, russische, am Horizont stehen dunkel die Explosions- und Brandwolken, gleich riesigen Schraubenziehern sich in den Himmel windend.
Gestern zog ich mir mal die Stiefel aus, um die Reste der Socken durch neue zu ersetzen, und sah, daß die Beine wirklich übel aussehen, als hätte ich Pestbeulen. Ich werde ein paar Tage Schuhe tragen, damit Luft dran kann.
Thomas ein Vierteljahr! Ich weiß nicht, soll ich sagen: schon oder erst? Es kommt mir viel länger vor, daß sich unsere Existenz vergrößert hat. Daß ich aber aus Frankfurt aufgebrochen bin und wir nun schon einen Monat Krieg führen – kaum zu glauben. Diese vier Wochen gingen sehr rasch vorbei.

[Von der Schwester]
Berlin, den 25. Juli 41. Morgen geht, wenn ich irgendeine Möglichkeit finde sicherer Beförderung, eine Zeiss-Ikon-Kamera Tessar 2.8 für RM 373,– (6 x 6) an Dich ab. Mit viel Geduld erstanden.
Ich dachte, die beste ist am geeignetsten für dich, ein fabelhaftes Ding, Du wirst sicher damit Freude haben, aber wenn Du glaubst, sie sei zu schade für Rußland, dann schreib um eine andere, sie läßt sich umtauschen.

Ich arbeite oft im Keller, wir haben jetzt Betten bekommen, 18 Stück fürs ganze Haus, da unten können mir die Tommys nichts tun.

[An Dr. F. M.]
25. Juli 41. Daran werden sie nicht zweifeln, daß ich in diesem schönen Land bin und einen ekelhaften Krieg führe. Eines der beliebtesten Stücke im Radio ist die Petersburger Schlittenfahrt – die machen wir nun, sehr glatt ist das Eis nicht. Seit gestern halten wir in einem sumpfigen Gehölz, die Russen sind unangenehm, die russischen Flieger sind unangenehmer, die russischen Mücken sind am unangenehmsten. Eine frivole Steigerung, nur einem »Fernsprecher« möglich, der doch immerhin etwas vom Schuß weg ist – unsere Infanteristen, etwa die 14 Mann, die den Rest einer Kompanie bilden, würden anders urteilen.
Meine Lektüre hier ist Pascal und Le Bon ... eben kommt Post, ein nicht zu häufiges schönes Fest ... ich lese erst mal ... ja, lieber M., nun bin ich ganz aus dem Konzept gekommen durch ausführliche Briefe vom Bodensee, wo mein Sohn unter einem Dächlein, gebildet aus einer französischen Zeltplane, neben einer Jasminhecke liegt und vom Krieg nichts weiß – welch Glück, daß ich mich nicht sorgen muß um die beiden und daß sie in einem solchen Paradies leben können. Doch Schluß – stolze Väter werden leicht komisch. Ich lese also Pascal und Le Bon, der eine so ewig und unzeitgemäß, der andere so aktuell und bestätigt in jedem Satz. Ich fasse mich ganz dicht zusammen und glaube wohl, daß ich es überstehen werde. Noch weniger als meine französischen Briefe werden sich meine russischen demnächst drucken lassen.
Eigentlich erst seit dem Beginn des russischen Krieges, den ich ab Weihnachten befürchtete, dann eine Weile – nach des Japaners Besuch – für verhindert und dann wieder vor mir sah: Seitdem erst hat dieser Krieg für mich ein ähnliches Gewicht, wie es wohl der Weltkrieg für die Generation unserer Väter hatte. Meiner macht eine Ausnahme und ist nun, 65jährig, sogar im Verband einer Panzerdivision in Rußland. Für mich ist der Krieg nun nicht mehr ein Zwischenspiel, sondern ein Teil des Lebens, der uns abgezogen wird, wenn wir ihn nicht so

auszufüllen wissen, daß wir am Ende fortgeschritten sind, weiter vielleicht als im Gleichmaß des gespannten Alltags vorher. Einen Frieden werden wir ja nie erleben, so wie man sich nach 1870 Frieden vorstellte, aber die Jüngeren werden nachwachsen, und wir vermögen vielleicht unter kriegerischen Gesetzen eine private Existenz fortzuführen.
Eben kommt einer von vorne und bringt sehr ungute Nachrichten. Sind Sie im wohlverdienten Urlaub? Dann genießen Sie ihn und spielen Sie ein Stück aus dem Wohltemperierten Klavier für mich.

Das Kriegsgericht macht Ordnung

25. Juli 41. Meine Nachrichten sind minder schön. Zwei Bataillone sind heute ein ganzes Stück vorgestoßen, aber schon wurden sie hinten abgeschnitten und müssen nun sehen, wie sie wieder heraus- und zurückkommen. Dem einen Regiment fehlt eine vierstellige Zahl von Leuten, aber es wird nicht abgelöst. Obschon es für uns auch nicht das reine Vergnügen ist – Krieg ist das nicht im Verhältnis zu dem, was vorne geschieht. Dieses »vorne« ist jetzt, je nachdem, nur noch 500 oder 800 m von uns entfernt.
Ohne Datum [mit einer Plan-Skizze]. Wir sind nicht über den Fluß, ganz im Gegenteil. Wir warteten noch ziemlich lange, und schließlich wurde die Brücke fertig. In dem Augenblick begannen die Russen anzugreifen. Wir haben uns um ein paar 100 m zurückgezogen, stehen hinter einem Gegenhang, auf dem ein Friedhof liegt – warum hier, läßt sich nicht erkennen. Das Dorf ist eineinhalb Kilometer weit entfernt. Wieder warten wir. Panzer, Pak und Kradschützen sind nach vorne, die Russen haben Panzer eingesetzt. Ich mache eine Skizze, die nur die Situation erklärt, über die Geographie nichts sagt.
Auf dem jenseitigen Ufer sind schon Teile eines Infanterieregimentes, der General und ein Teil des Stabes. Die

Brücke scheint sicher in unserem Besitz zu sein. Die Schießerei läßt etwas nach. Nahe bei uns stehen die Fahrzeuge der Pioniere, die die Brücke gebaut haben, die Soldaten sagen, daß auf einem der Fahrzeuge Tellerminen verladen seien; ich schaute Bertram an und er mich und wir dachten beide, daß, wo so viel Eisen herabregnet, ein Stück auch auf dieses Fahrzeug fallen könnte, worauf wir indirekt ein Opfer feindlicher Aktion werden würden. Das ist also wirklich einmal eine wochenschaureife Geschichte gewesen.

27. Juli 41. Gestern hat sich die Spannung, die sich aus den unvereinbaren Gegensätzen zwischen mir und den Le Bon-Menschen entwickelt hatte, recht dramatisch gelöst. Äußerlich gesehen, steht die Partie 1:0 für jene. Der Anlaß war endlich gefunden, meine dienstliche Untadeligkeit hatte einen Sprung bekommen. Ich hatte mit einem jungen Soldaten meines Trupps Auftrag, das Waldstück, in dem wir lagen, zu umgehen und auf etwa ausbrechende Waldbrände zu achten. Nach Art des Auftrages war es keine »Wache« im strengen Sinn, wir liefen eben am Waldsaum entlang und unterhielten uns. Ein Feuer wäre uns nicht entgangen. In der Hitze traten wir für einen Augenblick bei unseren Wagen in den Schatten, und dabei wurden wir vom Unteroffizier, SA-Mann H., »erwischt«. Er erkannte seine Chance, lief zum Hauptwachtmeister, bezichtigte uns des Wachvergehens. Der Hauptwachtmeister war auch weit davon entfernt, die Sache en bagatelle zu behandeln. Es wurde eine schriftliche Meldung an den Kompaniechef angefertigt.

Wie genau H. ins Schwarze getroffen hatte, wußten weder er noch ich. Meldung und »Gegenmeldung« gingen um 3 Uhr zum Chef, und schon um 5 Uhr wurden wir hinbefohlen: H., der junge Soldat, der nicht wußte, wie ihm geschah (der sich aber tadellos benahm), und ich. Erst wurde der Tatbestand festgestellt: Ja, wir standen im Schatten und hatten die Gewehre an den Wagen gelehnt. Ob »Vergatterung« stattgefunden habe oder nicht – es läge ein Wachvergehen vor. H. hatte geschrieben, ich sei daran schuld, daß sein Trupp nicht gut arbeite. Dieses Stichwort griff der Kompaniechef auf, und nun ging es los: Meine Ansichten kenne man ja. Ob ich wisse, daß er, der Kompaniechef, mein Manuskript seinerzeit in Frank-

furt an das Kriegsgericht weitergeleitet habe, damit ein Verfahren gegen mich eröffnet werde, und er bedauere, daß formulare Gründe es verhindert hätten.
Dann kam die Strafe: sechs Tage Arrest für mich, den Obergefreiten, drei Tage für den Soldaten. Das ist gerecht. Aber es war nicht alles. Ich wurde aus dem Trupp genommen und auf eines unserer beiden Kettenfahrzeuge versetzt. Das sind sehr komische Dinger, halb Motorrad mit Gabellenker, halb Kettenpanzer; vorne sitzt der Fahrer allein, hinter ihm haben zwei Mann mit Müh und Not Platz. Das Fahrzeug ist nicht viel höher als ein Fahrrad. Es hat einen winzigen Anhänger fürs Gerät und dient zum Auslegen von Leitungen in sehr schlechtem Gelände. Es fährt wirklich über Stock und Stein, wird aber trotzdem kaum je eingesetzt. Motor und Schaltungen haben Mucken, das Ding ist vermutlich eine Fehlkonstruktion, das es nur in wenigen Exemplaren bei den Nachrichtenabteilungen gibt. Aus der Horch-Limousine steige ich auf das Kettenkrad um. Den Trupp bin ich los, ich stoße zu zwei Männern, nur zwei statt zehn, die ruhige Zeitgenossen zu sein scheinen. Den Druck der Intrigen bin ich los, und den SA-Mann H. auch. Schade ist, daß ich Bertram nur noch selten sehen werde, daß ich die Schreibmaschine, aus Platzmangel, im Vermittlungswagen lassen muß und noch so manches von meinem Zeug, Bücher, den großen Zeichenblock.
Ich bin noch gestern abend »umgezogen« und nun wieder beim Divisionsstab. Wir liegen in einem Dorf, in dem es, o Wunder, keine Mücken gibt, so daß ich herrlich unter freiem Himmel geschlafen habe. Flieger und Flak hörte ich im Halbschlaf. Als ich so unter dem Nachthimmel lag, kam ich mir doch komisch und dumm vor, zurückgefallen in eine Auseinandersetzung mit dem Nicht-Auseinandersetzbaren. Mit Händen zu greifen, daß es nicht gutgehen konnte. Klug wäre gewesen, alles im Trüben zu lassen. Aber es ging eben nicht mehr mit Klugheit, mit Diplomatie. Wie bezeichnend, daß mir die Zeit erst in einem Menschen entgegentreten mußte, der sie ideal repräsentiert, um meinen Widerspruch derart herauszufordern, daß mein Verhalten nicht mehr der Vernunft gehorcht.
Wir sind vielleicht wirklich an den Anfang eines neuen

Zeitalters gestellt, von dem wir so gut wie nichts wissen, und wir machen den Anfang einfach dadurch, daß wir feststellen, wir seien anders, wir gehörten nicht zu dem, was ist. Hat aber der totale Protest: Zu diesem Volk gehöre ich nicht!, hat er Sinn – für mich? Ja, er hat Sinn, obschon ich natürlich auch Deutscher bin, in dieses Volk hineingeboren, hineinerzogen in seine Sprache, seine Gewohnheiten. Aber diese mir auferlegte Solidarität zählt für mich nichts. Ich bin solidarisch mit einer Zukunft veränderter Vorstellungen, veränderter Verhaltensweisen.

Der Satz in Deinem Brief: Glaubt Ihr alle mehr oder weniger an Gott? – was soll das?! Die Gruppe »Ihr« gibt es nicht, wenn Du mich mit einbeziehst, und den »Ihr« ohne mich fehlt nicht Gott, sondern der gesunde Menschenverstand, die Vernunft, die schlichte Vernunft.

28. Juli 41. Hier geschieht zur Zeit nichts – militärisch meine ich, und soweit ich davon betroffen sein könnte. Wir liegen am Dorfeingang auf einer zertretenen Wiese, auf der viele verdorrte Äste herumliegen, die zur Tarnung von Fahrzeugen dienten. Diesem Zweck werden seit Herbst 39 ganze Wälder in Europa geopfert. Heute früh war ich zu den nicht eingesetzten Teilen, d.h. zu meinem alten Trupp zurückgefahren, weil ich dort meine Gasmaske vergessen hatte. Auch wollte ich Filme holen. Ich habe nämlich wieder einen Apparat, den billigsten Amerikaner, den es wohl gibt. Ich traf gestern Prestel und sagte ihm, daß meine Kamera weg sei, da holte er dieses Kästchen heraus und es zeigte sich, daß meine Filme von der Rolleiflex paßten. Man kann nichts einstellen, weder Entfernung noch Blende noch Belichtungszeit, man drückt ab und fertig. Bei gutem Licht wird sich schon etwas auf den Filmen zeigen.

Ich traf auch Bertram und andere vom Trupp, dort ist eine höllische Stimmung; selbst Leute, die H. seit zwei Jahren kennen, sind zum »Dienstton« zurückgekehrt und sagen »Sie« und »Herr Unteroffizier« zu ihm. Das kann ich mir auf die Habenseite schreiben, aber solche Stimmungen kommen und gehen, von wirklicher Einsicht und Parteinahme kann höchstens bei zweien die Rede sein, von denen einer Bertram ist. Daß der Brävste nicht in Frieden leben kann, wenn er einen bösen Nachbarn hat, ist nur natürlich und richtig. Daß er neben einem bösen Nachbarn in Frieden leben möchte – das ist fatal. Mich heraushalten – tiefer Wunsch und eine Sünde!

Kuby, Obergefr.
Einheit 13048 Ljubnja, 28. 7. 41

An 1. Kompanie [der Nachr. Abt. 3]
Nachdem durch Uffz. H. selbst die internen Truppschwierigkeiten nach außen getragen wurden, halte ich es für meine Pflicht, die Wahrheit festzustellen und zum Ausdruck zu bringen, daß an diesen Schwierigkeiten zum großen Teil die Natur des Truppführers schuld ist. Das Verhalten des Trupps bei den jetzigen Vorkommnissen beweist, daß ich mit meiner Ansicht nicht allein stehe. Soldaten, die mit Uffz. H. seit zwei Jahren bekannt sind, haben gestern erklärt, in Zukunft nur noch per »Sie« und dienstlich mit ihm zu sprechen (Obergefr. Bertram, Obergefr. Horlitz, Obergefr. Drosch). Ich behaupte folgendes:
1) er ist moralisch minderwertig,
2) er ist in militärisch schwierigen Situationen unfähig zur Führung eines Trupps,
3) er zersetzt durch seine Ansichten die anständigen Anschauungen seiner Kameraden auf den meisten Gebieten.
Aus allen Erlebnissen der letzten sieben Wochen führe ich zum Beweis meiner Behauptungen folgende an (Anlage: 9 Seiten); sie können in der Regel durch die meisten Truppmitglieder bestätigt werden; nur der Gefr. Schuck stellt sich 100%ig auf Seite von H.; es ist in diesem Zusammenhang gleichgültig, aus welchen Ursachen.

Kuby, Obergefr.
13048 28./29. 7. 41

Sehr geehrter Herr Ltn. Hähnel!
Ich übergebe Ihnen den beigefügten Bericht, damit Sie event. die Wahrheit meiner Angaben nachprüfen können. Ich weiß, daß man dies als Rache mißdeuten kann; trotzdem verbieten die Umstände, daß keine Klarheit in die Sache kommt.
Ich kann nicht entscheiden, ob es erlaubt oder zweckmä-

ßig ist, einen solchen Bericht der Kompanie zu geben; ich bitte sie, sehr geehrter Herr Leutnant, nach Ihrer Meinung zu handeln.

Heil Hitler
Kuby, Obergefr.

[Die »9 Seiten« haben sich später nicht wieder angefunden.]

30. Juli 41. Ich schreibe mitten in der Nacht mit dem Taschenlämpchen, denn es hat sich soeben ergeben, daß ein Fahnenjunker morgen früh nach Potsdam zurückfährt. Er nimmt das Blatt mit. Wieder wirst du es früher haben als die letzten Feldpostbriefe, die Unerfreuliches berichten – den endgültigen Zusammenstoß mit jenem oftgenannten Unteroffizier H., meine Entfernung aus dem bisherigen Trupp, usw.

30. Juli 41. Meine zwei empfindlichen Organe, Haut und Magen, mögen diesen Krieg gar nicht. Heute nacht war's übel, jetzt geht's wieder.

31. Juli 41. Ich schreibe nun doch genau alles, auch auf die Gefahr hin, daß es Dich in Angst stürzt. Rothe hat natürlich recht, so etwas geschieht »unsereinem« – ich habe es anders genannt. Wie gut, daß Du manchmal schnell Post bekommen hast. Ich bin von meinem Kettenkrad wieder herunter und nun einem Bautrupp zugeteilt bei einem Unteroffizier, mit dem ein Auskommen ist. Heute »ziehe ich um«. In den nächsten Tagen gibt es noch Verhöre zu meiner Auseinandersetzung mit H., und dann wird es ruhig werden. Der Krieg geht inzwischen weiter.

1. August 41. Als die 1 in der Jahreszahl vor der 4 stand, begann dieser Krieg. Ich habe unter dem Wagen geschlafen, die Nächte werden schon kühl. Mein wertvollstes Kleidungsstück ist eine wattierte, graublaue Jacke aus russischen Militärbeständen, damit hat sich die ganze Kompanie versorgt. Das Lager war bei Dünaburg. Als wir diese Jacken fanden, hatte es 40 Grad im Schatten und ein Hemd war schon zuviel. Jetzt sind wir froh drum.

Du wirst viel Post haben, unerfreuliche zumeist. Das ist alles so verlogen und verdreht.

5. August 41. Es ist 9 Uhr früh, ich sitze vor einer Heuhütte, der Himmel ist verhangen, hinter dem Grau ist die Sonne zu spüren, alle Farben sind matt, und über dem

See heben sich Nebelschleier. Als ich mich eben am Ufer wusch, war das Wasser lauwarm. Die Bauern schneiden Korn mit Sicheln, weil sie ihre Traktoren und Maschinen mangels Benzin nicht benützen können. Es stünde uns gut an, sie damit zu versorgen, aber das paßt wohl nicht in die Linie. Störungsfeuer beiderseits, vor allem nachts. In der vorvergangenen trafen die Russen zwei Häuser, daneben stand eine Zugmaschine der Pak, ein Splitter riß den Benzintank auf, die Flammen schlugen empor, und zwei Soldaten erwachten brennend. Sie rannten wie lebende Fackeln dem See zu, das Dümmste, was sie machen konnten, die Strecke war behindert durch Zäune, als sie sich mit der verbrannten Haut ins Wasser stürzten, müssen es entsetzliche Schmerzen gewesen sein. Ich höre, beide leben noch. Der Brand beleuchtete das Land und den Hügel mit dem reifen Korn fast eine Stunde lang, die auf der Zugmaschine gelagerte Munition explodierte, und blaue Stichflammen schossen aus dem Feuer empor.
Vielleicht bekommst Du diesen Brief vor den andern, die ich gestern geschrieben habe. Dann erfährst Du jetzt, daß man mich beim Kriegsgericht angeklagt hat wegen Verleumdung des Unteroffiziers H. und wegen Widersetzung gegen eine Diensthandlung dieses Unteroffiziers. Eine Verhandlung hat stattgefunden, und man hat mich zu einem Jahr neun Monaten Militärgefängnis verurteilt. Ist dies wirklich die erste Nachricht, die Du darüber bekommst, so wisse sofort, daß es so schlimm, wie es sich darstellt, in Wirklichkeit nicht ist. Es bedeutet nicht, daß wir länger getrennt sein werden, als wir es ohnedem auch gewesen wären – nämlich nicht länger, als der Krieg dauert. Ich bin auch weiterhin Soldat und werde als solcher, wenn auch als Gefangener, behandelt.
Als das Urteil verkündet wurde in einem Bauernhaus, dachte ich nur, was das bedeuten könnte für die Zeit nach Kriegsende – ein Zeichen, daß mir die Sache doch so viel Eindruck gemacht hatte, daß ich den Boden unserer Grundüberzeugungen unter den Füßen der Vernunft vorübergehend verlor. Ich sprach sogar, als alles vorbei war, den Vorsitzenden des Gerichts daraufhin an, der von seiner Warte aus meinte, das erledige sich innerhalb des Krieges.

Ich habe Dir seither schon zwei Briefe geschrieben, der eine ging auf dem normalen Feldpostweg und wird Dich in der üblichen Frist erreichen, er steht am unmittelbarsten unter dem Ereignis. Der zweite liegt noch in meiner Mappe und wird, wie es nun notwendig ist, auf dem Wege über die Zensur des Kriegsgerichtsrates zu Dir kommen oder gekommen sein.
Dieser dritte Brief, also der, den ich jetzt schreibe, würde dann schneller als die andern bei Dir sein, wenn ich nach Deutschland in ein Gefängnis gebracht werde. Bevor Du aber diejenigen verständigst, die wohl verständigt werden müssen, warte die andern Briefe bitte ab. Ich sage darin, Du möchtest aus allen meinen Briefen diejenigen Stellen zusammensuchen, die sich mit dem Unteroffizier H. direkt oder indirekt beschäftigen, sowie andere, die von der Rolle des Frankreich-Manuskriptes in meinem Verhältnis zur Kompanie sprechen. Wichtig sind die Briefe, die ich geschrieben habe, seitdem ich zu sechs Tagen Arrest verurteilt wurde. Das Persönliche laß aus. Dazu gehören dann die »9 Seiten«, und die vier, in denen ich mich zum Urteil äußerte. Ich glaube, das gibt ein Dokument, das einige Freunde kennen sollten – und zwar nicht meinetwegen.
Daß mich der eine H. [gemeint ist Hitler] kühl läßt, der andere H. mich aber um den Verstand gebracht hat, oder richtiger: Daß mir jener H. erst in diesem H. bis auf Tuchfühlung begegnen mußte, um mich dahin zu bringen, daß ich aufhörte, mich durchzuschlängeln, das ist der springende Punkt in der ganzen Sache. Meine Zeit-Analyse geht nicht von oben nach unten, sondern von unten nach oben. Wenn alles vorbei ist, wird man nur noch das »Oben« sehen und es als geschichtlichen, in sich abgeschlossenen Tatbestand verpacken; das »Unten« bleibt, brodelt, kocht im eigenen Saft, schmutzt dahin, bleibt verantwortungslos und wird nicht zur Verantwortung gezogen. Gut, man kann nicht alle ausrotten, das wäre genau die Methode der verschiedenen H.'s, aber mit welchen Mitteln man diesen Sumpf eines aus Angst in seiner Humanität und in seiner politischen Vernunft verkümmerten Volkes austrocknen und fruchtbar machen kann – ich weiß es nicht.
Bertram sah das Unheil nicht in seinem ganzen Umfang

kommen, woraus ich ihm keinen Vorwurf machen kann (das ist nur eine Redensart, ich bin weit entfernt, irgend jemand außer mir einen Vorwurf zu machen) – wir wußten beide nicht, in welchem Maße sich die Kaste angegriffen fühlte.

Die Anklage hatte auch den Versuch gemacht, mich auf Grund einiger Zeugenaussagen sogenannter Kameraden politisch in den Griff zu kriegen. Aber dabei ging es wie mit dem Manuskript: Die Texte sind fein gesponnen, und als mir in den Formulierungen der Zeugen eigene Aussprüche serviert wurden, da dachte ich, daß ich doch nicht von allen guten Geistern verlassen war, und begriff daran den Grad von Verstellung, zu der sich unsereiner schon so trainiert hat, daß sie mir fast natürlich ist. Das Gericht lehnte in der Urteilsbegründung ausdrücklich ab, es habe mir einen politischen Strick drehen wollen; wörtlich: »Daß der Angeklagte der Meinung ist, der Krieg dauere noch sehr lange, und daß er von Anfang an der Meinung war, dieser Krieg erstrecke sich über viele Jahre, und auch die Ansicht, wir benötigten Rußland, um die Ernährungslage in Europa zu sichern, können ihm nicht zur Last gelegt werden. Wer recht hat mit solchen Prognosen, das kann heute niemand sagen.«

Was für ein Glück, daß weder das Gericht noch sonst jemand durchschaute, wie es um mich bestellt ist.

Die Verhandlung. Sie war ein Schauspiel. Es waren fast sämtliche Offiziere der Kompanie, die Pfarrer, Offiziere der Abteilung und Wachtmeister der Kompanie anwesend – eine Horde, ein Volkschor, der mit Gemurmel, Gelächter, Ausrufen die Stimmung anheizte. (Es war glühend heiß in dem verhältnismäßig kleinen Raum eines Bauernhauses.) Ich konnte kaum einen Satz beginnen, ohne angefahren zu werden, ich sollte mich genau und nicht so unmilitärisch ausdrücken. Von einem Beisitzer ließ der Kriegsgerichtsrat ohne jeglichen Anlaß, auch nur zur Stimmungsmache, den Brief des OKW über mein Manuskript verlesen. Ich stellte fest, er enthielt kein Wort, das meinen Charakter oder die sachliche Richtigkeit meiner Beschreibungen in Frage stelle. Da kam die höhnische Frage, ob ich dieses Urteil des OKW über meine Arbeit als Zustimmung empfände. (Der Saal lachte, der Saal lachte sehr oft, bös und tückisch. Der Saal, d.h. da waren noch

zwei Meter Raum hinter mir bis zur Wand, vollgestopft mit den Figuren.)
Um 6 Uhr abends war Schluß. Ich als einziger hatte die ganze Zeit stehen müssen, Rock bis zum Hals zu, umgeschnallt. Ich ermüdete aber nicht, und meine Selbstverteidigung – Bertram meinte, ich hätte eine halbe Stunde gesprochen – war so, daß sie aufhörten zu lachen, und als die Verhandlung nach meinem Schlußwort unterbrochen wurde und wir vors Haus gehen konnten bis zur Urteilsverkündung, meinten einige: Na, sie werden dir ein paar Wochen verpassen. Aber das wußte ich besser. Sie hatten diese Sache nicht so groß inszeniert, um sie ausgehen zu lassen wie das Hornberger Schießen. Immerzu hatte der Vorsitzende von »Zersetzung der Wehrkraft« gesprochen, weil durch mein Verschulden der Trupp in zwei Lager zerspalten worden sei. Nachmittags hatte ich allerdings den Eindruck gewonnen, daß der Kriegsgerichtsrat vor allem die »Widersetzung« zum Anlaß der Strafe nehmen wollte. Und so kam es auch.
Ich gab mein Seitengewehr ab – welch ein symbolischer Akt für meine Nichtteilnahme am Krieg! – und wohne bei den Feldgendarmen. Betrams Ausspruch, als wir nebeneinander in die Mittagspause gingen: Das steht dir!, sei nicht unterschlagen. Unpassenderweise brach ich darüber vor dem ganzen giftigen Haufen in schallendes Gelächter aus.

[Von Hansheinrich Bertram an die Frau des Verfassers nach dem Kriegsgerichtsverfahren (gekürzt)]
5. August 41. Der Kern der Sache ist dieser: Der Mensch Kuby war nicht fähig oder willens, sich der Kommißform anzupassen, der Soldat Kuby ist daran gescheitert. Dienstliche Vernachlässigungen kann man ihm von keiner Seite aus vorwerfen. Die Art jedoch, wie er alles betrieb, war zu extravagant.

6. August 41. Der Tag läuft freundlich und still dahin. Ich wusch mich vormittags am See und nachmittags badete ich. Am Vormittag kritzelte ich die Skizzen, die einem heute abgegangenen Brief beiliegen, der Dir sagt, was hier geschehen ist. Ich wollte ihn bis zur Entscheidung durch den General zurückhalten, aber die scheint noch ein paar Tage auf sich warten zu lassen, und etwas Besonderes

verspreche ich mir davon nicht. Die unerträglichen Umstände der letzten Wochen versinken hinter mir. Je mehr ich's überdenke, desto klarer wird mir, daß es fast unmöglich wäre, aus der Phantasie einen Fall zu konstruieren, der so typisch für unsere Verhältnisse ist wie der, der sich aus der Wirklichkeit entwickelt hat. Es ist aber nicht so, als dächte ich den ganzen Tag über diese Sache nach. Mit großem Erstaunen las ich gestern in einem noch gar nicht alten Brief an Dich (Blatt 427): Nun ist es mir aber doch genug, ich werde alles lassen, wie es ist, in dem Mauseloch bleiben, in dem ich sitze, und mich ganz fein still halten – das sind nicht die Gesetze des normalen Lebens und es bildet sich alsbald eine Verschwörung ... also Ruhe, Ruhe, Ruhe und warten, bis es verebbt ... so etwa schrieb ich. Am 28. Juli, vor zehn Tagen!
Diese Feldgendarmerie scheint fabelhafte Beziehungen zu haben. So erstaunliche Dinge wie Tomaten, Sprudelwasser, Ölsardinen und Schokolade empfingen sie bei ihrer Verpflegungsausgabe. Da ich nicht in ihren Listen stehe, sondern nur in ihrer Obhut, wußte der Verpflegungsunteroffizier mit mir nichts anzufangen und hatte an mich nichts auszugeben. Doch mein Wachtmeister Ziebold aus Schlesien, 42 Jahre alt, hat mir eine Tomate geschenkt. Diese Feldgendarmen sind alles alte Leute, alt für soldatische Begriffe, und wenn sie antreten, stehen fast nur Wachtmeister und Stabswachtmeister im Glied, das Niedrigste, was bei ihnen vorkommt, sind ein paar Obergefreite. Ziebold war zwölf Jahre bei der Schutzpolizei, dann bekam er eine Abfindung, heiratete und machte einen Kramladen auf, wobei es ohne Krieg geblieben wäre. Er würde mich ohne jede Überlegung niederschießen, wenn ich etwas gegen sein Reglement beginge, aber die Fliegen auf seinem Käse im Laden hatten es gewiß gut. Wir verstehen uns ausgezeichnet, ohne etwas zu reden und ohne daß er eine Ahnung hätte, was der so denkt, den er bewachen soll. Nach dem Krieg will er wieder zur Schutzpolizei, das Schaf im Wolfspelz hat wieder Spaß gefunden am Blutgeruch, und weil er da nun schon so einen komischen Vogel hat, der nicht einmal mehr Obergefreiter ist, aber ganz vergnügt, wenn auch schiefäugig [ich war mit einem geschwollenen Auge aufgewacht] auf der Wiese sitzt und eine Schreibmaschine

maschinengewehrschnell klappern läßt, so hat er mich gebeten, für ihn ein entsprechendes Gesuch zu tippen. Darin sagt er, daß er mit Leib und Seele Polizist gewesen sei und sich körperlich und geistig frisch genug fühle, den Dienst wieder zu machen! Dummheit ist doch das sanfteste Ruhekissen, auf dem sich ein Mensch betten kann lebenslänglich. Wäre der verhängte Weltblick nicht mit Langweile verbunden, ich hätte Ursache, Wachtmeister Ziebold zu beneiden.
Es beginnt schon früh dunkel zu werden, nach halb zehn kann ich im Freien nicht mehr lesen. Ich habe nun in einer kleinen grünen Ledertasche insgesamt 17 Fotos von Thomas. Hier eine Kopie der Liste meines Besitzes, soweit er auch mein Eigentum ist. Dazu kommt die Ausstattung durch den Staat. Und so bei Leningrad auf einer Wiese! Unsere höhere Zivilisation (= höheren Bedürfnisse) macht uns für einen Krieg in diesem Land ungeeignet.

Kuby, Soldat O. U., den 5. 8.41

Verzeichnis des Privat-Eigentums des S. Kuby [aufgenommen, als er der Feldgendarmerie übergeben wurde]

1 Schreibmaschine
1 kl. Scherenfernrohr in gelber Ledertasche
1 Wäschebeutel
1 Leinensack
1 feststehendes Messer mit Ledergriff und Lederscheide
3 farbige Oberhemden
7 Taschentücher
3 Leinenunterhosen
1 Baumwollunterhose
1 wollenes Unterhemd
3 Paar Kniestrümpfe
3 Paar Socken
1 Tabakspfeife
1 Nähzeug in brauner Tasche
2 Taschenlampen
6 verschiedene Sprachführer (Wörterbücher)
1 Buch (Lichtenberg, Aphorismen)
1 Paar graue Lederhandschuhe
1 blaue wattierte Jacke

1 Fotoapparat
14 Filme
Waschzeug in blauem Stoffbehälter mit Reißverschluß
1 Handtuch
1 grüne Badehose
1 gestreifter Schlafanzug
8 geographische Karten
1 Schachspiel ohne Brett
1 Haarbürste
1 russisches Ikonenbild
3 Rollen weißen Nähfaden
1 Paar gelbe Hausschuhe
1 Aluminiumdose für Lebensmittel
1 grüner Pullover
1 blauer Pullover
2 Mappen mit Papieren (Briefe, Fotos etc.)

Bestätigung

Dem Soldaten Kuby wird der Besitz der oben angeführten Gegenstände bestätigt.

Im Osten, am 9. 8. 41 M. Fischer, Feldwebel d. Feldgendarmerie

Feldpost Nr. 19757

Als Infanterist

11. August 41. Wir leben mit der Gewißheit, daß ich Glück haben und diesen Krieg überstehen werde – das ist die Plattform, von der aus ich nicht zögere, weiterhin zu schreiben, wie es hier ist.
[Am 10. 8. war der Verfasser zu General Jahn, dem Kommandeur der 3. Inf. Div. befohlen worden, der mit ihm ein längeres Gespräch führte, in dessen Verlauf der General sagte: »Wenn ich Ihr Kompaniechef gewesen wäre, wäre das nicht passiert.« Er setzte das Urteil auf neun Monate mit Bewährung herab und befahl ihn zu einem Infante-

rieregiment. Die Tage bei der Feldgendarmerie waren damit zu Ende.]

Ich wollte mich gestern gerade beim Nachrichtenzug des Regiments einrichten, als ich zum Adjutanten des Kommandeurs gerufen wurde. Er sagte mir, ich käme zur 10. Kompanie, Chef sei ein Oberleutnant Gerbener, und ich sollte sehen, daß ich mit einem Kradmelder rasch nach vorne käme. Meinen ganzen Kram ließ ich beim Regimentsstab zurück und fuhr eine Stunde später auf dem Soziussitz eines Krads etwa 4 km, wir kamen in ein Wäldchen, wo der Oberleutnant neben einer abgebrannten Scheune im Gras lag. Diese 4 km waren der Übergang in eine andere Welt, in die der Infanterie. Ich brachte einen Brief vom Stab mit, in dem der Grund meiner Versetzung angegeben wurde, und es stand auch darin, wie mir der Oberleutnant sagte, man möge davon der Kompanie gegenüber nicht reden. Das mußten sie mir sagen, damit auch ich nicht davon spräche. (Ich halte von solcher Diskretion nichts, Militär ist vertratscht, sie werden es rasch genug spitzkriegen.) Das Erstaunen der Leute ist natürlich groß, daß ich aus einer »vornehmen« Divisionstruppe zur Infanterie komme, den umgekehrten Weg wünschen sich alle. Vor allem aber fanden sie es komisch, daß ein Mann ankam, während sie 40 oder 50 gebraucht hätten, um wieder leidlich bei Kräften zu sein. Ich erfuhr nämlich sogleich, daß ich bei der »berühmtesten« Kompanie des Regiments sei, seit jeher ausgezeichnet durch Leistung und Verluste.

Gegen 6 Uhr war ich wieder bei der Kompanie, und ein Melder brachte mich nun zu meinem Trupp, der auf einer Streuwiese in seinen Löchern saß. Ich erhöhte seine Stärke von 1/5 auf 1/6, immerhin ein Unterschied. Ich legte das Gewehr auf die Böschung eines der vielen unbewohnten Löcher, die Handgranaten wie in ein Osternest daneben, das übrige Zeug griffbereit hinter mich (im Loch selber habe nur ich mit Müh und Not Platz, wenn ich die Ellbogen anziehe) und war »eingerichtet«. Es dauerte zwei Minuten. Es ist ein gutes Loch mit einer Ausbuchtung Richtung Feind, es deckt mich, wenn ich aufrecht stehe, bis zu den Schultern. Es lag sogar ein Bündel Heu darin.

Ich will es Loch 1 nennen, die Nummern werden Kenn-

marken unseres Weges durch Wälder und Wiesen ohne Namen sein.
Die andern lagen, je zwei und zwei, im Umkreis von etwa 50 m auf der Lichtung. Der Unteroffizier kam zu mir und wir unterhielten uns. Er ist Bäcker gewesen, hatte aber nicht genug Geld, einen eigenen Betrieb zu gründen, so ließ er sich 1935 auf Schlosserei umschulen und scheint damit ganz gut verdient zu haben. Er ist in Chemnitz verheiratet, spricht aber nicht sächsisch, und hat drei Kinder, von denen er begeistert erzählt.
Er macht einen vernünftigen Eindruck. Er ließ erkennen, daß er es nicht nur selbst schwer habe, sondern daß er auch mit seinen Leuten unzufrieden sei, sie »spurten« nicht mehr wie einst im französischen Mai, im polnischen Herbst, seit fünf Wochen müßten sie hart ran. So, frisch vom Faß wie ich bin, schien ich die Zuversicht des Schlosser-Bäckers etwas aufzurichten. Er bezog mit mir ein Loch. Wie an einem Gummiband hängend, schnellen seine Gedanken unablässig zu den Dingen zurück, die ihm teuer sind, nicht nur zu Frau und Kindern, auch zum behaglichen Bett, zu einem weißen Tischtuch, zur Zeitung, auf der Couch in der Wohnküche gelesen – Vergleiche und Erinnerungen, die ein russisches Erdloch nicht eben angenehmer machen. Wenn die ganze Infanterie in dieser Verfassung ist, wird man es oben wissen und spätestens nach dem Einzug in Leningrad diese Regimenter pausieren lassen.
Ich fragte Dörr [Truppführer], wo die Front sei, er machte eine vage Handbewegung zum Waldrand hin.
Ich schlief in Loch 1 im Stehen zwei Stunden, erlaubtermaßen, muß ich hinzusetzen, und paßte im übrigen auf die Bäume auf. Um halb 11 nachts kam das Essen. Bei nächtlichen Mahlzeiten wird es bleiben, die Essenholer können bei Tageslicht nicht über eingesehenes Gelände kommen. Um 2 Uhr früh brachen wir auf; der ganze Zug, sechs oder sieben Gruppen, genau konnte ich es nicht erkennen, formierte sich. Einer hinter dem andern wie auf einer Neger-Safari, zogen wir leise und schweigend am Waldrand und durch Gebüsch weiter nach vorne, um andere abzulösen. Ich bekam einen Kasten mit Granatwerfermunition zu tragen, der etwa 25 Pfund wiegt. Was ich durch die Gegend transportierte, war insgesamt etwa

30 kg schwer. Glücklicherweise waren wir nach 2 km am Ziel. Hier bezog Dörr mit mir Loch 2 (in meiner Zählung); es hatte keine Ausbuchtung, war aber sehr tief. Morgenrot versprach Regen, und der kam auch. Von 6 bis 8 kroch ich aus dem Loch, in dem man sich ja nicht ausstrecken kann, und schlief unter einem Busch ausgezeichnet, obwohl die Artillerie beiderseits massiv tätig war. Gegen 9 wurde ich mit zwei erfahrenen Hasen auf einen Spähtrupp ins nächste Dorf geschickt, doch bevor wir die ersten Häuser erreicht hatten, nahm die Sache eine andere Wendung, der Oberleutnant war uns mit etwa zehn Mann nachgekommen, und in dieser Stärke gingen wir vor, gebückt, kriechend und sprungweise. Wir kamen zu einer zerstörten Gärtnerei, griffen in einem eingefallenen Gewächshaus zwei Frauen auf, die uns bedeuteten, das Dorf sei leer. Ich sollte nach links hin sichern, wo ein großes Kornfeld begann, und plötzlich kam hinter der nächsten Scheune ein ganzer Zug russischer Soldaten hervor, die ersten bewaffneten, die ich aus solcher Nähe sah. Sie kamen stur und in aufrechter Haltung auf uns zu, unser Maschinengewehr stand auf dem rechten Flügel und konnte sie nicht fassen. Der Oberleutnant wollte angreifen, aber sie waren sehr schnell, und wir hatten weder Raum noch Zeit, uns zu »entwickeln«. Es hieß: zurück!, und zwar über 150 m offenes Feld. Nun gab ich meine ersten ernsthaften Schüsse in diesem Krieg ab, denn wir schossen alle einmal das Magazin leer, bevor wir zurückrannten. Erst durch unsere Schießerei bemerkten uns die Russen und eröffneten nun auch ein Gewehrfeuer, aber es traf keinen. Am Feldrand gingen wir in Stellung, und über die Wiese hin beschossen wir uns gegenseitig, ich hatte das Gefühl: weil's denn nun mal so Sitte ist.
Jetzt schreibe ich ohne Kopien. Wenn ich überlese, wie ich unseren Zusammenstoß mit den Russen am Dorfrand beschrieben habe, bemerke ich, daß ich den Sinn unseres Handelns überhaupt nicht verstanden habe. Aber wie sollte ich auch. Warum wir uns nicht einfach still davongemacht haben, wenn wir schon nicht angreifen wollten – keine Ahnung!
12. August 41. Regen! Gestern ab Nachmittag wie aus Eimern bis in die Nacht hinein. Die Russen ermunterte

der Regen, sie beschossen uns den ganzen Tag. Wir kamen zuletzt an die Reihe und standen bis 4 Uhr im Wald herum, der arme Dörr fror schrecklich. Daß er fortwährend von Dingen redet, so beglückend wie fern, und deshalb bedrückend in der Wirklichkeit, das macht ihn nicht gerade zu einem einfachen Lochgenossen. Diese Leute jammern über den Krieg, der ihnen mit seinen Erfolgen außerordentlich gefiele, wenn sie zu Hause auf der Couch von ihm läsen.
Wenn ich dem guten, treusorgenden Familienvater Dörr diese Überlegung nahebrächte, würde er mich vielleicht nicht denunzieren, aber er wäre sehr überrascht. Die Firma, bei der er und alle tätig sind, nein, das ist ja falsch, die Firma, die sie alle geschaffen haben, die treusorgenden Familienväter, werden sie zwar für eine schlechte Firma halten, wenn sie falliert, weil sie falliert, aber doch nur deshalb. Denn wenn sie einen anderen Maßstab hätten, nach dem sie sie beurteilten, wäre die Firma nicht entstanden.
Aus Chemnitz werden die Juden auch verschwunden sein, Dörr wird es wissen, und es wird ihm egal sein. Die treusorgenden Familienväter, sie wissen alles, aber es ist ihnen Wurst, solange es den andern an den Kragen geht und nicht ihnen. Es ist mit Verbrechen wie mit Geld: Von einem bestimmten Umfang an greifen die Moralgesetze nicht mehr.
13. August 41. Immer noch in und bei Loch 3 im Waldtal. Die Sonne scheint, manchmal treibt uns die russische Artillerie in die Löcher. In den Mittagsstunden war es heiß. Ich schlief drei Stunden in der Sonne, einer weckte mich und sagte, es wäre doch besser, ich verzöge mich ins Loch.
Neben mir spielen sie Karten. Die Abendsonne liegt auf dem Waldhang, die Birken schwanken im Wind, eine große alte Föhre steht ernst und feierlich mit kupferfarbenem Stamm gegen den blauen Himmel. Ich bin in der Infanterie nicht um eine Spur weniger unnütz als bei den Nachrichten. Daß ausgerechnet in diesem Bereich, von dem ja nicht ganz zu Unrecht gesagt wird, in ihm entfalte die Macht- und Gewaltorganisation ihre höchste Dynamik, mein Müßiggang möglich ist – wie seltsam! Überall sonst würde ich entdeckt als total unnütz. Die Armee

dispensiert mich von den Zeitläuften. Wo wären wir bei sonst gleichen Verhältnissen ohne Krieg? Möglicherweise doch bereits vor Zumutungen, denen nicht mehr nachzukommen gewesen wäre, woraus dann ein Prozeß allmählicher oder auch schneller Vernichtung sich entwickelt hätte.

Sicher ist, daß ich ohne Krieg weniger genau wüßte, auf welcher Basis diese Gebäude steht, wie die Menschen beschaffen sind, die es errichtet haben und weiter an seinem Ausbau tätig sind. Daß Bakunin [führender russischer Anarchist des 19. Jh.s], wie ich einmal bei Ball gelesen habe [Hugo Ball, der DADA-Bewegung nahestehend, Verfasser einer fundamentalen Kritik der deutschen Intelligenz], und sein geistiger Nährvater Proudhon den sozialistischen Despotismus vorausgesehen haben – um mehr als ein halbes Jahrhundert voraus –, spricht für ihren fulminanten Scharfsinn. Daß aber die stalinistische Terrorherrschaft durch eine ganz andere noch weit überboten würde, das konnten sie eben nicht voraussehen, weil diese andere keine theoretische Wurzel hat, sondern nur geschichtliche und gesellschaftliche Motivationen, durchsetzt von Imponderabilien. Da ist man erst klug, wenn man vom Rathaus kommt. Was wir an Beschreibbarem bieten im Rahmen dessen, wessen sich die Nation rühmt und was sie angenommen hat, liegt zwischen dem irrationalen Scharfsinn Hegels und dem platt-opportunistischen, inhumanen Rationalismus Bismarcks – von dieser Position aus auf die Träume und Sehnsüchte präzis zu schließen, um deretwillen wir jetzt auf russischen Waldwiesen Schutzlöcher ausheben, dazu bedarf es intuitiver Erfahrung, die auch Selbsthaß erzeugt, weil man sich denn trotzdem zur Nation zählen will und muß. Wie sie schreien werden, unsere feinen Geister, wenn die Linie von Luther bis H. gezogen wird, auf der dann noch ein paar andere deutsche Herzpinkerl liegen! Und wie sie noch mehr schreien werden, wenn man die Linie von den Arbeitslosen des Jahres 1932 zur Eroberung von Leningrad *nicht* ziehen wird! Als sei Not eine Entschuldigung für Weltzerstörung! Nur die Juden werden ihnen im Hals steckenbleiben, da werden es die Benns [Gottfried Benn, bedeutender Lyriker und anfänglich Verherrlicher des Nationalsozialismus] und Konsor-

ten schwer haben, mit der Stempelkarte das KZ zu motivieren.
Lieber drei Frankreichfeldzüge als einen russischen – auf diese häufig zu hörende Formel läßt sich die Stimmung bringen. Die französischen Betten und die glänzende Ernährung werden vermißt. Die Hoffnung, beides bald in Leningrad zu finden, bekommt Löcher: Loch 1, 2, 3, 4 und so weiter. Man hat sich das anders vorgestellt.
15. August 41. Post! Schön war es, von dem Hauskonzert bei Rothes zu lesen, Frack und Kerzen – und diese Musiker! Scheck [berühmter Flötist und Initiator des Scheck-Wenzinger-Kreises, der auf alten Instrumenten vorwiegend Barockmusik konzertierte] – er ist ja für meine Begriffe etwas zu virtuos, aber auf der Flöte ist das weniger gefährlich für den musikalischen Inhalt als auf der Geige zum Beispiel. Ich beschließe in diesem Augenblick, mir einen Frack machen zu lassen. Du siehst, ich werde von den Heimatträumen Dörrs angesteckt, mein derzeitiger Luxus ist Kleeheu in meinem Loch, darauf liegt es sich prächtig. Manchmal ist es eine Stunde lang totenstill, bis dann der erste Schuß einer nahen Batterie losbrüllt, dessen Echo noch lange nach dem dumpfen Einschlag zwischen den Wäldern flattert.
15. August 41. Nicht mehr mit einem Telefonapparat durch die Gegend ziehen, sondern mit Waffen – es macht sich.
Es liegt ein wundervolles spätes Licht über dem Gerstenfeld, der Waldrand drüben ist beleuchtet, mit dem Glas sehe ich jeden Zweig, aber keine Russen. Heute nacht kommen Pioniere und legen Minen zu unserem Schutz zwischen die Stellungen und den Waldrand.
Unter unseren gestrigen Gefangenen war ein junger Jude, Medizinstudent aus Odessa, der gut deutsch sprach – der erste intellektuelle Russe, dem ich begegnet bin. Als ich ihn fragte, ob er vielleicht das Zimmer kenne, in dessen Fensternische Trotzki in Odessa drei Jahre lang studiert habe, mit dem Rücken zum Raum, in dem die übrige zahlreiche Familie hauste, war er sehr erstaunt. Es war wie eine Frage nach dem Antichrist, gedacht als Einleitung zu einem Gespräch über ideologische Vorstellungen eines jungen gebildeten Russen – aber da kam nichts. Der Soldat sah unverkennbar jüdisch aus, ich nahm ihn

beiseite und sagte ihm, er sei in größerer Gefahr als seine Kameraden. Wieder war er erstaunt.

[An H. F., Buchhändlerin in Berlin]
15. August 41. Heute früh kam zum erstenmal seit meinem Umzug zur Infanterie Post zu mir, darunter Dein Brief und das Bändchen Bergengruen. Post ist mir jetzt noch wichtiger als bisher. Sie kommt aus einer fernen Welt hierher, in diesen schmutzigen Krieg, den aus dieser Perspektive kennenzulernen mir wahrscheinlich doch eine wichtige Erfahrung bedeutet. Hier gilt nichts als der Augenblick, und ganz einfache Fakten werden in ihrem Gewicht für die eigene Existenz durch nichts relativiert: ob das Schützenloch trocken ist, ob sich ein bißchen Heu findet, es auszupolstern, ob die Sicht gut ist, ob geschossen wird und womit bei den andern, ob das Essen zu uns findet, ob in der Feldflasche etwas zu trinken ist, ob es regnet oder nicht. Das Bergengruen-Büchlein, von mir bereits ausgelesen, geht reihum. Ach, diese deutschen Edeldenker und -fühler! Aber natürlich sehr wertvoll. Liebe, mir ist diese Innerlichkeit zum Kotzen.
Ich hatte Glück, mit meinem neuen Unteroffizier komme ich gut aus, er ist anständig und vernünftig, 30 Jahre alt, verheiratet, drei Kinder, seit dem 22. Juni läuft er wie die ganze Infanterie durch dieses uferlose Land, er und seine Leute sind abgemüdet. Es kann auch nicht mehr lange dauern, bis das Regiment abgelöst wird. Über die nahe Zukunft sind verlockende Gerüchte im Umlauf, Wunschträume werden von Mund zu Mund gehaucht. Heute scheint die Sonne, Grillen zirpen im Feld. Dieser Krieg in Rußland ist eine handgebundene numerierte Vorzugsausgabe des Krieges, ihm gegenüber befinde ich mich in einem gespaltenen Bewußtsein. Einerseits macht mich der Blödsinn lachen, andererseits ist er grauenhaft und wird von grauenhaften Folgen sein.
Um 10 Uhr kam ein Melder und fragte, wer freiwillig an einem nächtlichen Spähtrupp sich beteiligen würde, das bedeutete nachts 4 km zwischen den russischen Stellungen hindurch. Man erwartete nicht von mir, daß sich der Neuling dafür melden würde, und mir lag nichts ferner, als es zu tun. Ich tat es auch dann nicht, als nach einer halben Stunde der Melder noch einmal von Loch zu Loch

ging, denn er hatte nahezu keine Meldung bekommen. Sie werden mich nicht bei einem Wimpernzucken überraschen, wenn ich Befehle ausführe, wenn ich tue, was alle, mit denen ich in derselben Lage bin, tun müssen – und zwar ganz egal, was da an Gefahr entstehen könnte; aber so etwas wie eine Ehrenreaktion werden sie von mir nicht bekommen. Mein Leichtsinn ist anderer Art, meine Emotionen haben eine andere Basis als preußische Begriffe von Pflichterfüllung, die nur dazu dienen, das Schlachtvieh zu mobilisieren.

21. August 41. Die Kirche wird nichts, die ich, auf einer Friedhofsmauer sitzend, zeichnen wollte. Da will ich Dir lieber einen Morgengruß schicken. Ich schrieb zuletzt auf dem Damm, auf dem ich lag, als eine andere Kompanie das Dorf vor uns angriff. Das war vorgestern. Wir fingen uns dort ein herumstreunendes Kosakenpferdchen ein und luden ihm, zur großen Erleichterung für den ganzen Trupp, die Munition auf. Wir marschierten etwa 7 km weit, und ich hatte große Mühe, das Tier nachzutreiben. Gewöhnt, geritten zu werden, wollte es an Hand nicht gehen. Unsere Fahrzeuge kamen nicht nach, Nebel und Kälte veranlaßten uns, aus einer Scheune ein paar Weizengarben herbeizuschleppen, um uns damit die Nacht ein bißchen angenehmer zu machen. Aufgeknüpfte Garben ließen sich als Decke verwenden. Nachts weckten uns die Essenholer, es gab einen süßen Mehlbrei, zu dem die Propagandaplakate fehlten, die man damit an die Scheunenwände hätte kleben können. Sicher, daß uns die Fahrzeuge einholen würden, hatten wir das Pferdchen laufen lassen, das war eine Dummheit, wir wurden ohne Fahrzeuge nachts gegen 2 in Marsch gesetzt und schleppten die Munitionskästen wieder selber.

Die Russen kommen in Scharen aus den Wäldern und ergeben sich, gestern waren es annähernd 500 Mann. Sie brachten Pferdegespanne und Wägelchen mit, darauf leichte Maschinengewehre und Gewehre. Die Gefangenen wurden auf einer Wiese zusammengepfercht, hungrig, stur, stumm sitzen sie dort. Ich sehe nicht, daß man sie verpflegt.

Den Einbruch wieder auszugleichen, sind starke Kräfte aufgeboten, vor allem Flugzeuge in erstaunlicher Menge. Das Dorf liegt erhöht, wir haben rundum freien Blick,

beobachteten die Angriffe der Staffeln auf andere Dörfer und gegen Panzer, die im Marsch sind. Infolge des komplizierten Frontverlaufes ist es in den letzten 24 Stunden zweimal vorgekommen, daß uns die eigenen Flugzeuge angriffen. Das erste Mal passierte wie durch ein Wunder nichts, beim zweiten Mal gab es Verluste, unter anderen ist der Regimentsadjutant tot. Der Kommandeur wurde verletzt. Wir sahen die Jagdmaschinen kommen, einwandfrei als unsere erkannt, und schauten, frei zwischen den Häusern stehend, ihnen entgegen, als plötzlich Bomben fielen. Ich warf mich unter den nächsten Wagen, die Erde zitterte, der Lärm wirkte wie Hammerschläge gegen die Ohren. Von da an mißtrauten wir allen Flugzeugen, die sich sehen ließen. Zeichen wurden mit weißen Tüchern ausgelegt und Leuchtkugeln werden geschossen, sowie sich Motorenlärm in der Luft hören ließ. Fast den ganzen Tag über wurden die noch russisch besetzten Dörfer in der Runde angegriffen.
22. August 41. Aus irgendeinem Grunde ging es nicht weiter, und bald erschienen deutsche Jagdflugzeuge, die immer wieder im Tiefflug über uns hinwegbrausten. Es dauerte nur zehn Minuten, da tauchte über dem nächsten Waldrand ein Schwarm auf und raste auf uns zu, und schon regnete es Bomben, und mit roten Blitzen aus den Bordkanonen und mit MG-Salven machten mir die Maschinen einen starken Eindruck. Wir sprangen von den hohen Wagen herunter, und ich lag wohl schon zwischen den Rädern, als die ersten Einschläge rundherum die Erde aufrissen. Man kann nichts tun als daliegen. Dann waren sie vorbei. Kaum zu ihrem Empfang gerüstet, hatten wir sie wieder über uns, im ganzen vier Mal. Ich glaube, man kann es weder zeichnen noch fotografieren, wie das aussieht, wenn so ein Ding, aus allen Rohren schießend und Bomben fallen lassend – in diesem Falle Brandbomben –, heulend und zischend herangefegt kommt, es ist das wahre Symbol dieses Krieges, und den ollen Mars sollte man einmotten.
Nur ein Mann war tot, zwei der Wagen waren in die Luft geflogen und zwei Krad verbrannten. Aber auch kleiner Schaden scheint klug zu machen, massiertes Auffahren der ganzen Streitmacht wird jetzt vermieden. Wir erreichten einen Fluß, der ein tiefes steiles Tal in eine

brettebene Fläche geritzt hat, ich war sehr an die dalmatinische Küstenlandschaft erinnert. Aber die Farben sind hier anders, an der Adria graugrün, hier rot und braun. Die Brücke war in Ordnung, aber jenseits des Flusses, im steilen und engen Hohlweg versperrten vier sowjetische Lastwagen die Straße, sie mußten auf ihre Räder gestellt werden und wurden dann rückwärts zum Fluß hinuntergelenkt. Das dauerte zwei Stunden. Mitten im Fluß stand ein Bauernwagen, die dunkle samtene Strömung bildete einen kleinen Strudel um die oberen Holme seiner Seitenteile, und darauf lag ein toter russischer Soldat, quittengelb ragten Kopf, Hände und Füße aus seiner Uniform. Auf einem der Lastwagen fanden wir eine Blechkiste voll Dosen mit dicker konservierter Milch, und davon trank ich viel, obwohl sie zu süß war. Aber nach all dem Kommißbrot mit Schmalz war das eine willkommene Abwechslung für alle.
Ich begann das erste Schützenloch dieser Nacht zu graben. Der Boden war eisenhart. Bis gegen 5 Uhr morgens habe ich zwei Löcher zur Hälfte und zwei ganz ausgehoben, und zwar deshalb, weil die Positionen der einzelnen Gruppen immer wieder verändert wurden. Meine Handflächen bestehen aus Blasen und Löchern in der Haut. Ich hatte gerade die allerersten Spatenstiche getan, da eröffneten die Russen vom Waldrand her das Feuer auf uns, von jenem Waldrand, von dem wir uns gerade abgesetzt hatten. Es entstand Verwirrung, ja Tumult. Ich legte mich, das Gewehr dem Wald zugewendet, ins Gras, die Handvoll Erde, die ich mit dem Spaten ausgehoben hatte, vor dem Gesicht, ich hätte auch mein Taschentuch hinlegen können. Ich dachte, erst mal abwarten, und schoß nicht. Deutsche Befehle wurden gebrüllt, die Russen brüllten »Urräh, urräh!«, und die Leuchtspurmunition pfiff hin und her. Wir hatten zwei Tote und zwei Verwundete. Ich habe mir überlegt, was ich getan hätte, wenn die Russen aus dem Wald herausgekommen wären. Es erschien mir kindisch, daß da erwachsene Leute sich auf 200 m Distanz, oder weniger, in die unsichtbaren Gesichter ballerten, wodurch entschieden werden sollte, wer auf der Wiese bleiben durfte und wer im Wald bleiben mußte. Wenn einer der Herrn Feinde mit gezücktem Bajonett auf mich losgegangen wäre, dann, so habe ich mir überlegt, würde

ich versucht haben, ihn zu erschießen, bevor er mich aufspießte. Aber wenn sie nur so gekommen wären, schreiend und massenhaft, und uns einfach kassiert hätten, dann hätten sie mit mir keinen Ärger gehabt.
Rundherum sahen wir brennende Dörfer. Wir mußten noch mehrmals »umziehen«. Als ich das dritte Loch verließ und keine 30 Schritte weiter im Licht der enormen Blitze die Stelle sah, an der ich ein neues, das vierte, graben sollte, kam diese Nacht auf ihren untersten Punkt. Ich legte das Gewehr auf die krötenhautartige, schlammige Lehmerde, kniete mich daneben in den seichten Morast, schob mit Händen und Unterarmen die leicht bewegliche oberste Schicht zur Seite und begann dann, den Spaten mit beiden Händen kurz fassend, zu graben. Ein geradezu tierisches Lebensgefühl war in mir. Daß die eigene Haut wasserdicht ist, hat man nicht immer im Bewußtsein. In dieser Stunde wurde mir nichts deutlicher, die Zuverlässigkeit dieser Maschine »Körper« empfand ich höchst angenehm.
Heißhunger überfiel mich plötzlich, ich schob die Hand in die Tasche, wo sie in Brotbrei griff, den ich mit dem Bodensatz der Tasche herausschöpfte und gierig aß.
Unangenehm waren nur die Minuten, in denen ich allmählich naß wurde. Bald durch und durch naß, dämpfte ich so dahin bei der Arbeit. Der Lehm wurde glitschig, und im Loch sammelte sich der Regen. Immer wieder hellten riesige Blitze die ganze Umgebung für mehrere Sekunden auf, als würden ungeheure Scheinwerfer eingeschaltet. Wir, und ich vermute auch die Russen, wenn sie noch im Wald hockten, gewannen einen Überblick über unsere Verteilung. Es regnete zwei Stunden lang, dann kam ein ziemlich kalter Wind auf, die vollgesogene Uniform wurde wieder etwas leichter. Als es tagte, sahen wir, wie gut die Russen daran getan hatten, nicht anzugreifen, wir lagen einzeln wie ich oder in Gruppen zu zwei Mann in tiefgestaffelten Positionen.
Von den Russen war zunächst überhaupt nichts mehr zu bemerken, wir stiegen aus den Löchern heraus und marschierten in lockerer Ordnung in unserer alten Richtung weiter bis zu dem Dorf, in dem wir jetzt sind. Auch hier gab es keinen Widerstand, aber von unseren rückwärtigen Verbindungen sind wir derzeit abgeschnitten. Der

Morgen war ungemütlich, Hunger meldete sich, der Himmel hing grau über uns, es war eher kalt als kühl. Inzwischen haben wir Bienenstöcke ausgenommen und Kartoffeln gekocht. Eine Frau brachte Salzgurken. Erst aßen wir Kartoffeln mit Gurken, dann mit Honig.
An meiner Uniform war heute früh kein grüner Faden mehr. Seitdem sie trocken ist, fällt der Lehm in Stückchen ab. Rasiert bin ich seit einer Woche nicht, auch nicht gewaschen. Ich würde lügen, wenn ich sagen wollte, ich führe nicht lieber durch Rußland, als daß ich marschiere, aber die zweibeinige Fortbewegung schafft eben doch die innigste Verbindung mit dem Land. Zwischen tiefhängenden Wolken stößt zuweilen ein Keil Sonnenlicht wie ein Schwert hervor. In den Dörfern herrscht schon jetzt das grausigste Elend. Dieses merkwürdige Briefpapier stammt aus der Schule, in der wir uns einquartiert haben. [Ein Schulheft, dessen Seiten halb voll geschrieben sind mit lila Tinte.]

[Ohne Datum, Ende August 41 (E. K.-Sch.). Erste Reaktion auf das Kriegsgerichtsverfahren.]
6 Tage schrieb ich nicht. Du kennst den Grund. Auch habe ich Deine neue Nummer noch nicht, aber vielleicht morgen mit der 1. Post. Ich denke mit Schrecken daran, wie mir jetzt wäre, hätte ich Deinen letzten Brief, die 2 Worte, diese deus ex machina-Worte!, nicht. Wie eine Spritze voll Gift wirkten Deine Briefe über die Sache (und der Bertrams), die ich alle am Morgen nach meinem letzten Brief (Blatt 96) erhalten habe. 12 Stunden wiederum dauerte es, bis dann das Gift aus mir heraus war. Trotzdem werden die Nachbarn hier mich für unbegreiflich ruhig gehalten haben. Ich konnte schwätzen mit ihnen wie immer – aber es wurde doch von Tag zu Tag weniger, und am 3. Tag konnte ich Thomas kaum noch ansehen. Wir fragen uns, ob Du Dir in diesen 8 Tagen eigentlich klar warst, in was für einer Situation wir, d.h. Rothe und ich, uns Dich vorstellen zu müssen glaubten. Ich glaubte nicht, Dich gesund wiederzusehen.
Ich schreibe, als wäre alles vorbei. Das ist gewiß falsch. Deine nächsten Briefe werden mich belehren. Daß ja außerdem Krieg ist, vergesse ich ganz. Am 23., dem Tag des deus ex m.-Briefes, an dem ich Rothe mittags entgegenfuhr, wie vor 3 Tagen, ihm die Nachricht zu sagen [von der Milderung des Urteils],

kam nachmittags Liesel W. [eine nahe Freundin aus Universitätsjahren] *von Meersburg herüber. Ich war noch ganz hin. Rothe kam nachmittags herüber, und wir vollführten großen erregten Krach, so erlöst waren wir. Der Zufall hatte wohl Deine 3 besten Freunde zusammengeführt, von denen sich nur Rothe über das Desaster gewundert hat. Liesel nicht und ich nicht. Sie war gekommen, mir zu sagen, daß sie fest glaube, daß Du alles überstehen kannst. Es war Gott sei Dank nicht mehr nötig, mich zu bekehren.*
Ich halte es nicht für schwer, die Sache wem immer so zu sagen, daß sie angesehen wird, wie sie ist. Ich bin ganz und gar gegen irgendwelche Heimlichkeiten. Um mich Angst habe ich tatsächlich keinen Augenblick gehabt, obwohl die Schuhe wohl sogleich sich hätten bewähren müssen [in der Annahme, der »Familienunterhalt« werde gestrichen]. *Ich war entschlossen, sofort die Berliner Wohnung aufzugeben und alles herzuholen. Wohin damit, das stand noch offen. Auch jetzt meine ich, daß Berlin für uns nicht mehr existieren sollte, und deshalb frage ich: sollen wir nicht so rasch als möglich alles hier irgendwo unterstellen, eh es in Berlin in die Luft fliegt?*

24. August 41. Ich habe heute meine Kalender-Notizen seit dem 22. 6. durchgelesen und mit Erstaunen festgestellt, wie einfach und übersichtlich sich unser erst stürmischer, dann zögernder, dann gebremster Vormarsch in diesen Stichwort-Eintragungen widerspiegelt, während in meinem Gedächtnis und gewiß auch in meinen Briefen sich ein Chaos malt von einander ähnlichen Dörfern, Wäldern und Straßen.
Das Jahr gleitet in den Herbst hinein, Sonne und Regen wechseln sich ab. Unsere Fahrzeuge werden nicht mehr lange die unbefestigten Straßen benützen können. Hofft man dann auf den Frost?
Das Bedürfnis nach Leuten, die »spuren«, ist angesichts des zusammengeschmolzenen Gesamtbestandes an fronteinsatzfähigen Leuten enorm. Was unter »spuren« konkret zu verstehen ist, d.h. welche Anforderungen einer erfüllen muß, damit von ihm gesagt wird: Er »spurt« – ist ein Minimum an Vernunft, eine höchst bescheidene Fähigkeit, sich im Gelände zurechtzufinden und sich praktisch zu verhalten. Wollten sie nur, diesem Anspruch könnten nahezu alle entsprechen. Aber die meisten wol-

len nicht, sie sind mieser Laune und haben auch dann schlicht Angst, wenn weit und breit kein direkter Anlaß dazu vorliegt. Obwohl sie alle den Krieg gewinnen möchten und sich in den Verhältnissen, die nach einem gewonnenen Krieg herrschten, wahrhaft sauwohl fühlten, tun sie dafür nichts. Ich tue auch nichts dafür, doch gibt es für die Effizienz eines Soldaten, wenn er nicht gerade ein Jagdflugzeug oder einen Panzer zu lenken hat, vor allem jenes Kriterium, das schon beim Vater vom Alten Fritz galt: alles recht ordentlich machen. Ich mache alles recht ordentlich. Meine Löcher sind perfekt, meine Zeltbahn ist so flach gespannt wie nur möglich und hat doch noch den nötigen Neigungswinkel, um den Regen in die Erde ringsherum abzuleiten; ich trage das Zeug, das getragen werden muß, ohne Murren und bin überhaupt ein heiteres Gemüt. Das genügt völlig.

25. August 41. Ein reicher, reicher Posttag. Die Blätter 63, 64, 72, 73, 74, 75, 76, 77, ein Blatt vom 5. August ohne Nummer, 79 (normales Papier, nicht aus dem Durchschreibbuch, Blatt 7 – Kopie?! – 80, 81, 86, 87, 88, 89. Dazu Briefumschläge und zwei leere Filmkassetten.

Deine Nachkriegspläne! Wir sind ganz einig: Ich möchte weder nach Berlin zurück noch kann ich mir vorstellen, wieder am schwarzen Schreibtisch bei Steiniger zu sitzen. Die ideale Lösung: eine Arbeit, die mir gestattet, auf dem Land zu leben. Siehe Hausenstein in Tutzing, wenn wir auch nie einen Garten hätten, in dem kein Gemüse wächst.

Ich kann mir überhaupt nur vorstellen, daß wir, 30 Jahre alt und älter, zur Disposition gestellt werden, ohne Termin beurlaubt, wenn der Krieg hier nicht mehr solche Massen braucht und verbraucht; ich kann mir aber nicht vorstellen, daß der Krieg zu Ende geht. Ich bin weit davon entfernt, den Pessimismus R.'s zu teilen, der sich ja aus Einzelheiten speist, aber ohne Zweifel läßt die Gesamtlage keinen anderen Schluß zu als: langer Kriegszustand. Deshalb führen wir ja diesen Krieg hier, um auf breiter Versorgungsbasis uns in ihm auf Zeit, auf lange Zeit einrichten zu können. Wir kämen, gewönnen wir ihn, tatsächlich in eine Machtposition in Europa, die von außen nicht zum Einsturz gebracht werden könnte. Die Welt zerfiele dann eben in zwei Blöcke, d.h. sie bliebe so

zerfallen, wie sie schon ist, nur in anderer Aufteilung, und der größte Teil des Volkseinkommens würde für Rüstung und Macht ausgegeben werden.
Du schreibst, es wäre ein Fehler gewesen, das Manuskript diesen Leuten zu geben. Natürlich war das ein Fehler, aber ich war ja verpflichtet dazu nach einer Bestimmung, wonach Disziplinarvorgesetzte derartige Veröffentlichungen kennen müssen. Das OKW machte mir u. a. auch den Vorwurf, daß ich den Dienstweg nicht eingehalten hätte. Freilich, drei Tage nachdem die Abteilung das Ms. in Händen hatte, kam die endgültige Ablehnung durch das OKW, und wenn ich sie vorher gekannt hätte, wäre ich wahrscheinlich dem Gebot der Vernunft gefolgt. Aber nun ist ja nichts mehr zu ändern, und ich muß sagen, und Du siehst es aus den Briefen der letzten 14 Tage: Die Veränderung hat ihre guten Seiten, und die schlechten werden sich nicht voll auswirken.
Die Kamera ist also angekommen, aber sie liegt irgendwo beim Troß. Inzwischen habe ich mit dem 2 Mark-Apparat ein paar Bilder gemacht.
30. August 41. Mit mehr Flugzeugen, als ich je seit 1939 auf einmal in der Luft gesehen habe, versucht die sowjetische Führung den Eingeschlossenen Hilfe zu bringen, indem sie uns bombardieren und beschießen läßt. Das ist eine neue Nuance, daß wir nun auch ständig den Himmel beobachten und bei der Anlage unserer Stellung die Sicht von oben berücksichtigen müssen. Wir sind alle zum Umfallen müde, und ich bin in dem Stadium, wo Müdigkeit weh tut. Wenn ich den Kopf drehe, erzeuge ich einen intensiven Schmerz. Ich würde in einem Bach liegend schlafen, wenn ich nicht wach sein müßte hinter dem Gewehr und den Handgranaten. Ich kann nicht schreiben, dabei fallen mir die Augen zu.

[Von der Schwester]
Berlin, den 31. August 41. Dein P. K.-Bericht an F. [vom 15. August 41 an H. F., die Buchhändlerin in Berlin] *war eine Ergänzung zum Völkischen Beobachter, der würde sich freuen, wenn er so etwas läse, aber er hat Wichtigeres zu tun, er muß uns sagen, daß die Italiener sich daran beteiligen, Europa in Ordnung zu bringen, sonst glaubt es nämlich keiner mehr. Ich möchte jetzt kein Italiener in Berlin sein.*

Von Papa habe ich lange nichts gehört. Er schrieb in den Berichten aus Smolensk ganz vergnügt. Daß ihm die Sache mit seinen 65 Jahren so Spaß macht, ist doch wunderschön. In nichts sieht er Probleme, er muß keinen Idealen nachleben – das erleichtert ihm die jetzige deutsche Geschichte sehr, nicht jeder kann es und nicht immer ist es richtig, aber er baut so sein Leben, ohne Worte zu verlieren. Ich könnte neidisch werden. Morgen trottle ich zum erstenmal nach Borsigwalde in die Munitions- und Waffenfabrik und muß künftig um 4 Uhr früh aus dem Bett.
Mach's gut, schönes Wetter, ein etwas größeres Erdloch, wenig Russen vor Euch und viel Vergnügen für Petersburg. Wenn Du Sohlenleder für ein Paar Schuhe siehst, denk an mich. Das fiel mir eben ein, T. will mir Schuhe machen, wenn er Material hat.

31. August 41. Ich wollte, glaube ich, einmal meine Schützenlöcher numerieren, sogar in römischen Ziffern, ich fürchte, ich käme jetzt schon auf eine zeilenlange Zahl. Mein gestriger Dachbau hat sich bewährt, ich blieb trokken, die andern ersoffen fast in ihren Löchern. Die Strümpfe verfaulen langsam in den Stiefeln.
Wir haben eine Stellung im Gebiet des Nachbarregiments übernommen, sie liegt am oberen Rand eines Steilhanges. Der Boden besteht hier aus rotem Lehmpulver, in dem es sich so leicht gräbt wie in Dünensand. Ich grub für mich und den Unteroffizier unsere Bleibe aus, die Zeltbahn ist ausgespannt, es regnet pausenlos. Im Laufe der Nacht wird das Wasser auch ins Loch rinnen. Wir sichern. An Angriff ist nicht zu denken. Die Gedanken laufen mir vor Müdigkeit weg.
Umsonst gebuddelt – da kommt ein Melder, wir ziehen aus und um. Bis zum Ural so weiter – bis 1992!?
Am nächsten Morgen, 1. September 41. Wir haben eine scheußliche Nacht hinter uns, nur 300 m weiter links vom ursprünglichen Platz verbracht. Aber welche Veränderung! Kein Steilufer, kein roter trockener Sand, statt dessen ein abgeerntetes Kornfeld, der Lehm vom Regen aufgeweicht, das allmählich tiefer werdende Loch immer voll Wasser. Wir gruben zu zweit unter diesen Umständen kein Loch, sondern nur eine Mulde. Mehr im Element der Fische als dem der Menschen verbrachten wir die Nacht. Wir zehn Männer bildeten auf 200 m die

»Front«, davor und dahinter war nichts, das Kräfteverhältnis soll etwa 30:1 zugunsten der Russen sein. Darüber scheinen sie nicht im Bilde zu sein; schon häufig dachte ich, daß sie ihre Chancen nicht wahrnehmen. Hier sollen große Minensperren angelegt und wir herausgezogen werden. Das ist die gleiche Situation wie vor 14 Tagen. Schon schießen die Abtransportgerüchte wieder üppig empor.
6. September 41. Meine Stiefel wollen nicht mehr mittun. In diesem Dorf, in dem wir gerade halten, machte ich einen Schuster ausfindig. Barfuß sitze ich vor seinem Haus, während er die klaffenden Sohlen wieder befestigt. Er und seine Frau sind sicher hoch in den Siebzigern. Sie gehen freundlich, ja zärtlich miteinander um. Sie stellte ihm den Kasten mit dem Handwerkszeug hin, und er bat mich, meine verschmutzten Stiefel draußen zu säubern. Die Stube hat einen gewaltigen Schlafofen, an einer der Holzwände, aus Balken gefügt, hängt eine Pendeluhr, die geht; große Heiligenbilder hängen zwischen den Fenstern, Blumen stehen davor in Kästen. Es ist blitzsauber; als ich barfuß herumging, fegte die alte Frau dennoch mit einem Laubbesen nicht vorhandenen Staub weg. Auf dem Tisch liegt mein Gewehr, der Stahlhelm, das Koppel mit den Patronentaschen, und zum erstenmal seit dem 22. Juni sind das störende Gegenstände. Ich selber empfinde mich plötzlich schmutzig und verwahrlost, als sei ich ein Soldat aus dem Dreißigjährigen Krieg. Daß ich Strümpfe anhabe, die diesen Namen eigentlich nicht mehr verdienen, beschämt mich vor der alten Frau. Sie bot mir ein Stück Brot und eine Tasse Milch an, wobei sie sich entschuldigte, dem Gast gebühre Tee, aber sie habe keinen, es sei ja Krieg. Ich verstand plötzlich Russisch, ich verstand Wort für Wort, was die Frau sagte.
13. September 41. Zwischen zwölf und zwei und zwischen vier und sechs ging ich Wache vor unserer Stellung. Die Arbeit des alten Schusters ist diesem Wetter und dem schwammigen Boden nicht gewachsen. Die Sohlen hängen nur noch beim Absatz am Oberleder. Ich band sie fest. Klatsch-klatsch macht es bei jedem Schritt.

[Vom Vater des Verfassers an dessen Frau]
13. September 41. Heute kamen deine Briefe vom 22. und

24. 8. über Erich. Ein angekündigter Brief vom 21. 8. ist noch nicht da. Ich glaube nicht, daß der Krieg so lange dauert, bis Erich Soldat wird. Dabei ist es so einfach. Alle reden von Anstrengungen und Aufregungen. Ich habe weder das eine noch das andere erlebt. In dem Augenblick, in dem man sich zur absoluten Wurstigkeit bekennt, ist an diesem ganzen Krieg nichts Außergewöhnliches.

14. September 41 [E. K.-Sch.]. *Eben las ich meine Briefe vom 31. August bis 3. September, dieselbe Zeit, aus der ich heute Deine ach so sehr angestrengten Briefe bekam. Es ist mir ein Trost, daß ich damals recht deutlich von Dir wußte und daß die Briefe, meine, gar so genau zu Deiner Situation paßten – so hoffe ich, daß an meiner Beruhigung seit dem 6. oder 7. etwas Wahres dran ist.*

17. September 41. Heute, an unserem dritten Marschtage [auf Lastwagen], geht es endlich vorwärts. Bisher sind wir gekrochen und haben im Laufe von zweimal 24 Stunden keine längere Strecke hinter uns gebracht, als ein Fußgänger in derselben Zeit bequem geleistet hätte. Scharfes, fast schon winterliches Sonnenlicht füllt die ausgefahrenen Geleise und die tiefen Löcher der Straße mit harten Schlagschatten. Ein eisiger Wind kommt von vorne. Wir haben uns bis über den Kopf in Decken eingehüllt, an denen es uns infolge der vielen Verluste in der Kompanie nicht mangelt. Nachts setzen wir die eisernen Streben und breiten die fensterlose Plane über den Wagen – ein Zeichen, daß wir vom Feinde schon weit entfernt sind.

Schlechte Füße tragen nach Hause

18. September 41. Wir kamen gestern, nachdem ich Dir während eines längeren Halts geschrieben hatte, noch um ein gutes Stück voran und befanden uns in einem Dorf unmittelbar vor Ostrow, als am späten Nachmittag

befohlen wurde, abzusitzen. Ich mußte mir vom Wagen herunterhelfen lassen, die Beine streikten. Die 500 m zum Sanitätswagen fielen mir schwer. Der Arzt wickelte die Binden ab, besah sich die Geschichte, drückte ein bißchen daran herum, wobei Dellen in den Schwellungen zurückblieben, und entschied: »Ins Lazarett! Auf dem Marsch wird das nicht wieder gut.«
Ich schlich zur Kompanie zurück, packte meine private Habe in zwei Wäschebeutel, die ich mit einem Riemen über die Schulter hing, und meldete mich beim Chef und beim Zugführer ab. Sie wünschten mir gute Besserung, und der Oberleutnant sagte: »Kommen sie uns bald nach!« – »Wohin?« fragte ich geradezu und bekam ebenso bündig zur Antwort: »Nach Smolensk!«
Der Wagen mit dem roten Kreuz stand schon startbereit auf der Straße, und der Bataillonsarzt erklärte, er wolle selbst mitkommen und mich beim Luftwaffenlazarett abliefern, es sei das einzige in der Stadt.
19. September 41. Jetzt ist der nächste Tag. Ein Regensturm fegt ums Haus. Während das Bett gemacht wurde, ging ich ans Fenster, blickte auf eine Terrasse hinaus, auf deren aufgerissenem Zementboden sich kleine Seen gebildet hatten, die der Sturm wellte. Ich dachte, daß ich eigentlich noch in einem Erdloch liegen müßte, und wie ich, wenn ich darin läge, Sturm und Regen gelassen hinnähme, während mich hier, in der Wärme stehend, mit einem Schlafanzug des Lazaretts bekleidet, die Scheiben zwischen mir und dem Wetter, allein der Anblick der windgepeitschten Regenpfützen schaudern machte bei der Vorstellung, ich wäre diesem Wetter ausgesetzt. Die innere Rüstung ist eine Frage der konkreten Umstände, in denen man sich befindet. Mitleid ist die Adaption von Leiden, die der Mitleidende stärker empfindet als der Leidende. Ich glaube, das ist die Ursache, daß der Leidende Mitleid als Peinlichkeit empfindet.
Das Wetter erlebte ich hinter der Scheibe wie einen Film. Je mehr wir an Ereignissen teilhaben werden durch verbalen oder optischen Transport, abgetrennt von der realen Situation, desto verlogener wird unser Leben werden, desto künstlicher unsere Teilnahme schließlich sogar an konkreten Erlebnissen. Die Aufnahmekapazität wird durch indirekten Realitäts-Konsum ausgeschöpft.

Meine innere Nichtteilnahme an diesem Krieg, d.h. das In-der-Situation-Sein ohne sich ihr auszuliefern, erhöht hingegen die Aufnahmefähigkeit; meine Wahrnehmung ist um soviel schärfer, als mich das Wahrgenommene nicht berührt.
Im weichen Bett schlief ich miserabel, bekam Kopfweh. Seit dem 22. Juni habe ich jede Nacht unter freiem Himmel verbracht.
20. September 41. Heute früh hat eine gründliche Untersuchung stattgefunden. Der Arzt meinte, er könne die Entzündung der Beine behandeln, aber dann müßte ich zu einem Orthopäden. Die Entzündungen kämen von einer Überanstrengung der Füße. Er wisse nicht, wo die nächste orthopädische Behandlungsstation sei, in einigen Tagen werde er mich ins Kriegslazarett nach Pleskau schicken. Er fragte, wie ich mit diesen Füßen zur Infanterie käme. Mir lag nichts daran, ihm den ganzen Roman zu erzählen, und ich sagte nur, eigentlich sei ich Fernsprecher, aber man habe Leute bei der Infanterie gebraucht.
25. September 41. Pleskau. Ich bin gestern nachmittag aus Ostrow mit einem Lastwagen hier angekommen, zeigte meine Papiere im Kriegslazarett und bekam einen Vermerk darauf, daß hier eine Behandlung nicht möglich sei.
27. September 41. Wir fuhren um 12 Uhr von Pleskau mit zwei Bussen (rot-gelb angestrichen) der Dünaburger Straßenverkehrsgesellschaft über Ostrow und Rositten nach Dünaburg. Wir benützten die Fernverbindungsstraße, die in Leningrad endet. Arbeitsdienst, deutsche Zivil-Firmen, Gefangene, Russen und Polen arbeiteten überall an der Strecke, die sich bereits in gutem Zustand befand. Man will mit dieser Ader Leningrad an's Reich anschließen.
Es war längst dunkel, als wir Dünaburg erreichten. In der Zitadelle lud man uns an der Krankensammelstelle aus. Wieder sah sich ein Arzt meine Marschpapiere und meine Beine an und sagte dann, er werde mich weiterschikken. Das heißt: noch weiter zurück. Allmählich komme ich mir komisch vor. Wohin nun? Wahrscheinlich per Zug memelabwärts.
Ich machte einen kurzen Streifzug durch die Festung und kam auf einen Platz, wo gerade aus einer ungeordne-

ten Masse von ein paar tausend russischen Gefangenen Marschkolonnen hergestellt wurden, und zwar von lettischen Polizeioffizieren in prächtigen Uniformen. Diese Herren machten sich ein Vergnügen daraus, mit ihren Gummipeitschen russische Rücken zu schlagen. Abgesondert auf einer Kirchentreppe standen fünf Mädchen in nagelneuen Militärmänteln, Russinnen, mitgefangen. Sie waren heiter, und eine war ausgesprochen hübsch. In Rositten sah ich eine Menge deutscher Soldaten mit ihren stattlichen lettischen Schätzen spazierengehen.
Soeben werden Namen aufgerufen, vielleicht geht es weiter.
Es ist Sonntag früh, der 28. 9. 41, und wo sind wir? In Insterburg! Es ist nicht zu glauben. Ich sitze in einem 2. Klasse-D-Zug-Wagen der französischen Linie Paris-Orléans et du Midi, der sonst fröhliche Pariser ans Mittelmeer bringt und jetzt, von uns geklaut, Teil eines Lazarettzuges bildet, in dem genau 347 Krieger, teils liegend, teils sitzend nach Deutschland fahren. Ich kenne die Zahl, denn ich habe mich erboten, im Küchenwagen mitzuhelfen und Brote zu machen, 1041 Brote abends, ebensoviele morgens und davon sind 320 mein Anteil.
2. Oktober 41. Eine Menge Bücher in Stettin gekauft: E. v. Hartmann, Staat/Marc Aurel/Andersen, über sein Leben/ Seeckt, eine Biographie, 500 Seiten dick/Coolen, Wirtshaus zur Zwietracht/Bergengruen.
Ich bin es seit langem leid, mit Bleistift zu schreiben, und habe mir deshalb jetzt Tinte und einen Federhalter gekauft. Man sollte meinen, ein Federhalter sei ein Stück gefrästes und geglättetes Holz, an dem nichts zu verderben ist; damit aber doch keine Ware bleibt, die nicht nach Ersatz aussieht, so ist dieser Federhalter mit einer klebrigen blauen Farbe angestrichen, die sicher nie ganz trokken wird. Ich habe ihn im Lazarett mit Leukoplast umwikkelt, und nun ist er ein echter Kriegsfederhalter. Im Schaufenster der Buchhandlung sah ich ein Plakat mit folgendem Text:

Papier ist knapp! Spare!
Mache wenig Worte oder Postkarten!

Ich kehrte in den Laden zurück, und weil ich doch gerade einen Großeinkauf getätigt hatte, wurde ich sehr höflich empfangen: Wünschen der Herr noch etwas? Ja, sagte

ich, würden Sie mir das Schild erklären, das im Schaufenster steht? Steht da ein Schild? sagte der Verkäufer, oder war es der Inhaber? Wir traten vor den Laden. Ach, sagte er, das meinen Sie? Das ist das Schild, das Plakat, sagte ich, und ich meine, was bedeutet »oder«? Er las den Text. Das bedeutet, man soll Postkarten schreiben, sagte er, wissen Sie, Briefpapier ist sehr knapp. Sehen Sie, sagte ich, das dachte ich mir eigentlich, und weil ich mir das dachte, deshalb meine Frage wieso »oder«? Er fing an, mich für verrückt zu halten. Wenn Sie gütigst lesen wollten, was da steht, sagte ich, und las nun laut vor: Mache wenig Worte oder Postkarten! Ach so, sagte er, das meinen Sie! Es war mit Händen zu greifen, daß er nach wie vor absolut nicht wußte, was ich meinte. Also sagte ich: Ja, das meine ich. Verstehen Sie, wie beunruhigend dieses »oder« ist? Ich mache zwar jetzt viele Worte, aber bestimmt keine Postkarten. Ich kann gar keine Postkarten machen. Da kam eine Frau und ging in den Laden, und der Verkäufer sagte: Entschuldigen Sie mich!, und folgte ihr. Ich widerstand nur schwer der Versuchung, die Unterhaltung fortzusetzen.
Das kommt davon, wenn man ein beschäftigungsloser großdeutscher Reichssoldat ist in Stettin.
In der Buchhandlung, in die ich täglich gehe, sagte ich, daß ich hoffte, bald nicht mehr hier zu sein. »Ach«, sagte die nette Verkäuferin, »drängen Sie nicht fort. Hier haben Sie's doch ruhig.« Sie verkörperte die pure Vernunft, verglichen mit mir. Noch vor drei Wochen wäre mir so ein Städtchen mit seinem See, seiner Stille traumhaft vorgekommen. Aber es hilft nichts, ich bin sehr übler Laune (es lebe die Front, wo ich's nie bin!) und verfalle auf zwei Gegenmittel: Orgelspiel und eine Einladung an Flöhrchen, das Wochenend hier zu verbringen. Ich rief sie an und schilderte ihr den Frieden und das gute Essen im Hotel »Keun« in den lebhaftesten Farben.

[W. E. Süskind an E. K.-Sch.]
Ambach, Starnberger See, 20. Oktober 41. Gestern ist das Ms. [eine Zusammenstellung der neuen Briefe aus der UdSSR] *endlich an die angegebene Berliner Adresse gegangen, und gleichzeitig fiel mir ein Stein vom Gewissen, den Sie bis nach Überlingen gehört haben müßten. Wir haben die*

Aufzeichnungen wieder mit dem gespanntesten Interesse gelesen – außer den mündlichen Erzählungen eines Bekannten sind sie der einzige Bericht, aus dem wir uns wirklich ein Bild vom wirkenden Geschehen da drüben machen konnten. Und da jener Bekannte nur ein paar Wochen im Osten war und auch Erichs Aufzeichnungen nur über ein Vierteljahr gehen, nehme ich fast an, daß der Osten auch starke Herzen in ihrer Mitteilsamkeit und, ich fürchte sogar: ihrer Verarbeitungskraft lähmt. Der orientierungssüchtige Leser bedauert, daß es mit dem Tagebuch so früh zu Ende geht, er bedauert vor allem, daß der Erzähler nicht auch in den Süden, will sagen zum Anblick der bolschewistischen Städte gekommen ist – aber das ist ein menschlich häßlicher Wunsch. Prachtvoll sind wieder die ins Allgemeine gehenden Betrachtungen, etwa über die Wirklichkeit und über das Traumleben der kleinen Leute, überhaupt der ständige Anruf, daß Adel verpflichtet.

In Züllichau – wohin du von Bomst aus kommst

4. November 41 [Züllichau, Kaserne]. Die Frage, ob Du in Überlingen bleiben sollst oder nach Weilheim gehen; ob wir die Berliner Wohnung aufgeben oder was wir damit tun; ob Du die Schuhproduktion, die in keinen Behörden-Schuh hineinpaßt, weiterführen kannst, und wenn, ob es sinnvoll ist, es zu tun, ob ich und wie lange ich hier bleibe und wie ich künftig verwendet werde: Alles kann sich so oder so entwickeln. Was Dein Leben betrifft, hat es wenigstens Sinn, planende Überlegungen anzustellen, das meine ist auf ein Roulette gesetzt.

13. November 41. Hier merkt man die Nähe der polnischen Grenze schon sehr. Seit zwei Tagen stürmt es durch den noch schneelosen Ort, große Staubwolken jagen durch die Straßen. Als ich in der Kirche spielte, übertönte der Sturm die leiseren Register. Es ist eiskalt, und ich sehe nur mit Grausen in den Hof hinunter, wo Rekruten exerzieren. Heute früh habe ich mich wieder dem Arzt vorge-

stellt, er hat mich – für acht Tage ins Bett verwiesen. Am linken Fuß haben sich oberhalb des linken Knöchels wieder zwei kleine Stellen gebildet, und als ich ihm sagte, so hätten im Sommer die Entzündungen angefangen, sagte er: Marsch, ins Bett und den Fuß still legen.

17. November 41. Die meisten dieser »Genesenden« kommen aus Afrika, sie sind nicht verwundet, sondern krank: Ruhr, Magen, Herz, usw. Da die Schiffe nicht mehr durchkommen, wurden sie mit Flugzeugen transportiert, und zwar bis Athen. Was sie von dort berichten, ist schauderhaft. Die Griechen bekommen 25 g Brot pro Tag. d.h. sie gehen in die Bäckerei, eine Scheibe Brot wird vom Laib abgeschnitten, die sie bereits an der Ladentür gegessen haben. Für ein Kommißbrot werden 10, 15 und 20 Mark geboten, der Kurs steht bei 60 Drachmen gleich 1 Mark. Ein Brot kann also 1200 Drachmen kosten, einen Monatslohn. Die Soldaten sahen auf den Straßen Zivilisten umfallen vor Entkräftung und verhungernde Kinder. Hingegen konnten sie auf der Durchfahrt in Jugoslawien Brot und Butter auf den Bahnhöfen kaufen. Die Züge fuhren mit militärischem Schutz, im südlichen Serbien ist noch oder vielmehr wieder Krieg, die Züge werden beschossen.

19. November 41. Samstag abend – die Kaserne ist leer, was für ein Segen! Ich möchte wohl wissen, was der ganze Haufen von jetzt bis Mitternacht in diesem Nest tut, wo es weder etwas zu essen noch etwas zu trinken gibt, außer »Stammgerichten« und einer Plempe, mit der man Kühe vergiften könnte. Als Schreibunterlage benütze ich das letzte Heft der »Dame«, das stupide Mädchengesicht mit den verschwimmenden Augen auf dem Titel schaut mich an, wenn ich das Schreibblatt wende. Im Innern findet sich ein 4-Seiten-Lob für die Kitsch-Zeichnerin Hanna Nagel. Mit mehr Vergnügen lese ich die Jugenderinnerungen von Fallada, die fortlaufend abgedruckt werden. Das war eine Familie von Käuzen! Von der Nagel bis Fallada – Sentimentalität und Sozialromantik, unser tägliches Brot gib uns heute.

23. November 41. Ich han mein Lehen! Ich habe einen geheizten Raum im Ort, wo ich eine Schreibmaschine hinstellen und die Tür zumachen kann! Bei Herrn Ickel. Bei ihm kaufte ich täglich die Zeitung, und gestern ka-

men wir ins Gespräch, Steiniger-Produkte lagen herum, mit denen er einen erheblichen Teil seines Umsatzes macht, und ich gestand, ohne rot zu werden, ja, mich dessen berühmend, meine Beziehungen zu dem Unternehmen. Da er auch Bücher verkauft, erinnerte er sich plötzlich, meinen Namen auf Rundbriefen des Verlages und unter Anzeigen im Börsenblatt gelesen zu haben. So fiel ihm denn ein, daß sich in seinem zweiten Haus in der Mansarde ein zentralgeheizter leerer Raum befinde. Hier schreibe ich im Augenblick, während das Mädchen noch den Boden scheuert und Frau Ickel die Weckgläser fortträgt, die sie hier gelagert hatte. Herr Ickel ist klein und bucklig, ähnelt etwas dem Reichsfinanzminister Funk. Vor zehn Jahren hökerte er in einem Papierlädchen und war außerdem Buchbinder. Auf den Flügeln der Konjunktur ging es rapid mit ihm aufwärts. Heute ist er NS-Propagandaleiter im Kreis, handelt mit Spielsachen, Kunstgewerbe, Büchern, Papier, Schreibmaschinen, Briefmarken, seine Buchbinderwerkstatt läuft auch. Alles ist zugeschnitten aufs Züllichauer Publikum. Er spricht vom Dienst an der Kultur und seiner allgemeinen Aufgabe, und dabei wird er stikum ein reicher Mann. Seine Wohnung ist nagelneu eingerichtet. Eben bringt Frau Ickel eine Stehlampe, Stuhl und Tisch sind schon vorhanden, damit ist die Einrichtung komplett.
25. November 41. Nun will ich lesen, was gestern aufs Papier kam, und dann weitermachen. Jetzt aber bleibt mir bei diesen Texten einfach nichts anderes übrig, als sie zu bearbeiten, denn wenn ich sie nur kürzte, blieben als vorzeigbar schließlich nur Landschaftsbeschreibungen und der übliche Kriegsquatsch übrig. Das kann nicht der Sinn eines Manuskriptes sein, das Freunde lesen sollen. Es muß etwas von der Personalität erhalten bleiben dessen, der da schaut und schreibt, und dazu muß ich dosieren, abmildern, verdünnen – also bearbeiten. Nun, das macht nichts, damit sind die Originale ja nicht vernichtet.

[An Dr. List, Leipzig. Ohne Datum (Ende November 41)]
Inzwischen habe ich einen Raum gefunden und, wie Sie sehen, auch eine Maschine. Die Zeit erliste ich mir. Ich habe bereits den Abschnitt »Aufbruch zur Grenze« geschrieben und bin gut im Zug.

Züllichau, das zwar einen Bahnhof und einen Wasserturm hat, bietet kein weibliches Wesen, das imstande wäre, die Reinschrift des Ms. zu übernehmen. Die Person, die in Frankfurt für mich schrieb, ist verschollen. Das ganze Ms., einschließlich des französischen Teils, muß neu mit drei Kopien geschrieben werden. Die Frankfurterin war billig und machte es für 40 Pf. pro Seite, Papierkosten extra. Könnte mir der Verlag eine solche Kraft vermitteln?

[An eine Bekannte in Berlin]
1. Dezember41. Ich arbeite, ich *arbeite*, und habe in einer Woche 60 Seiten Manuskript geschrieben, das war noch nie da, und vielleicht taugt es auch nichts, vielleicht aber doch. Immerhin, die Arbeit versöhnt mich sogar mit Züllichau, ich finde meine Zeit nützlich verwendet. Bin ich mit der Arbeit fertig, diesem zweiten [russischen] Teil der Briefe, die im Ms. keine Briefe mehr sind, so wollen der Verlag und ich versuchen, ob wir uns damit einen Weg in die Freiheit bahnen können, ich meine, in die Freiheit für mich, die darin bestünde, etwas Sinnvolles zu tun.

3. Dezember 41. Heute finde ich meine Schreiberei über alle Begriffe langweilig. Alles hängt mir zum Halse heraus. Aber keine Angst, ich laß es nicht liegen. Den morgigen Tag verliere ich ganz, die NSV [Nationalsozialistische Volkswohlfahrt] lädt die Genesenden-Kompanie nach Odereck zum Mittagessen, Kaffee und Abendessen ein, der Dank des Vaterlandes sei den Plattfüßen gewiß. Ich soll den Bericht fürs Züllichauer Blättchen schreiben.
5. Dezember 41. Ich habe einen grundverlogenen Bericht über den Odereck-Ausflug für die Züllichau-Schwiebusser Kreiszeitung geschrieben. Er wird gewiß erscheinen, aber auf Aktualität kommt es nicht an. Einem Igel müßten die Tränen kommen, wenn er dieses Dokument läse, in dem die Front der Heimat die Hände reicht. Es steht nichts wirklich Schlimmes drin, es wird weder die Partei gefeiert noch ihre Führer, noch ihr Führer, und daß uns »die NSV durch den Mund des stellv. Kreisamtsleiters PG Goldbach willkommen hieß«, ist ein Faktum, aber an diesem Zitat siehst Du, auf welchen Ton der Bericht gestimmt ist. »Ein Spaziergang durch die winterliche

Landschaft zum Oderbogen wurde unternommen« – woher man plötzlich ein solches Deutsch nimmt? Ich kann nur sagen: es floß mir aus der Maschine, und niemand wird es für eine Parodie halten. Ich halte es auch nicht dafür. Ich habe einfach den Schmus im Ohr und kann ihn produzieren.
Wir haben fabelhaft gegessen. (Im Bericht heißt das: »Der Koch in der Kaserne möge es uns nicht übelnehmen, wenn wir sagen, daß wir schon lange nicht mehr so gut gegessen haben wie in Odereck. Wehrmachtssuppe ist gewiß nahrhaft, aber ein Rehbraten ist besser ...«)
Mit dem Autobus fuhr ich zurück, im Schulinstitut wurde Musik gemacht – wunderschön! Unsere in Prüm war nicht besser, der Geiger am ersten Pult um Etagen besser als ich, allerdings auch ein recht bekannter Mann aus Berlin. Weiß der Teufel, wo dieses Publikum herkam, niemand davon sah ich je in den Straßen, elegant und mit Gesichtern versehen anstelle der üblichen Pfannkuchen. Der Saal war voll. Kerzenlicht. Wie ist man geneigt, sich widerstandslos so eine Stunde, so einem Raum, so einer Stimmung zu überlassen. Aber weder mit Kriegsgericht noch mit Mozart werden sie mich kleinkriegen. Nichts ist wahr als der Krieg und was er zudeckt.

[Von Hansheinrich Bertram, der nach wie vor bei der 3. Inf. Div. ist und sich mit ihr auf dem langen Weg nach Stalingrad befindet]
23. Dezember 41. Eine ungewohnte, geradezu märchenhafte Ruhe herrscht in dem kleinen russischen Kasernenstübchen, das ich seit gestern bewohne. Der Trupp ist – höre und staune! – als Sicherung eingesetzt, und nur dadurch, daß ich bis zum Abend mit dem Tankwagen unterwegs war, brauchte ich nicht mit. Wir befinden uns also am Vorabend des Weihnachtsfestes in einer gewissermaßen delikaten Situation, deren nähere Umstände ich Dir als militärisch korrekter Briefschreiber nicht mitteilen kann. Deine Briefe bekam ich alle, und inzwischen wirst Du auch meine erste Antwort haben. Meine Schreiblust ist anhaltend gering, um so mehr freue ich mich aber über Deine Briefe. Laß Dich durch Schweigen meinerseits nicht entmutigen, mich über deine bunten Erdenwege auf dem laufenden zu halten. Ich denke gern an Dich. In manchem bist Du ein Vorbild, in manchem Maßstab, in manchem ein merk-

würdiges Phänomen – jedenfalls aber ein Mensch, dem ich mich sehr verbunden fühle.
Die letzte Zeit des Feldzuges war entschieden die unerfreulichste, die ich erlebte. Einerseits der Winter mit bisher allerdings einmaliger Kälte von 35 Grad. Ich hasse den Frost. Du erinnerst Dich an meine bibbernde Gestalt im Kretschmannschen Chronikquartier! Dann und andererseits ein dauerndes Hin- und Hergeworfenwerden. Einrichtung von Behausungen auf weite Sicht, die dann bereits nach Tagen wieder aufgegeben werden mußten. Dann für Wochen eine ganz enge Unterkunft mit einer kleinen, von über 30 Mann belegten Stube.
Am meisten aber setzten mir kürzlich einzelne Tage zu, in denen ich mich durch begründete Aussicht auf Studienurlaub bereits zu Hause wähnte, dauernd von Hoffnung zu Enttäuschung pendelte, bis die Sache endgültig ins Wasser fiel. Mehrere Male schien die endgültige Winterruhe begonnen zu haben, Urlaubslisten wurden aufgestellt, der Platz für den Christbaum festgelegt, doch wenig später gab es eine völlig neue Lage mit Aufbruch und Umzug in tausend Variationen. Ganz zum Schluß waren wir bereits mehrere hundert Kilometer westlich gebraust, mit erwartungsvoll geschwellter Brust, wie Du Dir denken kannst. Am übernächsten Tag fuhren wir dieselbe Strecke zurück.
So spielt der liebe Gott ein bißchen Blindekuh mit uns und streichelt unsere Nerven. Das verschneite russische Land ist fraglos von erstaunlicher Großartigkeit. Teils mit idyllischem, teils mit erhabenem, teils mit unwirklich schauerlichem Einschlag. In gute Pelze gehüllt, neben Tatjana oder Natascha im Schlitten sitzend, würde ich es genießen. So muß es bei der zwischen den Zähnen hervorgequetschten und gern wiederholten Feststellung bleiben: das gottverdammte Rußland. Da nach Entwicklung der Dinge mit einer langen Kriegsdauer zu rechnen ist, beschäftigt mich die Frage, wie diese Zeit bestehen? Dein Motto: hic Rhodus, hic salta!, ist unerhört wichtig und aktuell. Aber die Praxis! Wie sich bewähren in einer Atmosphäre, einem Lebenskreis, mit dem man keinerlei inneren Zusammenhang hat? Das ist mir doch alles fremd und geht mich nichts an. Die Frage wird zu lösen sein, ich weiß noch nicht wie. Vielleicht hilft das Schicksal dabei ein wenig. Das ist natürlich ein billiger Trost. Für Dich scheinen sich die Wogen zu glätten. Das sollte mich freuen.

[An Tante Agnes Ruoff in München-Pasing]
Berlin, 27. Dezember 41. Stille, gute Feiertage sind vorbei. Was haben wir für ein Glück: das erste Kriegsweihnachten zusammen in Bonn, das zweite in der Ruhlaerstraße, das dritte nun auf dem Fichteberg. Die Schwiegereltern fürchteten sich vor dem Abend, aber er verging besser, als sie gedacht hatten. Ich spielte etwas von Bach, indes E.s Bruder H., der aus Norwegen gekommen war, die Lichter anzündete und die Weihnachtsgeschichte las. Thomas saß in einem alten Schumacherschen Taufkleid auf E.s Arm, machte runde Augen und sagte gar nichts. Die Geschenke waren nicht auf Tischen aufgebaut worden, damit nicht ein Warenhaus entstand. Unsere hatten wir im eigenen Zimmer auf einem Tisch ausgebreitet. Was doch wieder alles zusammengekommen ist – sicher nicht nur bei uns, in diesem Haus, in dieser Familie, sondern auch bei Millionen. Die Zitrone ist noch nicht ausgedrückt.

1942

Noch immer in Züllichau

[Aus dem Notizkalender:]
2. Januar 42. Scharfer Dienst. Urlaubsbemühungen, die zum Erfolg führen. – 3. Januar 42. Um 2 Uhr in Berlin! 16 Tage Urlaub. Edith wiegt nur noch 107 Pfund. – 4. Januar 42. Gedrückte Atmosphäre. Berlin fängt an sich zu fürchten. – 10. Januar 42. Figaro in der Staatsoper. Ganz wunderschön. – 11. Januar 42. Konzert Berliner Kammerorchester, Vivaldi, Schubert. – 13. Januar 42. Konzert Edith Axenfeld, Wohltemperiertes Klavier, 2. Teil. Aus Gußeisen. Nachts nach Stuttgart. – 14. Januar 42. Einen Waggon Holz in 9 cm dicken Bohlen in Göppingen für die Schuhproduktion eingekauft. Das Holz geht nach Weilheim und wird dort gelagert. Diese paar Stunden Süddeutschland sind erholsam, die Menschen freundlich. – 15. Januar 42. Wieder in Berlin. In der Staatsoper Zauberflöte mit der Cebotari. – 16. Januar 42. Ersten, angeblich irrtümlichen Tagesalarm auf dem Potsdamer Platz erlebt. Eine Stunde in der U-Bahn bis zur Entwarnung. Mit Tagesalarmen für Großstädte ist ein neues Stadium des Krieges erreicht.
Züllichau, 20. Januar 42. Der Arzt betrachtete sich meine Füße, die ich ihm entsprechend bewegungsgehemmt präsentierte, und entschied: Innendienst, bis die Einlagen [aus Frankfurt/Oder] da sind.
Als ich hier ankam, fand ich die Stubenbelegschaft umgezogen, weil Wanzen festgestellt wurden. Man hat die Räume vergast, in die wir gestern wieder eingezogen sind. Dennoch fingen wir abends Wanzen, und es waren die ersten, die ich sah. Ich habe am Nacken und auch anderswo juckende rote Stellen.
Nun ziehen wir wieder um, treppauf, treppab. Man erwartet, daß bis Samstag alle Wanzen tot sind. Das ist ein Training für Rußland. Ich glaube, damit rechnen zu müssen, daß wir in 10 oder 14 Tagen wieder auf die Reise gehen.
Sonntag abend, 25. Januar 42. List bekommt heute die letzten Seiten. Einen richtigen Schluß kann eine solche Sache noch nicht haben.

Zu einem längeren Brief reicht es jetzt nicht mehr, es ist zu kalt, ich will sehen, ob ich irgendwo etwas Warmes zu essen bekomme. Heute mittag war das Essen in der Kaserne gut, Koteletts und Bohnensalat. Es sind nämlich 80 Rekruten angekommen, und die sollten nicht gleich die große Kohlrübe sehen, die über der Küche hängt.
27. Januar 42. Es ist mir grau im Gemüt, aber das geht vorbei. Beim Pfarrer wurde politisiert. Weißt du, daß die Glocken abgeliefert werden? 30 Jahre bin ich alt und habe das nun zweimal erlebt. Dazwischen den feierlichen Augenblick der Aufhängung neuer Glocken, in Weilheim.
Meine Einlagen sind da, ich mache Dienst draußen, mein linkes Ohr ist angefroren, es sitzt am Kopf wie eine rote Blüte am Kaktus. Täglich erfrieren sich meine Mitkämpfer irgendwelche Körperteile.

[An Hansheinrich Bertram]
Züllichau, den 29. Januar 42. Ich kann mich nicht beklagen über die Behandlung – vom Spieß [Kompanie-Hauptfeldwebel] abgesehen, dem rothaarigen Sadisten, mit dem ich mehrfach zusammengestoßen bin. Es ist und bleibt merkwürdig, daß man in diesem Milieu mit Erwägungen, die man im Namen des gesunden Menschenverstandes anstellt, immer Schiffbruch erleidet, während skurrile Vorschläge (wie unsere weiland »Kriegschronik«) einschlagen und zünden. Etwas Ähnliches fällt mir aber nicht mehr ein, es gibt auch niemand, mit dem ich dergleichen andrehen und durchführen könnte.
Es macht sich jedoch bemerkbar, daß wir alte Kriegshasen sind – zu den Selbsterhaltungsmechanismen einer Kaste gehört es, lange Zugehörigkeit mit Privilegien zu belohnen. Du mußt sie Dir bescheiden vorstellen, es handelt sich nur um Nuancen im Gebrüll und um eine weniger enge und weniger häufige Berührung mit dem gefrorenen Kies des Kasernenhofes.
Du hast es nicht erlebt, Du Nachrichten- und Kraftfahrersoldat, was Infanterie-Ausbildung heißt. Wenn ich Innendienst, Urlaube, ärztliche Dispensierung zusammenrechne, komme ich auch nur auf 14 Tage Züllichauer Infanterie-Ausbildung, aber die genügen, mir einen Begriff von den zwei Jahren zu geben, in denen der Rekrut

vor dem Krieg gebimst wurde. Ich finde es nicht weiter sonderlich unangenehm, draußen auf den Übungsplätzen (im Gelände) immer wieder »den Angriff« zu üben, womit eine Stunde Hin-, eine weitere Rückmarsch verbunden sind. Aber die Kasernenhofbeschäftigung am Nachmittag ist doch bemerkenswert.
Der Dienst beginnt Tag für Tag mit »Unterricht« von 7–8: MG, Pistole, Granatwerfer, »der Infanterie-Zug im Angriff« – das sind die Themen. Etwas Kurzweil kommt dadurch in die Sache, daß wir einige Volksdeutsche haben, auf (Volks-)Deutsch gesagt: waschechte Polen, die nur wenig verstehen und noch weniger sprechen können. Dann gibt es ein paar, die sind in beiden Sprachen zu Hause. Sie müssen dolmetschen, aber sie begreifen, was sie sagen sollen, inhaltlich nicht, und Gott weiß, was sie auf Polnisch vermitteln. Deutsche Unteroffiziere befinden sich damit in einer für sie neuen Lage, mit fremden Zungen hatten sie es noch nicht zu tun, das läuft nicht nach Schema. Es kommt hinzu, daß diese Polen keineswegs dumm sind, bei weitem nicht so dumm wie unsere edelrassigen Kameraden. Nach Art gewisser Schwerhöriger verstehen sie immer dann nichts, wenn sie nichts verstehen wollen.
Diese herrliche Kompanie ist überhaupt vielgestaltig: 1. die alten Mannschaften; 2. Rekruten, im Oktober eingezogen; 3. Rekruten, im Dezember eingezogen; 4. Rekruten, im Januar eingezogen, also vor ein paar Tagen.
Die letzteren, Kinder und Greise, standen heute zum erstenmal in voller Rüstung mit Stahlhelm auf dem Antreteplatz, und ich vermißte die komischen Figuren, deren wir uns aus grauer Vorzeit erinnern. Ich vermute, dem ganzen Volk ist per Radio die Kaserne inzwischen so nahegebracht worden, daß jeder auf Anhieb richtig stillstehen kann. Wenn man nun auch noch die Volksschulen ganz abschafft, läßt sich unbegrenzt lange Krieg führen.

Samstag, wahrscheinlich der 7. Februar 42. Hier spielt sich eine neue Hetzkampagne gegen mich ein, die treibende Kraft ist, wie üblich, der Hauptfeldwebel. Vorhin sah er, als er im Flur an mir vorbeiging, daß von meinem Füllfederhalter, den ich in die linke obere Außentasche gesteckt habe, die Messingklammer einen halben Zentimeter un-

ter der Taschenklappe herausschaute. Er hielt mich an und schrie: Das ist verboten, ich werde Sie melden!
Es gibt noch andere Hinweise, daß sich die Mühle des Hasses auf den als fremd Erkannten wieder zu drehen beginnt. Ich muß alles dransetzen, so rasch als möglich hier wegzukommen, und da gibt es nur einen Ausgang: den in östlicher Richtung. Gleichviel ...
10. Februar 42. In meinem Kasernenkrieg habe ich heute vielleicht einen kleinen Erfolg erzielt. Obwohl ich lieber einen Viertelliter Rizinusöl getrunken hätte, als unbefohlen auf die Schreibstube zum Hauptfeldwebel zu gehen, habe ich es heute doch getan. Ich steckte alles ein, was er mir so hinwarf, wie ein Stehaufmännchen war ich immer wieder da und tastete seine Stellung nach ihren schwachen Punkten ab. Vielleicht hat es sich gelohnt. Wir trennten uns in der Erwartung, daß wir uns nach Möglichkeit nicht mehr aneinander ärgern wollten.
Am Sonntag sah ich auf der Schreibstube einen jungen Rekruten sitzen, mit dem Gesicht zur Wand. Er saß da, weil er gesagt hatte, er könne nicht singen. Das war am Vormittag. Abends saß er noch immer da. Und am Sonnabend soll er schon dagesessen haben. Er muß so lange auf dem Stuhl sitzen bleiben – schlafen und essen darf er wohl zwischendurch –, bis er dem Hauptmann etwas vorsingt, ob richtig oder falsch, ist gleich. Ich bewundere den Jungen, aber sie machen ihn fertig.

[An Wilhelm Hausenstein]
12. Februar 42. Fast glaube ich – meine letzten Berliner Aufenthalte belehrten mich darüber –, daß auf Ihnen und allen, die ihrer Arbeit weiter nachgehen können, der Krieg schwerer lastet als auf uns, deren Leben er anders beansprucht. Wenn mir der Dienst Zeit gelassen hat, des Abends einen hierfür gemieteten Arbeitsraum in der Stadt aufzusuchen und ein paar Seiten zu schreiben, so buche ich das als einen sinnvollen Tag, und der Blick auf die ins Unendliche verlängerte Perspektive des Krieges erschreckt mich dann nicht. Wir alle sind auf die einfachsten, nüchternsten Umstände zurückgeworfen, die eigene Welt setzt sich dagegen jeden Tag reiner und reicher ab. Liefe dieses Leben nicht abseits von dem der Familie, ich würde mich kaum in einem Käfig fühlen.

17. Februar 42. Ich weiß selbst, daß diese Züllichauer Kriegsepisode mir schwerer fällt als alle bisherigen von Potsdam über die Eifel, Frankreich und Frankfurt, und daß ich außen herum ganz trocken und hartschalig werde, um mich zu schützen. Ein Sonntag, sogar 14 Urlaubstage sind nicht genug, um wieder ganz frei zu werden – obgleich eine Stunde genügen würde, wenn ich nicht in die Soldatenwelt zurückkehren müßte. Im Bewußtsein, daß ich nur kleine Pausen habe in einer unabsehbaren Zeit, versage ich in den Pausen mehr als im fremden Dasein. Vielleicht gibt es Naturen, die sich in den Zeiten der Trennung in jeder Weise aufstauen, um funkelnd und strahlend bei der Begegnung abzubrennen – meine Natur ist es nicht. Sie braucht Spielraum. Die Feste der Zärtlichkeit sind nur in freien Zuständen zu feiern.

[An den Paul List Verlag, Leipzig]
18. Februar 42. Es hat im Augenblick den Anschein, als wären mir noch drei oder vier Wochen in Züllichau beschieden, und ich möchte Ihnen das mitteilen, damit Sie, sofern es möglich ist, die Herstellung der Reinschrift so beschleunigen, daß ich selber noch die Korrekturen vornehmen könnte. Es wäre mir daran gelegen, denn immerhin führt der Weg von hier zweifellos wieder an die Ostfront, und es wäre mir eine angenehme Vorstellung, die Arbeit in einem annähernd abgeschlossenen Zustand zu wissen, von dem sie jetzt noch weit entfernt ist. Z. B. werden eine ganze Reihe der reflektierenden Stellen besser gestrichen werden, schon aus der Distanz von wenigen Wochen fühle ich, daß sie bleiern an den ungleich schwebenderen, erzählenden Seiten hängen ...
Im übrigen wollen wir den Krieg, der uns das Leben so mühsam macht, nicht beklagen – ich nicht, falls ich an den literarischen Strickstrümpfen weiterarbeiten könnte. Ich denke dabei nicht an die Späne, die in Form der Aufzeichnungen und Briefe vom Krieg abfallen, sondern an die aus der eigenen Welt gewonnenen Prosastücke, an denen mir ja mehr liegt. Sie werden besser durch den Krieg, weil die Distanz zwischen Realität und Schau so ungeheuer groß geworden ist. Das sture dumme Leben in der Kaserne, und dazu jeden Tag stille Stunden in dieser spartanischen Klause, in der ich Post erledige und

wo ich auch die Auszüge der russischen Aufzeichnungen geschrieben habe – in jeweils zwei bis drei müden Abendstunden: dies fortsetzen können, und Sie sollten sehen, was dabei herauskäme. Gedulden wir uns, vielleicht schenkt mir der Krieg wieder eine solche Zeit – in seiner Endlosigkeit liegen viele Möglichkeiten.

[Von W. E. Süskind, Ambach]
25. Februar 42, abends. Ich las Dein Buch in einem Zug, in dem bewußten »einen Zug«, der das angespannte Lesen verbürgt und den Schreiber mit dem Leser in den denkbar engsten Kontakt bringt, den am meisten Nach-schaffenden, wie ich glaube (ein Einwand übrigens gegen die echte Kunsthaftigkeit des Romans, daß man ihn unmöglich in einem Zuge lesen kann!). Man erweist durch das ununterbrochene Lesen dem Geschriebenen sozusagen die Anerkennung, daß man es für »wirklich«, für dem sogenannten wirklichen Leben gleichbedeutend und gleichlaufend ansieht, das meine ich mit »Nachschaffen«. Man wird bis zu einem gewissen Grad allerdings auch wehrlos und identifiziert sich mit dem Schreiber, aber ich halte trotzdem das Höchste von Arbeiten, die mich in diesen Lesezustand versetzen.
Dein Tagebuch hat mir ausgesprochen »etwas gegeben«, wie die Phrase lautet. Ich habe, verzeih, hinter Deiner liberalen Gebärde bisher nicht diese sichere Philosophie der Freiheit vermutet. Sie sagt mir ungemein zu, und überhaupt finde ich an Deinem Ms., das so tadellos, daß es most acutely modern ist, mit einem scharfen Stachel von Zukünftigkeit, Unerbittlichkeit, dabei aber nicht lahm, passiv, götzenanbeterisch, stur, vitalistisch, wie das Zeitbejahende so oft, sondern darüberstehend. Was man publice über diesen Krieg liest, scheidet ohnehin aus; von dem allerdings nicht vielen, was ich privatissime darüber gelesen habe, ist Dein Text bei weitem das Beste, Aufschlußreichste, Gescheiteste.
Seit mein Freund Hancke gefallen ist, fehlt es mir – trotz vieler jungen Bekannten – ganz an Menschen, aus denen mir die neue Wesensbeschaffenheit des Europäers ersichtlich würde.
Daß Dein Tagebuch nicht gedruckt werden kann, hast Du Dir wohl klargemacht, oder sollten Zeichen und Wunder geschehen sein? Das ist ja ein wunder Punkt, ein so wunder, daß wohl Deine ganze Freiheitsphilosophie und Maschenkunst

hier nicht weiterhilft. So geht's, wenn eine Instanz im Besitz sämtlicher Produktionsmittel ist und diese Monopolstellung nicht mit Humor verwaltet. Ob das wohl die Formel für den Herrn ist: Macht plus Humor? Jedenfalls sehe ich, so betrachtet, noch wenig Herren herumlaufen und wünsche mir beinahe, daß Dein Buch ungedruckt bleibt, weil eine Drucklegung, fürchte ich, schier gleichbedeutend wäre mit einer Kastration. Interessieren tät's mich zu wissen, ob unser Freund Eggebrecht das Ms. schon einmal amtlich zu verarzten gehabt und wie er sich dabei bewährt hat. Was an mir liegt, soll es auch eines Tages gedruckt werden, aber weder bei Steiniger noch bei der DVA [Deutsche Verlags-Anstalt], *sondern bei dem sagenhaften Wunderverlag, den wir ohne Zweifel eines Tages einmal gründen werden, wir happy few, credente quia absurdum. Weißt Du noch, wie Du mir einmal, es war auf meinem Balkon in der Rosenbuschstraße* [in München] *und mag 12 Jahre her sein, aber ich habe es merkwürdig klar im Gedächtnis behalten, auseinandersetztest, Du würdest einmal ein Haus mit privatem Orchester haben wollen? Credo quia absurdum – das heißt, ich glaube nicht unbedingt an die buchstäbliche Erfüllung dieser Deiner Prognose, wohl aber, bei Dir, bei mir und bei manchem andern, an die virtuelle Möglichkeit und Erfüllbarkeit aller Träume und Kräfte.*

[An W. E. Süskind. Entwurf, nicht abgegangen, nur dieses Blatt blieb erhalten]
26. Mai 42. Happy few . . .! Ja, und? Das ist eben auch eine unhaltbare Position. Ich will gar nicht happy sein, noch privilegiert »kraft eigenen Rechts« – wir kennen die derart motivierten Privilegien. Du sprichst selbst davon, wo Du von Monopol sprichst.
Ich sage nicht, daß ich eine Vorstellung hätte, wie aus dem Widerspruch herauskommen, wie ihn auflösen. Weißt Du, ich sehe schon, wir werden keinen Verlag gründen, ich esse gern Austern, aber ich schlucke ungern Kröten – wovon ich mich nun seit 1939 ernähre. Nolens volens, um denn auch ein bißchen lateinisch zu werden. Und Verlag – der steht wie mein Orchester (hab ich das gesagt? Genau das will ich, gut daß Du mich erinnert hast!!) hier für Handeln überhaupt. Für wen? Da fängt das Krötenfressen an.
Ich muß nun meinerseits sagen: verzeih!, denn mir will in

Deinem Brief nicht gefallen, wie Du die Begriffe »Besitz sämtlicher Produktionsmittel« und »Monopolstellung« verwendest, anwendest, besser gesagt, auf die gegenwärtigen Verhältnisse. Diese Begriffe stammen aus dem marxistischen Vokabular und sind, wie ich meine, von dem ihnen dort gegebenen Inhalt nicht zu trennen. Klar, daß es eine marxistische Kritik an unseren Verhältnissen gibt, aber wenn der, der kein Marxist ist, sich Bruchstücke davon zu eigen macht, verfehlt er die Realität. Und daß da dann gleich das Wort »Humor« auftaucht, stört mich besonders, inkl. der Definition, was ein Herr sei. Das geht nun wieder ins Individualpsychologische – ach Gott! Gesindel ist Gesindel – aus, Punkt. Ich gehe nicht mit unsern Führern um, aber nichtsdestoweniger mit Gesindel, und was ein Herr sein könnte, ist mir in dem Zusammenhang egal. Mir fehlt nicht ihr Humor, sondern mich stört ihre Dummheit, ihre abgründige und letzten Endes kriminelle Dummheit und

26. Februar 42. Ich finde es sehr geschickt, wie Wellen des Optimismus auf eine völlig unfaßbare Art ins Volk getragen werden, so daß nach dem Tiefpunkt an Weihnachten jetzt allerorten die Hängeohren wieder etwas in die Höhe gehen. Ich bemerke aus einem Brief von Mama, daß die Welle auch an ihr nicht vorbeigegangen ist.
28. Februar 42. In Süskinds zweitem Brief steht, in seinem Exemplar des Frankreich-Manuskriptes seien die OKW-Anmerkungen und -Zensuren nicht enthalten. Wer hat denn nun dieses Dokument – es sollte nicht verlorengehen! Es könnte sein, daß ich Bertram nach der Gerichtsverhandlung eben dieses Exemplar, das der Richter vor sich liegen hatte und das ich zurückbekam, gab – dann ist es bei ihm in Rußland.

Wieder nach Rußland

Unterwegs am 6. März 42. Der erste Brief wieder von jenseits der Grenze, wenn es auch heute nicht mehr gültige Grenze ist. Es ist früh 6 Uhr. Gestern mittag gegen 2 Uhr sind wir in Frankfurt/Oder abgefahren. Sehr weit haben wir es noch nicht gebracht. Die zwei Personenwagen, in denen die 120 »Abgestellten« verfrachtet werden, sind einem Güterzug vorgehängt. Die Heizung funktioniert, aber es scheint eisig kalt draußen zu sein, es wird nicht richtig warm. Glücklicherweise haben wir Licht, von den elektrischen Lampen schraubten wir die Verdunklungstüten ab. Der Wagen wacht allmählich auf, die meisten schlafen auf dem Boden in drangvoll fürchterlicher Enge. Ich schlief recht gut in einem mit Gewehren verlängerten Gepäcknetz.
Flache Schneefelder bis an den Horizont. Wir stehen seit Stunden fern jeder Ortschaft auf dem Gleis. Jemand erzählt, es gebe Kommissionen, die in den Kasernen Soldaten suchen, die kv sind, aber lange nicht oder noch nie an der Front waren. Die Soldaten sprechen von »Helden-Greif-Kommission«.
7. März 42. Draußen scheint die Sonne, und der weiße Dampf der Lokomotive zerflattert vor den Fenstern. Ich habe mir gestern auf einer Station ein breites Brett besorgt, mit dem ich die Bank über den Zwischengang hinweg verlängern kann, darauf schläft sich's noch bequemer als auf den Gewehren im Gepäcknetz. Unsere ohnehin langsame Fortbewegung endete gegen 6 Uhr auf dem Gleisfeld – Bahnhof kann man dieses Gelände für Güterzüge nicht nennen – von K. [Kutno], einem aus dem Feldzug vom September 1939 bekannten Ort auf dem Weg nach Warschau. Ich blieb im Wagen als Wache zurück, indes der ganze Haufen eine Kantine auf dem Bahngelände aufsuchte, 20 Minuten weit weg. Währenddessen wurden unsere Wagen auf ein anderes Gleis verschoben, und die Maschine verschwand in der Dunkelheit. Es wurde augenblicklich schauderhaft kalt. Das war also gestern abend, die Nacht war sternklar, die Kälte um minus 20. Die andern fanden den Wagen nicht mehr. Als

ich das merkte, tat ich etwas Verbotenes – ich dachte! Ich dachte, ich müßte jemand finden, der in der Kantine Bescheid sagte, traf auf polnische Weichensteller, die auf Null geschaltet hatten. Zuletzt fand ich in einer Holzbude doch den Betriebsleiter. Er war am Ende seiner Nervenkraft, hörte mich nicht an und telefonierte immer wieder verzweifelt wegen zweier verschwundener Personenwagen, so daß ich auf die Vermutung kam, er spreche von unseren. In einer seiner Erschöpfungspausen bemerkte ich still, eben wegen dieser beiden Wagen sei ich da und ich wüßte, wo sie stünden. Warum ich das nicht gleich gesagt hätte? Dann aber verbündete er sich doch seelisch mit mir und rief, es sei entsetzlich, wenn er keine Maschinen hätte, könne er keine Züge fahren, und er habe keine. Er wurde friedlich und versprach, wir würden »gegen Morgen« in Bewegung kommen, und wenn er eine alte Lokomotive fände, die unsere Wagen wenigstens heizen könnte, würde er sie ankoppeln lassen.
Mit diesen Nachrichten fragte ich mich nach der Kantine durch und erzählte sie dem Leutnant, der den Transport führt. Er meinte, ob die Heizlokomotive käme, das wäre doch sehr ungewiß, und er bliebe mit den Leuten in der Kantine, da sei es wenigstens warm. Mir schien ein kalter, aber leerer Wagen angenehmer, ich stolperte also zurück über zahllose Gleise; da und dort standen eiserne Körbe, mit Kohlenglut gefüllt, an der sich die Bahnarbeiter im Vorbeigehen die Hände auftauten. Auf einem dieser Feuer wurde in einer Minute die Erbsensuppe heiß, die jemand vor Stunden in der Bahnküche für mich empfangen hatte. Unter einem Deckengebirge vergraben, schlief ich bis halb drei, dann kam die Heizlokomotive, gleich nach ihr die Leute, und eine Stunde später wurden wir wieder irgendwo angehängt. Der Eindruck, daß wir ganz dringend an der Ostfront gebraucht würden, läßt sich aus dieser Transportart nicht gewinnen.
Noch immer sind wir mindestens 50 km von Warschau entfernt. Die Landschaft ist unverändert seit vorgestern abend, und ich denke, sie bliebe es, selbst wenn wir bis zum Ural durchführen. Jetzt lasse ich mir an der Lokomotive ein Kochgeschirr voll heißes Wasser geben und mache Katzenwäsche. Nachts sah der Wagen abenteuerlich aus mit den unförmig vermummten Schläfern auf drei

Etagen: Boden, Bank, Gepäcknetz. Ich hätte das gern gezeichnet, aber ich hatte keine Energie dafür.
8. März 42. In Warschau in einer Kaserne, die früher eine Schule war. Früher, das heißt vor 1939. Der Druck des Wassers in dieser Unterkunft reicht nur bis zum ersten Stock. Aber auch die darüberliegenden Stockwerke sind belegt, und wie dort die Klos und die Waschräume aussehen, will ich lieber aus Schonung für unsere Kulturnation nicht beschreiben. Warschau – wie das klingt! Dieses Paris des Ostens, fest in deutscher Hand, präsentiert sich mir als eine mißbrauchte Schule, in der es nicht einmal mehr nach Schule riecht, sondern schlicht und überall nach Scheiße.
Abends. Wir liegen noch fest und durften »in die Stadt«. Ich nehme Abschied von der Zivilisation, Schauplatz der Abschiedsfeier ist das Café »Europa« am »Adolf-Hitler-Platz« – so heißt jetzt der große zentrale Platz Warschaus. Ein Volk, ein Land, an denen man sonst kein gutes Haar läßt, sind doch gut genug den Namensgebern, auch verbal zu vereinnahmen, was sie mit Bomben und Artillerie erobert haben. Das Café ist hübsch, Glaslüster, Messingtische, blaue Stuhlbezüge – solid und nicht heruntergekommen. Der Tee ist echt, die Butterkremtorte war 1932 im Bristol am Ku-Damm nicht besser. Für vier oder fünf Tische ein Kellner oder eine Kellnerin, jener in weißer Jacke, diese – nun, sie sind gänzlich verschieden von ihren normalen Berufskolleginnen. Damen sind es hoffentlich nicht, aber sie sehen so aus, gepflegt, die Haare hochgesteckt, sie tragen individuelle Kleider, von guten Schneiderinnen gemacht, tadellose Seidenstrümpfe über meist tadellosen Beinen, und einige gehen in einem Dreiviertel-Mantel zwischen den Tischen umher. Die mich bedienende Dame trieb die Extravaganz so weit, daß sie das Portemonnaie mit dem Wechselgeld in einem kleinen Muff mit Reißverschlußtasche bei sich führt, den sie von der linken Hand kokett an einem schwarzen Band herabhängen läßt. Klösterliche Tugenden sind diesen Frauen sicher fremd, aber sie würden hier nicht arbeiten, wenn sie durch Kollaboration mit der Besatzung auf andere Art ihr Geld machen wollten. Das Ganze ist schlimm. Der Stehgeiger trägt einen Frack, die vier anderen Musici Smokings. Das Publikum: etliche Offiziere,

wenig Soldaten, deutsche Beamte, deren Frauen (oder was auch immer) von weitem als reichsimportiert zu erkennen sind, dazwischen gutgekleidete Polen und Polinnen. Wie die imstande sind, die inflationären Preise zu bezahlen, ist mir so dunkel, wie ihre Geschäfte sein mögen. Ich kann mir ja überhaupt nicht erklären, warum nicht alle Polen bettelnd auf den Straßen stehen. Wahrscheinlich liegt das Einkommen der Arbeitenden so nahe dem Existenzminimum, daß die Bevölkerung wie auf einer dünnen Eisschicht über das Meer ihres Unglücks dahinschleicht. Viele Soldaten betrachten das Ghetto als eine Sehenswürdigkeit, wie vor Zoogittern mögen sie an den Eingängen zu dem sehr großen Bezirk stehen und sich das Gewühl ansehen, das bewegt und gelenkt wird von Stäben aus Gummi in der Hand polnischer Polizei, die überall in Funktion ist, aber den Soldaten nichts zu sagen hat. Ich schenkte mir diesen Programmpunkt. Auf der Fahrt passierte gestern auf dem Nebengleis in langsamem Tempo ein Zug voll deportierter Juden, meist Frauen und Mädchen, es war nicht mehr zu sehen als eine zusammengepferchte Menge mit gelben Sternen auf der Brust und Schulter, aber es war *das* Bild, in das sich nun alles Gewußte einfügt.
Zur Abrundung noch die Preise im Café: das Glas Tee fast normal 75 Pfennig, die Torte, ein kleines Stück, 2,50, ein Berliner Pfannkuchen 1,50. Die DAZ von heute ist hier zu haben, auch das »Reich«. Die Zerstörungen sind viel geringer, als ich mir vorgestellt hatte, große Ruinenblökke sind da und dort eingesprengt in eine herabgekommene Stadt, die im Ganzen etwas Abenteuerliches und Grausames hat. Aberteuerlich und grausam – das Leben hier! Es ist halb sechs, durch einige Fenster fällt Sonnenlicht, andere sind bereits verdunkelt, und die Glaslüster glitzern festlich. Die Musik ist sanft. Die Sprache der Polen auch. Bevor Rußland beginnt, gibt sich Westeuropa auf dieser künstlichen Insel im Elend pariserisch, o Graus.

[Von Pfarrer Dr. R. Moderegger]
Breitenstein (Ostpr.), 9. März 42. Haben sie Dank für Ihren Brief aus Züllichau v. 3. 3. Also hat unsre Quartierfreundschaft doch eine Fortsetzung gefunden! Hatte dies von mir aus auch im Sinn und wollte mich bei Eintritt ruhigerer Zeiten

über Ihre Verlagsfirma an Sie wenden und Sie zur Mitarbeit an einem volksmissionarischen Schriftchen bewegen, etwa mit dem Titel: Quartiergespräche im Pfarrhaus über Ewigkeitsfragen – fortgesetzt im Briefwechsel.
Ich hätte vorgeschlagen, daß wir es so machen wir Mitja Karamasow vor seinem Prozeß: »Ach was, mein eigenes Schicksal! Es ist mir leid um Gott!«, und einen gemeinschaftlichen Briefwechsel über die lezten Fragen herauskristallisieren. Aber wann werden diese »ruhigen Zeiten« kommen?
Was sonst mein persönliches Ergehen angeht, so werden Sie ja meine Klause mit ihren angenehmen äußeren Seiten noch im Gedächtnis haben. Daß ich darin noch immer mein Leben fristen darf in schwerer Kriegszeit, ist ja Glück genug. Was die Innenseite anlangt, so gibt es schweren Druck zu tragen.

[Auf diesem Brief vermerkte ich handschriftlich:]
Die Katholischen sind eigentlich doch klüger: sie nennen die Differenz zwischen dem Ist-Wert und dem Soll-Wert des Menschen Sünde, und mit ihr spielen sie herum, wohl wissend, daß kein Zustand erreicht werden kann, in dem sie mangels Sünde das Spiel einstellen müßten. Weil das, was ich erlebe, der Ist-Wert der Deutschen ist, hat das antithetische Sein von unsereinem natürlich einen Sinn. Vielleicht meint der Pfarrer etwas in dieser Richtung.

11. März 42, Berlin [E. K.-Sch.]. *Was sagst Du zu dem Brief von Pfarrer Moderegger? Hatte ihn mir anders gedacht, Du wohl auch. Der Süskindsche, trotz des Literatentons, gefiel mir sehr.*

[Von van Almsick, Fernsprecher in der Nachr. Abt. der 3. Inf. Div. (mot)]
11. März 42. Dein Brief vom 4. 2. erreichte mich am 8. 3., zwei Tage nachdem ich Dir schrieb. Bertram war gerade zu Besuch gekommen, um mich zu zeichnen. Du kannst Dir nicht vorstellen, wie mich das Zusammensein mit einem vernünftigen gereiften Menschen erfreut. Die Tage mit B. verzeichne ich in meinem Kalender, es sind Festtage. Denn obwohl ich mich bemühe, geistig regsamer zu sein als im Sommer, fehlt doch sehr oft die Begegnung mit einem Menschen. Was in unserem Trupp ist an Geist, beschränkt sich auf die Bauernlogik, die so treffend im »Wirtshaus zur Zwietracht« geschildert ist. Wir

haben 3 Bauern im Trupp, 1 Pferdehändler, 1 Weddinger Kleiderhändler, 1 Bäcker aus der Kleinstadt und 1 Schneider von 87 Pfund brutto mit Bettstelle. Unterhaltung ist reines Geschwätz, das die Nerven mitnimmt, auch wenn man nur mit halbem Ohr zuhört. Das Tollste liefert Kleiderkrämer Wulff. Ich weiß nicht, ob Du diese Summierung von Stumpfsinn noch erlebt hast.
Zur Erlernung der russ. Sprache gehört viel Arbeitsaufwand, für den die anderen kein Verständnis haben und darum oft Schwierigkeiten machen. Aber Du sagtest doch: Vox populi ... Ganz reell zahle ich alles zurück auf Heller und Pfennig mit meinem Anteil an der allgemeinen Arbeit, aber das merken die andern nicht. Dein Rat, nicht klein beizugeben, kam zur richtigen Zeit. Nicht, daß ich hätte aufgeben wollen, aber es war eine gewisse Schlappe eingetreten, aus der ein richtiges Wort wieder heraushalf. Deines. Ich habe jetzt mehr als die Hälfte des Langenscheidtschen Lehrbuches durchgenommen mit Kolai, einem intell. russ. Gefangenen. Ab Ostern werden wir wahrscheinlich Originaltexte lesen. Dazu würde nur mein Universal-Wörterbuch nicht ausreichen. Ich wäre Dir dankbar, wenn Du mir ein Langenscheidtsches Wörterbuch besorgen könntest, wenn möglich das in zwei Bänden zu je 4,30 RM. Ich glaube nicht, daß meine Eltern es besorgen können, sie haben zu wenig Beziehungen.
Noch ein Satz aus einem Brief meiner Mutter, die eine Frau ehrlich-geraden, mütterlichen Denkens ist: »Heini und Herbert« (meine Brüder) »haben schon sehr viel mitgemacht. Sie haben beide das Eiserne Kreuz erhalten, Heini das Eiserne Kreuz I. Ich schreibe Dir dieses nicht, damit Du es denen nachmachen sollst. Komm lieber mit gesunden Gliedern ohne das Eis. Kreuz nach Hause.«

11. März 42. Heute sind wir schon eine Woche unterwegs, es ist kaum zu glauben. Die Fahrt ist dank einiger Zufälle so angenehm wie möglich. Wir sitzen im 1. Abteil unseres Waggons, nebenan ist das Örtchen, das nicht benützt werden darf, damit es für die Verwundeten in Ordnung bleibt. (Die Folge sind auf allen Haltepunkten sehr merkwürdige Anblicke längs der Gleise.) In diesem Örtchen haben wir fünf Mann unser ganzes Gepäck verstaut und haben deshalb zum Wohnen und Schlafen bequem Platz. Das Licht ist in Ordnung, was keineswegs in allen Abtei-

len der Fall ist. Das wichtigste aber ist, daß die vier anderen verständige und ruhige Leute sind. Es ist fast nicht zu glauben, aber ohne daß ich dazu Anlaß gäbe, wird in unserm Abteil die Meinung vertreten, daß die Dörfer »gar nicht so übel« seien und das Land »schön«.
In der Tat, es ist wundervoll. Hier ist wieder alles weiß, es gibt nicht einmal schneelose Südhänge. Baumgruppen, Wälder, Dörfer sind in die weiße Weite hineingetuscht, präzis und zart wie auf japanischen Bildrollen. Die Sonne hat den ganzen blauen Himmel für sich. Vereiste Stellen schimmern im Schneesamt.
12. März 42. Häufig sind kleine Schlitten zu sehen, von einem Pferdchen gezogen, über dessen Hals sich der hohe Bogen des Kummets wölbt. Im Pelz sitzt der Bauer auf einem quergelegten Brett. Man sieht die Spur der Kufen weit zurück, sie kommen über die Hügelwellen daher und ziehen weiter zu ein paar Hütten, die irgendwo fern auf einem Hügel stehen – es ist, als könne man eine ganze Tagesfahrt mit einem Blick übersehen.
Gestern abend waren wir in Minsk. Wenn ich mich recht erinnere, war in Minsk im Weltkrieg der Sitz des Oberbefehlshabers Ost, kurz: Oberost, Ludendorff saß dort. Wir sahen von der Stadt nichts. Inzwischen mögen wir wieder 100 km hinter uns gebracht haben, Smolensk entgegen. Hinter Smolensk soll dieser Frieden zu Ende gehen.
Vom Oberarzt habe ich mir aus der kläglichen Zugbibliothek Bücher geliehen. Als erstes Otto Flake, Hortense oder die Rückkehr nach Baden-Baden, eine Geschichte, die ich schon einmal gelesen habe, ohne davon außer dem Titel ein Wort zu behalten. Ein verspieltes, ganz witziges Genre-Bild des 19. Jahrhunderts, viele, zu viele kulturhistorische Details. Beinahe immer geschmackvoll, was soviel heißt wie manchmal geschmacklos. Ich las das Buch aus demselben Grund gern, aus dem ich in Warschau im Café Europa zwei Stunden sitzen geblieben bin.
13. März 42. Ich habe mich mit dem Feldwebel unterhalten, der mit den Feldpostsäcken unterwegs ist. Post vom September sei noch darin, sagte er, und auch Weihnachtspäckchen. Öfter als zweimal im Monat sei mit Post kaum zu rechnen, und wenn erst die Schlammzeit beginne, wird es noch seltener sein.
Natürlich fällt auf, daß ich so viel schreibe. Eben ruft mir

einer zu, mein Roman solle heißen: Die Männer im Kühlschrank. Ein anderer: Nein, die Männer, die der Sturm verwehte.
In Witebsk, abends 8 Uhr. Der Schneesturm hat aufgehört, die Nacht ist klar, eisig, der Schnee schreit unter den Stiefeln. Wir sitzen neben dem gänzlich zerstörten Bahnhof in einer Kantine und warten auf Erbsensuppe, die gegen halb zehn fertig sein soll. Es ist zu dunkel, ich kann nicht weiterschreiben.

[Von Ernst v. Harnack, hingerichtet nach dem 20. Juli 44. Ich hatte in seinem Zehlendorfer Kreis musiziert. Eigentlicher Anlaß dieses Briefes ist der Dank für die Teilnahme am Tod seines Sohnes.]
Berlin, 14. März 42. Einmal wieder von Ihnen zu hören, wenn auch aus so schmerzlichem Anlaß, war mir eine Freude. Mögen Sie glücklich bewahrt bleiben. Das Collegium musicum am Fischtal besteht noch, freilich in bescheidenerem Umfang. Es wäre schön, wenn Sie einmal wieder gastieren könnten. Das Schicksal des Bruders Ihrer Frau ist uns sehr nahegegangen. [Er fiel.]

Sonntag, 15. März 42 [auf den ersten Blättern eines neuen Durchschreibebuches]. Wieder das Büchlein. Ich habe mir drei in Züllichau gekauft. Das Format ist kleiner geworden, infanteristischer.
In Witebsk haben wir im »Bahnhofswartesaal« genächtigt, dem einzig überdachten Rest der Ruine, viele im Sitzen. Ich legte mich lieber auf den Boden. Es wurde bekannt, daß die Division, für die wir bestimmt sind, sich nicht mehr in W. befinde. Wohin sie gegangen ist, war zunächst nicht festzustellen, und die Luft war wieder voll von Gerüchten. Gegen Mittag marschierten wir mit dem ganzen Gepäck durch die Stadt, auf vereisten Straßen, buchstäblich kein Haus war unbeschädigt. Kulissen von Mauern, dahinter oder davor Schutthaufen. Witebsk muß hübsch gewesen sein, auf beiden Ufern der Düna, derzeit einem verkrusteten, teilweise verschmutzten, teilweise überschneiten Eisband, ist sie auf die steilen, hohen Ufer gebaut, mit vielen Kirchen. Wir erreichten außerhalb der Stadt einen Kasernenkomplex, darin einen stallartigen Raum, in dem die fehlenden Scheiben der Fenster durch

hineingestopftes Stroh, einige auch durch Pappe, ersetzt waren. Draußen soll es 30 Grad Kälte haben. Die vier schwarzen, runden, bis zur Decke reichenden Öfen geben sich Mühe, aber sie schaffen es nicht, Wärme zu verbreiten, sie sind nur selber heiß. Ich zog mir alles an, was dazu geeignet war, und fror nicht. Wasser ziehen wir aus einem Brunnen, der mitten im Feld ein paar hundert Meter von den Gebäuden entfernt in die Erde gebohrt ist, und zwar so tief, daß er nicht einfriert. Ich rasierte mich mit Kaffee. Später wurde vor der Tür ein Feuer entzündet, und für zwei Zigaretten bekam ich ein Kochgeschirr voll heißes Wasser zum Händewaschen.

16. März 42. Ich sitze in einem Bauernhaus in Rudnja. Mit Lastwagen wurden wir heute früh aus Witebsk hierher gefahren. Wir warten darauf, von »unserer« künftigen Truppe abgeholt und nach vorne gebracht zu werden. Es ist sicher, wir gehören ab jetzt zu einer »bespannten« Infanteriedivision, das heißt zu einem Haufen, bei dem die Infanterie, wenn es vorwärts oder rückwärts geht, sich zu Fuß vorwärtsbewegt. Die Hälfte von uns ist »kv ohne Marschleistung«. So ist es eben.

Es wurde uns gesagt, daß die Regimenter der Division aus bayerischen, württembergischen und schlesischen Soldaten gebildet seien. Jeder könne sich dorthin melden, wohin es ihn zöge. Was die plötzlich für Einfälle haben, irgendwo gibt es da ein Gehirn, das überflüssige Gedanken denkt. Zu den Bayern meldeten sich die wenigsten, darunter ich. Damit bin ich auf jeden Fall aus dem Ersatz-Dreh heraus, der mich nach Züllichau gebracht hatte. Ich fragte, wie der Divisionskommandeur heiße. Es ist ein Graf Rothkirch. Der Brief aus dem OKW, mit dem mein Frankreich-Manuskript damals nach Frankfurt an die Kompanie zurückgeschickt wurde, war mit Rothkirch unterschrieben. Ob ich nun wünschen soll, es sei derselbe Rothkirch oder ein anderer – keine Ahnung.

Städtchen Demidoff – eine Insel

18. März 42. Es hat den Anschein, als seien wir am Ziel der zehntägigen Reise angekommen. Man kann sich unser Gebiet als einen nach Südwesten offenen Sack vorstellen. Während des ganzen Februar hatten die Russen den Sack zugemacht, Demidoff war abgeschlossen. Seine Besatzung hatte einen schweren Stand. Der Neuling spürt, die Einschließungszeit ist das große Kriegserlebnis des Regimentes.

Als wir uns Demidoff, dessen Kirchen wir aus der Ferne liegen sahen, im Lastwagen näherten, erblickte ich zum ersten Male die »hingemähten Russen«, von denen unsere Heeresberichte zu sprechen pflegten. Da lagen sie auf der sonnenbeschienenen Schneefläche in zusammengekrampften Stellungen, Wurzelstöcken ähnlicher als Menschen. Unter dem Schnee verbergen sich endlose Sümpfe.

Unser Transport trat in dem kleinen traurigen Hof des Regimentsgefechtsstandes an. Der Adjutant, ein Leutnant, kam heraus, blieb auf den Stufen der Holztreppe stehen, die von dem erhöhten einzigen Stockwerk des Gebäudes in den Hof herabführt, und betrachtete uns. Er fragte nach Alter und Landsmannschaft. Ich war der einzige Oberbayer unter den zwanzig. Er fragte weiter, wer Maschine schreiben könne. Fünf Minuten später wurde ich Schreiber beim Regimentsstab.

Ich hielt es für richtig, dem Adjutanten die Tatsache meiner Bestrafung mitzuteilen. Er blätterte in den Papieren, die ihm der Transportführer übergeben hatte, und meinte, sie enthielten darüber nichts. Ich erklärte ihm, daß ich auf Veranlassung meines damaligen Divisionsgenerals die Strafe nicht hätte antreten müssen, sie sei ausgesetzt. Ich sei also zum Zwecke der Bewährung auf freiem Fuß. Er schien darin keinen Grund zu sehen, mich nicht auf die Schreibstube zu befehlen. »Sie bleiben da«, schloß er das Gespräch.

25. März 42. Gestern abend ergab sich zwischen einem Obergefreiten aus einer Artillerie-Einheit, den zwei Unteroffizieren der Schreibstube und mir eine dreistündige

Unterhaltung bis Mitternacht. Der Obergefreite hatte zusammen mit einem ukrainischen Hilfssoldaten Ortsstreife; wie die Nachtwächter Kontrolluhren schließen, mußte er sich auf seiner Runde bei uns melden und in ein Buch eintragen. Den Ukrainer hatte er draußen im Hof stehengelassen. Vom Wind durchblasen, mit hochgeschlagenem Mantelkragen kam er herein, machte die üblichen Sprüche, trug sich ins Streifenbuch ein und sagte plötzlich zu uns: »Morgen ist wieder Schlachtefest!« Ich muß bereits, obgleich ich nicht das Mindeste wußte, hinter diesen Worten etwas Ungeheuerliches geahnt haben, denn dieses dialektgefärbte Wort »Schlachtefest« wird mir für immer im Gedächtnis bleiben. Die Unteroffiziere, die wie ich Briefe schrieben und deshalb noch in der Stube saßen (ich hatte außerdem Nachtdienst), hoben die Köpfe. Ich fragte, was er damit meine. Es kam heraus, daß etwa 180 Juden, die in einem Vorratshaus in Demidoff zusammengepfercht sind, in einer Mulde vor dem Ort erschossen werden sollen. Der Obergefreite setzt in recht fröhlichem Ton hinzu: »Die ganzen Familien!« Ich blieb nicht still, sondern bemerkte, daß es Dinge gäbe, über die man nur mit Ernst sprechen, die man vor allem nur ernst empfinden dürfe. Der Obergefreite stellte sich allmählich als SS-Mann aus Saarbrükken vor, der dort, als die Stadt bei Beginn des Krieges vorübergehend geräumt wurde, alles verloren hat. Er besaß ein Hotel. Nachdem er mir Humanitätsduselei und Weichheit vorgeworfen hatte, redete er auch von den Silberbestecken, die er dort eingebüßt habe. Ich versuchte dann drei Stunden lang, während denen der Obergefreite auf seine Runde vergaß und den Ukrainer im Hof warten ließ (der wartete wirklich, und die Kälte machte ihm gar nichts aus), mich verständlich zu machen, ohne mich auszuliefern. Ich gab vor, es gehe mir keineswegs um die Juden – für die es übrigens wirklich leichter ist, sie werden heute erschossen, als sie verhungern langsam in ihrem Gefängnis –, es sei mir nicht um Humanität zu tun, sondern nur um die Haltung, um den Ernst, um alles das, »was uns qualifizieren würde, Europa zu leiten«. Nach Stunden hatte ich den einen der beiden Unteroffiziere so weit, daß er mir zugestand, man dürfe keine Freude über die Vernichtung von Menschen äußern, wer sie auch seien, und keine noch so lange Gewöhnung ans Töten entschuldige Leichtfertigkeit dabei. Der andere Unteroffizier war um sein politisches Alibi besorgt, und der Obergefreite war unbelehrbar und packte immer wieder seine Silberbestecke aus. Unter drei Preußen dieses Schlages wäre die Diskussion noch unfruchtbarer verlaufen. Bei den Münchner Unteroffizieren kam doch eine gewisse Neigung zum Philosophieren zutage. Der ältere wollte nicht davon abgehen, daß es eigene Erfahrungen und Erlebnisse gäbe (die silbernen Löffel!), die einen Menschen veranlassen könnten, Vergnügen über die Vernichtung seines Feindes zu empfinden. Im Affekt vielleicht, gab ich zu; aber inwiefern seien diese russischen Juden Feinde des Saarbrückers? Diese armen Teufel? – Ob ich vielleicht die Juden verteidigen wolle. Als ich später bedachte, was ich gesagt hatte, lobte ich mich für alles, was ich nicht gesagt hatte.

[Von Jeanne Mammen, der Malerin in Berlin]
26. April 42. Denken Sie! die Cigaretten sind wirklich angekommen! Ich habe mich sehr darüber gefreut. Sie wissen, daß wir die beste Gelegenheit haben, uns zu Heiligen emporzuranken von einer Entsagung zur anderen; ich habe es noch nicht so weit gebracht, daß »Rückfälle« mir unangenehm sind. So war mein Atelier ziemlich vernebelt wegen Ihrer Spende.
Ich möchte so sehr gern Ihr Russenbuch lesen, ist das denn noch immer nicht möglich?
Wie leben Sie jetzt dort? Kommen Sie überhaupt zum Schreiben für sich und Zeichnen und – zur Musik? In Rußland gibt es keine Kathedralen und keine Orgeln, und was für ein erschreckend nüchterner Insektenkrieg zwischen tiefem Himmel und flacher Erde! Ich bereite mich jetzt so langsam auf meine Prager Reise vor. Am 15. Mai soll es losgehen. Ich fahre für das Institut, um dort Motive für Theaterdekorationen zu zeichnen.
Im Herbst möchte ich dann runter zu Edith und Thomas fahren. Meine wirkliche Arbeit [zu malen] *ist mit all diesem etwas ins Hintertreffen geraten. Ich bin oft zu müde und zu angestrengt. Morgen höre ich ein sehr schönes Konzert, Edwin Fischer spielt mit seinem Kammerorchester Bach, Klav. Conc. d-moll für 1 Klavier, c-dur für 3, f- moll für 1, a-moll für 4. Der Frühling ist eiskalt und strahlend schön (hier in Berlin!). Wann*

werden Sie den Bodensee sehen? Schreiben Sie mir öfter, wie es Ihnen geht im »Sowjetparadies« (so die Reklame im K. d. W. [Kaufhaus des Westens] *für die diesbezügliche Ausstellung im Lustgarten; eine riesengroße Schlange, Typ Boa constrictor, wälzt sich dort durch Fotografien verwahrloster Russentypen).*

27. April 42 [E. K.-Sch.]. Eben die Kopie Deines Briefes an Bertram. Deine Laune ist ja glänzend – wir müssen sagen, es geht uns gut, und wir genießen, daß es uns gutgeht. Die Eltern waren vorgestern ganz elend. Im Badhotel [von Überlingen], *einem der allerschönsten Hotels, das ich kenne, haben sie's gut. Habt Ihr gestern auch Hitler sprechen hören? Ich nur den Anfang, also nicht die Pointe, dann mußte ich Thomas anziehen.*
Aki Rothe scheint tolle Erfolge in Frankreich gehabt zu haben – ich gönn's ihm, wenn ich's auch kritisch betrachte. Papa hat eine ausführliche Lebensbeschreibung geschrieben; lese ich sie, brechen mir oft die Tränen aus.
Gestern habe ich meine 4 qm tief umgehackt. Blasen an den Händen, aber schön war's. Thomas hat zugeschaut, und Anneliese [Hausmädchen] *hat Maikäfer von den drei kleinen Birken gelesen. Es ist eine Maikäferplage dieses Jahr. Vorgestern waren wir im Wald mit Thomas im Sportwagen und mit dem Leiterwagen, haben Pferdeäpfel, Kuhfladen und Humus gesammelt für die Tomaten.*
Die FU [Behörde für »Familien-Unterhalt«] *hat nicht gezahlt und schweigt. Mein nächster Brief geht an den Wehrmachtsfürsorgeoffizier.*

[Von Tante Agnes Ruoff]
Pasing, 28. April 42. Zugleich mit Deiner Karte kamen beifolgende Briefe vom September 41 an mich zurück. Daß der eine vom 6. 9. geöffnet war, soll mich auch weiterhin in meiner Art zu schreiben bestärken. Besprechen kann man alles, aber für den schriftlichen Austausch gibt es heutzutage nur ein Prinzip, wenn auch der Gehalt der Mitteilungen dadurch manche Einbuße erfährt. Ich sehe ein, daß Du Dich nicht an dieses Prinzip halten willst, aber ich sehe es mit Sorge.

[An Hansheinrich Bertram]
2. Mai 42. Vielleicht hat die Feldpost Wege, diesen Brief über die paar hundert Kilometer zwischen uns direkt zu

leiten, statt über die Tausende via Heimat und Reich. Heute ist es ruhig hier, der Russe schießt mit nichts. Gestern glaubten wir, er griffe an (1. Mai!), aber außer Kanonen setzte er nichts ein. Es ist ja merkwürdig, 500 m von dem Haus entfernt, in dem ich schreibe und wo ich an einem immer besser funktionierenden Bürobetrieb teilhabe, ist unsere »vorderste Linie«. Wir hatten auch Kino hier, z.B. Bel ami, das Schönste war ein Kulturfilm von Florenz. Traumhaft, daß ich dort auf der Piazza Eis gegessen habe, über den Ponte Vecchio ging und in den Uffizien Fußschmerzen bekam. In einer Pension bei Santa Maria Salute steht wahrscheinlich in einer Nische hinter dem Ofen immer noch eine inzwischen ausgetrocknete Weinflasche, die wir dort, im Frühjahr 1932, stehenließen, als wir weiterzogen nach Rom und Sizilien. Rom und Sizilien – was für einen kriegerischen Klang diese Namen jetzt haben!

2. Mai 42. In meiner gestrigen Post war die Abschrift einiger Stellen aus Jüngers Kriegstagebuch. Gleich zu Anfang fuhren mir einige Bemerkungen ins Gemüt. Das »Flüchtige«, sagt er, mache ihm mehr Mühe als das »Durchgestochene«, und er trage das »Flüchtige« nachträglich in die bereits perfekten Stellen hinein. Er erinnert dabei an eine Statuette aus Bali, die auf dem Goldgrund bemalt wurde – wie ihm ja überhaupt häufig schöne Beispiele zur Hand sind. In der Bemerkung über das Flüchtige ist aber das Entscheidende meiner Kritik an den »Marmorklippen« und an dem späteren Jünger überhaupt enthalten, an dem Jünger, der nach einem der großartigsten »Erlebnisberichte«, die wir in unserer Sprache haben, kunstvoll schreiben will. Entsteht nicht jedes Kunstwerk in einem Grenzland zwischen Bewußtheit und Unbewußtheit und muß nicht gerade dem Prosaschreiber der Stil etwas Selbstverständliches sein?

[An Jeanne Mammen]
4. Mai 42. Uns geht eigentlich nichts ab als das normale Leben. (Ein Gefangener sagt: Mir fehlt außer der Freiheit nichts.) Im Rahmen unseres welthistorischen Auftrages habe ich es gut, sehr gut getroffen. Das menschliche Meublement meiner Schreibstube ist leidlich. Modest in

jedem Sinn, aber man kann damit leben, ohne daß es zu steilen Gipfeln der Auseinandersetzung führt. Die Reibereien spielen sich im Erdgeschoß ab, Pack schlägt sich, verträgt sich. Nein, Musik ist in diesem Lande nicht. Früher klang es hier von Glocken und Chören in den Kirchen, und wenn ich in der zerstörten Kathedrale nebenan sitze, in deren Mitte zwischen all der Verwüstung und blauschimmernden Gebirgen zerbrochener Flaschen ein toter weißer Hund liegt – der einige Monate lang Gefrierfleisch war und jetzt so langsam aus seinem Fell tropft –, dann kann ich bei genauem Hinhören diese Musik noch vernehmen. Auch wenn ich an den Rand des Ortes gehe und über die Felder und Flußtäler, die eingekerbten, hinwegsehe, so ist da eine volle schwere Musik darin. Im übrigen vermisse ich sie nicht. Das musikalische Tun ist ebenso wie das zeichnerische doch nur eine Ablenkung vom Schreiben, es ist bei weitem leichter und angenehmer, sich in den dilettantischen Talenten zu versuchen als dort, wo man ungefähr weiß, nicht nur wie das Gültige auszusehen hat (das weiß ich in den anderen Künsten auch), vielmehr auch hofft, es hervorbringen zu können. Insofern sündige ich, denn ich zeichne sehr viel und sehe in den Skizzen einen Haken, an dem ich jeden einzelnen jener ungestalteten und mich nichts angehenden Tage aus der trüben Gegenwartssuppe herausziehe in meine private, sehr bescheidene Ewigkeit. Dergestalt, daß ich mich beinahe verpflichtet fühle, jeden Tag so ein Gekritzel aufs Papier zu bringen – es geht mir im Augenblick leicht von der Hand. Ich bin jedoch ein entschuldigter Sünder, denn die Umstände lassen es nicht zu, daß ich mich von der leeren Betriebsamkeit, der verbreitetsten Grundlage des Lebensgefühls meiner Zeitgenossen, absentiere. Wenn es das Wetter erst erlaubt, werde ich mich in einen ruhigen Winkel bei der Kathedrale zurückziehen und den Bleistift zu etwas anderem benutzen, als für Euch zu Hause die Interieurs von Demidoff darzustellen. Es erscheint mir dieser Ort, hart umgrenzt von Schützengräben, wie ein Wohnraum mit einem Korridor zur übrigen Welt.

Es liegt nun vom ganzen Briefbuch, Frankreich- und Rußlandteil, eine neue, in Leipzig hergestellte Abschrift vor, ausgenommen den ersten Abschnitt Rußland (und

ausgenommen alles, was der Krieg noch hinzufügen wird). Es müssen drei Kopien vorhanden sein, es sollte wohl möglich sein, daß eine nach Berlin geht und dort umläuft. Darüber bitte ich Sie, sich mit E. zu verständigen. Ich selber hätte gern eine hierher, um sie aus der Distanz zu lesen, was immer nützlich ist. Durch die erheblichen Kürzungen, die ich vorgenommen habe (und die ja auch eine klare Tendenz haben, indem nämlich der ganz persönliche Dialog zwischen mir und E. dabei über Bord geht), geschieht weit mehr als eine pure Raffung. Haben schon die Originalfassungen der Briefe, wie nur allzu erklärlich, zuweilen kaum noch, jedenfalls über Seiten hinweg nicht mehr Briefcharakter, sondern sind Aufschreibungen tagebuchähnlicher Art, so ist, was List jetzt zum Abschreiben bekommen hat, erst recht so etwas wie eine stark subjektivierte Chronik. Es kommt noch hinzu, daß ich hier eine Fassung hergestellt habe, die zwar selbstverständlich das Licht einer breiteren Öffentlichkeit weder erblicken soll noch darf, dennoch aber Rücksicht darauf nimmt, daß ich nicht kontrollieren kann, wer denn nun wirklich diese Blätter liest oder auch nur herumliegen läßt. In (oder ad – egal!) usum Delphini – diese Formel hier zu gebrauchen, hieße Ludwig XIV. unrecht tun, denn er hatte wohl vorwiegend nur im Sinn, den Thronfolger vor allzu frühen literarischen Einblicken in die vita sexualis seines Hofstaates zu bewahren, wovon die Rede, mangels eines solchen, hier kaum sein kann. Nun, wir verstehen uns, und ich will nur sagen: Sie kriegen das Ganze durch diese Fassung nicht vermittelt, nicht einmal das Ganze des Dialoges, den ich apropos des Krieges mit der Zeit führe. Aber was soll's, teilten die Blätter nichts mit, wären sie nicht geschrieben worden.
Viel Vergnügen auf der Reise nach Prag! Wenn Sie in den alten Vierteln umhergehen, werden Ihre Erwartungen kaum enttäuscht werden. Mich würde Prag in seiner gegenwärtigen Verfassung zweifellos enttäuschen, mal so gesagt.

5. Mai 42. Nein, ich habe keine toten Russen eingraben müssen. Wenn es D. dabei schlecht geworden ist – mir wäre nicht schlecht geworden. Von natürlichen Dingen

wird mir nicht schlecht, aber vor dem blödsinnigen Geschwätz, das ich mir tagaus, tagein anhören muß, ekelt mich.

[An den Bildhauer Prof. Carl Ebbinghaus]
7. Mai 42. Es ist durchaus in meinem Sinn, wenn das Ms. da und dort Leser findet, die meiner Betrachtungsweise einiges Verständnis entgegenbringen. Da das Buch einen Verleger hat, so geraten wir um so weniger in den Verdacht, etwa mit Hilfe einflußreicher Bekannter ihm einen Weg bahnen zu wollen. Ich sehe aber aus einer Bemerkung in Ihrem Brief, daß Sie erwägen, ob mit diesem Ms. etwa erreicht werden könnte, daß ich eine – an der Lebenslänge gemessen wahrhaft endlose – Zeit nicht vollständig fern meiner eigentlichen Arbeit verbringen muß. An diese Möglichkeit glaube ich nicht mehr. Meine militärische Lage ist zwar seit meiner Rückkehr nach Rußland menschlich und sachlich angenehm, aber ich glaube doch, daß die »Sommergeschichte« in jedem Verstand erst liquidiert werden muß, bevor man in dieser Richtung etwas tun kann. Mit dieser Bemerkung will ich aber nicht Ihre überaus freundschaftliche Initiative lähmen. Sie kennen die Gewalt, mit der der Krieg jetzt unser Volk ergriffen hat. Was vor zwei Jahren vielleicht noch möglich war, liegt heute fern.
Ich habe den Verlag gebeten, keine weiteren Versuche, die Druckerlaubnis zu bekommen, zu unternehmen. Ich bin da auf volles Verständnis gestoßen. Das Verhältnis zu Dr. List ist vertrauensvoll, und es ist vielleicht von Wert für Sie zu wissen, daß man sich an ihn in voller Offenheit wenden kann.

10. Mai 42. Im Regimentsbefehl wird meine Versetzung zum Nachrichtenzug morgen erscheinen. Das ändert mein Leben in vieler Hinsicht.
Deine Bemerkungen über unsern Sohn zeigen, daß in einem einjährigen Kind der Grundriß der künftigen Person bereits vollständig erkennbar wird. Gegen einen arroganten *und* gescheiten Sohn wäre wenig einzuwenden. Gestohlen hätte er die Arroganz nicht. Indes, was heißt das? Wo die Dummheit jedes Verbrechen toleriert, ist Arroganz nicht Anmaßung, sondern Abscheu.

12. Mai 42. Auf dem Platz begegnete ich dem Zugführer, der so nebenbei zu mir sagte: Machen Sie sich fertig, Sie müssen auch mit. Allmählich kam heraus, daß wir auch Zeltbahn und Kochgeschirr mitnehmen sollten. Als ich daraufhin eindringlicher fragte, erfuhr ich, daß es sich um einen Angriff auf Makunino handle, unseres Regimentes erste »Offensive« in diesem Jahr, ja, seit seinem Bestehen. Dieses Dorf liegt 4 km westlich von Demidoff. Wir brachen gegen 7 Uhr abends auf und gingen auf der großen Straße nach Rudnja bis zum Dorf T. Ich trug in der Rückentrage eine Kabelrolle, die etwa 60 Pfund wiegt. Dazu Gewehr, Munition, Brotbeutel, Feldflasche und Werkzeug. Die des Tragens entwöhnten Schreiberschultern schmerzten bald. Bis T. sind es 3 km, und die Straße ist ausgefahren, man ging schlecht zwischen den erhärteten Schlammfurchen. In T. waren wir mit einem Schlage im Kriegsgelände. Gräben, Bunker, Stacheldrahtverhaue, Stolperdrähte kreuz und quer zwischen den Hütten, in denen keine Russen mehr wohnen. Wir lagen herum und warteten. Es dämmerte, es wurde dunkel, die Nacht war schön, aber windig, uns fror, wir hatten uns vorher heiß gelaufen. Ein Leutnant wies uns ein Haus an. Im kümmerlichen Licht einer Kerze sahen wir eine Holzpritsche fast durch den ganzen Raum. Auf verbrauchtem Stroh lagen Männer der x-ten Kompanie, wartend, dösend, einige schlafend, alle aber marschbereit mit Koppel, den Stahlhelm neben sich. Die Kerze gab mir Licht, die Post zu lesen, die ich gerade beim Abmarsch bekommen hatte, darunter Deine Blätter 54–59. Später versuchte ich zu schlafen, vergebens, es war ein ständiges Kommen und Gehen. Etwa gegen Mitternacht bauten wir die Leitung bis zum Ortsausgang, schlossen einen Apparat an und saßen hinter einer Tannenhecke fröstelnd im Wind, die Zeltbahn um die Schultern gehängt. Eine Stunde verging, da kam die Infanterie die dunkle Straße herunter, Mann hinter Mann, schweigend und jedes Geräusch vermeidend. Als ich dieses wohlbekannte Bild sah, das schlürfende Geräusch der Schritte und zuweilen das Klappern einer Gasmaskenbüchse hörte, war ich wieder im Kriege. Der Marsch in das Bereitstellungsgelände begann, wir schlossen uns dem Ende der Schlange an und ließen unser Kabel abrollen. Mühsam tasteten wir uns durch die

eigenen Stacheldrahthindernisse und mußten uns bald gestehen, daß wir den Anschluß verloren hatten. Es war, als seien die 300 Mann vor uns vom Erdboden verschluckt worden. Wir waren unser fünf: ein Unteroffizier und vier Mann. Wir wußten genau, wo Makunino lag, aber damit war unsere Wissenschaft zu Ende. Unser Befehl lautete, mit der Infanterie zusammen vorzugehen bis zur Bereitstellung und dann im Angriff mit der Infanterie vorzubauen. Aber wo war die Infanterie?
Es wird etwas heller, wir legen unter den vordersten Bäumen einer Hochwaldnase das Gerät ab. Drei bleiben hier, mit einem gehe ich in Richtung auf Makunino weiter. Wir sehen verlassene, wassergefüllte Stellungen mit der Schußrichtung auf T. zu – also russische. Nach einer weiteren halben Stunde zwecklosen Herumtappens im Sumpf gehen wir zu den anderen zurück. Es hat keinen Zweck, wir müssen warten, bis es richtig hell wird.
Man hatte uns gesagt, daß starke Artilleriekräfte auf Makunino vereinigt wären. Dennoch werden unsere Erwartungen um 3 Uhr weit übertroffen. Die Luft brüllt und die Erde bebt. Die Eisenmassen ziehen über unsere Köpfe hinweg. Bereits nach den ersten Salven sehen wir über dem dichten Jungwald vor uns Rauch aufsteigen. Nun wissen wir endlich, wohin wir uns wenden müssen. Die Helligkeit nimmt rasch zu. Wir reißen die Rückentragen hoch und rennen durch das Gebüsch, bleiben im Sumpf stecken, müssen umkehren und erreichen einige Minuten, nachdem die Kanonen schweigen, die freie Fläche, die sich sanft ansteigend zwischen dem Rand des Buschwaldes und dem Dorf hinzieht.
Ein wunderbarer Maimorgen mit blauem Himmel und Federwölkchen ist angebrochen. Es weht ein leichter Wind von Westen und treibt eine riesige schwarze Wolke vom brennenden Dorf weg langsam auf Demidoff zu, dessen Türme deutlich zu erkennen sind. Später erfahren wir, daß die Artillerie zahlreiche zur Verteidigung eingebaute Flammenwerfer zur Explosion gebracht hatte. Über die Pleine geht die Infanterie vor, wie bei einer Übung, tadellos in Schützenketten aufgelöst. Nur in Abständen läßt sich ein russisches MG hören. Zahlreiche aufspritzende Erdfontänen rühren von Granatwerfer-Einschlägen

her. Mit ihnen schießen die Russen aus M., dem nächsten Dorf, herüber, ohne ihr Ziel sehen zu können. Auch vom Kapellendorf her, das in der Luftlinie immerhin 4 km entfernt liegt, versuchen sie mit Granatwerfern einzugreifen.

300 m vor Makunino geht uns das Kabel aus. Es wird uns zugesagt, daß ein Wagen das fehlende Kabel nach T. bringt, wo wir es abholen sollen. Nichts liegt näher, als daß sich »der Neue«, nämlich ich, quersumpfein nach T. auf den Weg macht. Nun streuen die Russen das ganze Moor mit Granatwerfern ab. Auf halbem Wege – freilich, von Weg ist keine Spur, ich schlage mich durch die Büsche und orientiere mich nach den Demidoffer Türmen – begegnet mir ein Igel, der es sehr eilig hat, und gleich darauf höre ich jemand stöhnen. Ich finde einen Soldaten mit einem Ellenbogenschuß. Er bewegt sich mit kleinen unsicheren Schritten vorwärts, zieht mit dem gesunden Arm sein Koppel, an dem noch Brotbeutel und Feldflasche hängen, durch das dürre vorjährige Sumpfgras hinter sich her. Sein Gesicht ist weiß wie Kalk. Er bringt mühsam heraus, daß er glaubt, auf dem Weg zum Verbandsplatz zu sein. Mein Auftrag verbietet mir, bei ihm zu bleiben. Seine Feldflasche ist leer. In geringer Entfernung erhebt sich eine Tanne, die einzige weithin, ein nicht zu verfehlendes Zeichen im Moor. Dort solle er warten, sage ich ihm, ich wolle ihm Hilfe aus T. schicken.

Der Wagen mit dem Kabel wartet bereits in T. Ich nehme die Rolle auf die Schulter und gehe nach Makunino zurück. Ich benutze diesmal ungefähr den Weg, den wir in der Nacht zurückgelegt haben. Wie einfach ist jetzt alles im Tageslicht, wie bequem sind die Pässe durch die Drahthindernisse zu finden, an denen wir uns nachts die Stiefel zerrissen haben. Eine halbe Stunde später ist unsere Leitung in Makunino, und der Kommandeur berichtet ausführlich dem Oberst, während er neben uns in einem Graben hockt.

Makunino ist ein Trümmerhaufen aus schwelenden Balkenresten. Die Erde ist aufgewühlt, auch die meisten Bunker sind in Brand geschossen. Dennoch habe ich, als ich die Dorfstraße hinunterschaue, den Eindruck, daß die Bauern nur zurückzukehren brauchten, und vier Wochen

später stünde das Dorf wieder auf seinem flachen Hügel wie zuvor.
Zum vierten Male machte ich an diesem Tag den Weg durch das Moor. In T. treiben wir ein Panjewägelchen auf, das uns nach Demidoff bringt. Als wir müde und verstaubt den Hof des Weißen Hauses erreichen (mit Empfindungen, als kämen wir nach Hause und seien wieder weit vom Kriege in einer friedlichen Gegend), war es gerade 8 Uhr früh, dieselbe Stunde, zu der ich mich bisher an die Schreibmaschine setzte.
Ich ging zum Brunnen, zog mich aus und überschüttete mich mit dem eiskalten, aus der Tiefe gezogenen Wasser. Erfrischt ging ich zum Gefechtsstand, um Dir auf der Maschine von meiner Wiederbegegnung mit dem Kriege zu erzählen. Nun fallen mir die Augen zu.
13. Mai 42. Die Russen, von unserer Aktivität gereizt, beschießen uns seit dem frühen Morgen. Es ist jetzt abends gegen 9 Uhr. Solche Ausdauer haben sie bisher nicht bewiesen.
Beim Stab ist ein merkwürdiger Stimmungsumschwung in bezug auf mich in wenigen Stunden eingetreten. Noch als ich meine Sachen packte, war der Hauptfeldwebel von gewohnter Freundlichkeit. Aus Makunino zurück, war ich in die Schreibstube gegangen und hatte mit bereits unwillig gewährter Erlaubnis den langen Brief vom 12. auf der Maschine geschrieben. Die Herumsitzenden fragten mich nach unseren Erlebnissen aus, und ich erzählte unter anderem die Begegnung mit dem Soldaten, der trotz seiner schweren Verwundung in Trance sein Koppelzeug hinter sich herschleifte. Ich dachte keinen Augenblick daran zu verschweigen, daß ich zu dem Mann gesagt hatte: »Mensch, schmeiß doch das Gelump weg!« Doch gerade diese Äußerung lieferte dem Hauptfeldwebel den Vorwand, dessen er bedurfte, um endlich seine wahren Gefühle gegen mich nach außen zu kehren. Jetzt bin ich der »Bursche«, der sich zur Telefonwache meldet, wenn der Führer spricht. (Diese Bemerkung wurde mir hinterbracht).
In Verwunderung versetzt mich nicht diese schäbige Gesinnung, sondern der Umstand, daß sie mich empfindlich trifft. Es ist lächerlich, aber es ist so. Später bekam ich einen meiner bisherigen »Kollegen«, den Unteroffizier

K., allein zu fassen. Von ihm erfuhr ich, daß sich der Hauptfeldwebel in heftigem Schimpfen über mich Luft gemacht habe. K. war es bereits offensichtlich peinlich, eine Weile mit mir im Gespräch auf dem Marktplatz zu stehen. Als ich ihm unumwunden erklärte, ich fände ihr aller Verhalten erbärmlich, wurde er bockig, und plötzlich sagte er: »Wissen Sie, bei Ihnen fehlt eben doch etwas. Sie glauben nicht an das Reich.«
Worauf ich schwieg und mit einer Bewegung, die alles bedeuten konnte, meines Weges ging. Fünfzig Meter weiter lief ich meinem jetzigen Chef, dem Reserve-Hauptmann H., in die Hände, der mir eine Freundlichkeit zu erweisen glaubte, als er sagte: »Noch ein paarmal so und Sie haben die Scharte ganz ausgewetzt.« Das sollte heißen: Soldat K., Sie haben sich beim Angriff auf Makunino ganz brav aufgeführt.
Am Nachmittag gegen 5 Uhr wurde ich mit dem Fahrrad wieder nach Makunino geschickt, um zwei Fernsprechapparate hinzubringen. Ich benützte diesmal den in der Karte erwähnten Feldweg, der inzwischen entmint worden ist. Auf dieser Radfahrt durch das Moor, auf der ich keinen Feind zu sehen bekam und die russischen Geschosse hoch über mir fast gemütlich gurgelnd und pfeifend ihre Bahn nach Demidoff zogen, begegnete mir der Krieg als eine unpersönlich schweigende Gewalt. Der Himmel war verschlossen, und das dunkle Gewölk zog niedrig dahin. Ich schob das Rad. Die Wassertümpel wurden zahlreicher und größer. Das Buschwerk trat zurück, leer und öde wie am ersten Schöpfungstag lag der Sumpf. Vor mir am Horizont das kahle Stangenwerk und die Kamine der Ruinen von Makunino, zur Linken die Nase des Hochwaldes, zur Rechten, mehr und mehr zurückbleibend, die Demidoffer Kirchen. Auf demselben Wege rückten im Februar die unserigen vor zum ersten Versuch, das Dorf zu nehmen. Sie gerieten in einen plötzlich einsetzenden Schneesturm, verloren sich, mußten sich neu sammeln, da waren zwei russische Panzer heran. Nur wenige kamen zurück. Seither ist bis zum 10. Mai kein Deutscher in dieses Gebiet gekommen. Noch war nicht Zeit, die Toten von damals zu sammeln. Wie sie im Februar in den Schnee gesunken sind, der unter ihnen weggeschmolzen ist, so liegen sie da. In ihren weißen

Tarnanzügen ruhen sie im welken Gras, im flachen Wasser. Einige Gesichter sind schwarz, andere hellgelb, die Augenhöhlen leer. Das ist nicht das Werk der Russen, wie bereits erzählt wird, sondern das der Witterung und der Vögel. Die Haut der Wangen ist über den stark hervortretenden Backenknochen straff gespannt und gerissen, so daß man durch die Löcher die Zähne sehen kann. Die Pelzhauben umhüllen die Köpfe, darüber die warme Luft des Maientages streicht. Die hier liegen, waren bereits auf dem Rückmarsch. Doch einer war noch in der Richtung des Angriffs unterwegs. Er sollte warmes Essen nachbringen auf einem Panjeschlitten. Reste der Zügel hält er noch in den behandschuhten Händen. Neben ihm liegt der zerbrochene Schlitten mit zerfetzten Decken und einer Schütte gelben Strohes darauf. Vier Essenträger sind ringsum verstreut. Drei durchlöchert und leer, der vierte, an den ich mit dem Fuß stoße, unbeschädigt und voll. 40 Mann zähle ich auf meinem Wege, in der Öde verstreut, einer nach dem anderen. Unter den letzten, dem nachrückenden Feind also am nächsten, liegen zwei Offiziere, ein Hauptmann und ein Leutnant.
23. Mai 42. Ich glaubte noch zu träumen oder mich durch Zauberei in die Garnison versetzt, als ich, aufwachend, eine Kolonne Soldaten mit Gesang am Haus vorbeimarschieren hörte – durch eine Straße, die in ihrer ganzen Länge gegen Westen mit Brettern und Sackleinwand verkleidet ist, damit der Feind den Verkehr nicht beobachten kann. Der Anstifter zu diesem Unfug, dem Vorspiel zu einem für Pfingstsonntag geplanten »Sportfest«, ist Hauptmann Salisko, der Menschenjäger. (»Menschenjagd ist die schönste Jagd.«) Er will sich eine Nummer beim Oberst machen und seine Pistolenschießkunst unter öffentlichen Beweis stellen. In einer Geländefalte beim Fluß hat er einen Scheibenstand bauen lassen, und dort verknallt er von früh bis spät Munition. Ich legte mich gestern eine halbe Stunde dort hinter ein Gebüsch und beobachtete ihn. Er machte mir den Eindruck eines Besessenen.
Am Ostrand Demidoffs, wo uns die Russen nicht in Stellungen gegenüberliegen, werden Anlagen für einen Hindernislauf und eine Springgrube gebaut. Auch eine Eskaladierwand fehlt nicht. Keine 3 km vom »Sportplatz«

entfernt wurden gestern zehn Artilleristen, die im Nachbardorf ihren Troß bewachen mußten, von Partisanen überfallen und getötet. Die Leichen liegen im »Waage-Haus« neben dem Heldenfriedhof, auf dem morgen zehn neue Kreuze stehen werden.
24. Mai 42. Pfingstsonntag. Der Himmel selber äußert sich zu dem beabsichtigten Sportfest. Es regnet in Strömen, die Straßen stehen unter Wasser, der Marktplatz ist ein See. Die Wolken schleppen über die Dächer. Wir haben im kleinen Blechofen Feuer gemacht. Nachdem mich das Radio gestern bis zum Wahnsinn gepeinigt hatte, ließ ich mir heute im Revier wachsgetränkte Wattekügelchen geben, wie sie die Artilleristen als Lärmschutz verwenden. Dazu braucht man nun zweieinhalb Kriegsjahre, um eine so einfache Lösung zu finden.
1. Juni 42. Die Wärme öffnet die Häuser, lockt die Frauen, die Kinder, die alten Männer nicht nur in ihre Gärten, die meist von Bretterwänden umschlossen sind, sondern auch auf die Straßen. Die Begegnungen zwischen den Soldaten und der Bevölkerung werden zahlreicher und lebhafter. Ich denke manchmal, und ich versuche zu erkennen, wie dieser Rest von Demidoffs Bewohnern eigentlich zu uns steht? Hassen sie uns? Dann ist es ein sehr versteckter Haß. Nehmen sie einfach hin, was über sie gekommen ist? Es sieht so aus, aber ich glaube, dieser Eindruck täuscht. Sie hassen uns nicht, aber wenn sie könnten, würden sie uns alle umbringen. Darin liegt kein Widerspruch. Die fremden Bedrücker los sein um jeden Preis – um dieses Gefühls willen fanden ihre Vorväter es richtig, daß Moskau brannte. Kämen wir hin, es würde wieder brennen.

[Von Hansheinrich Bertram]
12. Juni 42. Der Wind ist so stark draußen, daß er meine Striche krumm fegt. So habe ich fluchend meine Zeichenbemühungen aufgegeben. Striche übrigens auf einem wunderbaren Papier, denn – medias in res – ich hatte 21 Tage Urlaub, d.h. ich war 17 zu Haus. Die Hinreise, am 17. Mai angetreten, nahm dreieinhalb Tage in Anspruch. In einem endlosen Güterzug fuhren wir Tag und Nacht, d.h. meistens oder sehr häufig standen wir, immer gereizter und empörter, um die knapp bemessenen Tage der Freiheit zitternd. Immerhin, wir kamen

an, und es war sehr schön und genausoschnell zu Ende wie befürchtet. Die Zeit verging, wie man zu sagen pflegt, wie »im Traum«, was mir die psychologische Richtigkeit dessen beweist, daß man Lanzern keinen längeren Urlaub geben darf. Sehr schön war das Wiedersehen mit der erwachsenen Tochter, die in Wirklichkeit viel graziöser, lieblicher und rosiger ist als auf den Bildern und mich auch gebührend in ihr Herz schloß – obschon sie vorläufig noch nicht sehr zu Zärtlichkeit zu neigen scheint. Die Tage verlebte ich mit meiner Frau im Lipper Land, Nähe Pyrmont-Hameln, eine hübsche Gegend. Merkwürdig, wie klein, parkähnlich und unnatürlich mir die heimatliche Landschaft vorkommt, nachdem ich ein Jahr in der russischen Weite zugebracht habe. Die sauber begrenzten Straßen und Wege, die leuchtenden Farben von Wiesen und Wäldern (zur Pfingstzeit), Acker neben Acker, alles genau aufgeteilt, soweit das Auge reicht. Und die Menschen so gut gewaschen, die Städtchen mit ihren Kirchen und Kramläden wie aus der Spielzeugschachtel, selbst die Tiere blankgeputzt. Das ist schon sehr nett, aber ich habe viel übrig für das ungebärdige, endlose Rußland. Auf der Rückfahrt nahm ich die ersten Bilder von Unordnung mit einem gewissen Wohlbehagen auf. Einen schiefen Zaun, einen halbverfallenen Hof, ein sorglos zerlumptes nacktbeiniges Mädchen. Komisch, ich sehe jetzt alles mit anderen Augen als während der ersten Monate. Die Bilder haben an Trostlosigkeit verloren – vielleicht waren es auch besonders armselige Gegenden, die wir im Anfang durchstreiften. Zum Teil liegt es aber wohl daran, daß man sich eingelebt, eingesehen, akklimatisiert hat. Selbst der betäubende süßliche Geruch, der uns beim ersten Eindringen in einen Wohnraum in die Flucht schlug, hat ein wenig an Schrekken verloren. Und was die Menschen betrifft, so sind sie mir gar nicht unsympathisch. Vor allem die Kinder. Da ist Pjotr Iwanowitsch, wie ich ihn getauft habe, ein zehnjähriges Bürschchen aus unserem letzten Quartier mit einem hübschen klugen Kopf, wie ein Alter redend und gestikulierend. Als ich mir in dem schäbigen Zimmer erstaunt ein Bild an der Wand betrachtete, sagte er voll Stolz: Puschkin!, und nannte noch andere russische Dichter. Überhaupt fand ich vielfach eine Achtung vor kulturellen Dingen, die mich überrascht und angenehm berührt. Und all die Matkas, die ich gezeichnet habe, gefallen mir gut. Wie sie ihre Kinder lieben und hätscheln, ist eine Freude zu beobachten, und wie viele sie in die

Welt setzen – es bestärkt meine Überzeugung, daß dieses Volk eine Zukunft hat.
Während ich auf Urlaub war, ist die Division in südlicher Richtung abgerückt. Nun befindet sich nur noch ein kleines Restkommando in unserem Dorf. Einige Wagen sind noch da, die uns, nach Fertigstellung, hinterhertransportieren sollen.
Meine Frau ist mit Heide, bzw. »Mummi«, wie sie sich selbst oft und mit Wohlgefallen zu nennen pflegt, für drei Wochen nach Scharbeutz (an der Ostsee) gefahren. Übrigens ist sie jetzt eifrig für die Frauenschaft tätig, indem sie kalligraphisch Führerworte herstellt. Ich versah während des Urlaubs meine Zeichnungen mit Passepartouts, das tut man gern – wie Du weißt, – denn »es putzt ganz ungemein«, um mit Herrn Grünlich zu reden.
Auf der Urlaubsfahrt kamen wir durch Smolensk – so hätten wir uns beinahe sehen können, aber es wäre für Dich wohl doch schwer einzurichten gewesen. Ob Du nun Deine Bewährungszeit hinter Dir hast oder ob Du noch im Graben liegst? Deine süddeutschen Schreibstubenverhältnisse müssen viel für sich haben, auch scheinst Du, wie üblich, eine rege Betriebsamkeit zu entfalten. Wir kommen angeblich sehr weit nach Süden. Ich habe Deine Voraussage der strategischen Entwicklung nicht mehr genau im Kopf, immerhin dürfte es, ihr zufolge, dann aus sein mit dem ruhigen Posten, den Du uns zugedacht hattest. Mein »Horch« ist inzwischen in andere Hände übergegangen. Was für ein Vehikel wird man mir nun anvertrauen? Gott bewahre mich vor einem zweiten russischen Winter als Kraftfahrer (und überhaupt). Dein Freund H. ist schon seit langem nicht mehr bei der Kompanie. Man schob ihn zu einem Funkmeisterlehrgang ab. Unsere neueste Modekrankheit ist Malaria. Wachtmeister K. und W. sind ihretwegen nicht aus dem Urlaub zurückgekommen (für die Heimfahrt hatte es gerade noch unter Aufbietung aller selbstbeherrschenden Kräfte gelangt). Wir haben viel Ersatz bekommen, vor allem Kraftfahrer. Daß Du die Kompanie nicht wiedererkennen würdest, schrieb ich schon. Selbst mir wird es bald nicht mehr gelingen. Aber ich throne ja – als baldiger Stabsgefreiter – auch hoch über der Masse.
Erinnerst Du Dich an den Bildhauer Schreiber? Er besuchte mich in Frankfurt. Ich traf ihn jetzt auf der Rückfahrt in Berlin. Um sein Studium zu finanzieren, ist er unter anderem damit beschäftigt, Eiserne Kreuze im Akkord zu polieren. So hat jeder

seinen Anteil am Krieg. Pythagoras soll das Leben mit einer Festversammlung verglichen haben, zu der sich die einen als Kämpfer, die anderen als Händler, die Besten aber als Zuschauer einfinden.

16. Juni 42. Die Bildung einer »Fronttheatergruppe«, bei der ich hätte mitwirken sollen, bleibt glücklicherweise nur der Einfall irgendeines Leutnants, der vielleicht eigene Gedichte vortragen wollte. Auch auf solche Sachen bin ich nix neugierig. Langweilig ist es keinen Augenblick. Das Dilettantische gelingt mir nur zu gut, heute ist eine farbige Skizze vom Friedhof entstanden, die grüne Aquariumsluft der frühen Stunde ist sogar aufs Papier gekommen. Es kann ja keine Rede davon sein, daß diese Umstände anhalten, nun sind wir schon Mitte Juni, drei Monate, dann tritt Väterchen Schlamm wieder seine Herrschaft an – wann wollen wir denn eigentlich siegen?

[Vom Paul List Verlag, Leipzig, an E. K.-Sch.]
16. Juni 42. Von dem uns zu treuen Händen überlassenen Manuskript hatten wir die Reinschriften anfertigen lassen. Eine letzte Durchsicht ist uns zum Teil schon wieder zugestellt. Zu weiteren Arbeitsmöglichkeiten scheinen die militärischen Verhältnisse keine Zeit zu lassen. Natürlich eilt die Arbeit auch nicht, zumal wir ja übereingekommen waren, zu den bereits heraufbeschworenen Mißhelligkeiten nicht neue Tücken heranzulocken. So bekennt sich der Verlag nach wie vor zu dieser Arbeit, ohne vorerst Möglichkeiten einer Veröffentlichung in Buchform zu haben. Aber schon hierin liegt Verantwortung und Verpflichtung, die nicht nur die Arbeit selbst angeht, sondern auch deren Urheber in sich einbezieht. Sollten aus solchen Betrachtungen heraus die Umstände es gebieten, Ihnen in wirtschaftlicher Seite einmal zur Seite zu treten, so liegt selbstverständlich eine entsprechende Bereitschaft auf unserer Seite ohne weiteres vor.

[An den Paul List Verlag, Leipzig (aus der Antwort auf diesen Brief)]
Demidoff, 7. Juli 42. So können wir den Verhältnissen immer noch dankbar sein, daß wir auf unsere Weise etwas vorankommen und die Tage, Wochen und Monate nicht ganz ins Leere verrinnen. Aber Sie sind sicherlich

mit mir der Meinung, daß alles Bisherige leicht war gegenüber dem, was wir noch durchzustehen haben werden. Wahrscheinlich können wir uns davon keinen Begriff machen. Jegliche Art des Zusammenstehens und der Hilfsbereitschaft wird dann aber hundertfaches Gewicht haben. In diesem Sinn danke ich Ihnen für die in Ihrem Brief ausgedrückte Bereitwilligkeit, unter Umständen meiner Familie wirtschaftlich eine Hilfe sein zu wollen.

17. Juni 42. In Eile ein paar Notizen über die vergangene Nacht. Die Beschießung gestern war, wie wir jetzt wissen, nur ein Vorspiel, sie schossen sich ein.

Gegen 10 Uhr legte ich mich im Treppenhaus schlafen. Ich erwachte davon, daß die Welt unterging. Es schien mir so. Sie begannen mit ihren Salvengeschützen, deren Abschuß nicht zu hören ist; die Überraschung gelang ihnen vollständig. Ich habe nichts Ähnliches bisher erlebt. Das Haus schwankte, vor den Fenstern sah ich rote Flammen und Blitze, ein Höllenlärm tobte um mich herum. Ich saß auf dem Bettrand und dachte etwas Unbestimmtes, etwa: Na also! Oder: Schau mal einer an! Nach den ersten Salven entstand eine winzige Pause. Ich ergriff Stiefel und Gewehr und raste die Treppe hinunter, hinein in das Gewölbe der Funker.

20. Juni 42. Es ist Sonnabend. Gegen 10 Uhr kamen die drei Mädchen zum Saubermachen. Olga brachte mir Blumen mit, einen richtigen Bauernstrauß. Vier Maurer sind beschäftigt, die Fenster nach der Platzseite zuzumauern. Auch das ist eine Folge der Artillerie-Galavorstellung vom 17. Sieben Arbeiter säubern den Garten von Mauerresten und Blechstücken und bringen die Ziegelwege wieder in Ordnung.

Abends. Unter den Gartenarbeitern war ein alter Mann mit schwarzem Vollbart. Als es 5 Uhr war und die anderen nach Hause gingen, ergriff er aus freien Stücken einen Besen und kehrte den Hof. Das bewog mich, ihm ein Stück Brot und ein Glas Schnaps zu bringen. Er nahm beides, zog die Mütze, klemmte sie unter den Arm, schlug über Stirn und Brust ein Kreuz, wünschte mir Gesundheit, trank und aß mit bloßem Haupt.

[Von Dr. E. H.-W., einer Studienfreundin]
Regensburg, 22. Juni 42. Es gilt eine Reihe von guten Tagen zu ertragen, verzauberte und zauberhafte Tage, es ist ein Aufatmen, ein Spüren des Lebens – es kann sich eigentlich gar nicht in dieser Zeit abspielen –, man hält ganz still zumeist und rührt sich nicht, liegt, wie eine Eidechse auf dem Mäuerlein, in der Sonne; Du mußt wissen, wie das ist, wenn ich mich recht erinnere, so stammt das Bild von Dir. Da liege ich nun also und bin heilfroh, solange die scharfen Augen des Zeitgeistes nicht entdecken, daß man ein Schild umgebunden hat, auf welchem steht »privat«. (Bei Dir war's übrigens eine Schlange, aber ich mag Eidechsen lieber.)
Ich lebe also nun in einer Kaserne. Wer hätte das je gedacht? In einer Region der Kaserne haben wir eine Menagerie, da gibt's Hühner, Enten, Gänse. Der deutsche Soldat, gemütvoll und tierlieb bekanntlich, hat Luxusställe angelegt mit Planschbekken für die Enten, und zwei g.v.h.-Pferde haben wir auch, Franz und Egon, die bedächtig rupfend durchs hohe Gras wandeln – das alles will mit Aufmerksamkeit betrachtet und in seiner Entwicklung verfolgt werden.
Ich lese viel. Musizierst Du noch – oder hast Du seit Frankreich dazu keine Möglichkeit mehr? Sollte irgendwo in Rußland ein Mensch sein, der eine Geige hat, oder eine Kirche mit einer Orgel darin, Du wirst sie schon finden.

23. Juni 42. Es ist merkwürdig, wie lange jene Nachtstunde vom 17. nachwirkt. Wer draußen nichts zu tun hat, hält sich im Hause auf. Der Gartenplatz, obgleich von Trümmern gesäubert, wird nicht mehr benützt. Die vorsichtigen Elemente haben sich durchgesetzt, und der Bunker wird gebaut. Zwei Fachleute vom Pionierzug machen die Zimmerarbeiten. Zwölf Russen heben zusammen mit uns die Erde aus. Von der Kommandantur ließen wir uns zwei unbewohnte Hütten anweisen und reißen sie ab, um Holz zu gewinnen. Sie liegen am unteren Ende der Theaterstraße. Die Panjewägelchen pendeln seit dem frühen Morgen die Straße auf und ab und bringen Balken und Bretter. Für die Kinder war es ein Fest, als wir begannen, die Häuser auseinanderzunehmen. Holz ist kostbar geworden, denn Demidoff ist von seinen Wäldern abgeschnitten. Von überall her kamen die Frauen und erbettelten sich die für uns wertlosen Abfälle als Brennholz. Die

allnächtliche Beschießung mit Infanteriewaffen nimmt an Heftigkeit wieder zu.

26. Juni 42. Bei der Erwähnung Deines Briefes an die hübsche B. bedachte ich, daß Du so viele Briefe schreibst, die ich nicht lese. Es wird so sein wie bei meinen Briefen an dritte Personen, sie sind anders geschrieben, werfen ein anderes Licht.

Ich trug mich mit dem Plan, für die »Frankfurter« unsere Verschönerungsarbeiten in Demidoff darzustellen, denn es erscheint mir doch sehr typisch für unser Volk: diese Birkenzäune, Raseneinfassungen aus Ziegelsteinen und lauter solche Sachen, an denen ich pinsel-, hammer- und schaufelführend beteiligt bin. Aber mir gerät alles ins Breite, und ich denke nun, daß ein Demidoffer Tagebuch überhaupt sinnvoll sein sein könnte – mit den Zeichnungen. Es liegt mir ein Buch mit großem Format im Sinn, etwa wie das »handgeschriebene« von Gulbransson über seine Jugend, aber natürlich in normalen Lettern gesetzt. Es wäre ein sehr besonderes »Kriegstagebuch« und zeigte von Rußland und der Kriegführung hier mehr als ein PK-Bericht über die Einschließung von Charkow.

28. Juni 42. Ich freue mich, Dir zu meinem 32. Geburtstag gratulieren zu können. Ich begeh ihn in voller körperlicher und geistiger Frische.

Die Geburtstagspost enthielt auch einen Brief von Bertram, auf den ich seit langem wartete. Er war auf Urlaub zu Hause und schreibt, daß er in allem Glück des Wiedersehens Heimweh nach der Weite dieses Landes empfunden habe. Die Enge in Deutschland, das Ausgezirkelte und Ausgenützte, hätten ihm Atemnot gemacht. Ich schrieb ihm, daß es bei mir eine solche Reaktion unter dem aktuellen Eindruck nicht gebe; ich gewöhnte mich an alles und an nichts, und die Landschaft, in der ich gerade lebte, sei mir nicht näher als eine, in der ich zuvor mich aufhielt. Aber er hat recht – was für ein großartiges Land! Jetzt im Juni ohne Dunkelheit, eine verschwenderische Pracht in Laub und Halm. Im vorigen Jahr erlebten wir sie nicht, nördlich des Ilmensees ist die Vegetation viel kärglicher. Auch waren wir damals an die großen Straßen gebunden, ertranken in ihrem Staub. Die Natur ist hier, wie sie eh und je war, die Menschen haben nur schwache Spuren eingeritzt, die durch Jahrhunderte im-

mer gerade um soviel nachgezogen wurden wie zur Erhaltung notwenig. Ihre Gärten sind frei von Unkraut, die Kartoffeln stehen sozusagen in Reih und Glied wie bei uns, aber die Bauern meinen nicht, daß die Wiese nebenan unbedingt auch zum Acker werden und der Ertrag von Jahr zu Jahr gesteigert werden müsse. Der Kommunismus wird ihnen das beibringen, aber dies ist keine Gegend, auf die er bisher seinen missionarischen Eifer konzentriert hätte.
Ich habe keine Vorstellung, was wir im Laufe des Sommers zu tun kriegen. Die Division wird in mancher Hinsicht verstärkt, aber eine Angriffstruppe ist sie und wird sie nicht. Die Tätigkeit der Partisanen nimmt in unserem Rücken zu. Alles in allem hat es nicht den Anschein, als würden wir in dem noch verbleibenden Vierteljahr weite Gebiete erobern. Leningrad – Moskau? Schon dahinter ein Fragezeichen. Ein Artikel in der Frankfurter Zeitung läßt, richtig gelesen, keinen Zweifel, daß der Krieg in der Schwebe steht. In allen ist das Gefühl lebendig, daß der Verlust des Krieges auch für den einzelnen eine Katastrophe wäre, und die Regierung tut alles, diese Ansicht zu festigen. Wir stehen aber weniger was die Rüstung betrifft wie hinsichtlich der Menschen und der Ernährung mit dem Rücken an der Wand, indes England und Amerika überhaupt noch nichts vom Krieg gespürt haben. An einen Versuch der Engländer, in diesem Sommer wieder Fuß auf dem Kontinent zu fassen, glaube ich. Gelingen wird er wohl kaum, aber darauf wird es ihnen auch nicht ankommen, sondern auf die dadurch bewirkte Zersplitterung unserer Kräfte.
Briefe, die hier ankommen, sind jetzt vielfach zensiert. Auch das ist ein Symptom. Von meiner Post war noch nichts in der Zensur, das würde ich bemerken.

[Von Natascha B., Graphikerin in München]
2. Juli 42. Dann war ich nur noch in Erwartung meines Urlaubs. Er hat am 20. 6. begonnen und ist in vier Tagen zu Ende. Ich glaube, ich schrieb Ihnen bereits: Ich habe noch nie einen Sommer so genossen wie diesen – eben malgré tout.
Ich war also am Bodensee. Ihre Frau gab mir Ihr Manuskript zu lesen und zeigte mir Ihre Zeichnungen. Für mich war es eine Freude zu sehen, was Sie aus Ihrer Zeit gemacht haben

und aus dem Erlebnis Rußlands, wohin es Sie verschlagen hat, das meinem Wesen naheliegt, das aber weit, weit weggerückt ist und von dessen Gegenwart Sie viel mehr wissen als ich. Ob das nun die endgültige Fassung Ihres Kriegsbuches ist? Wie gespannt man auf Bücher wartet, die von den jetzt Teilnehmenden geschrieben werden, auf alles, was einmal mit neuer Kraft und neuem Gehalt kommen muß. Hier rede ich mit Leuten darüber – Sie aber sind dabei. Und daß Sie noch am »Odysseus« weiterarbeiten – ein »Friedensstoff« in dieser Umgebung!
Ich bin mit dem Rad von München nach Überlingen gefahren und zurück. Ich wohnte in Salem bei R. – der Park, das Schloß wunderbar gepflegt, mit herrlichen Rosen – wie mag es Ihnen vorkommen, darüber zu lesen? Vergessen Sie nicht, ich kenne das Land, das Sie jetzt umgibt. Meine nähere Heimat liegt zwar unweit Moskau, aber falls Sie eines Tages dorthin kommen sollten, werden Sie sehen, es ist fast überall das gleiche. Nur der Süden ist natürlich ganz und gar anders.

Glücklicherweise ins Gefängnis

15. Juli 42. Dies ist eine der letzten Aufzeichnungen aus Demidoff. Der Zugführer hat mir mittags mitgeteilt, daß ich morgen mit einem Lastkraftwagen nach Rudnja fahren werde und von dort mit der Bahn nach Smolensk, wo ich in die Auffang- und Weiterleitungsstelle des Heeresgefängnisses eingeliefert würde. Das war alles. Was ich bisher über diese Sache erfahren habe, war inoffiziell. Dienstlich wird mir nach Monaten einer keineswegs unbeachteten Zugehörigkeit zum Regiment durch einen Unteroffizier mitgeteilt: Ohne Tritt marsch ins Gefängnis.
Der Gefreite F., ein stiller zuverlässiger Mensch, soll mich als »Wachtposten« begleiten. Gewehr und Seitengewehr muß ich heute abend beim Zugführer abgeben.
17. Juli 42. Der Lastwagen fährt gegen 7 Uhr bei prächtigem Wetter in Demidoff ab. Das Artilleriefeuer, das bei

Sonnenaufgang heftig war, hat aufgehört. MG- und Karabinerschüsse sind dünn zu hören. Ich sitze neben F. auf einigen leeren Munitionskisten. Am Divisionsgefechtsstand halten wir. Eine verfallene Hütte unter hohen Bäumen, ein Posten geht gelangweilt an der Straße auf und ab in der Nähe von etwa zehn oder zwölf Soldatengräbern. F., der mich eigentlich bewachen soll, besucht einen Bekannten beim Stab, die beiden Fahrer begleiten ihn. Ich bleibe beim Wagen zurück. Der Posten spricht mich an, wir Demidoffer gelten hier als Männer, die große Erlebnisse hatten, Gefahren überstanden. Die nächtlichen Beschießungen und Brände müssen von hier aus eindrucksvoll zu beobachten gewesen sein. Der Posten nimmt seinen Pendelweg wieder auf, ich setze mich auf einen Felsblock, wie sie hier häufig aus dem Gras hervorragen. Dichter Schatten ist um mich, draußen liegt flimmernd das Land, es ist bereits heiß. Vom Lärm des Angriffs ist hier nichts mehr zu hören. Ein paar Bauernfuhrwerke, von Soldaten gelenkt, kommen vorbei und wirbeln Staub auf.
Wir sind gegen 11 Uhr in Rudnja, ohne auf eine Mine gefahren zu sein. Am Bahnhof warten noch ein paar andere Landser (Bertram schreibt Lanzer?) auf den Zug nach Smolensk, wir sitzen länger als eine Stunde auf einer Bank, wir essen, F. rührt mit keinem Wort an den Anlaß unserer Fahrt. Er hat in seiner Mappe ein großes gelbes Kuvert mit meinen »Papieren«, darunter die zehn Seiten lange Urteilsbegründung von 1941. Ich habe sie seit der Verurteilung nicht mehr zu Gesicht bekommen. Als wir endlich in einem schmutzigen geschlossenen Güterwagen sitzen, in dem auch ein paar deutsche Schwestern in Lodenmänteln, frisch aus Deutschland kommend und bereits ganz auf Soldatenton getrimmt, nach Smolensk fahren, sage ich zu F., ich würde gerne das gelbe Kuvert durchsehen. Er hat nichts dagegen. Die zehn Seiten sind mir, wie schon beim ersten Lesen vor einem Jahr, eine Quelle der Erheiterung, aber auch des Abscheus. Ich glaube, niemand könnte sie lesen, ohne zu spüren, welch ein juristisches Machwerk er vor sich hat. Die Sätze haben außer dem gewollten Sinn noch einen ungewollten, der vom Richter nicht vorausgesehen wurde, sonst hätte er anders formuliert.

[Am Nachmittag schließt sich hinter mir das Tor des Gefängnisses am Stadtrand von Smolensk, zuvor für verurteilte Russen bestimmt – ein aus mehreren Gebäuden bestehender ummauerter Komplex, alle Fenster sind vergittert.

Für die Gefängniszeit liegt verständlicherweise eine Von-Tag-zu-Tag-Dokumentation nicht vor. Ich schickte zu den erlaubten Terminen die erlaubte Anzahl von Zeilen auf Briefformularen nach Hause, und weil ich wußte, daß sie Hauptmann Kaletta, der Kommandant dieser »Auffangstelle der Heeresgruppe Mitte«, als Zensor las, verfolgte ich damit taktische Zwecke. Einen sachlichen Informationswert besitzen diese Briefe nur bedingt. Außerdem schuf ich mir, je länger ich einsaß, Möglichkeiten, Briefe unzensiert in die Feldpost gelangen zu lassen, z. B. durch Soldaten, die zu ihrer Truppe zurückkehren durften. Soweit nicht vermerkt ist: »Durch die Zensur«, gingen alle hier abgedruckten Mitteilungen durch schwarze Kanäle.

Das Grundproblem stellte sich folgendermaßen: Gefangene, die eine Strafe über sechs bis acht Wochen hatten, durften sie nicht in der »Auffangstelle« absitzen. Vielmehr mußten diejenigen, die sich aus dem Bereich der »Heeresgruppe Mitte« in Hauptmann Kalettas Gefängnis zusammenfanden, je nach Andrang täglich oder wöchentlich in Transporten weiter nach rückwärts gebracht und richtigen Strafvollzugsanstalten zugeleitet werden. Bei mir hatte das Gericht der 3. Inf. Div. zu dem Zeitpunkt, zu dem es meine »Bewährung« aufhob, verfügt, ich sei einer Feldstrafkompanie zuzuführen. Dorthin zu kommen wollte ich unter allen Umständen vermeiden. Wahrscheinlich nicht zu Unrecht war ich der Überzeugung, daß ich eine Feldstrafkompanie nicht überleben würde. Mit Sicherheit hätte ich den vom Gericht bestimmten Weg gehen müssen, wenn ich »auf Transport« geschickt worden wäre. Ich sah nur einen einzigen Weg, nicht die Feldstrafkompanie kennenzulernen: mich bis zur Entlassung aus dem Strafvollzug in Smolensk zu halten, und das hieß, mich bei Hauptmann Kaletta lieb Kind zu machen. Eben darauf legte ich es an. Ich kann sagen, es glückte mir, ich kann aber auch sagen: So, wie dieser Hauptmann meinen Fall behandelte, verdanke ich ihm wahrscheinlich mein Leben. Wie schon wiederholt

(und auf Kriegsdauer) ergab sich durch den Hauptfeldwebel, den »Spieß«, eine Komplikation. Er hätte es beinahe geschafft, mich »auf Transport« zu schicken.
Die folgenden im Militärgefängnis Smolensk entstandenen Notizen habe ich in winziger Schrift mit Tusche oder Bleistift auf einen 6 cm breiten, über 1 m langen Streifen geschrieben, den ich von einer der russischen Führungskarten abschnitt, wie sie, zerstückelt, im Gefängnis zum Einwickeln der »kalten Verpflegung« benützt wurden. Nach Stärke und Festigkeit kommt das Papier Pergament nahe. Der Streifen, eng zusammengerollt, ließ sich leicht verstecken.]

17. Juli 42. Von den ersten Insassen ist mir heute (ich schreibe am 24. Juli diese Tage nach) der etwa 22jährige Sohn eines Oberstleutnants im Gedächtnis. Musikstudium, freiwillig mit 18 Jahren zum Heer. Dann ein Wiener aus dem 23. Bezirk, EK, Sturmabzeichen, Befehlsverweigerung, rabiat. Alle Gespräche drehen sich um die Strafen und ums Essen. Die meisten sind laut, nur wenige stumm und geschlagen. Rauchersucht riesig bei fast allen. Dafür riskieren sie Sonderstrafen.
Vor 6 Uhr aufstehen. Der »Kübel« wird geleert und mit Chlorkalk ausgestreut. Dann Kaffee. Gute Waschgelegenheit und genug Zeit. Um halb 8 im Hof antreten. Sport (Freiübungen) und etwas Exerzieren. Nicht schärfer als auf dem Kasernenhof. Ab 8 Uhr Arbeitsdienst. Helfe einem Maurer beim Bau eines Abzugsgrabens und trage Ziegel. Um halb 12 Schluß. Auf die Zelle. 12 Uhr Essen. Antreten im Flur. Ist man genügend weit vorne, so stellt man sich hinten noch mal an und bekommmt einen »Nachschlag«. Bis 2 Uhr Ruhe. 2–5 Arbeit. Dann Verpflegungsempfang: Butter, Wurst, ein halbes Brot, Tee. Nochmals »kübeln«. Um 7 Uhr Abendrapport, ich melde die Zelle. Abends neuer Zuwachs, nun sind wir etwa 15 Mann.
18. Juli 42. Tag wie gestern. Dialogthemen: der Pudding. Die Harnblasenerkältung des Friseurs aus Wien. Vom Wert geistlicher Tröstung.
19. Juli 42. Sonntag. Evang. Gottesdienst im großen roten Gefängnisbau zwischen lauter Gittern und Drahtnetzen. Viele nehmen das Abendmahl. Ich nicht, bin aber unter den wenigen dann der einzige, der keine Glossen über

diese situationsbedingte Frömmigkeit macht. Es wird nicht gearbeitet, daher ist der Tag langweiliger.

21. Juli 42. Vormittags mit R. gesprochen. Man wird mich erst mal hierbehalten und eine Beurteilung über mich bei Maydorn anfordern [in Demidoff, Regimentskommandeur]. Nachmittags Entlausung und Umzug in die »beste« Zelle (Nr. 2). Wieder Zellenältester. Betten mit Strohsäcken, zweistöckig, zwei große Fenster, sauber.

25. Juli 42. Zum Verpflegungsempfang 10 km vor Smolensk. Herrliches Wetter. Schöne Blicke auf die Stadt.

26. Juli 42. Erwache davon, daß jemand klatschende Ohrfeigen bekommt. Der 20jährige, der bereits drei Tage Dunkelzelle absaß und nur eine Nacht auf unserer Zelle schlief, um heute wieder für sechs Tage in die Dunkelzelle wegen Brotdiebstahl einzuziehen, hatte sich in den Fächern der andern über Brot und Schuhkrem(!) hergemacht. Fast unbegreiflich. Er bekam Prügel, bis ich einschritt. Unterhalte mich manchmal abends mit dem Friseur Karl aus Wien, der lange in der Schweiz gearbeitet hat. Heute fragte ich die ganze Ökonomie und Soziologie eines Vorstadt-Friseurladens aus ihm heraus.

27. Juli 42. Ich pinsle eine Schablone, bestehend aus auf die Spitze gestellten Quadraten mit kleinen Rechtecken dazwischen, den Flur hinauf und hinunter. Das schöne Gefängnis mit Wandschmuck.

31. Juli 42. Heute sind wieder 20 Mann nach Borissow abgegangen, von dort aus werden sie dann endgültig auf Gefängnisse, Zuchthäuser und Strafkompanien verteilt, je nach Urteil. Heute bin ich 14 Tage hier. Die alte Division [3. Inf. Div.] ist nach dem Süden gegangen. Ich male im Zimmer des Hauptfeldwebels eine Tiroler Landschaft. Er fährt in Urlaub nach Innsbruck. Wenn ich ihn anschaue, denke ich: Morgen ist er in Innsbruck. Die Berührung der Kleider des Heiligen! Der Hauptmann malt auch in Öl. Hier, wo ich die Berge bläue, daß es eine wahre Pracht ist, liegt der Tagebuchroman von Goebbels: »Michael«. Ich lese darin, während die Farben trocknen.

1. August 42. Das Radio im Zimmer des Hauptfeldwebels erinnert mich daran, daß Krieg ist. Täglich größeres Verständnis für Mönche, ohne einer sein zu wollen. Das Bodenseebild entworfen. Die Russin, die in der Küche hilft, gezeichnet. Die schönen Jahre auf der Rehmenhal-

de hättest Du ohne Krieg nicht gehabt. Das soll den Krieg nicht loben. Ich sehe Euer Leben genau, während ich an dem Bild arbeite. Seit 1939 habe ich nie stiller und friedlicher gelebt als jetzt. Das hat mir das Gericht nicht zugedacht, und es wird schon noch seinen Willen bekommen.
2. August 42. Endlich einmal klares Wetter. Vorm. Kirche, ich bin also bereits den dritten Sonntag hier. Die Predigt rauschte vorbei (Christi Weissagung, daß Jerusalem zerstört werde, weil es nicht den lebendigen Glauben annehme. Parallele: Rußland wird zerstört. Strafgericht Gottes).
3. August 42. Das Bild schreitet fort. Habe mit Demidoff telefoniert, dort ist alles verändert, die Truppe seit zehn Tagen in schweren Kämpfen! Große Verluste. Ich habe wegen der für mich angeforderten Beurteilung gemahnt.
4. August 42. Herrlicher Sommertag. Es ist manchmal schwer, unter den elf Mann auf der Zelle Ordnung zu halten. Oft muß ich scharf werden. Ein Buchdrucker aus Wien bittet mich um Papier, um seine Gedichte drauf zu schreiben. Themen: Infanterie, Vier Birkenkreuze, Der Führer.
Er sagt: »Ich war weniger als Dichter, mehr als Rhetoriker zuletzt tätig.« Er war Kreisredner! So bin ich wieder ganz aufs Zeichnen geworfen, nachdem ich es in Demidoff schließlich gelassen habe. Der »Oberförster« [Figur aus Jüngers »Marmorklippen«] ist auch hier, aber merkwürdigerweise ist er mir freundlich gesonnen. Sein Grollen dämpft sich, wenn er mit mir spricht, d.h. wenn er mir irgendein Befehlswort zuwirft.
6. August 42. Nachricht von Papas Tod. Der Hauptmann sagte zu mir: Ich habe eine ernste Mitteilung für Sie. Da hielt er inne – und mein Herz auch. Thomas? Du? Ob er vom Balkon gefallen sei? An dieses Ende von Papa habe ich schon früher als Möglichkeit gedacht, als an einen schrecklich richtigen Abschluß seines Lebens. Wie man eben so etwas denkt, summarisch und ohne eigentlich die volle Wahrheit der Beobachtungen aufzuspüren, die zu solchen Gedanken führen. Ohne Zweifel war das soldatische Leben für ihn eine befriedigende Form, und zwar nicht um der üblichen soldatischen Tugenden willen. Er konnte sich auch schlecht einfügen, und wie beliebt er nach unten auch gewesen war – das erlebte ich in Remagen 1939/40 –, oben fand er wenig Wohlwollen. Er suchte

eine vorgegebene Form und abgesteckte Maßstäbe. Er war unendlich geschickt in allem Manuellen, aber er war nicht sehr gut gerüstet, sich sein eigenes Leben zu zimmern. Menschenkenntnis und Skepsis, beide groß, blieben im Theoretischen stecken. Im Umgang mit anderen konnten viele seinen Optimismus und seine Vertrauensseligkeit ausnützen. Er war in zu großen Verhältnissen aufgewachsen, um genau wahrzunehmen, daß die Menschen in kleinen Verhältnissen, besorgt um ihr Fortkommen, egoistischer und böser reagieren. Im reichen Haus großgeworden, ist ihm Grenze und Wert des eigenen Besitzes nie aufgegangen, wie bedürfnislos im Persönlichen er auch war. Im übertragenen Sinn baute er kein Haus für sich – wie geschickt er es auch praktisch getan hat, vor allem in Weilheim in den ersten Jahren. Erst wenn er mit fremdem Besitz arbeitete, wurde er realistisch, und seine organisatorischen Anlagen kamen hervor. Er wäre ein hervorragender »Verwalter« geworden – aber das zu werden kam ihm nicht in den Sinn, dazu war er zu autokratisch, fast hätte ich gesagt: zu aristokratisch, und beides stimmt. Im militärischen Bereich war er in einer Art »Verwalterfunktion« und durfte sich sagen, daß die Ordnung, in die er sich zu fügen hatte, eine überpersönliche war.

[Die Mutter an E. K.-Sch.]
München, 24. Juli 42. Um 5 Uhr lagen zwei Briefe von Vaters Dienststelle im Kasten; ich dachte, es wären nachgesandte Briefe, aber denke Dir, der arme Vater ist auf seiner Urlaubsheimfahrt verunglückt (entnehme ich dem Brief, da seine Sachen von einem Feldlazarett geschickt werden); es wird also noch nahe der Front gewesen sein, und alles weitere müssen wir abwarten, vielleicht ein Flugzeug-Unglück, vielleicht eine Bombe auf den Zug, wenn er nur nicht mehr lange hat leiden müssen, und gewiß ging er mit großen Hoffnungen nach Berlin. [Der Fünfundsechzigjährige wurde auf dem Bahnhof Briansk bei einem Angriff russischer Bomber schwer verwundet und starb kurz darauf im Lazarett.] *Lisl tut mir besonders leid, die ihn so liebte und nun so allein dort ist; sie habe gestern an Tante A. telegrafiert und war scheint's schon unruhig wie ich, da er doch schon seit acht Tagen in Berlin sein sollte.*

Erich habe ich an seine Feldpostnr. ein Telegramm geschickt. Tante A. war am Telefon ganz außer sich. Was hilft alles! Ihr habt es ja auch schon durchgemacht. Nun haben Deine Eltern ihn nicht einmal kennengelernt, und er wollte sie besuchen. Anne Kuby-Müllers Sohn [Vetter 2. Grades] *ist auch am 28. 6. draußen gefallen, das einzige Kind. Auch Dich wird es sehr betrüben; ich glaube, Du hast Deinen Schwiegervater auch gemocht, und erst jetzt nach dem Krieg wäre es vielleicht wieder ein nettes Familienleben mit allen geworden. Dem Thomas wird der heldenhafte Großvater eine Sage einmal sein.*
[Als ich diesen Brief im Winter 1943 zu Gesicht bekam, schrieb ich: »Was für ein Dokument! Mamas unglaublicher Brief heißt mich heftig vor der eigenen Tür kehren. Meine Zuschauer-Rolle in diesem Krieg ist intellektuell-politisch motiviert – nichts ist wahrer. Aber es ist nur ein Teil der Wahrheit. Ein derart radikales Nicht-Teilnehmen hat seine Wurzeln nicht nur in Erkenntnissen, sondern auch im eigenen Wesen. Der abgrundtiefe Ekel, den ich denen gegenüber empfinde, die ich mein Volk nun eben doch nennen muß, könnte durchaus nur eine moralische Qualität haben. Und wieder ist das nicht die ganze Wahrheit. Vielmehr liegt der Hase dort im Pfeffer, wo ich anfange, mein Engagement zu verweigern, auch einzelnen gegenüber, ohne eine Aussage darüber machen zu können – auch mir selbst nicht –, warum. Daß Mama bei aller Leidenschaftlichkeit und Spontaneität ihrer Natur aus diesem Anlaß keine Silbe über ihre eigenen Empfindungen verlor, das ist mehr als Diskretion, das ist Furcht, sich wegzugeben. Was du ererbt von deiner Mutter hast . . .«]

10. August 42 [durch die Zensur]. Sei felsenfest überzeugt, daß ich zurückkomme. Was eine Feld-Strafabteilung bedeutet, kann mir hier niemand genau sagen, es wird eine Mischung aus Arbeitsdienst und Schliff sein. Wir dürfen die schlimme Lage nicht verschlimmern, indem wir ungeduldig werden. Der Strafbeginn war der 16. 7. – ich kann erst in drei Monaten ein Gesuch stellen, man möge mir den Rest schenken. Ich glaube und erwarte gar nichts und zähle auch nicht die Tage oder Wochen, wie es hier viele tun. Nichts ist törichter.
Papas Tod gewinnt keine Wirklichkeit für mich, er bleibt ein Gedanke.

23. August 42. Ich mußte vor ein paar Tagen das Privatzimmer des Hauptmanns betreten, und es verschlug mir fast den Atem, als ich ein ordentliches Klavier darin stehen sah und, wenn ich nicht irre, Schubertlieder aufgeschlagen! Fast hätte mich alle Vernunft verlassen und ich zu ihm gesagt, ob wir nicht das Bach-Konzert zusammen spielen wollen. Er flötet. Es ist schon eine Ironie, daß ich das zweite brauchbare Klavier in Rußland in einem Gefängnis sehe.

6. September 42. Ich wehre mich mit aller Entschiedenheit, an den ewigen Gesprächen über die Strafen teilzunehmen, wobei für viele die Strafen anderer ebenso interessant sind wie die eigene. Wie ich denn überhaupt auf der Hut sein muß, mich nicht von dieser speziellen Atmosphäre überwältigen zu lassen. Nicht um viel möchte ich hier Personal und etwa auf unbeschränkte Zeit in der Schreibstube tätig sein. Doch bin ich's jetzt, Schreiber beim Tiroler Hauptfeldwebel. Dort gerät mir kein Blatt Papier in die Hand, auf dem sich nicht der Mensch in einer Verirrung oder Schwäche darstellt. Die Gerichtsakten sind häufig bei den Transportpapieren, ich lese darin und ermesse daran, wie seltsam abwegig sich für Leute, die ständig dergleichen vor Augen haben, die zehn Seiten ausnehmen müssen, die beim Akt »E. K.« liegen als Urteilsbegründung des Gerichtes. Weißt Du, auf den großen Misthaufen geworfen ist unser kleiner fauler Apfel, äußerlich betrachtet, so gut wie nicht vorhanden. Aber er ist von besonderer Substanz, und sogar am so Kleinen ist das so Große erfahrbar – und zwar nicht nur seitens derjenigen, die es unmittelbar angeht. Was für eine Lächerlichkeit, ein paar Monate Gefängnis, und daß Dein Vater darüber in wirkliche Unruhe gerät und immer neu, wie Du schreibst, die Frage aufwirft, wie denn so etwas einmal wieder »aus den Papieren« verschwinden werde – das ist schon seltsam.

[An Geheimrat Schumacher, den Schwiegervater]
8. September 42. Ich bitte Dich sehr, zu den vielen Lasten des Gemütes, die der Krieg Dir auferlegt hat, nicht noch die treten zu lassen, daß Du Dir Sorgen über unser Nachkriegsleben machst. Ich selber habe ein paar Tage oder Wochen diese Strafsache zu sehr in die Mitte meiner

Gedanken gestellt. Das ist ein Fehler, denn viel mehr als diese begrenzte Unannehmlichkeit wird der Krieg an sich unsere äußerste Widerstandskraft herausfordern, wollen wir bei vollen Kräften sein, wenn wir unser wirkliches Leben wieder anfangen, von einem gegenüber 1939 weit erhöhten Punkt aus. Diese Strafe, wenn sie auch die Folge einer keineswegs zufälligen Entgleisung ist, sondern für die Unterrichteten etwas Exemplarisches hat, gehört in den Krieg und nur in den Krieg.

12. September 42. Es war Essensausgabe. Bis vorgestern hat immer derselbe Mann ausgeteilt. Dann wurde plötzlich ich dazu bestimmt. Ich gab jedem der 56 Mann seine Kelle voll. Es besteht der Brauch, sich wieder hinten einzureihen und für den »Nachschlag« anzustehen. Der sogenannte »Stamm«, das sind die Gefangenen, die länger als ein paar Tage hiergehalten werden, dazu gehöre ich also, bekam diesen »Nachschlag« immer. Der Entzug des »Nachschlags« wird als sogenannte »Hausstrafe« verfügt. Mir befahl der diensttuende Unteroffizier, jedem eine zweite Kelle voll zu geben, mir selber aber nicht. Ich sah mich »bestraft« ohne Anlaß. Als die Essensausgabe vorbei war, fragte ich den Unteroffizier, warum ich mit »Schlagentzug« bestraft worden sei. Er erklärte mir, bereits verärgert, es handle sich nicht um Strafe, sondern um einen Befehl des Hauptmanns. Hinfort werde jeden Tag ein anderer das Essen austeilen, und dieser bekomme keinen »Nachschlag«. Diese Anordnung ist vernünftig, weil die »Gehilfen«, sprich Kalfakter, in den eigenen Magen gearbeitet haben.
Damit war die Sache eigentlich erledigt. Fünf Minuten später kehrte ich die Treppe, dort standen die beiden »Kalfakter«, von denen der eine am nächsten Tag entlassen werden sollte (und inzwischen entlassen worden ist). Er sagte, ich hätte das Essen so gut ausgegeben, ich sollte sein Nachfolger werden. Ich entgegnete lachend, diesen Posten wollte ich nicht haben, wenn ich dafür mit »Schlagentzug« bestraft würde. Nun begannen die Rädchen dieser Männerwelt zu schnurren. Der 2. Kalfakter lief zum Unteroffizier und sagte, ich hätte geäußert, er habe mich bestraft. Der Unteroffizier stellte mich zur Rede, ich stellte richtig. Gleichwohl machte er Meldung

beim Hauptmann. Ich wurde zu ihm befohlen. Er begriff, daß ich den Unteroffizier nicht einer ungerechten Strafe beschuldigt hatte, erfuhr aber, daß ich gefragt hatte, warum ich bestraft worden sei. Darin sähe er, sagte der Hauptmann, ein »zur Rede stellen«, das läge in der Nähe von Widersetzung, und nicht zuletzt deshalb sei ich ja vors Kriegsgericht gekommen. Der nächste Satz hieß dann, ich könne mich nicht einfügen. Ich wurde nun mit Entzug des nächsten Mittagessens bestraft. Der Hauptmann fuhr fort, er werde mich doch nach Borissow schicken.

Es ist eben wahr – das ist kein nationalistisches, das ist ein verrückt gewordenes Volk. Zum Hauptmann zu sagen: Nun lassen wir doch mal den ganzen Quatsch, ein bißchen Humor, ein bißchen Phantasie, psychologische Phantasie – das ist nicht drin. Werde ich also jetzt wirklich auf Transport geschickt??

Am Nachmittag. Ganze Abteilung kehrt! Der Unteroffizier hat Einspruch gegen meine »Verschickung« erhoben, er hätte sonst niemand, der die Arbeit auf der Schreibstube macht. Er will versuchen, mich auch vom übernächsten Transport freizubekommen. Wie das alles an einem Haar hängt!

Heute ist schon der 16. 9., und ich bin genau zwei Monate hier. Daß ich's noch bin, entgegen Usance und Vorschrift, was für ein fabelhafter Erfolg! Und womit errungen? Durch Gefängnisverschönerung und Büroarbeit, die meine Sekretärin bei Steiniger als zu minder von sich gewiesen hätte.

[Wortlaut der Mitteilung, daß der Soldat Hansheinrich Bertram gefallen sei, an dessen Frau:]

Dienststelle F. P. Nr. 36134
Chefarzt *O. U., den 27. August 1942*

Sehr geehrte Frau Bertram!

Ich habe die traurige Pflicht, Ihnen mitzuteilen, daß Ihr Mann, der Obergefreite Hans Heinrich Bertram, geb. 29. 8. 14 in Halle/Saale, Inf. Div. Nachr. Abt. 3, 1. Komp. F. P. Nr. 13048, der am 22. 8. 42 abends durch ein Explosivgeschoß an der Brust und am linken Oberarm schwer verwundet und am 24. 8. 42 wegen dieser Verwundungen ins Feldlazarett aufge-

nommen wurde, am 25. 8. 42 trotz aller ärztlichen Hilfe und Kunst an den Folgen seiner schweren Verwundungen gestorben ist. Leider ist es nicht möglich gewesen, Ihnen das Leben Ihres Mannes zu erhalten, und ich spreche Ihnen zu diesem schweren Verlust mein aufrichtiges Beileid aus.
Seine letzte Ruhestätte fand er inmitten seiner Kameraden auf dem Heldenfriedhof der Woroschilow-Klinik in Stalino.
Möge Ihnen die Gewißheit, daß Ihr Mann für Führer, Volk und Vaterland gestorben ist, ein Trost in diesem schweren Leid, das Sie getroffen, sein.

Mit aufrichtiger Teilnahme grüßt Sie ergebenst
Dr. Schlohmann [?]
Oberstabsarzt

[Brief des Kompaniechefs zum Tode Hansheinrich Bertrams an dessen Frau:]
Gernert
Hauptmann u. Komp. Chef
Feldpostnr. 13048 *Komp. Gef. Stand, den 6. 11. 42*
Sehr geehrte Frau Bertram!
In Beantwortung Ihres Schreibens vom 6. 10. darf ich Ihnen zunächst meine und der ganzen Kompanie tiefstempfundene Anteilnahme zu dem schweren Verluste, der Sie mit dem Heldentode Ihres Gatten betroffen hat, aussprechen.
Der Zug, dem Ihr Gatte angehörte, wurde von Olt. Meyer lediglich nachgeführt und war nicht eingesetzt. Bei Beginn der Dunkelheit am 22. 8. wurde er von durchgebrochenen russ. Kräften angegriffen. Die Gegend des Überfalls ist Nähe der Dorfes Rossoschka, ca. 25 km nordwestlich Stalingrad. Leider ist von dem ganzen Zug niemand mehr übrig, der Ihnen Mitteilung über die letzten Stunden Ihres Gatten machen könnte.
Brieftasche usw. müßten Ihnen vom Lazarett übersandt worden sein. Es könnte sich nur um Gegenstände handeln, die Ihr Gatte in den Taschen der Uniform bei sich führte. Sein gesamtes Gepäck ist mit dem Kraftfahrzeug während des Überfalls verbrannt.

Heil Hitler!
gez. Gernert

[Von der Mutter]
München, 27. September 42. Seit drei Tagen wird es hier Herbst nach den vielen schönen Tagen, und die Stimmung der Münchner ist seit dem 19./20. [dem bis dahin schwersten Bombenangriff] *nachts auch recht herbstlich geworden. Alle sind jede Nacht startbereit mit Köfferchen etc., auch ich in meinem 4. Stock. Es sieht ja auch teilweise nicht sehr schön aus an drei, vier Stellen der Stadt. Ich war zum Glück in Weilheim, als es geschah.*
Die 14 Tage in Weilheim werden wieder ausgefüllt sein mit Mosten, Kartoffel ernten und Weizenanbau.

4. Oktober 42. Am 1. Oktober ist der Soldat aus dem Urlaub zurückgekommen, den ich in der Schreibstube vertreten habe. Damit erhob sich einmal mehr die Frage, was nun mit mir geschehen würde. Ich meldete mich zum »Rapport« beim Hauptmann und fragte, ob ich mein Gesuch auf Strafaussetzung von hier aus stellen dürfe. Die Bitte wurde gewährt – und mehr als das: die Art, in der es geschah, bewies Verständnis. Bis das Gericht über dieses Gesuch entschieden hat, es werden sicher Wochen darüber hingehen, bleibe ich hier. Das scheint nun festzustehen. Ich soll wieder als Stubenmaler tätig werden, aber es sind keine Farben da. Die Gefängnisverschönerung stagniert etwas.
Ich frage noch einmal nach der Weimarer Rede von Rothe. Solche Hochseilakte lesen sich immer interessant. Wir haben ein paar Freunde, die nicht eigentlich schöpferisch sind, aber durch die Art, wie sie die Dinge betrachten und darstellen, zur breitesten Wirkung kommen: Süskind, Hausenstein und Rothe, dessen Talent in seiner gegenwärtigen Funktion richtig verwendet wird – seh ich davon ab, daß jede Verwendung falsch ist. Ach ja, Carossa – daß er zu einer so dominierenden Stellung gelangt ist, kommt davon, daß wir gar keine stillen Schreiber im Lande haben, und er ist einer. Leute wie Wiechert sind keine Stillen, die tun nur so. Von oben her hat man die Sehnsucht vieler nach Stille erkannt, und so wird Carossa protegiert, wie's nur geht. Ich würde gern wissen, ob er tatsächlich keine Verbindung zur Realität hat oder ob er sich ins Besinnliche züchtet, um nichts sagen zu müssen.

[Von Helene Flohr, Berlin]
23. Oktober 42. Heute mittag war ich am Schlesischen Bahnhof, um Frl. A., die gen Haag–Amsterdam fährt, an die Bahn zu bringen. Es goß trostlos, grau, naß, so viel naß, alles Grau in Grau, Urlauberzüge fuhren ein und aus, ein Geschiebe, ein Gedränge, Soldaten quollen zum Fenster heraus mit Päckchen, Paketen, Kasten und Koffern beladen. Ich dachte, es könnte ja auch ein Wunder geschehen und Du dazwischen sitzen. Aber es sollte nicht sein. Aber inzwischen haben wir wieder einen 17. gestrichen, im schlimmsten Fall sind es noch sechs davon [Strafzeit], *die vom Kalender rollen müssen, das macht gerade einen langen dunklen kalten Winter. Ich träume so gerne »wenn es mal wieder Frieden ist, dann ...« Ich will dann Köchin werden, es soll um mich dampfen und brutzeln und braten und kochen. Das Lädchen* [das »Bücherkabinett«] *ist doch immer noch ein gehätscheltes Kind, und man merkt, daß es mein erstes und einziges ist. Es gedeiht, die Regale leeren sich rapide, im November ist es oben leer. Aber so dachte ich schon vor einem Jahr auch, und wir reichten doch bis Weihnachten mit unseren Vorräten. Es könnte nur sein, daß ich D.* [ihre Teilhaberin] *aufgeben muß, da sind Gewitterwolken am Himmel aufgetaucht durch ein Gespräch am Abend zwischen einem Verleger, zwei Buchvertretern und einem Mann aus der RSK* [Reichsschrifttumskammer] *– ich wäre sehr unglücklich, wenn es sein muß, und gäbe es dann am liebsten auf* [das Problem: in der Familie Juden]. *Ich habe sie einfach schrecklich gern und auch nötig. Meine Füße sind so kalt, und ein böser Husten quält mich – ein Tröstchen ist die Eintrittskarte für die Philharmonie am Sonntag – Karajan dirigiert (wir hörten ihn selbdritt die »Zauberflöte« dirigieren – weißt Du noch ...?).*

1. November 42. Die mondhellen Herbstnächte ermuntern die Russen zu einer gewissen Aktivität in der Luft. Blieben wir bisher in den Zellen, so gibt es jetzt Nachtsitzungen unter der Erde, wo wir uns in einer Ecke zu Round-table-Konferenzen zusammenfinden. Wir, das sind ein Vorortwiener mit einer erlebnisreichen Vergangenheit, ein degradierter Hauptmann und ich als Diskutanten, drumherum ein paar Zuhörer, nicht mehr als drei. Hier entstehen die einzigen Gespräche, die sich locker und leicht über die Situation erheben, in denen nicht

vom Essen, von der Strafe, Straflänge, Straferlaß und so weiter geredet wird. In der Zelle ist es mir noch nie gelungen, die Gedanken der Leute auch nur eine Stunde lang von ihren Umständen abzulenken.

Wir haben einen gutfunktionierenden Ziegelofen gebaut, und ein Schlosser bastelte eine kleine Blechschaufel, mit der wir unsere Brotschnitten neuerdings im Feuer rösten. Seither sind Frühstück und Abendessen Feste. Einer nach dem andern setzt sich vors Ofenloch, und in der Zelle riecht es wie in einer Bäckerei. Wir haben jetzt auch elektrisches Licht und brauchen die weitere Verkürzung des Tages – um 5 Uhr wird es dunkel – nicht mehr mitzumachen, wir bleiben bei 7 Uhr stehen. Dann heißt es: Licht aus.

11. November 42 [nicht abgeschickt]. Es liegt eine Nachricht vor, daß ich nicht mehr dem Demidoffer Regiment angehöre, sondern zum Ersatztruppenteil versetzt worden bin, der sich in Ingolstadt befindet. Wer drei Monate von seiner Truppe weg ist, wird automatisch zum Ersatztruppenteil geschickt – damit will man den Strom von Tausenden und Abertausenden von Soldaten zum Versiegen bringen, die hinter der Front herumfahren, wochenlang, auf der Suche nach ihrer Truppe, die ihnen bzw. der sie aus irgendeinem Grund abhanden kamen.

15. November 42 [durch die Zensur]. Hauptmann Kaletta ist heute in Urlaub gefahren und wird erst Anfang Dezember wiederkommen. Ich sprach ihn noch einmal für den Fall, daß ich bei seiner Rückkehr nicht mehr hier wäre. Er sagte, daß er die »Beurteilung« aus Demidoff hier bei den Akten behalten würde, seine eigene Beurteilung aber den Papieren mitgäbe, die mich zum Ersatztruppenteil begleiten werden. Auf diese Weise entstünde doch ein positiver Ansatzpunkt für meine künftige soldatische Laufbahn. (Das sind natürlich nicht seine Worte, jedoch ihr Sinn.)

16. November 42. Wir werden nach dem Krieg bestimmt nicht in zwei kleinen Zimmern in Überlingen leben. Das heißt, wir werden einen größeren Haushalt einzurichten haben, und deshalb widerrate ich aufs Dringendste, Sachen, vor allem Haushaltssachen, an ausgebombte Freunde oder an Freunde von Freunden wegzugeben. Auf einen eisernen Bestand reduzieren, Überflüssiges, für andere

dringend Nötiges verschenken – natürlich. Aber nicht alles. Das Wort »unersetzbar« wird für fünf bis sieben Jahre gelten – darauf esse ich meinen Hut.

[Von Elisabeth W.]
Würzburg, 21. November 42. Wie lange hat es nun wieder gedauert, bis ich mich einmal ans Maschinchen setzte! Es ist nur gut, daß unsere briefliche Kommunikation so etwas schon öfter ganz gut vertragen hat – und daß Zeit in mancher Hinsicht keine Rolle spielt. Vergiß das nicht! Ich habe den letzten Anstoß zum Schreiben dadurch gewonnen, daß ich wieder einmal Deine Briefe durchlas! Welch eine Sammlung, welch ein Ablauf, welch ein sich Gleich-Bleibendes – und welch ein Wandel!
Ich habe ein paar Tage gebraucht, um dieses Panorama und alle Gedanken richtig verdauen zu können. Vor zehn Jahren schon hast du Sätze von erstaunlicher Richtigkeit von Dir gegeben. Auch sonst noch so einiges, was mich veranlaßte zu sinnieren, wann man eigentlich anfängt, sich und andere bewußt und unbewußt über sich selbst zu täuschen und wo eigentlich – völlig unbeeinflußbar von Wille und Schicksal – die steten Eigenschaften eines Menschen zu erfassen und zu halten sind.
Dein Sohn ist bezaubernd, mein Lieber. Ich kann Dir sicherlich nichts Neues über ihn sagen, Edith wird Dir jede Regung registrieren, denn sie ist ja recht eigentlich das Medium, für das Thomas das Maß aller Dinge ist! Ich bedauere, daß wir nicht öfter dort sein können [in Überlingen] *und ihn bewundern samt seiner schönen Mutter, die so unbeschreiblich märchenhaft in ihrem Garten haust und Gott sei Dank oft gar nicht merkt, was es mit der bösen Welt Lauf eigentlich für eine arge Bewandtnis hat. Eine Mauer um uns baue – dieser Vers fällt mir immer ein, wenn ich bei Edith bin.*

22. November 42. Ich gehe noch einmal auf Deine Überlegungen wegen der Berliner Wohnung und der W.schen Sachen bei Knauer [Eigentum emigrierter jüdischer Freunde] ein. Unberührbar bleiben ihre Kisten mit den Bildern, den Kunstmappen, die Bibliothek, das Porzellan. Das ist immer noch eine Menge, aber im Volumen gewiß kaum ein Fünftel von allem. Wir sollten uns überlegen, wie wir diese Dinge bei Knauer wegkriegen und

wohin. Wenn den Herrenrassenherren ihre Villen und Schlösser zerschmissen werden, fangen sie mit Sicherheit an herumzuschauen, wo sie sich Ersatz beschaffen können. Besitz emigrierter Bürger bietet sich da vordringlich an.

23. November 42. Ein lichtlos-kalter Sonntag im November. Daß dich der Gedanke an die Gefährdung eines Mannes wie T., der Dir alles in allem fernsteht, »ganz krank« macht, ist ein arges Mißverständnis der Zeit. Die Lasten dieses Krieges werden noch größer werden, und wir werden auch weniger tragfähig. Durchhalten ist alles. Wenn Du materiell oder durch Beispiel helfen kannst – ja! Aber nicht das angegriffene Herz und Gemüt zwecklos anstrengen. Im Augenblick, da ich dies schreibe, werden Holz und Torf in die Schreibstube gebracht. Was für eine stümperhafte Ausnützung der darin liegenden Energie, sie in einem Ofen zu verbrennen! So ist es im übertragenen Sinn. Den Raum, in dem wir wirken, müssen wir hermetisch abschließen, und unsere Kräfte dürfen wir nicht durch den Kamin des Krieges jagen! Wenn in enger Zelle ein Mensch jetzt stetig wirkt, so wird sich, was er leistet, später in der Breite bemerkbar machen, aber es ist nicht die »mitfühlende Seele«, die eine Spur hinterläßt, sondern die selbstbewußte und im Wichtigen egoistische Natur. Daß Du im Faktischen in vieler Hinsicht auf dem Hügel unangefochten leben kannst, macht es Dir natürlich schwer zu erkennen, wie notwendig eine innere Abschließung gegen Verluste und Zerstörung ist. Was Du nicht zu erleben brauchst, Gott sei Dank, solltest Du durch die Voraussicht ersetzen, wie dieser Krieg sich noch entwickeln wird. Gelingt es, den Verschleiß an Menschen und Gut in der Waage zu halten mit dem, was aus dem riesigen, vom Krieg aber in seiner Produktivität unendlich geschwächten Raum herauszuholen ist auf Dauer, so haben wir den Zustand, daß Familien sich immer nur »auf Urlaub« zusammenfinden werden. Wir dürfen aber nicht von Urlaub zu Urlaub leben, wir müssen uns durchziehen. Das ist nichts anderes als mein »hic Rhodus, hic salta« von 1940, durch die Entwicklung gestützt, erfahren und alles in allem geleistet.

29. November 42. Das ist der letzte Brief, den ich Dir von hier aus schreibe. Am 1. 12. fahre ich zum Ersatztruppen-

teil nach Ingolstadt. Ich nehme an, daß ich Urlaub bekommen werde.
Die letzten Tage hier waren nicht einfach, die Jagd auf mich wurde vom Feldwebel angeblasen, seitdem Kaletta in Urlaub ist, der Hase aber nicht mehr erlegt.

In einer harmlosen Kaserne

4. Dezember 42. Guten Tag – einen guten Tag, gewünscht aus Europa, Berlin. Eigentlich kann ich heute noch gar nicht hier sein, von tausend Soldaten aus dem Urlauberzug sind zwei, wörtlich zu verstehen, so rechtzeitig durch die Entlassung gekommen – indem sie sich einer fremden Gruppe anschlossen –, daß sie den gestrigen Zug bis zur Grenze gerade noch erreichten.
6. Dezember 42, im Wartesaal des Bahnhofs Treuchtlingen. Die Fahrerei habe ich nun satt, der gute Zustand, in dem ich mich dank regelmäßiger Lebensweise von Juli bis Dezember befand, ist dahin, mir ist flau, der Magen macht Streiche. Dieses Ingolstadt liegt fern für einen Soldaten, der D-Züge nicht benützen darf. Von Berlin bis Nürnberg ging es einigermaßen vorwärts, aber jetzt bedeutet jeder Bahnhof ein paar Stunden Pause, und das ist am sechsten Reisetag nicht mehr komisch. Da ich 24 Stunden früher in Berlin war, als ich nach der Ansicht dieser Burschen, die mit Maschinenpistolen auf den Bahnhöfen herumstehen, hätte sein können, blieb mir Zeit für die Reichshauptstadt. Ich telefonierte fleißig. Jeanne ist malbesessen, ich war nur ein paar Minuten im Atelier und sah mit halbem Auge riesige halbfertige Tafeln, bedeckt mit entarteter Kunst.
10. Dezember 42, Ingolstadt, Kaserne. Heute ist Nebel, das freut meine Erkältung besonders. Der Arzt hat mir eine Spritze gegeben zur Erhöhung der allgemeinen Widerstandskraft. Ich bin in einem miserablen Zustand, und war doch so gut konserviert in Smolensk. Die freie Wildbahn bekommt mir nicht. Eine Kaserne als freie Wild-

bahn bezeichnen – alles ist relativ. Hier gibt's nichts zu heizen, dafür Wanzen, gegen die hilft nichts, gegen die Kälte das Verbrennen von Tischen, Schränken, ja sogar Fensterläden. Der Fourier rast durch die Stockwerke, die Übeltäter zu finden, statt daß der Kompaniechef Holz beschafft. Der Hauptfeldwebel meint, ich könnte mit 16 Tagen Urlaub rechnen.

Für heute abend habe ich eine Karte für den Münchner Schauspieler Ulmer gekauft, der war bereits ein älterer Herr, als ich die ersten Schüler-Aufführungen im Prinzregententheater sah. Ein pathetischer Könner – ich erinnere mich seiner als Faust. Er hatte etwas Wüllnersches, wenn auch nicht ganz so exaltiert. Die Mark ist auf jeden Fall gut angelegt, denn im Saal wird es warm sein. Auch war ich höchstens dreimal in meinem Leben bei einem Rezitationsabend, einmal im Herkules-Saal, war es Gertrud von Le Fort? Sie las Russen und Kleist, war schön und elegant. Einmal in Hamburg den unglückseligen Wüllner, und der dritte Abend war in Paris, da las einer bekannte Rilke-Gedichte auf Französisch, es war seltsam.

11. Dezember 42. Der Abend gestern war kein Reinfall, sogar die Lokalität, ein neuer großer Saal, schlecht besucht, war etwas überingolstadt. Zwischen den Auftritten von Ulmer machte ein Quartett, mit einer Klarinette im Schlepptau, Musik. Und zwar 1. Satz Brahms, 1. Satz Haydn, 3. Satz Brahms, 2. Satz Haydn, und so weiter, auf ihren Noten muß gestanden haben: Vor Gebrauch gut schütteln. Ulmer: Schüler-Mephisto, Elisabeth-Maria, Cäsar, Forumszene, er ließ nichts aus. Zum Schluß blieben die Leute einfach sitzen und wollten mehr für ihr Geld. Er kam wieder heraus, sagte, er fühle, wie gut die Stimmung im Saale sei, er aber habe Kehlkopfkatarrh, und so könne er nur noch etwas Kleines bieten. Das Kleine war das Heideröslein. Ich dachte, ich höre nicht recht. Die Leute machten noch ein Klätscherchen und dann drückten sie sich, herabgestimmt aus den großen Tragödien, hinaus nach Ingolstadt.

Ulmer war im Straßenanzug, trug einen Querschlips, war ein eleganter Mann, der ein Frauenzimmer bei sich hatte, das sichtlich seine leichte Verfallenheit mitverursacht haben mochte.

Ich fahre morgen nachmittag nach München und nach

Weilheim. Am Dienstag, 15. 12., werde ich bei Euch sein und habe Urlaub bis 28. 12., 24 Uhr.
[Eintragungen im Notizkalender während des Urlaubes:]
12. Dezember 42. Gegen 5 Uhr in Weilheim, bin fast krank und mache nachts Schwitzkur. – 13. Dezember 42. Mamas Gepäck für Berlin gepackt, einige Zentner, das hilft mir auf die Beine. Abends nach München. – 14. Dezember 42. Treffe Süskind auf der Bahn, bevor ich nach Lindau fahre. – 15. Dezember 42. Wir verlassen unsere acht Wände nicht. Thomas! – 16. Dezember 42. See und Stadt erscheinen mir trotz der Jahreszeit unglaublich südlich. – 17. Dezember 42. Auf der Rehmenhalde gibt es eine blühende »Klatschrosenzucht«. Besuch bei Scheck [Flötist]. – 18. Dezember 42. Rothes bei uns. – 20. Dezember 42. Thomas hat Keuchhusten, er bekommt eine Spritze. Auf der Seepromenade die Sonntagsbürger en masse getroffen. Sonne. – 21. Dezember 42. Nebel, gar nicht kalt. Gehe viel mit Thomas spazieren. – 22. Dezember 42. Kauf des Weihnachtsbaumes um 7 Uhr früh, als es noch dunkel war, in der Gärtnerei. – 24. Dezember 42. Thomas sehr süß und wir sehr glücklich. Er vergißt vor dem Baum, daß er krank ist. – 25. Dezember 42. Wir leben recht gut und haben zu jeder Mahlzeit schöne Weine. Dergleichen soll man notieren im vierten Kriegsjahr. – 26. Dezember 42. Bei Froweins. – 27. Dezember 42. Es wird kalt. Thomas unter der Nachwirkung der Spritze weinerlich. – 28. Dezember 42. Früh halb 7 auf die Bahn, sehr kalt, sehr trist. Darlan ermordet. Über Friedrichshafen-Ulm nach München, im Speisewagen leidlich gegessen. Bummel durch die Stadt mit N.B. Um halb 9 nach Ingolstadt, auf dem Nebengleis steht der S.-F.-Zug nach Neapel! – 29. Dezember 42. Niemand nimmt Notiz von uns. Kein Dienst. Esse ab jetzt häufig im »Wittelsbach«, wo es ruhig ist. Zeitungen!

[An den Gefängniskommandanten in Smolensk]
Überlingen, 16. Dezember 42. Sehr geehrter Herr Hptm. Kaletta, wenn ich diese vierte Kriegsweihnacht mit meiner Familie verbringen kann, so verdanke ich das vorwiegend Ihnen, so daß ich das Fest nicht vorbeigehen lassen möchte, ohne Ihnen meine besten Wünsche zum Ausdruck zu bringen.

Über eine zukünftige Verwendung weiß ich vorläufig noch nichts. Der Chef der Ersatzkp. in Ingolstadt sagte mir zwar, daß ich nicht mehr an die Front käme, bei der Ersatzkompanie konzentriert sich aber das Interesse des zahlenmäßig sehr kleinen Stammpersonals durchaus auf die Ausbildung von Rekruten, so daß wir alten Mannschaften, außer mir nur einige Genesende, ganz außer Betracht bleiben. Ziemlich beschäftigungslos bringen wir die Dienststunden bei guter Verpflegung und ungeheizten Öfen hin. Ich werde deshalb nach meinem Urlaub um Kommandierung oder Versetzung zu einer Stelle bitten, wo ich mich etwas nützlicher machen kann.
Mit Deutschem Gruß!

[An die Witwe des Freundes Hansheinrich Bertram]
Überlingen, 20. Dezember 42. Sie haben gehört, warum ich damals, als ich die Nachricht von Ihres Mannes Tod erhielt, Ihnen nicht schreiben konnte. Nun bin ich seit wenigen Tagen in Deutschland und will es nachholen. Freilich werde ich so nicht mehr schreiben können, wie ich es damals im ersten tiefen Erschrecken und Trauern getan hätte. Inzwischen habe ich des Freundes Tod oft und oft bedacht, und wir, die wir wissen, wie sein Leben, abgezogen von seinem eigentlichen Inhalt, ein Versprechen auf die Zukunft war, in diesem Ende auch keinen Sinn sehen können und es deshalb unendlich mehr beklagen – so ist doch der Gedanke, daß er tot sei, inzwischen ein Teil meines Denkens geworden. Kann ich mich seiner mit dem Gefühl der Trauer und des Verlustes erinnern, so wage ich doch gar nicht den Blick zu erheben und zu sehen, in welcher Lage Sie sich mit Heide befinden.
Wie viele Briefe von Ihrer Hand sah ich ankommen und wie sie beglückt gelesen wurden, wie viele sah ich ihn schreiben in seiner ruhigen zusammengefaßten Art! Wie fast bei uns allen mußte das gemeinsame Leben sich in Briefe retten, statt sich frei in wirklicher Gemeinsamkeit entwickeln zu können. Und nun auch statt der Briefe Schweigen und nichts.
Ich weiß nicht, ob Ihnen bekannt ist, wie nahe wir uns standen. Die Freundschaft bildete sich ohne gewolltes Zutun schon im ersten Kriegswinter in der Eifel, und sie

erreichte ihre Vollendung in jenen langen Frankfurter Monaten, die wir Tag um Tag gemeinsam verbrachten. Verstehen Sie es nicht falsch, wenn ich diesen Frankfurter Winter und das ihm folgende strahlende Frühjahr als eine der glücklichsten Zeiten seines Lebens bezeichne. Stets sind die Höhepunkte unseres zerrissenen Soldatenlebens die kurzen Wochen zu Hause. Aber von der langen übrigen Zeit waren die Frankfurter Monate glücklich zu nennen; dem Dienst durch unsere Sonderarbeit entrückt, lebten wir in recht freien Verhältnissen, und wenn er auch nicht arbeiten konnte, so las er damals doch unendlich viel und kam so den Bezirken nahe, in denen er eigentlich seine geistige Heimat hatte. Wir waren sehr heiter damals und kamen uns auf eine selbstverständliche, lebendige und erfüllte Weise so nahe, daß er für mich der nächste Freund wurde und im genauesten Sinn des Wortes der einzige in diesem Krieg. Von damals ist sein Bild in mir verwahrt, und wenn ich einmal Gelegenheit dazu habe, will ich es nachzeichnen – natürlich nicht für Sie, die Sie ihn unendlich viel näher kannten, aber für sein Kind, so daß es auch durch einen männlichen Geist erfährt, wer er war, dieser unbekannte Vater.
Sagen Sie mir doch auch, wie Ihre äußere Lage ist und ob ich Ihnen in irgendeiner Weise eine Hilfe sein kann bei Ihren Zukunftsplänen.

[An die Mutter, die sich vorübergehend in Berlin aufhält] Überlingen [ohne Datum, kurz vor Weihnachten]. Dank für die Lebensmittelkarte, von der ich Weißbrot für Dich abschneide, weil uns bei dem schwarzen ebenso wohl ist. E. näht, Thomas schläft. Er ist von großer Aufmerksamkeit für alles, seine Stellungnahmen sind präzis, ein zweisilbig ausgesprochenes »nei-ein« ist sein Lieblingswort. Der Vater war zunächst eine sehr zweifelhafte Neuerscheinung, die er mit großer Vorsicht besah, seit heute wird er zutraulicher und bedenkt mich manchmal mit einem Lächeln.
Der Hase [ein Weihnachtsgeschenk aus Weilheim] ist nachts vor Kummer vom Balkon gesprungen und fand sich tot – d.h. wir fanden ihn, er fand nichts mehr. Der Milchbauer hat ihn ausgenommen und abgezogen (die Fellbescheinigung schicke ich Dir), die Leber haben wir

gegessen, der Rest geht morgen ins Bratrohr. Thomas taufte ihn »Miau« und wollte ihn noch füttern, als er dessen nicht mehr bedurfte.

[An Wilhelm Hausenstein in Tutzing am Starnberger See]
25. Dezember 42. Wenn Sie im einzelnen wüßten, wie mir das Jahr verlaufen ist – die Mitteilung sei auf ein Gespräch aufgespart –, so würden Sie vielleicht nicht finden, daß es mir wohlwollte. Aber Sie sehen, ich feiere das Fest wie die vorigen drei des Krieges wieder mit meiner Familie – diesmal hier am See in den friedlichsten und, mit einem veralteten Ausdruck gesagt, anmutigsten Verhältnissen. Das Wort kommt mir nicht nur beim Blick von unserem hochgelegenen Haus über den herrlichen See und die noch gar nicht winterliche, überraschend südliche Landschaft (nach einem Jahr Rußland!), sondern vor allem angesichts unseres kleinen Hauswesens mit unserem Söhnchen darin, das nicht nur zum Ansehen wohlgeraten ist. Ein solcher Beschluß des Jahres und überhaupt die Tatsache, daß ich bei Gesundheit bin und das mir nicht zugehörende Leben mit immer größerer innerer Freiheit zu führen lerne, rechtfertigt schon, das Jahr zu loben.
Zu meinen Kriegsnotizen aus Frankreich sind mittlerweile solche aus Rußland hinzugekommen, auch sie nicht zum Druck geeignet, wie Ihnen Freund Süskind bestätigen wird, falls Sie sich von einem Seeufer zum andern gelegentlich verständigen.

[Von Jeanne Mammen an E. K.-Sch.]
Berlin, 26. Dezember 42. Ganz kostbar und paradiesisch kommen mir diese Äpfel vor, ich hatte schon vergessen, daß es so was gibt, denn wir Berliner haben seit zwei Monaten kein Obst gesehen, geschweige denn gegessen. Ich freute mich auch über Mandelkern und Nüsse aus den Bodenseewäldern.
Ich habe mir zu Neujahr resp. Silvester eine Flasche Wein »erstanden«, pompös benamt »Chanson de fou«. Wenn nur nicht alles so doppelsinnig, so doppeldeutig wäre, heiliger Januar! Ich werde das Jahr im Atelier begrüßen, vorher gibt's Kunst der Fuge. Ende gut, alles gut!

[An Jeanne Mammen]
Ingolstadt [ohne Datum, Dezember 42]. Erkunden Sie doch bitte, ob in einem Berliner Theater jetzt oder vor etwa vier Wochen das Stück »Die Pioniere von Ingolstadt« aufgeführt worden ist. Die Autorin heißt Marieluise Fleißer, und es ist eine unbestätigte Kunde davon zu ihr gedrungen. Das Theaterbüro am Kudamm beim Gloriakino müßte es wissen. Erinnern Sie sich des Skandals, als dieses Stück vor etwa zehn Jahren (mit Peter Lorre?) am Schiffbauerdamm aufgeführt wurde? Es war begabt, aber schlecht. Ein Roman derselben Dichterin, »Mehlreisende Frieda Geier«, ist mir damals bekannt geworden, und ich stellte das Buch in eine Reihe mit D. H. Lawrence und Th. Wolfe – auf bayrisch. Außerdem hat die Frau ein paar kleine Geschichten geschrieben, dann hörte man nichts mehr von ihr. Ich habe sie hier besucht. Sie arbeitet seit fünf Jahren an einem Stück aus der englischen Geschichte. Dreieinhalb Akte sind fertig, es ist ausgezeichnet. Die Frau hat einen Zigarrenhändler geheiratet, einen Kleinbürger. Sie ist sehr lebensuntüchtig und gleichzeitig unglaublich stark. Sie schreibt so, wie Sie malen – nur mühsamer und langsamer und verbrennt auf ihrem Schnee.
Seit 14 Tagen habe ich hier dank einer Anzeige im Donauboten einerseits und einer ahnungsvollen freundlichen Seele andererseits eine ruhige Arbeitsstube nächst der Kaserne für die Abende. Seit wenigen Tagen auch eine Schreibmaschine. Ich tue so, als vertraute ich der Beständigkeit dieser Verhältnisse (zum wievielten Male?), obgleich jede Stunde die Abreise bringen kann. Aber darauf zu warten hat auch keinen Sinn. Darum kommen morgen auch E. und Thomas hierher. Sie werden hier bei mir wohnen, wir haben zwei zentralgeheizte Stuben in einem Haus mit Garten, ein Jammer, daß Winter ist. Unten im Haus die Frau Oberst mit zwei Kindern, darunter die Frau Major mit einem, ich bin Gast, paying-guest der Frau Oberst. Der Mann ist im Hauptquartier ziemlich oben und hat das Eisenbahnfahren der Soldaten unter sich. Sie lesen die Zeitungen?
Ich könnte in Stalingrad sein, ich wäre es mit Gewißheit ohne die Ereignisse vom August 41. Statt dessen also Ingolstadt. Lobe den Herrn, denn er ist freundlich. Ich lese

die Fleißer, Montaigne, die Frankfurter Zeitung und mittags das, was ich abends geschrieben habe. Die Ankunft der Familie wird die Arbeit sehr beschränken. Kaserne (von 6–18 Uhr ohne die mindeste Beschäftigung), Mann einer Frau, Thomäschens Vater, notwendiger Schlaf, und dann noch um die Ewigkeit besorgt sein – ein umfassendes Programm. Wir wollen die Ewigkeit vernachlässigen und lebendig sein.
Bitte wenigstens eine Karte wegen der Pioniere, es ist so unwahrscheinlich, aber zwei Leute haben es hier behauptet, unabhängig voneinander.

[An Helene Flohr]
Ingolstadt [ohne Datum, Dezember 42]. Wenn wir Deinen Brief lesen und Das Reich, dann fürchten wir ja auch fast, daß Dir Deine Bücherbestände auf eine radikale Weise entweder erhalten bleiben oder abhanden kommen [Schließung des Ladens oder totaler Bombenschaden]. Edith plant zum Geburtstag des Geheimrats [ihres Vaters], Anfang März auf ein paar Tage nach Berlin zu fahren. Ich bin gespannt, wann der Augenblick für uns eintritt, wo jeglicher »Luxus« dieser Art nicht mehr zu erwägen ist, wir ganz still auf einer Stelle sitzen müssen und in der Erde herumgraben, damit sie das Notwendigste an Nahrung hergibt. Für uns läge diese Erde in Weilheim. Wahrscheinlich trifft es sich so, daß der Augenblick des Wieder-zusammen-Seins nicht allzu fern jenem liegt, in dem wir uns von selbstangebauten Kartoffeln nähren.
Gestern hatten wir wieder Frau Fleißer abends zum Tee hier, sie blieb bis halb eins. Sie ist stark und ruhig und in ihrer Art bedeutend. Sie las aus ihrem Stück einen Akt und gewann E.s uneingeschränkte Bewunderung. Im lauten Lesen wurden manche Stellen noch stärker. Wir haben hier in wenigen Wochen gute Freunde gewonnen, Frau K., Frau Fleißer – beide aus Lebenskreisen, die von dem auf der Rehmenhalde ganz verschieden sind. Für E. war es sicher wichtig, diesem einmal entrückt zu sein. Durch Frau K. und ihren OKW-Gatten sind wir den Kriegsereignissen nähergerückt, sie sind dadurch nicht erfreulicher geworden. Weniger was wir hören, als was wir nicht hören, macht diese Frauen besorgt und zum

Heulen geneigt – ich bin ja weit davon entfernt, aber es gelingt mir nicht, meinen Gleichmut anderen einzuimpfen. So ins Allgemeine besorgt zu sein hat gar keinen Sinn.

Ingolstadt, 29. Dezember 42 [Fahrt nach München]. Es war stockfinster und eisig, als ich auf dem Klapperrad zur Bahn hinunterfuhr. Der Zug ratterte durch die Dämmerung. Der Schnellzug hatte sogar einen Speisewagen. Bei Natascha in der Tengstraße, wo noch ein in viel Haar gehülltes Wesen war, das mir einmal in Berlin Äugelchen gemacht hatte, um nicht zu sagen Augen. Die Stunden in der Tengstraße versetzten mich in die Schwabinger Epoche und schienen mir aus uralten Zeiten hergeholt.
Am selben Bahnsteig stand in München der Urlauberzug nach Neapel, randvoll mit Afrika-Soldaten. Es kam zu einer dramatischen Szene, als etwa 30 Soldaten behaupteten, keinen Platz mehr zu finden und schließlich wirklich zurückblieben unter ungeheurem Geschrei der anderen, die abfuhren. Fast jeder hatte ein Mädchen am Arm, dem auf diese Weise noch einmal 24 Stunden geschenkt wurden.
Mit der üblichen Formel: Urlaub ohne besondere Vorkommnisse, meldete ich mich heute früh zurück. Merkwürdigerweise wurde ich nach unserm Weilheimer Hof gefragt vom Hauptfeldwebel, der auch zu erkennen gab, daß das Gesuch, mich freizustellen, vorliege. Es machte ganz den Anschein, als seien nicht die Familientoten wichtig für die Entscheidung, sondern es stünde die Frage, wer die Landwirtschaft betreibt im Vordergrund.
Wenn mir das Militär in so harmloser Form entgegentritt wie derzeit hier, werde ich besonders mißtrauisch.

1943

Sehr fern von Stalingrad

2. Januar 43. Das ist eine trostlose Art von Lebenszeitvergeudung – jedoch wie viele würden sich darum reißen, in so bequemer Lage zu sein. Schicke bitte zwei oder drei Orgelbände, Bach, Händel, Pachelbel.
3. Januar 43. Die Orgel in der Garnisonskirche macht mir überhaupt keinen Spaß, sie ist völlig charakterlos. In der schönen Franziskanerkirche befindet sich die älteste Orgel Ingolstadts, ich sprach mit einem sehr mißtrauischen Mönch; ein Soldat, der um Spielerlaubnis bittet, war ihm noch nicht vorgekommen, und ich hatte den Eindruck, daß er jeden, der eine Uniform trägt, für einen Verfolger nicht so sehr der Russen wie der Kirche hält. Er will mit seinen Oberen sprechen.
5. Januar 43. Der Kirchendiener ist auch für die Sauberhaltung der Kirche zuständig. Bei ihm hole ich jedesmal den Schlüssel für die Orgel. Beim letztenmal sagte er: »Sie, gell, spielen S' net gar so laut.« Ich schaute ihn nur verwundert an. »Ja, wissen S'«, sagte er, »wenn die Leut Orgelspiel hören, meinen's, daß was los is in der Kirch! Und des ist gar net notwendig, daß da so viele neilaufen, die machen bloß alles dreckig.«
Nicht nur das Essen treibt mich ins »Wittelsbach«. Hier hängen die FZ und die DAZ aus, die am Stand nur schwer zu bekommen sind.
7. Januar 43. Der Kirchendiener will, daß ich nur einmal in der Woche spiele. Nun muß ich noch mal zum Pfarrer, und dann habe ich den Küster zum Feind, wenn ich mich durchsetze. Die Noten sind gekommen.
Ich habe noch nie mit zehn Leuten auf einer Stube gewohnt, mit denen so gut auszukommen ist. Es ist eine Auswahl insofern, als nahezu alle ihre Verwundungen genießen, zufrieden, daß sie diesen Winterkämpfen von Ingolstadt aus zusehen können. Sie haben auch genug erlebt, um nicht mehr große Reden zu führen. Zwei spielen Schach, ganz gut ein Wiener, der, wenn er nicht Schach spielt, mit glänzenden, schmachtenden Augen singt. Seine Glanznummer ist »Mamatschi, schenk mir ein Pferdchen«.

Derzeit bin ich geneigt, meinen süddeutschen Landsleuten den Vorzug vor den Preußen zu geben. Wenn sie's gemütlich haben, die Bayern, sind sie trotz ihrer Grobheit ganz handsam. Ich vergaß neulich, im »Wittelsbach« sitzend, daß ich zum Luftschutzdienst eingeteilt war, was nichts erfordert als die Anwesenheit in der Kaserne. Da sprang einer für mich ein, den ich gar nicht kannte, nur so, um Ärger zu vermeiden. In einem preußischen Haufen wäre keiner auf die Idee gekommen; daß er nicht auf dem Dienstplan stand, hätte ihn davon abgehalten, »Dienst« zu machen.

[An den Verleger Ernst Heimeran, München]
Ingolstadt, 13. Januar 43. Erlauben Sie bitte einem Mann, der sich in einer Ingolstädter Kaserne aufs trockene gesetzt fühlt, Ihnen einen Vorschlag zu unterbreiten, zu dem ihm die Idee vor einigen Tagen gekommen ist. Sie entstand anläßlich der Bitte eines Kameraden, ihm einen Brief an sein Mädchen zu schreiben, der in einer schwierigen Situation eine Wende herbeiführen soll.
Ich bedachte, daß man einen »Liebesbriefsteller für Soldaten« schreiben sollte, eine in der Form höchst private Spiegelung des Kriegsdaseins vieler junger Männer. Es wäre ein naives Gemüt zu erfinden, dessen Charakter die Ironie von vornherein lieferte, ein Mann, der aus einem eben beginnenden Liebesverhältnis durch die Einberufung gerissen wird und es nun, wie es Hunderttausende tun, durch Briefe fördern und erhalten will. Die Liebesentwicklung hätte scheinbar die Hauptsache zu bleiben und dürfte doch nur das Vehikel sein, das ruhelose Schweifen des Soldaten durch Europa in heroischen Verhältnissen durch dessen im Politischen und Militärischen so treuherzigen wie im Privaten denn doch auch listigen Beschreibungen zur Anschauung zu bringen. Er benützt den Krieg, um sich dem Mädchen bemerkenswert zu machen, so daß es also zu Verlobung und Ferntrauung kommt, wobei eine Hochzeitsnacht nach Ferntrauung über 1000 km Distanz in meiner Vorstellung das Büchlein abschlösse, für das ich keinen besseren Verlag wüßte als den Ihren.

[An Carl Rothe in Überlingen]
Ingolstadt [Anfang 1943, Fragment]. [...] in Ingolstadt wieder eine Familie auf Abbruch bilden, obgleich das vor noch weniger als drei Monaten das Unwahrscheinlichste auf der Welt war, so wollen wir aus diesen guten Verhältnissen einen Gruß schicken. Mit Glück sind wir in diesem bis dato fremden Nest in Obhut genommen worden, und es hat sich alsbald herausgestellt, daß das Nest gar nicht so fremd ist, eine Menge Beziehungen hin- und hergehen. In dieser Hinsicht wurde gestern abend der Punkt aufs i gesetzt, als sich zufällig ergab, daß der Mann der das untere Stockwerk des Hauses bewohnenden Strohwitwe mit meinem Vater in einer Division war, mit ihm Umgang pflog und von seinem Tod, ohne den Namen zu nennen, bestürzt und berührt berichtet hatte. Wenn ich Ihnen nun auch erzähle, daß eine unserer sympathischsten Bekannten hier Patenschaft bei einem der Heisenberg-Kinder hat, so werden Sie sich auch wundern, wie klein die Welt ist. So klein eben wie Ingolstadt, das im Vergleich mit dem ewig verabscheuungswürdigen Züllichau eine Metropole ist.
Ich würde, lieber Nachbar, in diesem Zusammenhang gern noch einmal das Gespräch über asketische Arbeitsbedingungen, das wir zu schnell beenden mußten, aufnehmen. Ich konnte mich da nicht recht verständlich machen, wie mir Deine Einwände bewiesen. Aber ich glaube, es führt zu nichts, weil ein jeder dermaßen seiner Eigenart folgt, daß er unduldsam wird. Von meiner Ecke aus kann ich nicht anders, als jedermann die äußerste Unabhängigkeit von allem, was man als Milieu, Lebenskreis und Bedürfnisse bezeichnet, zu wünschen, da wir über kurz oder lang in der Lage sein werden, auf dergleichen verzichten zu müssen. Daß Du unsere Zeit und ihre Geschenke an uns so stark und so persönlich empfindest, Dich zudem mit einem unvergleichlichen Idealismus für Ziele einsetzt, die gänzlich im Irrealen liegen (da so oder so mit nicht erlebter Ausschließlichkeit die Entscheidungen von Haß und Feindschaft bestimmt werden, nicht aber von Verständnis) – das ist mir ein Beweis, wieviel näher Du dieser Zeit verbunden bist als ich, der ich sie nur registriere. Eben darum will ich ihr auch nichts abgewinnen, was sie nur gelegentlich und gegen große Mühen

hergibt, die mit unserer eigentlichen Mühe gar nichts zu tun haben.

15. Januar 43 [E. K.-Sch.]. *In den Goethe-Schiller-Briefen, in denen ich lese, kommt nie etwas Politisches vor. 1794/95 – war da nicht noch die Revolution in Frankreich im Gange, Anfänge Napoleon?*
Hier Werners Vorträge [eine Sammlung von Vorträgen Werner Heisenbergs]. *Bitte lese sie gründlich. Ich habe sie mit Begeisterung gelesen.*

18. Januar 43. Berlin ist Samstag und Sonntag bombardiert worden – wenn sich das regelmäßig wiederholt, ist die Entscheidung über Deine Reise dorthin von Churchill bereits getroffen worden. 1794/95 geschah allerdings so manches in Frankreich, was wert gewesen wäre, auch in Weimar bemerkt zu werden. Die Kommunikation zwischen den Ländern war aber noch recht schlecht, und die beiden hatte eben über anderes miteinander nachzudenken. Daß sie die Dinge verfolgten, steht außer Zweifel. Gesetzt den Fall, durch irgendeine freundliche Fügung säße ich mit Dir und Thomas auf der Rehmenhalde, es wäre aber im übrigen alles, wie es ist, wäre der Krieg unser Thema? Ich würde an einer unzeitgemäßen Sache schreiben, die schwerere Gartenarbeit machen, Holz sammeln und zu den Bauern fahren für 10 Pfund Kartoffeln und 1 Pfund Kirschen. Das Leben, Denken und Fühlen, das Deine Briefe widerspiegeln, in denen natürlich auch von »Politik« die Rede ist, Bedrückung, Schrecken und Grausen ihren Ausdruck finden – es wäre dann unser gemeinsames Leben. Ich bin nicht auf die politische Aktion angelegt, sondern allenfalls darauf zu bemerken, wie sie aussehen müßte. Aber eben deshalb, weil ich das zu wissen glaube, ist mir vollkommen klar, daß unser Volk zu einer Aktion, wie sie nötig wäre, nicht die Spur einer Spur einer Spur fähig ist. Ob mein eigenes Verhalten ein anderes wäre, wenn ich daran glauben könnte, daß Vernunft und Moral auf dem Hintergrund des Gegebenen eine Minderheit aktiviert – das weiß ich nicht und ich zweifle daran. Von der Größenordnung einmal ganz abgesehen, ein Lenin bin ich nicht, der in Zürich saß und schrieb und schrieb und wie ein Kaffeehausliterat aussah,

in Wahrheit aber mit einer Zielsicherheit ohnegleichen die Aktion vorbereitete. Aber es darf doch nicht übersehen werden, daß er eine russische Rechnung aufmachen konnte, die nicht unbedingt so aufgehen mußte, wie sie dann aufging, die aber doch versprach, irgendwie aufzugehen – einfach deshalb, weil die russische Geschichte schon erwiesen hatte, daß Gruppen durch ihr Elend und ihre Unzufriedenheit bereit waren, gegen die Gewalt aufzustehen. Der erste Krieg schenkte ihm dann seine Stunde. Kein Krieg beschert einem deutschen Lenin, gesetzt den Fall, es gäbe ihn überhaupt, seine Stunde, das ist für mich nicht nur durch 1918 und die folgenden Jahre erwiesen, sondern viel mehr noch durch die unmittelbare Gegenwart. So anmaßend unser Volk ist im Besitz der Macht, so servil, wenn es sie verspielt hat; es ist mit ihm nichts zu wollen. Ich sage: nichts ist mit ihm zu wollen, obschon es Sedan geschafft hat, den 1. Weltkrieg angezettelt, 1933 ermöglicht, den 2. Weltkrieg in Gang gesetzt und derzeit über ein Weltreich verfügt – doch alles für nichts und wieder nichts. Was wir treiben werden, wenn wir nicht mehr Briefe zu schreiben brauchen? Ich weiß es: wir werden vergeßlich sein wie alle, nur mit einem anderen Vorzeichen, und das heißt, wir werden doch glauben, daß mit den Deutschen etwas zu machen sei. Wir werden dem Gaul gut zureden. Weißt Du, was da jetzt passiert in seiner Dramatik [Stalingrad], das ist geeignet, mir den O. [ein angefangenes »Odysseus«-Ms.] zu verleiden, und damit nenne ich nur ein Stichwort für eine bestimmte Haltung, eine innere Verfassung. Es ist nicht die Katastrophe an sich, die unausbleibliche, die mir Eindruck macht, sondern daß es zu ihr kommen kann. Was müssen das für Leute sein, die sich in diese Lage bringen lassen, die sie doch, das ist ihr Beruf, voraussehen mußten! Um im großen geschichtlichen Zusammenhang in fernerer Zukunft solche Möglichkeiten auszuschließen, ich meine nicht den Krieg als solchen, sondern die Hinnahme seiner Folgen in konkreter Situation, wo soll man da anfangen? Durch Teilnahme am Politischen, die Du bei unseren Geistesfürsten vermißt, bewirkt man gar nichts. Einen Kleptomanen heilt man nicht dadurch, daß man ihm das Strafgesetzbuch vorliest. Im Gefängnis faßt er gute Vorsätze, die er in seiner Triebhaftigkeit vergißt, wenn er wieder heraus ist. Wart mal ab, was für fabelhafte Vorsätze wir Deutschen »im Gefängnis« fassen werden, dann nämlich, wenn dies zu Ende ist. Ich lerne heute, ihnen nicht zu vertrauen, und wenn ich hundert Jahre alt werde, dieses Volk werde ich nie sicher an der Kette der Vernunft, ja auch nur an der Kette seiner eigenen wohlverstandenen (hierauf liegt der Ton!) Interessen sehen. Aber das ist nur die eine Seite. Mein Mißtrauen gilt auch mir, weil ich voraussehe, daß ich dennoch glauben werde, es sei mit den Deutschen etwas zu machen – und das nicht auf Grund eines Restes von nationaler Solidarität, sondern in der Voraussicht, daß mir nichts anderes übrig bleiben wird. Totale Resignation oder die Erfahrungen von jetzt in den Wind schlagen – das ist eine erhebende Perspektive. Sie werden von Hitler reden statt über sich – ach, die Armen!

[Von der Malerin Jeanne Mammen]
Berlin, 28. Januar 43. Das mit den Pionieren ist natürlich nicht der Fall, ich bin selbst ein eifriger Studierer von allen gespielten Theaterstücken. Es wäre ja auch ein toller Fall gewesen; wenn ich mich richtig daran erinnere, ist das »Soldatenleben« sehr mies gemacht und war es überhaupt ein sogenanntes »Systemzeitprodukt«. Es hat mir damals sehr gefallen, aber heute habe ich so gut wie alles vergessen, weiß nur noch dunkel etwas von dem Skandal, habe auch damals »Ein Pfund Orangen« gelesen, die mir sehr viel schwächer als das Stück vorkamen. Im ganzen hatte ich aber eine sympathische Achtung vor der Fleißerin, und ich freue mich, von ihr zu hören, vor allem, daß sie ein gutes Stück geschrieben haben soll, was ich sehr gern lesen möchte. Vielleicht könnten Sie es mir zukommen lassen? Ich würde auch gern noch einmal die Pioniere lesen, ich glaube, es war ein tapferes und ehrliches Dings. Solche Sachen wie der Zigarettenhändler werden mir immer ein dumpfes Rätsel bleiben, auch umgekehrt – aber immerhin, im Krieg! – und wenn er noch mit einem Schlächter verwandt ist, der eine Schneiderin kennt, die Beziehungen zu einem Cafémakler hat, ergäbe sich ein hübsches Prisma. Wollen Sie nicht da einen kleinen psychologischen Vorstoß bei ihr machen? Wann, wie und warum diese mésalliance geschah? Sie verbrennt auf ihrem Schnee – wohl ihr! – ich laufe Schlittschuh auf meinem Eis. Ich lange nach der Flasche, Cherry Brandy

Kahlbaum Herzkirsche, und auch ein Vivat auf Ihr Arbeitszimmer, Ihre Schreibmaschine, auf die Maschen Ihrer Strickstrümpfe und Ihr hoffentlich nun schon ausgebrütetes Ei. Sie haben sich goldig vertippt: schrieben von Edith und Thomas, sie »wonnen« hier mit mir, es ist wirklich kein h mit schwachem Kopf, sondern ein regelrecht gutgewachsenes n. Oh! Ja!, ich fasse jeden Tag für Sie Holz und kneife Daumen. Zeitungen lese ich mit gespitzten Ohren, außerdem das Leben des Erasmus von Rotterdam. Aus allem diesen können Sie sehen, daß mir kein Bombs auf den Hut gefallen ist. Bei dem zweiten Besuch [2. schwerer Luftangriff auf Berlin] *war ich gerade in der Philharmonie, und gottlob war das wunderbare f-moll-Klavierconzert von Chopin ungestört. Sie schnitten Vater Brahms den Bart ab, meno male, ich irrte umher nach einem Luftschutzraum, aber sie waren alle überfüllt, die U-Bahnhöfe so gestopft voll, daß die Menschen wieder hinausquollen, schließlich sauste ich noch bis zur Potsdamer Brücke, es knallte schon richtig, da war auch schon alles voll, im »Rauchzimmer« noch ein Eckchen Holzbank – für eine halbe Backe, doch ich saß, kiekte und glaubte irgendwo in Rußland zu sein: Pelzmützen, Lammfellwesten, Asiatenschuhe mit zurückgebogenen Schnäbeln, Filzstiefel, hohe Lederstiefel, zehn verschiedene Arten, alles qualmte, daß man in fünf Minuten den schönsten Hecht schneiden konnte. Neben mir saß einer mit einem Kückenembryogesicht und lutschte die fetten Backen einer kleinen (winzig kleinen überdicken) todschicken Arbeiterin. Andere klatschten sich die Kopfbedeckungen bis über die Augen und lachten bis zu Tränen. In der Mitte des Raumes hockten sie auf ihren Fersen und spielten etwas mit einer grünen Karte, die in Felder eingeteilt war, worauf sie kleine schwarze Dinge hin und her schoben. Dann kamen noch mehr Mädchen, die wurden in die Ecke gekeilt von demjenigen welcher, und dann angesungen. Aber jedes Männchen sang etwas anderes, so laut und so schmelzend wie möglich. Darauf kam ein Luftschutzmann, brüllte: Ruhe!, seid mal artig – und knipste das Licht aus (um ein kleines Luftloch aufmachen zu können, da man vor lauter Rauch nur noch Visionen hatte) und dann ging es erst los. Die Mädels quietschten und heulten, die Jungens brüllten, einer fing an zu tanzen, kein Wort deutsch, sogar Wolga Wolga ertönte. Man hörte keine Flak, keine Bombe, keine »Entwarnung« – solch einen Höllenspektakel machten die Kerls! Quelle naiveté féroce! Gelangweilt habe ich*

mich nicht und auch nicht meine Zeit verloren. Wenn manchmal ein deutscher Soldat in aller Eile seine Zigarette rauchen kam – was für ein Unterschied im Bau des Gesichts, wie »durchgearbeitet« und vom Denken geformt, dabei waren das auch ganz gewöhnliche deutsche Allerwelts- und Alltagsmenschen.
Heute nahm ich mir einen ganz freien Tag, arbeitete still für mich, nachmittags hörte ich Bach, Cembalo und Streichorchester, kam ungewöhnlich früh nach Hause und schwatze nun schon eine Stunde mit Ihnen.
Brauchen Sie übrigens Brot-Reisemarken? Ich könnte Ihnen welche schicken.

[Von Marieluise Fleißer]
Ingolstadt, 30. Januar 43. Ich habe einen kleinen Schock gehabt. Ich hatte nämlich in den »Orangen« geblättert, weil ich wissen wollte, was ich Ihnen da eigentlich gegeben habe. Ich war recht niedergeschlagen, und es ist mir von dieser kurzen Begegnung mit einem verschollenen Produkt der im Grunde doch notwendige Gang meines Lebens klargeworden. Es ist doch eine jämmerliche und eindeutig schizophrene Angelegenheit, und ich bedauere nur immer, daß ich die primären Jugendarbeiten unter dem zersetzenden Einfluß von Feuchtwanger [nicht(?)] *verbrannt habe. Es ist in meinen Augen ein reiner Krankheitsprozeß, die Widerstandslosigkeit eines Mediums gegenüber einer Zeitentartung, man hat das einmal interessant gefunden und mit der registrierenden Tätigkeit eines Seismographen verglichen, aber ich möchte keinen Augenblick meines Lebens damit identifiziert werden. Ich hatte das so völlig abgestoßen, daß ich vergessen hatte, was darin stand. Zeigen Sie es niemand.*

[An Wilhelm Hausenstein]
Ingolstadt, 11. Februar 43. Ich denke doch, daß man sich in nächster Zeit einmal sehen wird und dann manches reden, was die Anschauung des Ablaufs dieser dramatischen Zeitkurve uns eingegeben hat. Mehr noch zwischen als in den Zeilen Ihres Briefes ist zu lesen, wie sehr Ihnen die Zeit zusetzt – auch meiner Frau geht es ähnlich, sie braucht viel körperliche Ruhe, um in der Balance zu bleiben. Mir selber geht's durchaus wohl; ob diese erzwungene Untätigkeit, diese Verschleuderung der Zeit,

die mir freilich oft ein Ärgernis ist, sich späterhin als ein nicht mehr gutzumachender Verlust herausstellen wird, weiß man glücklicherweise noch nicht.

[An Agnes Ruoff]
11. Februar 43. Mitleid?! Ich stehe auf einer Brücke, neben mir springt plötzlich einer über das Geländer in der Absicht, sich umzubringen. Vielleicht geht er nicht gleich unter, bereut seinen Entschluß, versucht sich zu retten, ertrinkt aber dann doch. Die Brücke ist zu hoch, der Sprung nur mit Selbstmordabsicht zu unternehmen. Ich sehe also, wie der verzweifelte Mensch umkommt durch seine eigene Handlung, und habe Mitleid mit ihm. Diese Art Mitleid für die armen Hunde an der Wolga – gewiß. Mehr nicht. Nun käme es aber auch, um bei meinem Bild zu bleiben, auf die Motive des Selbstmörders an. Will er ein fürchterliches Leben beenden, in das ihn die Umstände und vielleicht eigene Hilflosigkeit, eine Krankheit usw. gebracht haben, oder ist er mit der Kasse durchgegangen und sieht sich nicht mehr hinaus? Es würde, wenn ich es wüßte, Einfluß auf die Qualität meines Mitleids haben.
Im Falle Stalingrad gibt es nun keinen Zweifel, warum wir Mitleid mit ein paar hunderttausend Menschen haben müssen, anders gesagt, weshalb sie sich in einer Lage befanden und, soweit noch am Leben, befinden, die Mitleid herausfordert. Glaubst Du, daß in dieser Masse mehr als, ich schätze hoch, zweitausend gewesen sind, die es nicht herrlich gefunden hätten, als Sieger an der Wolga zu sein und dort Hütten zu bauen? In Deinem Brief klingt es so, als sähest Du Opfer des Schicksals vor Dir. Wann war es, vor oder nach dem Münchner Putsch, daß ich mit Onkel Robert [Mann der Adressatin] ihn [gemeint: Hitler] reden hörte und wir Dir davon erzählten? Ich habe Deine Reaktion noch im Ohr. Das war also vor rund zwanzig Jahren. Du hast nicht Stalingrad vor Dir gesehen, natürlich nicht, aber doch eine Höllenperspektive. Und Du bist, versteh, wie ich's meine, eine ganz gewöhnliche Person mit ganz gewöhnlichen Informationen. Ich dito. Daß wir so blind nicht waren und sind wie andere, hat keine Ursache, mit der irgend jemand hausieren gehen dürfte und sich entschuldigen: Das habe ich nicht gewußt, das

habe ich nicht gewollt. So heißt es jetzt, wo ich hinhöre, das ist der billige Text einer tief verlogenen Komödie, von der ich glauben soll, es sei die Götterdämmerung von Wagner.
Mitleid? Wer von der Brücke springt und glaubt, er lande unten in einem Polsterstuhl, beunruhigt mich. Niemand hat niemand über das Geländer gestoßen. Eben dieser blaue Dunst wird von uns après versprüht werden. Ich sehe ein, daß einer Volksgemeinschaft nichts anderes übrigbleibt, hat sie kollektiv sich z. B. Stalingrad eingehandelt, als das kollektive Handeln zu rechtfertigen. Die geschichtlichen Abläufe sind davon bestimmt, daß auf den zur nachträglichen Rechtfertigung eigener Handlungen erfundenen Motivationen die nächste Handlung aufgebaut wird, die dann wieder der Rechtfertigung bedarf. Lauter Akte der Schamlosigkeit. Wenn Dein Blick auf Stalingrad von Mitleid getrübt ist, so meiner von Scham – schließlich: ein Volk, ein Reich ...

Ein Sommer im Allgäu

[Am 19. Februar 43 werde ich von Ingolstadt nach Kempten zu einem neuen Truppenteil in Marsch gesetzt. Unterwegs in einer Augsburger Kaserne:]
Zum Morgengruß lief ein Junge mit Zeitungen durch die Stuben. Ich kaufte eine und las darin die Sportpalastrede von Goebbels. [Wollt ihr den totalen Krieg?? Jaaa!!] Das nennt man aus der Not eine Untugend machen.

[Von Marieluise Fleißer]
Ingolstadt, 19. Februar 43. Wie ich Ihnen sagte, hat mir das russische Tagebuch viel besser gefallen als das französische. Ich gehe davon aus, daß die ursprünglich an Ihre Frau geschriebenen Briefe nunmehr eine Arbeit darstellen, die zur Veröffentlichung bestimmt ist. Sie wird vom Leser als das Erlebnis des französischen Feldzuges und der nachfolgenden Besetzungszeit durch einen deutschen Soldaten gewertet wer-

den. Jeder künstlerische Gegenstand hat seine gegebenen Voraussetzungen, die erfüllt werden müssen. Er muß in einer Form behandelt werden, die ihm angemessen und seiner würdig ist, wenn nicht ganz von selbst eine schiefe Wirkung entstehen soll. Wer über den Krieg publiziert, kann nicht anders, als sich dem verpflichtenden Gesetz des Krieges, unter dem er durch höhere Gewalt steht, auch mit dem Willen und der Betrachtungsweise zu unterziehen. Er erlebt sonst ganz zu Recht, daß seine Arbeit von der Allgemeinheit abgestoßen wird. Ein Soldat verteidigt sein Land und sein Volk, er verteidigt nicht den Feind, das liegt in der Natur der Dinge begründet. Das Gesetz des Krieges heißt selbst dann Notwehr, wenn wir gerade der Stärkere sind – wir wissen nicht, wie lange wir die Stärkeren sein werden, es gibt keine sicheren Vorausberechnungen. Viele haben ihr Leben hingegeben und viele Familien ihr Liebstes verloren.

Sie mußten dies fest in Ihrem Unterbewußtsein tragen. In Notzeiten kann man nicht aus der Reihe tanzen. Feuer ist Feuer, es geht nicht an, mit Samthandschuhen nach ihm zu fassen. Was Sie dem Feind widerfahren lassen, ist ja nicht Gerechtigkeit, sondern eher eine Vorliebe auf Kosten des eigenen Volkes. Man darf aber den Feind nicht lieben. Krieg will Nüchternheit. Überlegen Sie nur einmal, was die Franzosen an uns allen, auch an Ihrer Frau und Ihrem Kind, tun wollten, wenn sie es tun könnten.

Ganz anders im russischen Teil. Dort ist Ihre Grundhaltung richtig und elementar. Es war mir eine Lust zu lesen. Hier ist spontan männliche Haltung, echter Adel, überzeugendes Vorbild uns notwendigen Tuns. Dieser Teil beglückt wie die lautere Wahrheit. Sie wissen noch nicht, daß ich mir einiges heraus geschrieben habe ...

[Von meiner Antwort an Marieluise Fleißer haben sich drei Entwürfe erhalten. Es muß mir schwergefallen sein, auf ihren Brief vom 19. Februar 43 einzugehen. Welche Fassung ich abschickte, läßt sich aus den vorliegenden Texten nicht mit Sicherheit entnehmen. Ich wähle zum Abdruck jene aus, von der ich nach der Lektüre annehmen darf, sie sei als dritte (und letzte?) entstanden.]

[An Marieluise Fleißer]

20. Februar 43, Kempten. Ich bin nicht Ihrer Meinung. Ich sage Ihnen gleich, wie weit ich mit Ihnen gehe. Als der

Rußlandkrieg sich ankündigte und ich überzeugt davon war, daß er unternommen werden würde – schon in diesem Zeitpunkt war ich heilfroh, daß der französische Teil nicht erschienen war. Um wieviel mehr noch, als wir uns im russischen Krieg befanden und er sich entwickelte. Ich war mir durchaus darüber klar, daß eine Menge Leute den französischen Teil als frivol empfunden hätten, nun, da es für jedermann ernst geworden war.
Aber gerade deshalb hat dieser Teil seine historische Wahrheit. Meine Fröhlichkeit, wenn ich so sagen kann, obgleich der Ernst auch diesem Teil nicht abzusprechen sein wird, rührte von meiner Freude über die Schönheit dieses Landes her, insofern war es eine besonnene Freude. Die Masse aber war in einer reinen Hurrastimmung und genoß unser frischfröhliches Siegen. Die ernsthaftesten Leute verloren ihre Maßstäbe und dachten zwei Monate lang, Europa würde uns geschenkt. Ich dachte es nicht, und ich habe mit aller Deutlichkeit gesagt, daß ich es nicht dachte. Trotzdem ist Glanz und Freude in diesen Blättern, weil, was auch gesagt ist, der Krieg nur sporadisch gewütet hatte, dazwischen aber lag noch das Frankreich, das jetzt untergeht. Wir Soldaten des Feldzuges sind die letzten Ausländer gewesen, welche dieses Frankreich sahen.
Viele von uns waren dankbar, daß die Franzosen so rasch verspielten und daß der Krieg nicht das Land verwüstete. Zwischen dem Sieg und dem Genuß des Gewonnenen stand nicht das Grauen. Es gibt viele Arten des Genusses. Die einen tranken den Wein und die Mädchen und hatten damit genug. Die andern sahen das Land in seiner Schönheit. Glauben Sie nicht, ich sei ein kritikloser Verehrer alles Französischen. Worin die Franzosen uns derart über sind, daß ich glaube, wir werden sie nie erreichen, ist ihre Fähigkeit, menschlich zu sein und menschlich zu leben. Es ist meines Erachtens auch politisch ein Unglück, daß die Deutschen davon gar nichts verstehen, wir machen uns damit bei Gott und der Welt verhaßt. Nicht »Vorliebe auf Kosten des eigenen Volkes«, sondern Kritik am eigenen Volk – hier schaut der pädagogische Zeigefinger heraus. Der Augenblick ist gewiß ungeeignet, ich wiederhole es, zu öffentlicher Selbstkritik; später aber, unter anderen Umständen, ist es vielleicht nicht wertlos

zu wissen, daß wir nicht alle ganz blind geworden waren. Ich verstehe gut, daß Ihnen diese Betrachtungsweise gegen den Strich gehen muß. Ihr Verhältnis zu Ihrer Arbeit, die Art, wie Sie den Auftrag Ihres Talentes ausführen, sind nur bei einem Deutschen möglich. Sie sind, wenn ich's nicht falsch sehe, in jeder Faser Ihres Wesens von jener Deutschheit (Verzeihung für das Wort!), die uns ebensoviel Bewunderung wie Haß in der Welt eingebracht hat, sobald sie über unsere Grenzen hinweg wirkte. Sie haben, was ich seit langem mit einem respektlosen Ausdruck den »tierischen Ernst der Deutschen« nenne. Menschen dieser Art haben nicht nur ein tiefes Mißtrauen gegen liberale Gesten, sondern auch gegen das Glück schlechthin. Sie glauben, glückliche Menschen seien nicht ernsthaft. Es ist schwer, Sie davon zu überzeugen, daß Ernsthaftigkeit ein Zustand ist wie Kurzsichtigkeit oder Musikalität, kein moralischer. Auch haben Sie ein ehrfürchtiges Verhältnis zur Politik. Letzteres erweist sich klar aus Ihrer Bemerkung: »Man darf den Feind nicht lieben« – gesagt in bezug auf die Franzosen von 1939/40! Liebe Frau Fleißer, aus mancherlei Gründen könnte ich an dieser Stelle die Diskussion über das Manuskript nur mündlich fortsetzen; ich sage nur, hier gehen wir allerdings auf sehr verschiedenen Wegen! Wenn ich es mir recht überlege, so sagt mir gerade Ihr Brief wieder, warum der französische Teil meinem Herzen nähersteht als der russische.

Es bleibt ein wesentlicher Punkt Ihrer Kritik, der wichtigste vielleicht. Sie meinen, ich hätte, indem ich über den Krieg schrieb, mich unter das »verpflichtende Gesetz des Krieges« stellen müssen. In der Tat, die Distanz zum Kriege ist die eigentliche Ursache, warum dieser Teil bei hohen Militärs mißfallen hat. Ich halte jedoch, nachdem ich allmählich einen Begriff meines Andersseins gewonnen habe, diese nicht affektierte, sondern natürliche Möglichkeit zur Distanzierung für meine wichtigste Eigenschaft, ohne die ich nicht mehr wäre als ein ganz leidlicher Stilist. In eben dieser Eigenschaft liegt auch die Gefährdung meiner geistigen Existenz. Später einmal aber wird der Wert dessen, was ich hervorbringe, darin liegen, daß in dieser eminent politischen, zerspaltenen Zeit eine künstlerische Intelligenz vorhanden war, welche die wir-

kenden Kräfte der aufgerührten Massen zwar begriff, aber unbeirrbar bei einer privaten, d.h. menschlichen Betrachtungsweise blieb, die Zerspaltung nicht mitmachte und damit ein gesteigertes Beispiel liefert für die Unzerstörbarkeit der menschlichen Natur, sofern diese nur der Vernunft unterworfen ist. Wir werden in Zeiten hineingeraten, wir sind schon fast darin, in denen die Menschen Grauen und Ekel darüber empfinden werden, daß sie unentrinnbar Teil einer politisierten Masse sind und allein durch ihre Existenz, durch die Notwendigkeit, sich kleiden und ernähren zu müssen, zu einer politisch-militärischen Kraftentfaltung beitragen – Zeiten, in denen sie mit der Laterne nach einem menschlichen Wort suchen werden. Was heißt denn totaler Krieg andres als totale Politisierung der Massen? Davor erschrecken die Menschen bereits und machen sich deshalb vor, es handle sich um eine Art Notstandsmaßnahme, um das äußerste Mittel, den Krieg zu gewinnen, und nachher würde, so oder so, Frieden und sie würden wieder Privatleute. Diese einfältigen Narren! Die Massen haben doch gerade erst begonnen, die geschichtsformende Kraft schlechthin zu werden, und wir werden erleben, wessen sie fähig sind, auch ohne Krieg. Wir Gebildeten hausieren immer noch mit Begriffen des vorigen Jahrhunderts: Volk, Ehre, Vaterland, Stand, Tradition und merken gar nicht, wie lächerlich wir uns damit machen. Wir haben eine – verständliche – Neigung, die modernen Kräfte zu verharmlosen, wir glauben, sie würden von der Vergangenheit, der bürgerlichen, noch gegängelt – und sehen nicht, daß dieser ganze Traditionsrummel mit Vaterland und dergleichen von der Führung nur gemacht wird, um den großen Schock zu vermeiden; ganz neue Inhalte werden zur Tarnung mit alten Namen genannt, und das hat mit dem Nationalsozialismus zwar insofern zu tun, als er eine Massenschmiede ist, doch werden die ihm nachfolgenden Systeme das gleiche nur eleganter machen und den Leuten ihre Illusionen noch geschickter lassen.
Den andern Feind, die amerikanische Masse, werden wir erst kennenlernen. Sie sprechen über diesen Krieg, als wäre er der von 1870 oder 1914. Es ist jedoch ein gänzlich anderer Krieg.
Ich bin seit Freitag abend hier. Die Kaserne, in einem der

Landschaft angepaßten Stil, liegt beherrschend auf einem Hügel zehn Minuten vor der Stadt. Ohne diesmal Zeit zu verlieren, habe ich mir sofort neben der Kaserne eine einfache Stube als Rückzugs- und Schreibplatz gemietet. Auch Krieg lernt sich. Meine Adresse ist: Kempten, Allgäu, Kaufbeurer Straße 64a bei Becherer. Die Meinen sind gut nach Überlingen gekommen und freuen sich sehr ihres schönen Nestes, das bei solchem Frühjahrswetter seine unendlichen Vorzüge in der Sonne spielen läßt.

[An die Mutter, die zusammen mit der Schwester die Berliner Wohnung innehat, die nun geräumt werden soll]
1. März 43. Ich möchte gern wissen, wie Eure Pläne sind, aber ich bitte Dich, aus dieser Frage nicht schon gleich den Schluß zu ziehen, wir wollten Dich und Lisl aus der Ruhlaerstraße vertreiben. Die Entwicklung hat nun aber einen Punkt erreicht, in dem wir nichts falsch machen dürfen. Wir haben Möbel in der Ruhlaerstraße, vieles auf dem Fichteberg, noch mehr bei Knauer und den Rest in Überlingen. Von diesen vier Plätzen hat nur Überlingen die richtige geographische Lage. Den zweiten Flügel, der bei Knauer steht, will ich verkaufen und damit einen Teil der Umzugskosten decken. Der Flügel in der Ruhlaerstraße soll mit umziehen. Knauer-Magazin, Fichteberg: kein Problem. Aber wie sind Eure Pläne?, an die unsere insofern gebunden sind, als wir die Wohnung nicht ausleeren können, solange Ihr sie bewohnt. Wir werden den Berliner Mietvertrag nicht kündigen, sondern die leere Wohnung an Freunde geben, wobei wir im Augenblick an S. denken. Sie will auf alle Fälle in Berlin bleiben. Das ist zwar nicht zu verstehen – von niemandem, der bleiben will –, aber es ist ihre Sache, und sie würde gern unsere Wohnung übernehmen (ich setze hinzu: solange sie noch steht). Selbst wenn wir dann durch irgendwelche Behörden-Machenschaften das Anrecht auf die Berliner Wohnung verlören, würden wir nicht von der Absicht abgehen, unser ganzes Zeug und das von W.s entweder nach Weilheim oder an den Bodensee zu bringen – was sich leichter sagt, als durchführen läßt, aber durchgeführt werden muß.

Ich müßte in der Weilheimer Scheune einen großen Lagerraum bauen lassen. Das ist heutzutage auch ein Unternehmen besonderer Art, aber ich neige zu der Weilheimer Lösung, weil ich voraussehe, daß wir uns dort eines Tages alle zusammenfinden und den Boden umgraben werden, um zu essen zu haben. Hühner und Kaninchen werden unsere teilnahmsvolle Fürsorge genießen, und dann wird die Last, die Du Dir die Jahrzehnte mit dem Weilheimer Besitz aufgeladen hattest aus (verzeih!) im wesentlichen irrationalen Gründen, auf die denkbar überzeugendste Art ihre rationale Rechtfertigung finden. Mein Streben ist, einen Zustand vorzubereiten, der uns erlaubt, an einem Ort, der den hauptsächlichen Ereignissen möglichst entrückt ist, durch große Einfachheit der Lebensführung die größte Unabhängigkeit zu erreichen. Ich weiß, daß Deine Perspektive von der mutmaßlichen Entwicklung mit meiner nicht zusammenfällt. Es liegt in der Natur der Sache, daß ich Dir den Beweis für die Richtigkeit meiner Auffassung nur liefern kann, wenn es zu spät wäre, erhebliche Korrekturen in dem, was wir jetzt tun, vorzunehmen. Ich werde Dich nicht bedrängen, uns den Raum in Weilheim zur Verfügung zu stellen, den wir für eine sorgsame Lagerung der Sachen benötigen. Der Bodensee ist für die Lagerung eine brauchbare Alternative. Aber ein Belassen des gegenwärtigen Zustandes ist keine. Von den paar hundert Leuten, die Soldaten eingeschlossen, mit denen ich lebe oder in beständiger Verbindung bin, hier, am Bodensee, in München, in Kempten und an anderen Orten, bin ich bei weitem in der gelassensten Verfassung. Ich sorge mich nicht um unsere Zukunft, und ich würde es auch dann nicht tun, wenn uns morgen die Nachricht erreichte, daß wir in Berlin alles verloren hätten. Ich sehe nur nicht ein, warum man nicht vernünftig handeln soll. Das Rezept: Irgendwie wird's schon werden, ist nicht das meine. Die Leute, die danach leben, werden sich wundern, in welcher Weise nicht wird, was sie nebelhaft sich vorstellen. Das ist keine Zeit für planlose Emotionen.

11. März 43. In München hatte ich mich für 9 Uhr früh mit Heimeran verabredet, »damit wir«, wie er sagte, »eine ruhige Stunde hätten«. Wir hatten dann eine ruhige Stun-

de bis halb eins, da ging ich, weil's mir übergenug schien und mich hungerte. Er ist ein selbstbewußter Franke, dem alles, auch das Gespräch, in die Form gerät, die seinen Verlag bekannt gemacht hat: ein lässig-kluges Hinwischen über Pointen, aus deren jeder sich notfalls ein Heimeran-Buch machen ließe. Er und sein Unternehmen leben vom Hunger nach Harmlosigkeit, die so tut, als wäre sie Tarnung von Tiefsinn und Zeitkritik. Zu einem gemeinsamen Plan wollte es uns nicht geraten, und das ist nur natürlich. Schon mein Ingolstädter Liebesbrief-Projekt wäre in der Ausführung viel böser geworden, als es Heimeran verträgt. Ich meine jetzt sein Programm, nicht den Mann, mit dem ziemlich offen zu reden war. Offener fast als mit beiden Hausensteins, die ich auch sah. Sein erstes Wort war: Wie geht es Ihrer schönen Frau – verzeihen Sie, daß ich das so unumwunden sage, aber sie ist wirklich schön. Da hast Du den ganzen Hausenstein. Er übertreibt die angelernte französische Form, die Herzenskultur. Das ist Selbststilisierung. Da kommt eigentlich kein direktes Wort mehr – bei ihr viel eher, sie ist ja im Vergleich zu ihm eine resolute Person, die zwar – Kopie von ihm oder er von ihr? – auch so ziseliert redet, aber mir käme viel leichter bei, ihr auf die Schulter zu schlagen als ihm und zu sagen: Nun laß mal – wobei ich gar nicht sicher bin, ob, den richtigen Augenblick vorausgesetzt und ein entsprechendes Interesse an ihrer Frauensperson, der Effekt nicht höchst überraschend (und positiv) wäre. Indes ich nicht daran zweifle, daß, derartiges ihm gegenüber versucht, die Wirkung katastrophal wäre und man es für immer mit ihm verdorben hätte. Auch das spricht für sie. Aber wenn ich sage, daß ich mit Heimeran geradliniger reden konnte als mit Hausenstein, dann heißt das nicht, daß ich den Verleger für die innerlich entschlossenere Persönlichkeit hielte. Das Gegenteil trifft zu. Der innere Jammer Hausensteins über die Zeit ist echt, er ist tief, tief verstört. Das Zutrauen, das er mir zeigt, beruht darauf, daß er begriffen hat, in diesem Punkt einen Partner zu haben, und ich glaube, er kommt aus der Verwunderung darüber nicht ganz heraus, weil ich so gar nicht sein Typ bin. Er stilisiert und formalisiert auch seine Moral, seinen Ernst, und es will ihm nicht ins Gefühl, daß ein Mensch so ungebildet und nonchalant sein kann, wie ich es bin – und doch unerbittlich. Er würde die Bekanntschaft zwischen uns nicht suchen und sichtlich fördern, wenn er nicht neugierig wäre, herauszufinden, wie's mit uns steht. Gierig auf Neues – diese Eigenschaft ließ ihn Klee frühzeitig riechen, sie macht ihn im Geistigen so unbefangen, daß er eine Gestalt wie Karl Valentin ganz (und großartig) begreifen konnte, und wenn ich auch nicht Klee und Valentin bin, so scheine ich doch für ihn, seitdem er die Manuskripte kennt, so etwas wie ein Insekt zu sein, dessen Lebens- und Seinsbedingungen ihn interessieren just aus dem gleichen Grunde: Sein offener Geist will sich in seiner Offenheit bestätigen – vielleicht, weil er sich der Gefahr bewußt ist, daß die französische Maske ihm aufs Gesicht wachsen und er damit ein klein bißchen lächerlich werden könnte.

Während sich mir keine »Idee Heimeran« gebildet hat, sondern nur der Mann und das Gespräch in ihrer Konkretheit mir erfreulich waren, geht es mir mit Hausenstein umgekehrt: wenn wir miteinander reden, stelle ich mich auf ihn ein, mache gleichsam einen spitzen Mund, gebe leidlich Bedeutendes von mir und denke dabei: Zum Teufel, was soll der Quatsch. Aber ich habe eine »Idee Hausenstein« in mir, trage diese Tüte voll Trauer, Verletztheit und Abscheu mit mir herum, die er letztlich darstellt, und es ist mir wichtig zu wissen, daß auch in einem so bürgerlich reputierlichen Kopf das absolute NEIN!! seinen zentralen Platz haben kann. Auf deutsch, was uns wirklich verbindet, darüber reden wir eigentlich gar nicht.

Ich bemerkte zu meiner Überraschung, daß mir die Zerstörungen in der Stadt [München] überhaupt nichts ausmachen. Verglichen mit dem verkommenen Menschenpack, mit dem ich umgehen muß, ist ein zerstörtes Haus eine harmlose Angelegenheit, man kann es ja wieder aufbauen. Aber aus solchen Leuten, zu denen ich ohne Zögern auch den Ingolstädter Hauptmann rechnen würde (woraus Du siehst, daß Intelligenz mir keinen Maßstab liefert bei der Unterscheidung von Gesindel und Menschen), wird sich keine vernünftige Gesellschaft bauen lassen, unter welchen politischen Bedingungen auch immer. Sie werden so tun als ob ... aber ich habe sie begriffen. Nein, wenn der Krieg aus ist, wird nichts mehr senk-

recht stehen in den großen Städten, aber es wird mir völlig gleichgültig sein. So argumentieren die Herren auch: alles wird schöner und moderner gebaut werden, und tatsächlich ist ja etwas Wahres dran. Wenn sie in München den elenden Hauptbahnhof ganz zerschmeißen, wird es leichter sein, eine vernünftige Planung auszuführen. Aber so weit denke ich nicht; von so was kommt so was – mit diesem Leibspruch schaue ich mir eine zerbombte Straße an und finde die Welt in Ordnung.
Ich fand die Welt auch in Ordnung, als ich am Sonntag die h-moll-Messe hörte, dirigiert von einem Regensburger Domherrn. Er hatte ein schönes Verhältnis zu seinen Knabensängern; wenn ihnen ein fortissimo recht strahlend gelungen war, lachte er ihnen zu, und sie lachten zurück und waren ganz in seiner Hand. Es war befriedigend, einmal eine Kinderschar etwas Friedliches tun zu sehen: tun zu hören, besser gesagt.

[An Helene Flohr]
11. März 43. Ich habe vor einer Stunde von Deinem zertrümmerten Laden erfahren. Es wird Sommer! Ich würde an derselben Stelle am Prager Platz einen Stand errichten, darüber eine rote Sonnenmarkise mit blauen Punkten.
Sei nicht down. Freu Dich mit uns, daß nur Deine Bücher hin sind und Du lebendig bist von oben bis unten. Überleben ist alles. Das hat auch Hitler gesagt, es muß wahr sein. Es ist wahr! Ich war drei Tage in München und mit ein paar gescheiten Leuten zusammen, die Gespräche gipfelten alle in der Feststellung: Überleben ist alles.
Meine heroische Familie ist, wie Du, in Berlin, aber sie muß nicht, während Du mußt. Mußt Du? Ich will nicht noch einmal sagen: überleben ist alles – wenn Du Dir diesen Grundsatz aber zu eigen machst, dann verlasse bei nächster Gelegenheit die Stadt. Sonst wird das Überleben zu schwierig.

[An die Mutter]
11. März 43. Nun gut, wir werden uns nicht über die Beweggründe einigen, die mich bestimmen, Berlin, was uns angeht, zu räumen. Und zwar solange es noch möglich ist. Ich habe kein Mittel und auch nicht die Absicht,

Dich oder Lisl zu zwingen, Berlin zu verlassen, und ich verstehe sehr gut, daß Du Dich in Lisls Kreis eingelebt hast und einen neuen Wechsel Deiner Lebensumstände, der aber in Wahrheit doch nur eine Rückkehr in die gewohnten wäre, nur widerwillig unternimmst. Aber auf solche Empfindungen Rücksicht nehmen und nach ihnen handeln, das erscheint mir etwa so, als ob ein Soldat, der unter schwerem Beschuß nach einer Deckung sucht und sie auch findet, sich nur deshalb nicht auf den Boden werfen will, weil der feucht ist. Hitler hat formuliert: es gibt in diesem Krieg Überlebende, und das ist alles (ein wörtliches Zitat ist das wohl nicht). Das ist der Punkt, exakt.

Ich rühre für meine militärische Zukunft keinen Finger, bin also als Soldat in der polaren Situation zu der als Zivilist, Ehemann, Vater, Bürger und so weiter. Als solcher will ich planen. Noch mal: Wenn die Räumung der Ruhlaerstraße dazu beiträgt, daß Ihr beide Berlin früher verlaßt, als ihr es sonst tun würdet, dann will ich es gern auf mich nehmen, daß Ihr uns jetzt für ängstlich, egoistisch und verzagt haltet. Wenn ich heute einem unzuverlässigen Kaufmann 5000 Mark liehe, würdest Du das für himmelschreienden Blödsinn erklären. Beim letzten verhältnismäßig leichten Angriff sind 25000 Berliner obdachlos geworden. Sollen wir warten, bis wir zu den nächsten 100000 gehören? Ohne jede Notwendigkeit? Du hast einen Bauernhof in Oberbayern und willst Berlin nicht verlassen? Lieber Gott, ich wüßte auf Anhieb ein Dutzend Familien, die zu Fuß nach Weilheim liefen, wenn sie wüßten, wo dort unterkommen.

[An Helene Flohr]

Kempten [ohne Datum, März 43]. Dem Umstand, daß auf meiner Stube ein aus Stalingrad Geretteter liegt, der aus einem Bodenseedorf stammt und gerade auf Urlaub zu Hause war, verdanke ich die Kenntnis einer Maßnahme, die endlich die glücklichste Lösung für das schwere Nachwuchsproblem zu sein scheint. Die Maiden des Arbeitsdienstlagers in Grasbeuren durften den Wunsch aussprechen, dem Führer ein Kind zu schenken, hierfür haben sich 53 von den 150 Insassen des Lagers schriftlich bereit erklärt. Eine SS-Einheit aus Radolfzell führte den

Wunsch aus, die Männer waren zu diesem Zweck zweimal im Lager, der erste Besuch wurde als Festabend aufgezogen, wobei ein Ritterkreuzträger aus der SS dem Ereignis die nötige Würde verlieh. Das zweite Mal ging es formloser zu. Die Kinder werden vom Staat übernommen, den Mädchen entstehen daraus weiter keine Lasten für die Zukunft, sie werden vielmehr Vorteile beim Aufbau ihres weiteren Lebens genießen. Es entstehen keine Komplikationen mit dem Elternhaus. Wenn die Mädchen das Lager verlassen, ist alles vorbei, sind sie munter und frisch wie zuvor und rauchen nicht.
Die polnischen Gefangenen bzw. die Ostarbeiter werden stellenweise frech in unserer Gegend. Unsere gutmütigen Bauern behandeln sie zu freundlich, leihen ihnen am Sonntag die Fahrräder. Diese Leute verwendeten die Freiheit, um sich in einem Wald oberhalb von Überlingen zu treffen. Dort hatten sie eine Feldschmiede eingerichtet und Dolche und Messer hergestellt. Als man ihnen dieses Handwerk legte und zwölf von ihnen hinrichtete, fand man Listen, auf denen sie die Bauernhöfe unter sich verteilt hatten und diejenigen namentlich aufgeführt waren, die sie gut behandelt hatten und demzufolge zu schonen wären am Tage der Abrechnung. Jetzt dürfen sie sonntags ihre Arbeitsstätten nicht mehr verlassen und werden überhaupt strenger angefaßt.

19. März 43. F. hätten sie in Berlin wirklich die Buchhandlung zugemacht, weil nicht unbedingt kriegswichtig, und sie selbst in die Fabrik geschickt, wenn der Laden nicht beim letzten Angriff schwer beschädigt worden wäre. Nun zählt F. zur privilegierten Kaste der Bombengeschädigten, sie wird nicht zur Fabrikarbeit eingezogen, womit auch der Grund weggefallen ist, ihr die Bude dichtzumachen.
20. März 43. In gewisser Weise vereinfacht und verdeckt der Krieg auch meine und unsere persönlichen Probleme, und ich glaube, das ist es, was Du spürst und worauf Du den Finger legst, wenn Du sagst, ich sei nicht ganz da. Es ist nicht ganz richtig, daß ich in dieser Scheißwelt überhaupt nicht sei. Da ich es ja körperlich bin und mich darin zu erhalten habe nach den allgemeinen und den speziellen Geboten, die sie an mich heranträgt, denen sie mich

unterwirft, kann es gar nicht ausbleiben, daß ich durchaus nicht nur zum Schein und aus Taktik, sondern »auf echt« und sogar noch im bewußtesten Widerspruch Teil einer Welt bin, in der Du und Thomas, die Rehmenhalde, gar nicht vorkommen.

Der Augenblick kann nicht mehr gar so weit weg sein, wo der Krieg nichts mehr zudeckt, weil er zu Ende ist. Das ist dann eine Situation, von der wir nicht glauben dürfen, sie füge sich nahtlos an jene an, die wir im Herbst 1939 verlassen mußten. Du lebst insofern anders, als Du einen Bereich, in dem Du nicht ganz da sein kannst, überhaupt nicht kennst. Wenn L. W., als sie Dich in Überlingen besucht hatte, von Dir als einem Märchengeschöpf schrieb, meinte sie voll Staunen und nicht ohne Neid eben das: daß Du Krieg, und Elend, und Verbrechen, und Trauer, und Sorge hereinzunehmen weißt in das Leben mit dem Kind unter blühenden oder tragenden Apfelbäumen, und selbst ein solcher Schafspinsel wie Hennig [Hausbesitzer] spielt in dem Rehmenhalden-Märchen nur die Rolle des Poltergeistes und Klabautermannes, der die Handlung dramatischer macht. Wie ich mit Hauptfeldwebeln, mit Offizieren, von denen ich nie ganz sicher bin, ob sie nicht potentielle Mörder sind (sie sind's, keine Sorge), mich herumschlage, so Du mit den Behörden wegen eines Dienstmädchens, wegen der Wohnung; dazu dann die Versorgungsschwierigkeiten und so fort. Aber alles das ist nicht gleichrangig mit Deiner inneren »Märchenwelt«, die Du in deinen Briefen malst. Wenn L. W. weiter schrieb, daß immer, wenn sie Dich erlebte in deinem Lebenskreis mit dem Kind, ihr das Zitat einfiele: Eine Mauer um uns baue ... (weil um Dich diese Mauer gebaut sei aus dem kostbarsten aller Materialien, aus Glücksempfindungsfähigkeit) –, dann macht eben dies den Unterschied zwischen Deiner und meiner Existenz aus. Meine Unverletzbarkeit wurzelt nicht in Gefühlen, sondern in Einsichten, mein Rückzugsplatz ist nicht eine Insel des Glücks, sondern so etwas wie ein Bunker, und nichts wünschte ich mehr, als er sei mit Waffen ausgestattet, die eine Welt vernichten könnten, die vernichtet.

Mein Abscheu gilt nicht denen, die man im politischen Sinn als die Verantwortlichen bezeichnen könnte. Was die Gesamtheit duldet, dafür ist die Gesamtheit verantwortlich, und es gibt nichts, was sie entschuldigen könnte: weder die Praktiken und Umstände der Herrschaftsgewinnung noch jene der Herrschaftsausübung. Will ich Demokratie, muß ich glauben, daß die Gesamtheit weiß, was ihr frommt, und wenn sie es weiß, ist sie verantwortlich. Dann frommte ihr eben, was geschieht – und ist das vielleicht nicht wahr? So ein Brief wie der von der Fleißer, die eine großartige Person ist! – und doch schreibt sie einen derartigen Mist wie »in Notzeiten darf man nicht aus der Reihe tanzen« oder »an notwendigen Übeln muß man nicht rütteln, man kann ohne sie nicht auskommen«. Wenn ein Mensch, dessen Lauterkeit für mich außer Frage steht, dergleichen von sich geben kann, dann ist doch klar, wohin die Reise nach dem Krieg gehen wird – ins Himmelblaue der Unschuld. An solchen Stricken kann man niemand moralisch aufhängen; sie aber sind es, mit denen die Vernunft gefesselt wird.

25. März 43. In meinem Stübchen bei der alten Frau Becherer (neulich wurde sie krank, und als es ihr immer schlechter ging, holte ich gegen ihren Willen den Arzt, der, als ich ihm den Zustand der alten Frau beschrieb, sagte: Ei was net gar!). Hier stehen zwei schmale Betten, ein kleiner Schrank, ein Nachttisch, ein kleiner Tisch, auf dem die Papiere liegen, ein Stuhl (der durch einen zweiten ergänzt werden könnte), ein eiserner Waschtisch mit einer Emailleschüssel und einer Kanne. Dazu ein eiserner Ofen und Brennmaterial. Vor dem Fenster eine Spielwiese für Thomas, die von einem Bach durchgezogen wird, der in einer Zementröhre verschwindet für eine Weile. Bei gutem Wetter wäre dies für Euch ein genügendes Unterkommen, bei schlechtem ist es zu primitiv. Eine andere Bleibe wüßte ich kaum zu finden. Entscheide, ob Du unter diesen Bedingungen die Reise hierher unternehmen willst. Der Wehrmachtsabend [mit dessen Vorbereitung ich mich vom Kasernendienst drückte] soll am eigentlichen Wehrmachtstag, das ist der 4. April, vielleicht wiederholt werden, woraus sich für mich eine Verlängerung der Frist ergäbe, in der ich mehr Freiheit genieße als normal. Diese Zeit müßten wir also benützen.

[An den Paul List Verlag, Leipzig, mit einem neuen Teil umgeschriebener Aufzeichnungen]
17. April 43. Sie haben lange nichts von mir gehört, hauptsächlich deshalb, weil es mir widerstrebt, nach Art mancher Geschäfte zu schreiben: Nach dem Krieg wieder große Auswahl. So vertrösten uns, mit gleicher Ungewißheit, die Pfarrer auf das Jenseits. Es ist aber in diesen Wochen wieder etwas Ware hereingekommen, die ich Ihrer geschätzten Firma beifolgend offeriere, und ich bin überzeugt, Sie hiermit bestens zu bedienen.

[An W. E. Süskind]
25. April 43. Wir beabsichtigen, unsere Möbel aus Berlin in ein Bodenseedorf zu transportieren, trotzdem aber im Vertrag der Berliner Wohnung zu bleiben, obschon ich nicht glaube, daß wir nach Berlin zurückzukehren jemals die Absicht oder auch nur die Möglichkeit haben werden. Meine Frau hat berechnet, daß wir seit Dezember sieben gemeinsame Wochen verlebt haben, das ist viel für einen Soldaten.
Jetzt eben steht der Osterurlaub bevor, den wir entweder am Bodensee verleben oder zu einer Fahrt in die Passauer Gegend verwenden, wo sich aus dem Kreis um Carossa einige zusammengefunden haben, die meine Kriegsnotizen über Gebühr schätzen. Dort lese ich vielleicht aus den neuen Blättern vor. Die Kopien sind viel auf Reisen.

[An die Mutter, die aus Berlin nach Weilheim zurückgekehrt war]
27. April 43. Du, Mama, solltest nicht die Sieger von morgen fürchten, sondern die Besiegten von heute, dank deren Arbeit die Weilheimer Fabrikchen fabrizieren. Erinnere Dich, das habe ich Dir gesagt, als wir in Deinem Eßzimmer zusammensaßen, wo der Kachelofen in der Wand auch das nächste Zimmer heizt und eine hellhörige Verbindung zu D.s herstellt. Pst, hast Du gesagt, die hören doch alles. Diese aufs Nächstliegende gerichtete Befürchtung hat Dich vielleicht verhindert, die weitere, die ich in Dir wecken möchte, zu hören. Deshalb sei noch einmal daran erinnert: Außer dem Splittergraben im Obstgarten solltest Du noch ein paar Vorkehrungen für den Fall des Falles treffen, daß die Plünderer kommen.

27. April 43. Heute früh im Hospiz las ich die Sonntagsausgabe der Frankfurter und war schon fast damit fertig, als ich auf der ersten Seite die kaum hervorgehobene Notiz fand, daß die Zeitung am 1. September ihr Erscheinen einstellt. Es wird empfohlen, sich den Völkischen Beobachter, die Deutsche Allgemeine oder die? (vergessen!) zu bestellen.

[An Dr. L. in Kempten]
29. April 43. Ausgezeichnetes Klavierspiel veranlaßte mich heute abend, vor einem Haus in der Nähe der Park-Lichtspiele stehenzubleiben und dann eine Kellnerin in dem darin befindlichen Lokal zu fragen, wer da spiele. Sie nannte mir Ihren Namen. – Dies zur Erklärung für diesen brieflichen Überfall. Ich bin als Soldat in Kempten und habe bisher noch keinen Ton anständige Musik aus einem Hause gehört und schon geglaubt, dergleichen gäbe es hier nicht. Sie haben mich eines Besseren belehrt. Mein Brief läuft darauf hinaus, Sie zu fragen, ob es sich einrichten läßt, daß wir gelegentlich Sonaten zusammen spielen. Ich bitte Sie, mir die Zudringlichkeit zu verzeihen. Ein Soldat ist auf so brutale Methoden angewiesen, wenn er, ohne persönliche Bekanntschaften zu haben, an einen fremden Ort verschlagen wird.

[E. K.-Sch. an die Frau von Hauptmann Evers in Ingolstadt]
2. Mai 43. Ihr Mann hat zu dem Manuskript ausführlich Stellung genommen – eine mir durchaus verständliche, denn ich komme aus dem gleichen Lager. In meiner Familie waren die idealistischen Begriffe bis zu einer letzten Höhe getrieben worden und hatten das wahre, das in sich ruhende Leben zerstört. Die absolute Unfrömmigkeit des »Idealismus« als einer geistigen Bewegung des Bürgertums war das innere Zeichen, die äußeren waren zahllos, wohin eine solche Auffassung vom Sinn menschlicher Existenz führen mußte. Der 1. Weltkrieg offenbarte es dann allen. Die organische Ordnung, religiös ausgedrückt: die göttliche Weltordnung wurde angezweifelt und verworfen, an ihre Stelle Weltverbesserungspläne gesetzt. So ethisch anspruchsvoll sie sich darstellten und so sicher sie unter christlicher Flagge segeln konnten, so verderblich waren sie.

Human nannte sich dieser Idealimus, wurde als Kampf gegen Not, Tod und Schmerz begriffen, und führte doch nur zu Lebensangst, zu dem völligen Unvertrautsein mit dem Tod. Und weil das alles natürlich war, so konnte der Umschlag erfolgen ins andere Extrem. Jetzt wird gleichfalls unter der Parole »Weltverbesserung« oder »Erneuerung« die Ordnung umgestoßen, und man bekennt sich bewußt zum Gegenteil von Humanität. Woher nimmt man das Maß?
In meinem begrenzten Gesichtskreis sind es drei Schriftsteller, die bei mir erfolgreich Sturm gelaufen sind gegen die verzerrten Maßstäbe. Der Amerikaner Thomas Wolfe, der Engländer D. H. Lawrence und der Franzose Giono. Giono ist am unverbindlichsten, er stellt einfach ein dichterisches Idealbild lebendig vor den Leser. Die beiden anderen setzen aber bewußt ihre Schau eines auf Urgesetze bezogenen Daseins gegen das heutige entartete Leben – zu Gunsten einer Ordnung, die ich »organisch« nannte, was freilich etwas Problematisches hat, weil es gleichgesetzt werden könnte mit einer vitalistischen Betrachtungsweise. Das Geistige muß unmißverständlich darin enthalten sein, und mir ist es wichtig, eine Verbindung zum modernen Weltbild der Physik herzustellen, das heute als »Unsinn« abgetan wird, weil es der Wirklichkeit entgegenstehe.
Um nun auf das Manuskript zurückzukommen, so meine ich, daß mein Mann darin vor den Leser hinstellt, daß trotz der ungeheuersten Entartung, die in diesem Krieg nur ihren letzten Ausdruck findet, der Kontakt mit einer ewigen Weltordnung angestrebt und vielleicht sogar ein wenig hergestellt werden kann. Er nennt es: die Unzerstörbarkeit der menschlichen Natur. Sie sehen auch die Früchte: seine innere Gelassenheit und Heiterkeit.

4. Mai 43. In einem solchen Film [über die Entlassung Bismarcks] wird eine Natur wie Holstein dämonisiert. Das ist vordergründige Mache um des Effektes willen. Holstein war sicher undurchsichtig, aber aus intellektuell-politischen Gründen. Die Dramatik der Entlassung Bismarcks liegt im geschichtlichen Bruch, so scheint es, aber wenn man genauer hinschaut, sieht man doch, daß Wilhelm II. von Bismarck 1870/71 gleichsam angelegt worden ist. Für einen Film ist die Episode gut, weil beide, der Kaiser wie Bismarck, theatralische Akteure waren.

[An die Frau von Hauptmann Evers in Ingolstadt]
6. Mai 43. Aus Überlingen bekomme ich diesen Brief meiner Frau an Sie, und es wird mir anheimgestellt, ihn an Sie weiterzuschicken. Ich bin gewiß, daß die negativen Kritiken zu den Kriegsnotizen, wenn sie denn einmal bekanntgemacht werden sollten in einer veränderten Zeit, aus dem Lager der »Idealisten« kommen werden, und das nicht von ungefähr, denn diese scheinen mir der zukunftslosesten Geistesverfassung verfallen zu sein. Wo ich scharf dagegen werde – im 3. Teil geschieht es einmal ganz unverhüllt –, bedeutet es nicht, daß ich die Träger dieses Idealismus in Person für minderwertige Erscheinungen hielte (im bürgerlichen Sinn sind sie ja gerade meist überaus achtenswert), sondern daß ich ihnen in unserer verwandelten Welt nicht die mindeste Autorität zuerkennen kann.
Leider beweist uns das Beispiel Amerikas, daß die Errichtung eines Matriarchats kein Heilmittel gegen die zeitgenössischen Geisteserkrankungen, den Idealismus eingeschlossen, darstellt. Man sieht dort, daß die Frauen, von den trivialsten Eifersüchteleien und Ehrgeizen getrieben, noch größeres Unheil anrichten als die Männer. Aber mit diesem Briefwechsel zwischen Ihnen und E. profilieren sich nun doch zwei Frauen, die als Individuen im kleinsten Kreis vernünftig wirken. Also Dank für Ihren Brief!

[An K. K. in Berlin (wahrscheinlich ein nicht abgegangener Entwurf)]
7. Mai 43. Ich erinnere mich nicht, im preußischen Verein jemals eine so lange Zeit unbehelligt gelebt zu haben. Allmählich werde ich ein alter Soldat, ein Faktotum, ein gemüdeter Krieger, den nichts mehr erschüttern kann. Ich fege Stuben aus, verteile mit Wasserfluten Dreck in den endlosen, steingepflasterten Fluren, mit dienstverpflichteten Zauberkünstlern und Jongleuren habe ich einen bunten Abend organisiert, hierfür sogar Kostüme beim Filmfundus der Bavaria in München geholt, im Orchester die Geigen verstärkt. Zuweilen ziehe ich auch mit einem Trupp in die Gegend und hänge Telefondrähte auf Bäume, um sie von dortselbst nach Stunden wieder zu entfernen, wobei dann die »Rückentrage« mit der Kabeltrommel nicht auf dem Rücken, sondern auf dem

Bauch hängt. Allerdings habe ich keinen, sondern bin dünn wie ein geräucherter Hering.
Wie lang das für mich noch so weitergeht? Meine bisherigen Voraussagen waren falsch. Ich glaubte nicht, die Kastanienblüte noch im Allgäu zu erleben – zuweilen auch an Wochenenden am Bodensee. Wir wissen das kleine Glück zu schätzen, das große bleibt fern. Du wirst es nicht glauben, aber es ist die Wahrheit: Glück ist für mich gar kein wichtiger Begriff, weil ich Unglück nicht richtig auszukosten vermag. Du mußt zugeben, daß ich für dieses Jahrhundert zweckmäßig prädisponiert bin.
Von kleinsten Zellen her wird sich das Chaos ordnen müssen. E.s Freund Rothe ist sehr im Irrtum; er sagte neulich im Hinblick auf meine Notizen, es werde viele geben, die mehr erlebt haben. Das ist unbestreitbar. Erlebt habe ich so gut wie nichts. R. schwebt vor, daß die Vernunft wieder einzöge, wenn den Überlebenden das Grauen des Krieges in künstlerischer Erhöhung und Steigerung vor Augen geführt werde. Nichts erscheint mir falscher. Erstens geht das gar nicht, jeder Roman über Stalingrad könnte nichts sein als Kitsch, während eine Reportage, es liegt in ihrem Wesen, zugleich mit der Information sozusagen die Daten transportierte, dieses: es war einmal. Damit würde ein höherer pädagogischer Effekt unterbunden. Zweitens ist nach allgemeiner Auffassung solches Grauen eine Erfindung des »Schicksals«, und damit sind wir an der falschen Adresse. Die richtige sind auch die Kommandostellen und -personen nicht bis zur Spitze hin. Indem fast alle diese Spitze wollten und wollen, nach wie vor, ist ein jeder seines Unglücks Schmied, hat es zu verantworten, und nicht nur hinzunehmen. Das letztere ist leicht, weil unvermeidlich, leicht im moralischen Sinn, wie schwer es im physischen sein mag; aber das andere – das werden sie nicht leisten wollen, die, die überleben.
Ich überlegte mir neulich, was unsere Geistesheroen in der Situation von 1939 getan hätten. Goethe wäre schon vor dem 1. 9. im Besitz eines Dokumentes gewesen, daß er uk [unabkömmlich] sei. Hölderlin wäre zugrunde gegangen. Richard Wagner hätte versucht, durch den Bodensee in die Schweiz zu schwimmen, wäre dabei aber aufgegriffen worden, weil er vorher von seinem Plan im

Gasthaus geredet hätte. Im Gefängnis hätte er sich benommen wie Gerhart Hauptmann, schweinisch. Außerdem hätte er den großartigen Charkow-Marsch komponiert und wäre daraufhin Staatskapellmeister geworden. So von der Sorte Gründgens. Bach wäre sofort als Regimentsmusiker eingezogen worden und hätte nach Dienst die h-moll-Messe geschrieben. Schubert wäre wegen Kurzsichtigkeit gvh [garnisonsverwendungsfähig Heimat] gewesen, Mozart wegen eines Magenleidens. Kurz, jeder hätte einen für den ganzen Krieg gültigen Status gefunden. Daß es mir voraussichtlich erspart bleibt, zugrunde zu gehen, einerseits; ich andererseits aber auch nicht zu einem zuverlässigen Druckposten komme; vielmehr auf immer neue Weise zwischen Baum und Borke mich befinde, gezwungen, meine Aufmerksamkeit Umständen und Personen zuzuwenden, vor denen mich ekelt: Das muß einen Grund haben, da ich ja schließlich nicht schwachsinnig bin und um mich herum Geschöpfe sehe, die mit viel weniger Aufwand an Intelligenz sich höchst angenehm im Krieg einrichten. Ich glaube, es ist dieses permanente Ekelgefühl, das mich von ihnen unterscheidet.

11. Mai 43. Als ich Sölter [leitender Mitarbeiter des List Verlages] in Hegge abholte, schneite es! Wir saßen von halb vier bis acht zusammen. In ihm ist alles konfus, mit Ausnahme des Geschäftlichen, und darüber hatten wir nichts zu verhandeln. Er kam aus Straßburg, aus Konstanz (W. v. Scholz), Oberstdorf, überall mit Autoren sprechend, er reist zu diesem Zweck weiter nach München, wird drei Tage in Leipzig sein, um dann nach Paris zu fahren. Deutsche Verleger drucken in Paris, das ist billig, und ich glaube, sie haben die Vorstellung, das bliebe so. List ist in Freiburg und will mit seiner Frau ins Badhotel [in Überlingen] kommen, da wirst Du ihn sehen; lade ihn zu Kaffee und selbstgemachtem Kuchen ein. Er sächselt, das soll Dich nicht stören, er ist ein guter Mann, wenn man kein Geld von ihm will.
Sölter zeigte mir die Liste der Bücher, die der Verlag 42/43 herausbringt, Beweis einer erstaunlichen Aktivität. Wohl alles nichts Großes, aber auch nichts, dessen man sich in einiger Zeit allzusehr zu schämen hätte. Eine

große Mozartbiographie bat ich mir aus. Er ließ mir ein Buch von einem schwedischen Diplomaten da, »Die russische Gleichung«. Zu zwei Dritteln habe ich es gelesen, und das einzige, was ich von diesem Buch nicht verstehe, ist, daß es nicht verboten wurde. Da steht viel von dem drin, was ich immer gesagt habe: daß es unser größter Irrtum war, dieses Land mit unseren Maßstäben zu messen. Das Buch wurde vor Juni 41 geschrieben, bekam nur einen bis September 41 reichenden Anhang, ist jedoch nicht durch die Entwicklung überholt. Man muß Schwede sein, um so etwas drucken lassen zu können bei uns. Im Ganzen ist es Journalismus, man muß die Fleischstükke aus der Sauce heraussuchen, aber sie sind drin.
16. Mai 43. Was bekümmern Dich die Zeiten so sehr! Das Unsere gerät uns doch leidlich. Ich stelle es nicht zum erstenmal fest: es dringt alles langsam in Dich und bricht dann unvermutet mit Gewalt hervor. Zuerst erscheinst Du so guten Mutes, daß ich Dich mit realistischen Zukunftsvorstellungen vertraut machen kann, doch sie fressen sich in Dir fest, und dann drücken sie Dich nieder. Du sitzt in dieser Frühjahrspracht auf dem Hügel und bist ganz down.
Thomas taufen lassen? Ich glaube, man kann die Religion nicht als ein Mittel der Lebensgestaltung benützen. Ist man fromm, tauft man sein Kind sowieso. Ich bin's nicht und brauche keine traditionellen Formen zum Ausdruck gewisser Lebensgefühle oder um Zäsuren zu setzen. Sind wir erst wieder zusammen, wird Th. schon sein geformtes Leben finden – und was ist das, was er jetzt mit und neben Dir führt? Läßt sich's intensiver denken?! Mir widerstrebt es, mir Stützen zu leihen. Hättest Du den bestimmten Wunsch, ihn taufen zu lassen, stünde ich ihm nicht entgegen.
So vieles in Deinem Brief gilt nicht für mich. Ich habe kein elementares Bedürfnis nach Kunst oder Wissenschaft, und das Leben ist mir durchaus nicht ungreifbar. Mein Lebensgefühl ist davon bestimmt, daß ich mich als einen Anfang empfinde. Mir wächst voraussetzungslos ein Kornfeld auf der flachen Hand. In einem strengen Sinn bin ich ungebildet, weil mir nur bleibt, was mich angeht.
[Am 19. Mai 43 fahren meine Frau und ich nach Berlin,

um dort unsere Zelte abzubrechen. Kein Buch bleibt zurück. Am 22. Mai sind die Möbelwagen beladen. Als unsere Wohnung in der Ruhlaerstraße leer war, wohnten wir im Hause der Schwiegereltern.]

[An Agnes Ruoff]
27. Mai 43, Kempten. Berlin liegt hinter uns. Alles wird nächste Woche fein versteckt in einem Dorf bei Salem. Ich bin seit heute früh zurück. Meine Tagesarbeit heute bestand im Auskehren von ein paar Stuben und im Fangen eines Flohs, dem ersten meines Lebens, der mich vor seinem Tod übel zugerichtet hatte. Das war meine Nützlichkeit fürs Vaterland. Ich sehe den Sieger voraus, der mich eines Tages fragt: Wie, so lange Soldat? Was haben Sie denn da gemacht? Stuben gefegt und Kartoffeln geschält, Sir, werde ich sagen. Und er wird weiter fragen: Und wer, bitte, hat Europa ruiniert? Ich, Sir!, werde ich sagen.

[An E. v. Almsick]
26. Mai 43. Ich traf jenen Feldwebel, zu meiner Zeit Unteroffizier, der bis vor Stalingrad die I-Staffel in der NA3 führte. Seine Schwester hat hier eine Kantine, er lud mich zu einer Bowle ein. Er nannte die Namen derer, die von der Abteilung aus Stalingrad, aus dem schon umschlossenen, herausgekommen sind unter Vorwänden. Alle Hurra-Schreier. Wenn ich nicht das Gefühl hätte, daß meine eigene Bestimmung nichts mit diesem Krieg zu schaffen hat, so müßte ich mich fast schämen, am Leben zu sein. Dieses Feldwebels Haltung und Zuversicht, wie sternenfern sie mir auch sind, waren mir achtenswert, und was Menschen dieses Schlages alles zerbrechen wird, ist nicht auszudenken.
Es sind hier in der Stadt viele Kinder und Frauen aus Essen, ich sprach mit einigen und weiß, wie es bei Euch aussieht [v. A. war in Essen zu Hause]. Fachleute sind der Meinung, daß man Städte wie Essen und Rostock in 50 Jahren nicht wieder wird aufbauen können. Wir stehen erst am Anfang der Zerstörungen. Ich glaube fest, daß uns nichts erspart bleibt und wir ganz unten durchmüssen. Ich glaube allerdings zum erstenmal auch, einen Termin für das Ende des eigentlichen Krieges zu erken-

nen, Herbst 44. Was dann kommt, wird sich noch längere Zeit nur wenig vom Krieg unterscheiden.

26. Mai 43. Nachmittags wurde ich zum Oberleutnant und zum Hauptfeldwebel gerufen. Das sind nun die beiden neuen Nornen, die ohne die geringste Kenntnis alles Vorhergegangenen – abgesehen von dem, was ihnen ein dürftiges Aktenstück vermittelt – an meinem Faden weiterspinnen. Ich hatte solche, die taten es mit Tücke und Hinterlist, mal auch jemand, der Verständnis aufbrachte – diese beiden geben sich korrekt. Und deshalb dreht es sich für sie zunächst um diese verdammten neun Tage Arrest, die ich vor der Kriegsgerichtsstrafe im August 1941 (!) bekam. Darüber haben sie, Gott weiß wo, Erkundigungen eingezogen und festgestellt, ich hätte sie nicht verbüßt. In ein paar Wochen wären die neun Tage verjährt, und nicht allein deshalb würde es mich geradezu kränken, sie absitzen zu müssen. Gefängnis, na schön, aber Arrest, das paßt nun wirklich nicht mehr. Eine Entscheidung haben die Herren nicht getroffen. Von fern wurde die Frage gestreift, ob ich nicht neuerdings einer »Bewährung« zugeführt werden müsse, bevor aber darüber Genaueres zu hören war, ging das Telefon, und der Oberleutnant brach das Gespräch ab.
Gestern wurde Hauptmann Oberhauser [bisheriger Kompaniechef], unter lauter Larven die einzig fühlende Brust, mit einer schweren Herzattacke ins Krankenhaus gefahren. Er wird auf lange ausfallen, und vielleicht ist dieser Umstand in dem Puzzlespiel, das jetzt wieder in Gang zu kommen scheint, nicht ohne Bedeutung.

[An H. F. in Berlin]
11. Juni 43, Krugzell [ein Dorf im Allgäu, dort eingesetzt zur Erntehilfe seit 8. Juni]. Mittwoch vor acht Tagen sind unsere Möbel in Salem angekommen, ich nahm daraufhin den Urlaubsrest von fünf Tagen. Noch die Enkel werden in Salem von unserem Transport sprechen. Der eine 10 m lange Möbelwagen war 200 Zentner schwer und stand auf einem so morschen Güterwagen, daß er durch die Bohlen brach, als wir ihn abschleppen wollten. Mit Hebeln und Winden holten wir ihn wieder heraus. Die zwei stärksten Traktoren des Schloßgutes zogen ihn

langsam nach Rickenbach. An zwei Abenden bekam ich dort sieben gefangene Serben dank der Einsicht ihres Bewachers, eines Gefreiten. Es waren feine fleißige Burschen, sie brachten alles unter die zwei Dächer. Ich bin ein wenig neugierig, wie die Verhältnisse sein werden, wenn wir diese Stuben wieder ausräumen.
Mein Bauernwirt hier, der dicke Herr Hummel, und seine Verwandten – so was von Degeneration! Da lobe ich mir die evakuierten Preußenfamilien aus Essen und Umgebung, die hier die Gegend unsicher machen. Von ihnen hätte Goethe gesagt, sie haben Haare auf den Zähnen, ein zähes, raffgieriges Volk, das Gott für die englischen Flieger dankt. Die Frauen machen den Finger nicht krumm und spielen sich als Flüchtlinge auf, dabei sind sie aus heilen Wohnungen mit allem abgefahren, was ihnen zweckdienlich für die bayerische Verbannung zu sein schien. Da ist Gebrüll und Geschrei den ganzen Tag. »Du kriegst 'ne Wucht«, und »Nein, du darfst kein zweites Stück Zucker nehmen«, aber er kriegt's dann doch, der Goldsohn, und der andere schreit: »Mutti, der Harald hat schon zwei Pfannkuchen.« Sie stürzen sich auf die Zeitungen, und heute hörte ich eines der Weiber mit wirklichem Bedauern in der Stimme sagen: »Sie haben schon zehn Tage keinen Angriff mehr gehabt!« Die andere darauf: »Ja, aber dann wird es wieder kommen – und wie!« Hoffnung glomm in ihr, denn die Bomben dort sind die Grundlage ihrer stinkend faulen Existenz hier bei guter Ernährung. Sie sind der Vortrupp der Heere, die noch kommen werden, und dann sieht's anders aus, aber sie sahnen erst mal ab – und das im wörtlichen Sinn. Gestern abend schob ich das Rad in den Hausflur und ließ die Feder vom Gepäckträger zurückschnappen. Es gab einen kleinen, harmlosen Schlag. »Huch«, schrie eine, die da herumstand, »ich dachte, es wäre eine Bombe!« Seit einem Vierteljahr sind sie hier, hören nur die Kirchen- und die Kuhglocken und den Ruf des Hüterbuben, wenn er eintreibt am Abend. Diese Weiber haben in elenden Wohnungen gehaust und sich mit der Zeitung zugedeckt, und jetzt ist ihnen nichts fein genug. Die Arbeit schreit ringsherum, ohne Soldaten bliebe die Ernte liegen, aber das kümmert sie nicht.

[Von E. v. Almsick aus Italien]
7. Juli 43. Einmal muß die Welt untergehen, um sich zu erneuern. Wenn ich diese Erkenntnis selbst immer beherzige, wird mir vieles leichter, und ich empfinde dann einen nicht so tiefen Groll.

16. Juli 43. In der Frankfurter steht ein Aufsatz, gezeichnet I. S., vermutlich Irene Seligo, über das Gastspiel der Berliner Oper in Lissabon. Es hätte fast nicht stattfinden können, weil man die Nägel nicht hatte, um die Dekorationen zu bauen. In Berlin. In derselben Zeitung steht, daß die Amerikaner auf ihrem Weg zur Luftherrschaft Luxushotels längs der Fluglinie nach Afrika gebaut hätten, in denen rein amerikanischer Fraß verkauft wird. Da sind sicher ein paar Nägel übriggeblieben, die könnten sie doch in Berlin abwerfen. Im übrigen sind diese Amerikaner und Engländer ganz feige Burschen, wie ich auch erfahre. Indem sie in Sizilien landeten, hätten sie den bequemsten und sichersten Weg auf den Kontinent gewählt. Also ich verstehe nicht: Wie können sie nur? In Berlin hätten sie abspringen sollen, da wären sie zwar aufgerieben worden, aber man hätte doch gesehen: Feine, mutige Jungs sind das, die trauen sich was zu, Teufel noch mal. Prügel kriegen sie in Italien, sagt der deutsche Heeresbericht. Sie hätten die Küste von Licata bis Augusta, das sind 250 km, besetzt und stünden in der Ebene von Catania, sagt der italienische.
[Ohne Datum, Mitte Juli 43]. Goebbels' Artikel im »Reich« ist überschrieben: »Weiß das die Regierung?«, und natürlich weiß sie es. Er schildert ein wenig seinen Tag, wie es da strömt von Informationen von früh 7 bis Mitternacht. Ein anderer Aufsatz von Walter Bauer heißt: Das innere Bild. Vieles werde zerstört, aber das innere Bild bleibe. »Das innere Bild der Kunst ist ihre eigentliche Existenz.« Wenn dem so ist, wozu brauchen wir Museen? Ein unbändiger Unsinn! Um zum inneren Bild zu gelangen, muß man das Kunstwerk erst einmal mit Augen gesehen haben. Er exemplifiziert am Kölner Dom: Wenn sie den ganz zerschmissen haben werden, bliebe das »innere Bild«. Ich brauche weder das innere noch das äußere Bild dieser Reißbrettkiste. Aber darauf können wir Gift nehmen, dieser Kulturschrott wird restauriert werden. Im-

merhin ist es bemerkenswert, daß das »Reich« nicht mehr brüllt, es werde alles neu und viel schöner wieder gebaut werden als es war, sondern uns innere Bilder verkaufen will. Die kosten nur das Honorar für einen innerlichen Schreiber. Mein Gott, sind mir solche Schafspinsel widerwärtig, die ihre edle Attitüde verplanen lassen und es nicht einmal merken.

26. Juli 43 [nach einem Wochenende in Überlingen]. Du wirst die Karte aus Lindau haben. Es war halb zwölf, als die Weinflasche leer war. Übernachtung, da es kein Hotelzimmer gab, im stinkenden Dachraum einer Kaserne mit 20 anderen. Im Frühzug dann noch Kompaniegenosse K., der in Radolfzell seine Braut getroffen hatte. Wir hatten in Kempten noch Zeit, kauften Brötchen und gingen ins Hospiz frühstücken. Die Kellnerin ließ uns warten, kam dann ganz atemlos an den Tisch und entschuldigte sich, sie hätte die Neuigkeit erst ihrer Kollegin erzählen müssen. Du kennst die Neuigkeit inzwischen: Mussolini ex! K. sagte: »Wahrscheinlich aus gesundheitlichen Gründen.« Wir amüsierten uns über die Bemerkung. Bei Becherers angekommen, wurde mir aber gesagt, die Nachrichten hätten tatsächlich verbreitet: Rücktritt aus gesundheitlichen Gründen. Da waren wir doch eine Weile sprachlos. Ich glaube nicht, daß die Konsequenzen dieses Schrittes für den Krieg in Italien erheblich sein werden. Nur auf längere Sicht ist es ein Ereignis von größter Bedeutung.

Ich nehme die Maschine mit in die Kaserne, sicher habe ich Luftschutzwache. Das wechselt jetzt so ab: Torwache, Luftschutz, Torwache, Luftschutz. Die Herrschaften, der Kompaniechef, der Hauptfeldwebel, der eine heißt Schmid, der andere Zetschke, schießen sich auf mich ein. Ich kenne diese Vorstadien offener Verfolgung jetzt zur Genüge, Du wirst es sehen.

27. Juli 43. Ich habe neue Informationen über den Stand meiner Dinge, sie sind vertraulich, und ich verdanke sie B.

[Brosius, Schreiber bei der Kompanie, hat mir bis zur Abstellung nach Rußland – dank seiner Einsicht in die Akten auf der Schreibstube – wertvollste Hinweise geliefert. Mit ihm und zwei oder drei anderen und mir entstand in diesem Kemptener Sommer des Jahres 43 zum

ersten Male (und für mich einzigen Male) eine konspirative Gruppe, auf die Verlaß war. Daß die erhaltenen Aufzeichnungen und Briefe davon nichts festgehalten haben, läßt erkennen, daß ich die Situation in dieser Ersatzkompanie als wirklich gefährlich einschätzte.]
Die Strafakten sind, nachdem die 3. Division in Stalingrad verschwand, bei der Ersatzdivision in Potsdam. Dort hat nun die hiesige Kompanie angefragt, ob es für mich überhaupt in Frage käme, daß ich »zurückgezogen« werde [als einziger Sohn eines Gefallenen]. Das in Potsdam zuständige Kriegsgericht hat geantwortet, daß es darüber nicht zu entscheiden habe. Auf dem Dienstwege, also beim Generalkommando in München, sei diese Entscheidung zu treffen, und dann sei das Gericht ins Bild zu setzen, denn es habe, falls ich »zurückgezogen« werde, zu prüfen, ob unter diesen Umständen die weitere Strafaussetzung noch gewährt werden könne.

[An Unteroffizier D., mit dem ich in Demidoff oft Wache ging]
Ende August 43. Vieles von dem, was wir damals geredet haben, hat sich verwirklicht, vieles wird sich noch erfüllen. In meinem soldatischen Dasein stagniert hingegen alles. Eigentlich ist es der Sinn vieler Vorschriften, einem gefallenen Engel wie mir wieder in die Reihe zu verhelfen, aber dieses System funktioniert in meinem Fall nicht, und ich weiß, warum nicht. Die Verrückten, die 999 unter 1000, sind gerade in dem Punkt nicht verrückt, daß sie Leute wie mich, sind sie erst einmal auf sie aufmerksam geworden, als nicht ihresgleichen erkennen. Ich erkenne ja die 999 auch als nicht meinesgleichen. Ich halte sie, je nachdem, für Verbrecher oder Schwachsinnige, während sie mich einerseits für einen Verräter der großen Sache, andererseits für einen Verächter ihrer selbst ansehen, und zwar, ohne daß ich davon spräche. Sie riechen es.

[An Wilhelm Hausenstein]
30. August 43. Mein herzliches Beileid zum Tod der Zeitung [*Frankfurter Zeitung*], oder sagen wir besser: zum Scheintod! Es geschieht ja vieles Tag um Tag, was ungleich größere Bedeutung für unsere Zukunft hat, aber es ist doch etwas Besonderes, wenn eine Einrichtung ver-

schwindet, die uns begleitet hat, seitdem wir zu denken begonnen haben. Hatte die Zeitung auch nie eine Orientierung, mit der ich mich hätte identifizieren mögen, so kam sie doch der eigenen Vorstellung von einer Zeitung am allernächsten und enthielt oft und oft Beiträge, die uns geistige Bereicherung bedeuteten von der Art, wie Zeitungen dazu fähig sind: als Anstoß, als Hinweis, als Markierungen im Zeitstrom – von der ausgezeichneten Art der Information ganz zu schweigen.
Das Organ war ein Band. Es hatte trotz seiner immer etwas problematischen Doppelgesichtigkeit, dem Geist und dem Geld verpflichtet, eine ungewöhnlich homogene Gemeinde, die sich während der bis jetzt letzten Periode nicht so sehr durch das zusammengehalten fühlen konnte, was wirklich auf den ersten Seiten stand, als mehr durch das, was sie heraus- oder hineinlas.

[An die Schwester]
13. September 43. Was ist das für ein unglaublicher Unsinn, an Mama zu schreiben, sie solle sich nicht wundern, Dich »künftig an den gefährlichsten Stellen« zu sehen. Das ist reine Deklamation, und wenn es mehr wäre – noch schlimmer. Besonders schlimm in dieser Zeit, in der es nur ein Bestreben geben darf: sich zu erhalten. Die Gelegenheiten unterzugehen, liegen weiß Gott auf der Straße, und wo Millionen und vielleicht eine Welt untergehen, fällt es nicht gerade schwer, sich dazuzuwerfen. Das ist eine wenig stolze Lösung. Wir haben nachher da zu sein, das Chaos wieder zu ordnen. Wie wertlos ist jede Form des Mutes, die nicht sich darin erfüllt, daß sich einer beharrlich und zäh gegen widrige Umstände behauptet.

[In jenen Monaten soll zwischen München und Garmisch für die projektierte »Alpenfront« ein zusätzliches Fernsprechkabel verlegt werden. Zum Ausheben des Grabens wird ein Kommando von Soldaten aus der Kemptener Kaserne nach Weilheim abgestellt, von wo aus es täglich zur Arbeitsstelle gefahren wird. Ich gehöre dazu. Dank eines vernünftigen Kommandoführers brauche ich nicht mit den anderen in einem Massenquartier zu schlafen, sondern kann in unserem Haus bei meiner Mutter wohnen. Zur Belohnung für gute Grabarbeit und für die

aktive Teilnahme an einem Unterhaltungsabend im Saal des »Bräuwastl« bekomme ich fünf Tage Sonderurlaub, von dem die Kompanie in Kempten nichts erfährt. Meine Frau kommt vom Bodensee nach Weilheim, wir fahren nach Salzburg, wo alle großen Hotels Lazarette geworden sind und wo wir aus der »Deutschen Eiche« von Wanzen um Mitternacht vertrieben werden.
Wir besuchen Freunde in Schärding, den Industriellen Kapsreiter, dem ich die Verbindung zu Carossa verdanke, den nach Neuhaus am Inn aus Berlin evakuierten Bildhauer Ebbinghaus, und sind am 28. September bei Alfred Kubin in seinem Schlößchen Zwickledt. In Schärding lese ich vor einem kleinen Kreis aus den umgeschriebenen russischen Briefen vor. Am 13. Oktober Rückkehr in die Kemptener Kaserne.]

[Aus dem Notizkalender:]
15. Oktober 43. Zum Rapport beim Kompaniechef befohlen. Eine Stunde Beschimpfungen. Dienst, Dienst, Beschimpfungen, Geschrei, Krach, Demütigung. – 16. Oktober 43. Wieder beim Kompaniechef wegen der »9 Tage« Arrest, aus den Akten gespenstisch auferstanden.

Vom Dnjepr Rückkehr unerwünscht

[Am 22. Oktober 43 werde ich mit zehn anderen wieder an die Ostfront »abgestellt«. Wir fahren nach Augsburg, wo das Marschbataillon versammelt wird. Brosius von der Schreibstube gibt mir im letzten Augenblick einen Wink, bei meinen Papieren befände sich ein vom Kompaniechef geschriebener Brief, der mir gefährlich werden könne. Ich solle versuchen, an diesen Brief heranzukommen.
Im Augsburger Hotel »Drei Mohren« begegne ich zufällig zwei Offizieren, die mich aus Demidoff kennen. Sie wundern sich darüber, daß ich immer noch Soldat im untersten Dienstgrad bin, und finden, es sei Unsinn, daß

ich, ausgebildeter »Fernsprecher«, wieder zur Infanterie geschickt würde. Der eine von ihnen, ein Major, erklärt, er wolle versuchen, mich aus diesem Marschbataillon herauszuholen.]

2. November 43 [in Augsburg]. Meine Schutzengel in Uniform funktionieren doch etwas besser, als ich gestern dachte. Eine Versetzung weg vom Marschbataillon ist nicht mehr möglich. Aber ich besitze nun einen Brief, den beide Offiziere unterschrieben haben. Darin werde ich gelobt und für den Dienst bei einer Nachrichtentruppe empfohlen. Das kann unter Umständen enorme Bedeutung gewinnen, doch will ich darüber jetzt nichts weiter sagen.

3. November 43. Schon im Transportzug, der bald abfahren wird. Ich bin angenehm in dem Wagen untergebracht, der bei diesem Unternehmen als Schreibstube dient. Nachts ist genug Platz, um sich auf dem mit Stroh bedeckten Boden auszustrecken. In der Mitte ist Platz für einen kleinen eisernen Ofen ausgespart, dessen Rohr durch eine Seitenwand ins Freie führt. Da das Stroh lose auf dem Boden liegt, würde ein solches Arrangement unter normalen Umständen auf der Reichsbahn unmöglich sein. Jetzt wird zu Recht vermutet, daß wir schon selber aufpassen, nicht in Flammen aufzugehen.

Von E. höre ich, daß er einer Division zugewiesen wird, die in der Nähe von Krementschug, also im Südabschnitt, eingesetzt ist. Da lernt er nun den Krieg von neuer Seite kennen. Wir wollen sehen, was er schreiben wird. [Hier wird, wie in der Gefängniszeit, wieder von »E.« gesprochen, wenn der Verfasser sich selbst meint. Nur in seltenen Fällen, in denen ich mich ernstlich gefährdet fühlte, wendete ich solche Vorsichtsmaßregeln an.] Vor der Abreise erstand ich in einer Buchhandlung mit viel Reden aus einem versteckten Bestand Carossas »Täuschungen«.

3. November 43 mittags. In Linz nach einer Erbsensuppe. Von Augsburg bis hierher las ich in den »Täuschungen«. Die Einfachheit, fast Dürftigkeit der mitgeteilten Erlebnisse wirkt beinahe prätentiös. Viele Leute werden sich einmal fragen, warum sie Carossa so hoch eingeschätzt und ihn fast zu einem Repräsentanten der nationalen Literatur gemacht haben. Das ist nur auf dem Hintergrund des sonstigen Geschreis zu verstehen.

5. November 43, Komorn (Ungarn). Blinder, teilnahmsloser als wir in unserem Güterwagen kann niemand reisen. So viel wie möglich schlafen wir. Wien umfuhren wir gestern nacht. Ich stand manchmal auf, um den Ofen zu heizen, und es war stets das gleiche Bild: Gleise und Güterzüge im Schein hoch hängender Lampen. Als wir aufwachten, waren wir in Ungarn. Eine öde Ebene mit dem Bahnhof, in der Ferne ein paar Dorfkirchtürme. Die Leute, an denen wir vorbeifahren, grüßen fast alle, indem sie die Hand erheben.
Der Feldwebel vom Begleitkommando ist vertrauenswürdig, und langsam werde ich mit ihm warm. Das ist ja auch nötig.
8. November 43. Wir werden nun bald in Rumänien sein, das Gleis steigt und steigt, vier kleine Lokomotiven versuchen, unseren Bandwurm von Zug teils zu ziehen, teils zu schieben. Die Lokomotivführer können ihre Maschinenkräfte nicht aufeinander abstimmen, das stößt und zerrt, ich kann fast nicht schreiben. Überall Schafherden und kohlschwarzes Vieh mit hochgezogenem Hinterteil und weit nach vorn vorgewölbten Hörnern. Diese Kühe sehen gefährlich und urweltlich aus.
Als längst alle schliefen, saßen der Feldwebel und ich noch an dem fast glühenden Öfchen, das ich von Zeit zu Zeit mit den Briketts fütterte, die wir irgendwo unterwegs bekommen haben. Ich habe schon seit Augsburg, ohne zunächst zu wissen, was dabei herauskommen könnte, diesen Mann – der von nichts träumt als von seiner Rückkehr in ein Wiener Bett, in dem seine Frau wartet, und zu ihren Kochkünsten – zielbewußt hofiert, und heute nacht fand ich es an der Zeit, die Karten aufzudekken. Wenn wir in der nächsten Nacht wieder von einer so tief schlafenden Gesellschaft umgeben sein werden, können wir uns weiter unterhalten.
[Über die Sache selbst findet sich aus verständlichen Gründen kein Wort in der Korrespondenz dieser Wochen.
In dem Güterwagen, in dem sich die Schreibstube des Marschbataillons (rund 1300 Mann) befand, stand eine verschlossene Stahlkassette. Sie enthielt die Wehrpässe und Begleitpapiere der Soldaten. Nachtgespräche habe ich dazu benützt, den Feldwebel über meine Strafsache

allgemein zu unterrichten. Schließlich spreche ich von dem Brief, der sich bei meinen Papieren befinde. Der Feldwebel, noch ohne die Kiste zu öffnen, schlägt ein Verzeichnis auf und bestätigt, hinter dem Namen K. stünde: Wehrpaß und ein Brief des Kompaniechefs.
In einer Nachtstunde holt der Feldwebel den Brief aus der Kiste. Er ist zugeklebt, und der Feldwebel sagt, er könne ihn nicht öffnen, denn er müsse ihn bei Ankunft mit den Papieren übergeben. Ich zeige dem Feldwebel den andern Brief, den er von den Offizieren in Augsburg bekommen hat, und sage: Brief ist doch Brief. Der Feldwebel läßt sich bestimmen, die Briefe auszutauschen, und nun wird der aus Kempten stammende geöffnet.
Der Brief war auf neutralem Papier mit Schreibmaschine geschrieben. Als Absender stand oben links: Inf. Nachr. Ers. Kp. 407, rechts: O. U. (die übliche Abkürzung für »Ortsunterkunft«) und das Datum. Er war nicht adressiert, über dem Text stand nur, unterstrichen: Anlage zum Wehrpaß des Grenadiers Erich Kuby. Der Inhalt war etwa zehn Zeilen lang. Er ging kurz auf die kriegsgerichtliche Bestrafung ein und nannte den Grenadier K. einen »aufsässigen Lügner«, der »politisch als Volksschädling« zu gelten habe. (Die in Anführungszeichen gesetzten Worte sind zuverlässig aus dem Gedächtnis zitiert.) Im letzten Satz sagte der Brief, K. solle so verwendet werden, daß er nicht mehr in die Heimat zurückkehre. Die in die NS-Sprache allgemein eingegangene Formel »Rückkehr unerwünscht« enthielt der Brieftext nicht. Aber rechts, in dem freien Raum zwischen der Datumszeile und dem eigentlichen Brieftext, der »Schmid, Oberleutnant und Kp. Führer« unterschrieben war (für die Orthographie des Namens Schmid kann ich nicht mehr einstehen), befand sich ein dunkelblauer Stempel, schräg hingesetzt, der, ohne Rand und etwa 2 cm hoch, die beiden Buchstaben »R. U.« zeigte. Die Deutung »Rückkehr unerwünscht« liegt nahe. Ich war mir selbstverständlich im klaren darüber, daß es dieses Dokument verdient hätte, aufbewahrt zu bleiben, und war bereit, das Risiko einzugehen und es nicht zu vernichten. Der Feldwebel jedoch bestand darauf.]
Tighina, 11. November 43. Wir bummeln hier immer noch herum, langsamer und langsamer. Es gibt zu wenig

Gleise, zu viele Züge, zu wenig Lokomotiven. Gestern standen wir den ganzen Tag auf dem Bahnhof Kishinew, der Hauptstadt von Bessarabien. Ein rotes Straßenbähnchen wackelte und klirrte am Bahnhof vorbei. Rechts von uns stand ein Munitionszug, links ein Ölzug, ein paar Bomben hätten solide Arbeit leisten können. Abends fuhr der Expreß Odessa–Bukarest an uns vorbei mit erleuchteten Schlaf- und Speisewagen. Man sah elegante Herren in den Polstern sitzen. So kommt man auch durch den Krieg.

Die Gespräche im Wagen und während der Aufenthalte über die Taten der Landser in Frankreich, Italien, Polen, Rußland sind mir Ekel und Graus. Du erinnerst Dich unseres Gespräches mit Reichwein, in dem er sagte, daß die Grenze zwischen Kriegshandlungen und Verbrechen nicht mehr existiere und daß diese Erfahrung dem Volk nicht wieder ausgetrieben werden könne. [Reichwein wurde nach dem 20. Juli 44 hingerichtet.]

14. November 43. Dieses Blatt gebe ich dem Feldwebel vom Begleitkommando mit. Wir werden nun bald am Ziel sein. Es wird nahe bei Krementschug liegen. Während der Zug in Kirowograd hielt, besorgte ich mir im Soldatenheim die Frontzeitungen.

Wenn Du hörst, daß ich bei Krementschug bin, wirst Du Dir Gedanken machen. In der Tat ist das wieder einmal eine Art Sack, in den wir hineintransportiert werden, kein kleiner wie um Demidoff, sondern ein riesiger, der im Norden bei Shitomir beginnt.

Bisher hatten wir eine sorglose Bummelfahrt. Ich habe Dir oft geschrieben; infolge der verschiedensten Transportgelegenheiten wirst Du die Blätter außer jeder Chronologie bekommen.

15. November 43, vorm. 11 Uhr. Wir sind gegen Morgen auf dem Bahnhof Pawlitsch ausgeladen worden, einem Dorf nicht weit von Krementschug. Nun harre ich der Dinge, auf einem Birkenstamm sitzend. Alles sieht hier nach Improvisation aus und nach Eile. Man scheint uns zu brauchen.

Nun ist es entschieden. Der Kompaniechef kam angeritten (ja, wirklich, er ritt durch den Schlamm, daß es spritzte), ich meldete mich bei ihm und wurde als Betriebsfernsprecher und Fernschreiber zur Divisionsvermittlung

eingeteilt. Da bin ich nun. Gehöre zu einem Trupp von sechs Mann als wie in alter Zeit. Versorgt wird er von Natascha, junge Frau eines jungen Mannes, der überraschenderweise auch vorhanden ist. Sie wäscht, spült und schmust ein bißchen mit den Soldaten. Abends kommt der Mann und ruft sie energisch zur Ordnung – ohne durchschlagenden Erfolg.
Ich schreibe bei elektrischem Licht – welch Luxus!
Als Truppführer ist bis zur Rückkehr des Wachtmeisters, der ihn normalerweise führt (derzeit aber im Urlaub ist), ein Stabsgefreiter in Funktion. Stabsgefreite sind Soldaten, die ewig lange dienen, ohne Unteroffizier zu werden – also meist nicht die hellsten. Dieser nahm mich schon nach zwei Stunden zur Seite, sagte, es werde im Trupp wahrscheinlich Veränderungen geben, der Wachtmeister solle nicht mehr auf seinen Posten zurückkehren, den damit er, der Stabsgefreite, bekommen werde. Das aber würde die andern zur Opposition treiben. Er hätte schon gesehen, daß ich etwas tauge, und er hoffe, daß ich ihn unterstützen würde. Ich antwortete, ich sei dazu da, meine Arbeit zu machen, und darin könne er sich auf mich verlassen. Die Distanzierung, die in meiner Antwort lag, spürte er nicht und war es zufrieden. An einem explodierenden Trupp hatte ich eigentlich genug.
17. November 43. Laut Soldbuch war ich im Dezember 42 (nach der Gefängniszeit) zuletzt im Urlaub. Man ließ mich auf die Schreibstube kommen und sagte mir, mein Ersatzhaufen sei ein Sauhaufen – ich stimmte zu –, denn ich sei von dort ohne Urlaub weggeschickt worden, und nun müßten sie mich hier in ihre Urlaubsliste eingliedern. Ich käme etwa im Januar dran, »wenn die Russen nichts dagegen haben«.
Das Radio ist kaputt, dem Himmel sei Dank, und Läuse fand ich noch nicht. Der obligatorische russische Hautausschlag blüht.
18. November 43. Bei einer höheren Dienststelle der Division soll ein Schild hängen: »Die Lage im Osten ist humorlos, das übrige sagt der OKW-Bericht!« Der Krieg in Rußland scheint 1943 zwei pädagogische Wirkungen auszuüben, je nach Disposition der Zöglinge: Entweder werden sie noch bestialischer – oder sie gewinnen in Spuren menschliche Züge zurück. Das Zusammenleben

mit den Russen ist sehr familiär geworden. Ich muß lachen, wenn ich an den Sommer 1941 denke. Damals taten alle so, als ob sie lieber auf einem Misthaufen schliefen als unter einem Dach mit Russen. Jetzt sind die Russen liebe Hausgenossen, nützliche Hilfe. So ist die deutsche Praxis, wenn die eigenen Dinge wackelig stehen. Geschlagen zu werden, treibt ihnen sogar die Rassentheorie aus. Eine in Charkow verlorene komplette Divisionsausrüstung setzt sich in ein Minimum von Humanität um.
Seit heute friert es. Die Straßen sind erstarrt, wodurch sie nicht besser werden. Doch bleiben die Stiefel sauber. Noch ist es nicht 3 Uhr, und schon wird es dunkel.
20. November 43. Der Russe hat – na, Du liest den Wehrmachtsbericht auch! Spannungsvoll sind wir über den Fernschreiber gebeugt, wenn er zu klappern beginnt und sein weißes Band rollen läßt. Vergangene Nacht begann die Offensive mit einem großen Artilleriesturm im Süden von uns. Im Laufe des Vormittags wurde dann klar, daß unser Sack etwas enger geworden ist.
Es ist eine Menge zu tun. Merkwürdig, wir Deutschen! Wie oft wir auch erleben, daß sich Verhältnisse binnen einer Stunde grundlegend ändern können, wir fangen doch immer wieder an, uns einzurichten wie für die Ewigkeit. Unsere Leitungen sind auf Isolierglocken verlegt worden, elektrisches Licht gibt es, Betten wurden gebaut – und all das wird nun in ein paar Stunden verlassen werden und vielleicht schon in ein paar Tagen verbrannt, gesprengt, vernichtet sein.
Hier liegt sogar ein Band Goethebriefe herum, und eben lese ich »Ulanenpatrouille« von Horst Lange. Diese Novelle gehört zu der Art deutscher Literatur, gegen die man, obwohl sie so penetrant deutsch ist, nicht viel haben kann, denn schließlich ist das meisterlich geschrieben und gewiß nicht unanständig in der Gesinnung. Aber mir will's doch nicht munden. Ich weiß zu gut, daß ein ganz kleiner Ruck genügt, ein allerdings Wesentliches verändernder Ruck, und wir sind bei Blunck, Jünger, Grimm, Johst, Baumann, dieser ganzen Ehrengarde unterschiedlicher Qualität, aber gleicher Orientierung gegen die Welt, hin zu deutscher Innerlichkeit oder zu deutschem Heroismus.

21. November 43. Beim Mithören von Gesprächen zwischen den Kommandeuren ebenso wie aus dem Gerede der Soldaten wird klar, wie sich das Bewußtsein verändert hat in bezug auf die Sowjets als militärische Gegner. Früher wurde höchstens einmal die Überlegenheit der Zahl zugegeben, jetzt weiß man, daß sie uns qualitativ mindestens gleich sind. Es ist schwer, über die Lage in unserem Abschnitt ein zutreffendes Bild zu gewinnen. Im Trupp hat niemand eine gute Karte. Es hängt sicher viel davon ab, ob wir uns am Dnjepr halten. Mein Eindruck ist, wir sitzen in der noch stillen Mitte eines Hurrikans. Seit heute früh erwarten wir den Aufbruch – nach rückwärts. Aber nun wird es schon wieder dunkel, und wir sind noch hier. Die Privatsachen sind verpackt, die Batterien verladen, Kerzenlicht leuchtet uns. Der Ofen wirft seinen Schein ins Zimmer, auf der heißen Platte röstet die Frau Kürbis- und Sonnenblumenkerne. Alle Soldaten kauen, den Russen gleich, von früh bis abends diese Kerne, und der Lehmboden ist mit ausgespuckten Schalen bedeckt.

23. November 43. In Eile das Wichtigste: Die Absetzbewegungen sind gestern abend eingeleitet worden. Das Zurück sah zunächst wie ein Vorwärts aus, weil wir uns erst in Richtung auf den Dnjepr zu bewegten, um aus einer besonders engen Falte des Sackes herauszukommen.

Gestern gehe ich vormittags durch den Ort und fotografiere. Nachmittags höre ich, daß die wehrfähigen Russen evakuiert werden sollen, deutliches Zeichen für die Absicht, das Gelände aufzugeben. Wir haben drei Männer im Haus, darunter Alex, Nataschas Mann. Plötzlich fangen die Frauen an zu heulen und zu schreien: Der Abmarschbefehl für ihre Männer ist da. Sie ziehen alle ihre Kleidungsstücke übereinander an und werfen einen Sack über die Schulter. Alex' gut geschnittenes Gesicht ist sehr ernst. Natascha reicht ihm unter wildem Schluchzen Stück um Stück seiner Kleidung: Westen, Jacken, Halstücher. Die beiden anderen Frauen, besonders die alte, sind blind von Tränen. Ich sehe die Szene durch die Scheibe in der Tür zwischen unserm Raum und der Küche. Zwei Stunden später, die Männer sind fort, ist den Frauen ihr Kummer nicht mehr anzumerken, sie tun ruhig ihre Arbeit, spülen für uns, usw. Gegen Abend bemerken sie, daß auch wir uns zum Aufbruch fertigmachen. Aufs neue fängt Natascha zu heulen an und ist ganz verzweifelt. Nachmittags sind Übermäntel ausgegeben worden, und ich bin froh darum, einen anzuhaben, denn gegen Mitternacht erhebt sich ein eisiger Sturm. Wir versuchen in unser Dorf zurückzukommen. Zurückgehende Artillerie verstopft, was man eine Straße sowieso nicht nennen kann. Schließlich erreichen wir die Rollbahn und fahren mutterseelenallein zum neuen Gefechtsstand vor.

Mir erschien es märchenhaft, wie wir in der Finsternis das richtige Haus im richtigen Dorf gefunden haben.

24. November 43. Von der gepflasterten Rollbahn, die vor dem Quartier vorbeiführt, klingen die Hufschläge der Pferde und das Rollen der Geschütze wie der Munitionswagen. Es sind die ersten Einheiten auf dem Weg in den künftigen Verteidigungsraum. Wir werden im Laufe des Abends folgen, die Infanterie in der Masse nachts. Nicht abzusehen, wann diese vor drei Tagen begonnene Bewegung wieder zum Stillstand kommen wird. Der kleine Soldat weiß es nicht, der General glaubt es zu wissen: das läuft auf dasselbe hinaus. Wir essen seit gestern »Wittlerbrot«, dreifach und luftdicht eingepackt, die Blöcke in Scheiben geschnitten. Dieses Brot ist ein Zeichen dafür, daß wir von der Nachschuborganisation getrennt sind, entweder durch die Russen oder durch fehlende Transportmittel. Es ist aus einem eisernen Bestand genommen.

26. November 43. Die nächtliche Reise begann damit, daß der Motor, der tags zuvor gut gelaufen war, nicht ansprang. Wir machten uns schon mit dem Gedanken vertraut, umladen zu müssen, als wir den Wagen bis an den Anfang eines Hanges rollten, über den er, zornig knallend, die Straße durch sein Gewicht erreichte, worauf er lief, aber schlecht. Es war 23 Uhr, um 24 Uhr sollte die Infanterie in Bewegung kommen, es war also hohe Zeit, sich davonzumachen. Nach 1 km blieb die Karre stehen vor einer leichten Steigung, gerade an einer Stelle, wo ein großer Lastkraftwagen wie eine Fackel brannte, angezündet und verlassen wegen Motorschadens. Soweit war es mit uns noch nicht.

Im nächsten Dorf stand die bespannte Artillerie und andere grobschlächtige Einheiten in zwei und drei Reihen nebeneinander und ineinander verzahnt. Die Straße

hörte auf, ein Schlammpfuhl zu sein. Sie wurde ein richtiger Fluß, knietief mit schwarzer Brühe gefüllt. An ein Weiterkommen mit dem Wagen war nicht mehr zu denken.
Wir begannen unseren Wagen zu entlasten, die Kabelrollen versanken gurgelnd im Schlamm, noch 100 m, noch 200 ging es weiter, dann war's wirklich und endgültig aus. Nun suchten auch die andern ihr Zeug zusammen. Ich hängte mir die beiden Packtaschen über die linke Schulter, dazu den blauen Beutel der Gasplane mit allen Papieren, beschriebenen und leeren, und mit dem Schreibzeug. Über der rechten hing die Rolle mit Decken und Jacke. Brotbeutel, Feldflasche und Eßgeschirr – eine stattliche Last. Und natürlich das Gewehr, die Munition. Den Übermantel, nagelneu, hatte ich ausgezogen, damit konnte ich nicht marschieren, er blieb zurück. Wir schütteten einen Kanister Benzin über das Fahrzeug und zündeten es an. Für weit mehr als 100000 Mark Werte gingen in Flammen auf. Unersetzliche Werte. Wir schauten uns noch ein paarmal nach der Rauchsäule um, während wir neben der Straße vorwärtsgingen, d. h. rückwärts, westwärts, Mann hinter Mann. Hinter uns kamen ein paar Infanteristen und dann ein Zug Pioniere. Die sagten: wir sind die letzten – und dort kommt der Iwan.
Er kam von links her über eine von der Wintersaat übergrünte Pleine herab in lockerer Ordnung. Schwarze Männchen vor grünem Hintergrund, von uns vielleicht 400 m weit weg. Mit ihren Gewehren schossen sie im Stehen und trafen deshalb nichts.
Bald kamen wir wieder in Deckung von ein paar Häusern. Immerhin, Zeit war da nicht mehr zu verlieren, wir zogen so rasch wie möglich unseres Weges. Er wurde uns, nicht mehr als 6 oder 7 km, bitter lang.
Auf dem zweiten Hügel nahm ich mir eines der vielen herumliegenden Fahrräder und hing meine Gepäckstükke daran. Bevor ich diesen höchsten Kamm verließ, schaute ich zurück über 100 qkm russisches Land am Dnjepr. Die Unsrigen gruben sich ein, die Russen waren noch im Vorrücken. Es wurde beiderseits überraschend lahm geschossen.
Jetzt, 24 Stunden später, wissen wir, daß unser Nachrich-

tenzug bis auf zwei Wagen seine gesamte Ausrüstung plus Verpflegung verloren hat, desgleichen ist die Nachrichtenabteilung der Division praktisch nicht mehr existent, dort hat der Zahlmeister sogar das Geld und sämtliche Luftpostmarken eingebüßt. Von den Geschützen soll noch ein Drittel vorhanden sein.
Bei der Division ward uns der Befehl, uns ein Panjewägelchen zu besorgen, aufzuladen, was noch vorhanden sei, und abzurücken nach Solotawerka, etwa 20 km weiter. Es blieb an mir hängen, unsere neue »Motorisierung« zu beschaffen. Weinenden Bauern stahl ich zwei Pferde, aus zwei Ställen je eins, und spannte sie vor das leichteste Fahrzeug, das ich finden konnte, einen zweiräderigen Karren mit soliden Eisenrädern. Mit Schnur wurden Reste von Geschirr zusammengeflickt. Meine Ernennung zum Führer, zum Pferdeführer, erfolgte auf der Stelle. Wir rollten über die Rollbahn, gemächlich hügelauf, hügelab, die Pferdchen zogen brav und bedurften wenig Ermunterung. Bis zum Ziel brauchten wir drei Stunden. Aber was heißt Ziel? Niemand wollte von uns etwas wissen. Hingegen war es ein leichtes, einen leeren Stall zu finden. Als keiner Miene machte, mir beim Ausspannen und Versorgen der Gäule zu helfen, wurde ich ungemütlich. Unter dem Strohdach einer sehr kleinen Kate schliefen wir zu dritt.
Ich schlief wie tot zehn oder elf Stunden. Ich brauchte eine halbe Stunde, bis ich in die durchweichten Stiefel hineinkam. Uns wurde ein Haus genannt, in dem bessere Pferdegeschirre liegen sollten. Auf dem Weg dorthin sah ich, daß Solotawerka in die Aktion »Schönere Ukraine« einbezogen gewesen war. Alle Häuser waren neu geweißt, die Frontseiten bunt bemalt, die Sockel abgesetzt. Die Hausnummern mit Schablonen aufgemalt, deutsche Straßennamen in schöner Schrift auf schöne Schilder gemalt. Als ich das sah, wurde ich so lustig, daß sie mich für besoffen hielten. Ich bekam einen regelrechten Lachkrampf, was mir schon lange nicht mehr passiert ist.
Als wir zurückkamen, waren unsere Pferde weg. Mir wurde Schuld gegeben, ich hätte sie nicht allein lassen dürfen. Natürlich sind sie von Deutschen requiriert worden. Im Laufe des Tages habe ich vier andere Pferde gestohlen, einen großen Braunen, ein mittleres Gespann

und einen kleinen, fast schwarzen Wallach. Dazu einen vierrädrigen Panjewagen – der stand herrenlos herum. Wir haben die Mittleren und den Kleinen in einen Ziegenstall gesperrt. Sie können sich nicht hinlegen, dazu ist es zu eng. Die Tür ist vernagelt. Ich hoffe, sie werden heute nacht nicht gestohlen.

28. November 43. Keine Post kommt, keine geht ab. Die Heeresberichte melden von heftigen Kämpfen in unserer Gegend. Du wirst Dir Sorgen machen. Täglich werfen Flugzeuge über einem nahen Feld Munition ab. Die Menge der großen Fallschirme, an denen sie in Kanistern hängt, sieht, wenn sie sich allmählich herabsenken, bunt und lustig in der Sonne aus, als werde ein Volksfest gefeiert.

Ich bin wieder in der Funktion der Hausmutter. Den Ofen habe ich mit Läusepulver bestreut. Gestern war mir der konzentrische Angriff der Läuseheere so widerwärtig, daß ich zum Mais auf den Boden zog und auf den Kolben schlief. Vom Dachbalken hing der Kopf einer geschlachteten Ziege herab und schaute mich mit bleckenden Zähnen an.

Das große Pferd, ein deutsches vermutlich, ging an einer Kolik ein. Der Tierarzt sagte, wir müßten dem Pferd einen Absud von Leinsamen eingeben. Mit einem Dolmetscher ging ich zu unserem alten Bauern, der sofort fragte: Haben Sie ein krankes Pferd? Er wußte Bescheid, er hatte auch Leinsamen, aber das Pferd ging trotzdem ein. Wahrscheinlich hat es vor Hunger Akazienrinde gefressen, die giftig ist.

29. November 43. Der Eindruck von einer im Schlamm zurückgelassenen Divisionsausrüstung, einer deutschen in Rußland, und wenige Stunden später der Anblick dieses von Deutschen auf Hochglanz polierten Dorfes mit seiner Friesenstraße und seiner Nürnberger Allee faszinierten mich nachhaltig. Es ist nicht Schadenfreude, die ich empfinde. Es ist einfach komisch, irrsinnig komisch oder komisch irrsinnig, wie Du willst, und ich kann mit niemandem darüber reden. Stell Dir das nur vor, die von der Hauptstraße abgekehrten Seiten sind weiß gestrichen, die Frontseiten bunt, die Sockelbalken die ganze Straße entlang in Schattierungen zwischen Dunkelbraun und Dunkelgrün, dazu die schablonierten Hausnummern

und die Namensschilder! Das haben meine Landsleute geschaffen, hier mitten in Rußland in einem Kaff namens Solotawerka. Bleich, dreckig und verstört gehen sie jetzt zwischen dieser Pracht umher und sehen sie gar nicht. Das einzige, was sie interessiert, ist die Zahl der abgeworfenen Versorgungsbehälter pro Tag. Der Ortsbauernführer, oder wer für diesen Farbenzauber verantwortlich war, hat natürlich längst das westliche Weite gesucht. Die Russen finden die Verschönerungsaktion ohnehin kindisch. Und spätestens nächste Woche steht hier kein Haus mehr.

29. November 43, abends. Die Infanterie hat es schwer. Mein Weg führt mich oft am Hauptverbandsplatz vorbei, er wird täglich voller, das Reihengrab länger.

Heute waren viele russische Flugzeuge über uns, hatten aber andere Ziele.

In Nicholsk am 1. Dezember 43. Das Dorf liegt 5 km von Solotawerka entfernt. Wir fuhren gegen 6 Uhr, also in der Dunkelheit los. Ich kutschiere den einen unserer Wagen, habe nur zwei Pferde eingespannt, zwei andere laufen, angebunden, hinterher als Reserve. Wir kamen gut voran, die Tiere haben sich erholt. Wir fuhren über steile Hügel. Der Wagen hat keine Bremse, wenn er zu sehr in Fahrt kommt, stecke ich einen Knüppel in die Speichen des linken Vorderrades, der es blockiert. Wie lange es diese Behandlung aushält, frage ich mich besorgt.

Heute, an diesem 1. Dezember, ist es so warm, daß ich mich im Freien waschen konnte.

2. Dezember 43. Wir fuhren um 9 Uhr ab und waren um 3 Uhr am Ziel. Auf der Strecke gab es ein steil abwärts führendes Stück von fast 1 km Länge, auf dem kein Halten mehr war, die Pferde, deren Geschirr aus Lederstücken und Kabelenden zusammengeknotet ist und keine Vorhalte hat, fielen, als es zu steil wurde, in Galopp. Daß wir heil unten ankamen, wundert mich noch jetzt. Ich konnte sie ohne Zaum und Trense nicht halten.

Wir fuhren an einer riesigen Kolchose vorbei. Ich versorgte uns für die Pferde mit Säcken voll Maiskolben. Diese Armee zieht durchs Land wie im Dreißigjährigen Krieg. Fehlen nur die Planwagen mit den Vergnügungsdamen.

Im Fahren sitze ich auf einer Kiste, die Stricke, die Zügel

sein sollen, mit Händen fassend, die zwei Paar Handschuhe schützen. Du darfst Dir nicht vorstellen, es bewege sich ein wohlgeordneter Zug von Wagen zwischen den abgeernteten Sonnenblumen- und Maisfeldern dahin, deren faulende Stengel die ganze Gegend mit dem Geruch von Schimmel erfüllen. Nein, manchmal sind ein paar hundert Meter zwischen unseren beiden Wagen und den nächsten. Oder es bildet sich ein Pulk, drei Wagenreihen nebeneinander, die Fahrschneise ist ja breit genug. Die paar Dutzend Kübelwagen und Motorräder, über die die Division noch verfügt, haben mehr Mühe vorwärtszukommen als die Pferdewagen.
So wie jetzt werde ich Rußland nie mehr bereisen. Wenn man von der grande armée nach dem Brand von Moskau spricht, sieht man sie immer in der Fluchtsituation vor sich, auf einem Rückzug ohne Wiederkehr. Die zeitgenössischen Darstellungen lassen keinen Zweifel daran, daß alle Beteiligten sich darüber klar waren, sie befänden sich endgültig auf der Flucht. Die Landser von damals müssen viel intelligenter gewesen sein als meine Genossen. Die nämlich haben zwar die Hosen gestrichen voll, wenn sie – was zuweilen vorkommt – an russische Gefangenschaft denken; aber im übrigen fehlt ihnen die Einsicht, sich in einer endgültigen Situation zu befinden. Würde ich laut sagen, was ich so denke, wenn ich vom rumpelnden Wagen herunter die Pferdchen beruhige oder anfeuere, dann würden mich meine Schicksalsgenossen wahrscheinlich am liebsten lynchen, mit Sicherheit aber »melden«, und diesmal wär's mit Gefängnis nicht abgetan. Stalingrad hat der Kriegsjustiz enorm auf die Beine geholfen, und was wir in den letzten Wochen an der Vermittlung mitbekamen über schwebende oder abgeschlossene Verfahren, fing erst bei fünf Jahren Zuchthaus an, wegen läppischer Disziplinarvergehen.
Unsere Kraft reicht gerade soweit aus, daß wir den Kopf aus der Schlinge ziehen können, in der uns die Russen fangen wollten. Jedenfalls hoffe ich noch, daß sie dazu ausreicht.
Heute kam der Wachtmeister Hofmann, der eigentlich den Trupp führt, aus dem Urlaub zurück. Er war in der Nacht vom 22. 11. in Berlin und hat den großen Angriff erlebt. Am Ku-Damm half er retten. Bahnhof Zoo, Kino,

Gedächtniskirche – alles habe gebrannt. Im Tiergarten sammelten sich die Flüchtlinge.
Hier halten wir uns derart mühsam gerade noch auf den deutschen Beinen, daß ich mir gar nicht vorstellen kann, wie wir in ganz Europa noch Kraft entfalten. Was die Herren in der zentralen Führung wohl so denken, wenn sie sich schlafen legen und vielleicht einen ruhigen Moment haben?
5. Dezember 43. Mein Marstall ist nun auf sieben ordentliche Pferde angewachsen und zwei Wagen, einer für das Gepäck, der andere für das zusammengestoppelte Gerät. Wir unternehmen kleine Stoßtruppunternehmen und beklauen andere Einheiten. Die versorgen sich ebenso.
Unter uns ist kein Bauer, fast hätte ich gesagt: außer mir. Ich bin der einzige, der mit Pferden, Kühen und Schweinen aufgewachsen ist. Hier ziehe ich mit vier störrischen Pferden von einem Brunnen zum andern, und erst im vierten hat sich wieder ein bißchen Wasser gesammelt. Ich habe einen Eimer an langem Strick dabei (die Eimer, die eigentlich zu den Brunnen gehören, sind längst verschwunden), und der Strick taugt nicht viel; reißt er, dann ist der Eimer verloren.
Ich bin so hoffnungslos Zivilist, daß mir die Wirkungen des Krieges in der Sphäre »normalen« Lebens viel mehr auf die Nerven gehen als im militärischen Bereich. Die heulende Frau, deren letztes Schwein gerade von uns geschlachtet wird oder deren Mann evakuiert wird – das ist für mich der Krieg. Ja, es ist wahr, ich lebe aus meinem Körper, er formt, er bestimmt meine derzeitige Beziehung zur Welt, und diese Beziehung ist ausgezeichnet. Immer wieder mache ich die Erfahrung, daß ich eine sportive Haltung gegenüber konkreten Schwierigkeiten und Anforderungen einnehme, und, wär's denkbar, ich wäre imstande, ihr denselben Ausdruck zu geben wie in Universitätszeiten, wenn ich mit weißen Handschuhen, weißer Nelke und Monokel herumlief. Die pure Existenz zu fühlen, das ist eine schöne Sache.
Diese zwei Blätter werden zum Fest des Friedens bei Dir sein. Papier und Worte statt Wirklichkeit, aber immerhin Transport von Wirklichkeit.
Eben war ich draußen. Die Nacht ist mild und schön; die Temperatur, dicht unter dem Gefrierpunkt, läßt eine dün-

ne Schicht Schneepuder liegen, über den Feldern, über allem, über Unrat und Verwüstung. Das Mondlicht beleuchtet eine scheinbar unzerstörte Welt. Die Mühle steht still oben auf ihrem Hügel. Es wird einer kommen und sie anzünden.

Stezowka, den 7. Dezember 43. Es wird kalt und trocken. Dieses Stück Ukraine macht einen ausgesprochen wohlhabenden Eindruck.

9. Dezember 43. Ich setze nun zum dritten Mal an, ein bißchen aufzuschreiben. Die Pferde stehen schon angeschirrt im Stall, wir warten nur darauf, daß der letzte Offizier, ein Herr von Löffelholz, sich davonmacht, damit wir unseren Betrieb hier einstellen können. Dann geht es weiter, weiter, weiter = rückwärts. Wenn unsere jeweiligen Hausrussen bemerken, daß wir packen, so wissen sie schon, in welcher Richtung wir aufbrechen werden. Heute soll es sich wieder um 15 km handeln, die Division wird aus der vordersten Linie herausgenommen. Ob sie eine Auffangstellung beziehen soll oder Partisanen bekämpfen, wissen wir noch nicht.

Gestern abend, es war gerade dunkel geworden, wurde »mein« Wagen gestohlen, der direkt vor der Haustür stand. Unsere Suchaktionen führten erst heute morgen zum Erfolg. Zuvor aber hatte ich schon einen neuen Wagen »beschafft«. Wir sind nun 80 km von Krementschug entfernt.

11. Dezember 43. Seit fast 14 Tagen ziehe ich mit den Pferden jetzt durch die Ukraine. Die Tiere sind unglaublich brav und machen alles mit. Im Quartier angelangt, ist mein erster Gang jedesmal hinauf zum Dachboden, um zu schauen, ob Mais vorhanden ist. Tatsächlich ist die Ukraine noch nicht leergefressen. In 14 Tagen wird es soweit sein. Dann ist Weihnachten, und der Winter beginnt erst richtig. Die Leute werden vor dem Nichts stehen.

Nun setze ich zum xtenmal zum Schreiben an, diesmal mit Aussicht, dabeibleiben zu können. Wir haben gerade das festlichste Abendessen hinter uns, das ich in Rußland eingenommen habe: ein ausgezeichnetes Quartier, ein Schwein, gestern geschlachtet, ein paar Frauen, die für die Küche sorgten. Wir waren am großen Tisch ein Leutnant und sechs Mann, zwei mußten Dienst tun. Es fanden

sich sogar Teller, und Kerzen brannten. Statt Wein, wir haben keinen, gab es Tee von unseren letzten Resten. Das Fleisch auf jedem Teller entsprach der Menge, die Du in einem halben Jahr auf Deine Karten kaufen kannst.
Ich habe ein paar Skizzen von dem Familienidyll auf dem Ofengebirge zu machen versucht, aber die Kinder bewegten sich immer und aus dem Gedächtnis kann ich Figürliches nicht zeichnen. Wir sind in einer Gegend mit größeren Wäldern, und das heißt: in einer Partisanengegend. Als wir im Morgengrauen das Dorf erreichten, wurden wir beschossen.
Ich bin vielleicht noch nie seit 1939 so tief in den Krieg eingesunken wie derzeit. Es ist schön, mit den Pferden umzugehen. Zwischen ihnen und mir gibt es keine Sprachschwierigkeiten, sie wissen auch nicht, daß ich eine Uniform trage. Sechs Pferde, wenn sie sich im Stall leise wiehernd herandrängen, verkörpern eine Menge Kraft, von der sie im Umgang mit mir den vorsichtigsten Gebrauch machen.
12. Dezember 43, 5 Uhr früh. Um Mitternacht rückte eine Artillerie-Abteilung ins Dorf, und mindestens zehn ihrer Feldwebel und Unteroffiziere machten den Versuch, in unser Quartier einzudringen. Zuletzt kam der Artillerieoberst selbst und brauchte eine Weile, bis er verstand, warum ein halb entkleideter Soldat behauptete, dies sei das Quartier des Generals, während doch von einem solchen oder überhaupt von einem Offizier außer ihm selbst nichts zu sehen war. Er ging kopfschüttelnd und verwirrt.
Mehr denn je glaube ich, daß wir in das letzte Jahr gehen. Meine Briefe sagen sehr viel nicht. Ich weiß überhaupt nicht, ob sie etwas sagen. Ich bin in Betrieb gesetzt, nirgends ist eine Rückzugsmöglichkeit. Im Sommer wäre das anders. Jetzt bin ich auf den Raum voll warmer Luft angewiesen – oder mit was er gefüllt ist – und auf das pausenlose Zusammensein mit acht bis zehn Menschen. Aber ich will nicht jammern, alles ist so gut, daß ich nur wünschen kann, es bliebe so. Das nimmt morgen ein Urlauber mit.
Selten sehe ich den Heeresbericht, der dann meistens von schweren Kämpfen in unserem Abschnitt berichtet. Die Landschaft ist hügelig wie die Eifel, wie eine ins Hundert-

fache vergrößerte Eifel. Die Dörfer sind oft von der Ausdehnung kleiner Städte, die Häuser von außen weiß und sauber, von innen in Unordnung und ruiniert von den durchziehenden Truppen. Wir werden nun in die Nähe der Bahnlinie kommen, die noch in unserer Hand ist. Dort wird es der Post einfacher sein, uns zu finden. Allmählich wird die Pause lang.
14. Dezember 43, abends. Im Ofen macht die Frau gerade Feuer für heißes Wasser. Auf dem Dach des Ofens, der Stubendecke nahe, halten sich zwei Kinder auf, fünf und drei Jahre. Sie sitzen von früh bis spät dort, bekommen ihr Essen hinaufgereicht, spielen mit leeren Schachteln und Papierfetzen und singen manchmal ein bißchen vor sich hin. Sie machen keine Arbeit. Von Zeit zu Zeit klettert eines herunter und verschwindet für eine Weile draußen. Morgens werden sie ein ganz klein bißchen gewaschen, gekleidet sind sie nur in schadhafte Hemdchen und übers Knie hängende Höschen. Sie schauen mit großem Interesse unserem Treiben zu.
Gegen Abend kommen die Fernschreiben an, die Maschine surrt, das Papierband läuft über die Rollen, und je nach Wichtigkeit des Schreibens sind wir darübergebeugt und versuchen zu erfahren, was man oben über uns beschlossen hat.
Auch nachts wird es nicht still. Desungeachtet schlafe ich wie immer gut. Das Hautjucken hat etwas nachgelassen. Man gewöhnt sich. Läuse finde ich selten, zwei, drei, mehr sind es bisher nicht. Die Truppe hat keine Seife bekommen, seitdem ich hier bin.
Abends am 15. Dezember 43. Innerhalb der Nachrichtentruppen ist ein großer Rutsch im Gange nach unten zur Infanterie. Leute aus Heeres- und Armeenachrichtentruppen kommen zu uns, von uns zu den Regimentern, und wem es dort beschieden ist, der verläßt Apparate und Strippen und sieht sich bei der Artillerie oder bei der Infanterie wieder. Alle sind in Spannung, wen es trifft. Da ich erst so kurz hier bin und schon Infanterist war, halte ich mich für ziemlich exponiert – warte aber mit Geduld und Gleichmut ab, was kommt. Eigentlich habe ich damals, als es von Kempten mit so schlechten Voraussetzungen fortging, angenommen, ich würde den Krieg nur noch in seinen krassesten Formen kennenlernen, und ich

habe nach wie vor das Gefühl, daß die Probe aufs Exempel noch bevorsteht.

16. Dezember 43. Heute ist das Land weiß. Ich wurde um 4 Uhr geweckt, um einem Auto den Weg nach Antonowka zu zeigen (4 km von hier). Bei Rgt. 850 war der Russe nachts mit angeblich 700 Mann eingebrochen, wurde aber gegen Morgen wieder zurückgedrängt. Ich war um 6 Uhr zurück und schlief noch eine Stunde sehr fest. Weil es draußen weiß ist, hat sich auch die Stube aufgehellt. Es ist gleich 2 Uhr, und ich kann noch schreiben ohne Kerze. Inzwischen habe ich ein Fernschreiben erledigt und ein Gespräch zwischen dem 1. Generalstabsoffizier und einem Regimentskommandeur mitangehört, der von heute früh bis jetzt einen sehr schweren Gegenangriff führen mußte. Über die sachliche Information hinaus war das ein Dialog, den ich so bald nicht vergessen werde.

Ans Korps gingen folgende Verlustmeldungen aus unserem Abschnitt von den verschiedenen Divisionen: 418 Tote, 756 Verwundete; 821 Tote, 654 Verwundete; 2832 Tote, 6766 Verwundete. Auf wie viele Truppenteile sich die beiden letzteren Zahlen beziehen, weiß ich nicht. Nur eine Division kann es nicht sein.

Das Gespräch zwischen dem I. Generalstabsoffizier und einem Regimentskommandeur nahm diesen Verlauf:

Kdr.: Ich habe zwei Punkte, die sehr ernsthaft sind. Der erste ist, daß mir E. (Btl.-Führer) meldet, er habe keinen Offizier, keinen Feldwebel und keinen Unteroffizier mehr unter seinen Leuten.

Ia: Da müssen Sie Abstriche machen. E. hat uns schon gemeldet, er habe überhaupt keinen Mann mehr. Aber so schlimm war es dann nicht. Da machen wir Abstriche.

Kdr.: Ja ... hm, aber Lt. W. ist gefallen, ebenso Oblt. M. und Lt. K. Das stimmt, Offiziere hat er keine mehr.

Ia: Da ist doch noch Lt. P.

Kdr.: Nein, P. ist jetzt bei N., dort war auch niemand.

Ia: Da sind Urlauber im Anrollen. Heute hat sich Hptm. O. zurückgemeldet, der fährt nachmittags zum Troß, und morgen ist er vorne. Unteroffiziere werden auch zurückkommen.

Kdr.: Hoffentlich heute noch. Das andere ist, Herr v. M., können wir nicht ein paar Maschinengewehre bekommen. Durch Granatwerferbeschuß sind beim Ersten vier

und beim Zweiten drei LeMG total ausgefallen, dazu ein SMG. Können wir von Ihnen nicht wenigstens für jedes Btl. 2 MG bekommen?
Ia: Nein!
Kdr.: Nein?
Ia: Nein. Eben war Major H. bei mir. Ich habe mit ihm schon gesprochen. (Major H. ist der Ib des Korps.) Es ist nicht möglich. Wir haben unsere Hände hinten drin, und wenn etwas auftaucht, greifen wir zu. Aber sofort kann ich Ihnen nichts geben.
Kdr.: Kann man nicht bei anderen Truppenteilen auskämmen?
Ia: Ist ja alles ausgekämmt. Es geht wirklich nicht.
Kdr.: ---
Ia: Wie sieht es denn bei Ihnen aus? Übersehen Sie die Verluste?
Kdr.: Ich kann noch nichts Genaues sagen. Es ist kein zusammenhängendes Grabensystem, die Leute liegen in ihren Löchern isoliert. Ich werde versuchen, bis zur Abendmeldung einigermaßen Klarheit zu bekommen.
Ia: Wie tief ist denn der Einbruch?
Kdr.: (Beschreibt Gelände und neuen Verlauf der Stellung nach der Karte.) Es war eine der härtesten Stunden, die wir erlebt haben. Bisher wissen wir von 130 blutigen Verlusten.
Ia: Und bei W. sind sie stiftengegangen. Dadurch haben sich die Verluste noch erhöht.
Kdr.: Gewiß, beim dritten Angriff ist die Kompanie von W. aus ihren Löchern heraus. Aber im ganzen ist der Truppe kein Vorwurf zu machen. Es war unmöglich, die Stellung zu halten. Es ging wirklich nicht.
Ia: Und der Feind?
Kdr.: W. schätzt vor seinem Abschnitt 70–100 Tote, aber das ist vielleicht etwas hoch. Bei Rgt. 50 und bei der Mühle in der Mulde sollen auch welche liegen. Vielleicht kann man von 130 im Ganzen sprechen. Genaue Zählungen liegen noch nicht vor.
Ia: Beute? Waffen?
Kdr.: Ich weiß noch nichts.
Ia: Versuchen Sie doch zur Abendmeldung die Zahlen festzustellen. Sie wissen, oben beurteilt man den Erfolg des Tages danach.

Kdr.: Jawohl. Eben kommt eine Meldung, daß Lt. K. nicht verwundet ist.
Ia: Na, sehen Sie!
Kdr.: Und mit den MG läßt sich also wirklich nichts machen? Ich brauche nicht mehr mit H. zu sprechen?
Ia: Nein, das hat keinen Zweck.
[Über den Seiten im Kopierbuch, die das Gespräch wiedergeben, steht: »Nicht abschicken!« Tatsächlich sind von dem Blatt 59 (untere Hälfte) und von den Blättern 60 und 61 das Original *und* die Kopie in dem betreffenden Briefbuch vorhanden.]
Sonntag, 19. Dezember 43. Das Radio spielt eben »O du fröhliche ...«. Die Musik macht klar, wie entsetzlich fern wir dem Sinn des Festes sind. Im Trupp heute ein besonders häßliches Erlebnis. Heute früh war unsere Frau beim Stellungsbau und kam erst mittags nach Hause. Ich hatte Kartoffeln gekocht, weil die Feldküche nach vorne gefahren war, um die Alarmeinheiten zu versorgen. Die Kinder, Iwan und Andruschka, bekamen ein bißchen Essen von mir. Ich hatte dann draußen zu tun, und als ich zurückkam, beschimpfte die Mutter den Älteren und nahm ihn mit hinaus, wo sie ihn schlug mit einem Stock. Ich schritt ein. Dann sah ich, daß sie auf dem Ofen und im Stroh nach etwas suchte, und es kam heraus, daß A. das Benzinfeuerzeug verwendet und verloren hatte. A. stand neben dem Ofen, heulte und beteuerte seine Unschuld. Plötzlich erinnerte ich mich, daß der Truppführer, Stabsgefreiter E. W., am Morgen mit einem alten Feuerzeug herumgespielt hatte. Eine Frage – und tatsächlich, er hatte es sich angeeignet. Ich sagte, das müsse nun klargestellt werden. Zwei pflichteten mir bei. W. sagte, das ginge mich nichts an, die Schläge würden vergessen und er als Junge habe auch ohne Verschulden Schläge einstecken müssen. Dabei blieb es. Ich konnte weiter nichts machen. Die Frau verstand wohl, daß wir uns über etwas stritten, wahrscheinlich nahm sie auch an, es ginge um das Feuerzeug, aber den Sachverhalt konnte sie nicht durchschauen. Es wäre an uns, es wäre an mir gewesen, ihn ihr zu erklären. Ich tat es nicht.
20. Dezember 43. Den beiden Kindern wurden heute die Haare geschnitten – von der Mutter unter Assistenz von uns –, kahl sind sie rundum. Nun setzen sie große Hau-

ben auf, weil sie frieren. Dafür haben sie sonst nichts an. Die Mutter wäscht die Leinenfetzen, die sie trugen, andere haben sie nicht. So sitzen sie nackt wie gerupfte, keineswegs schwächliche Hühnchen auf der Ofenbank. Alles, was wir wegwerfen, besonders leere Päckchen, dient ihnen als Spielzeug. Andruschka, der ältere, gibt sich als Stütze der Mutter, bringt Holz herbei usw. Die Prügel hat er vergessen. Der Mann ist vor zweieinhalb Jahren in den Krieg gegangen, und seither weiß sie nichts mehr von ihm. Keine Nachricht durch andere, nichts.
Heute ist Stalins Geburtstag. Ich sah in erbeuteten russischen Zeitungen Fotos von der Konferenz in Teheran: Stalin, Churchill, Roosevelt, dieser in Zivil und immer professoraler aussehend zwischen den beiden militärisch kostümierten Chefs.
Das Radio gibt Madrigale zum besten, es hat eine seiner seltenen guten Stunden. Das Programm im ganzen ist eine permanente Jux-Veranstaltung, ein unsichtbares, ungeheures Potemkinsches Dorf.
22. Dezember 43 abends. Auch nicht ein Schatten weihnachtlicher Stimmung macht sich bemerkbar. Die Gespräche drehen sich darum, ob es eine Sonderzuteilung gibt, am interessantesten: ob Schnaps? Solange ich bei dieser Truppe bin, gab es noch keinen. Ich habe noch selten eine so überraschende Verklärung eines Gesichtes gesehen wie jene, die sich bei unserer Hüttenfrau vollzog, als sie das Wort Schnaps hörte. Sie weiß, daß wir einen Feiertag haben werden, und fragte, ob sie den Ofen weiß streichen soll. Das gehört hier zu einem Fest. Heute hat unser Metzger, der Groß-Päckchenempfänger Otto Schäfer, ein Kalb geschlachtet. Ich briet die Leber, drei Pfannen voll.
24. Dezember 43. Das ist der Weihnachtstag: ich stehe wie immer etwas vor 6 Uhr auf, da ist ein Streifen Morgenrot am Himmel, darüber ist's grau. Es ist nicht kalt. Zuerst gehe ich zu den Pferden, dann hole ich Kaffee, dann wird das Stroh, auf dem wir auf dem Boden schlafen, unter das Bettgestell geschoben und gekehrt. Spreu wird unter der Ofenbank verbrannt. Inzwischen wäscht sich einer nach dem andern in der einzigen Schüssel. Um 6 Uhr wird die Frau zum Stellungsbau abgeholt.
Ich mache im Herd Feuer mit Hilfe einer zerschlagenen

Munitionskiste, deren Holz trocken ist. Ich spüle die fettglänzenden Töpfe, auf dem Lehmboden kauernd – eine widerliche Beschäftigung. Wenn der Boden auch nur einen Tropfen Wasser bekommt, wird er glitschig.
Die schlechte Laune aller steigt und steigt – Reaktion auf Weihnachten. Bei der Division werden die Festgaben empfangen und in einer Zeltbahn hergeschleppt. Gar nicht wenig: Stollen, Schokolade, Gebäck usw.
Im Nebenraum, neben den Fleischbergen des geschlachteten Kalbes und dem Gerümpel der Familie, versuchte ich aus dem Inhalt der Zeltbahn neun Teller gerecht zu füllen. Die im Hause reichten nicht aus. So ging ich in einen Ortsteil ohne Einquartierung, betrat eine Hütte, die etwas gediegener aussah, und machte verständlich, daß ich drei irdene Schüsseln, eigentlich nur große glasierte Teller, brauchte, die ich morgen wieder zurückbringen würde. Als ich mit den Tellern zur Tür ging und »Danke« sagte, hörte ich die älteste der Frauen sagen: »Erst stehlen und dann danke sagen.«
Toccata und Fuge, d-moll, Bach im Radio. Es ist 7 Uhr. Inzwischen wurde »beschert«, das Bäumchen brannte, mit Schießpulver wurden drei Blitzlichtaufnahmen gemacht, der Chef war zehn Minuten da, redete eine kleine Rede und trank von unserm Schnaps, den er sehr liebt. Ich meine, er liebt den Schnaps im allgemeinen. Die Russen halten sich vorläufig ruhiger als erwartet.
Eben kommt ein fremder Trupp, um bei uns die Göbbels-Rede zu hören. Woina, sagt die Frau – ein immer wiederholtes Wort. Woina – der Krieg.
Erster Weihnachtstag 43. Es ist, als mache sogar der Krieg Feiertag, entgegen allen Erwartungen. Der Russe gräbt sich uns gegenüber ein, baut Stellungen, sogar richtige Bunker. Der Fernschreiber spuckt auf dem Streifen aus: Gutes Fest! Aber wohl nur bei uns ist es ruhig.
Beim Nachtdienst, 26. Dezember 43, früh 4 Uhr. Es ist nichts los. Ich habe die zwei Stunden seit 2 Uhr dazu benützt – alles schläft –, meine zwei Packtaschen zu ordnen, und als alles auf dem Tisch ausgebreitet war, kam mir die Idee aufzuschreiben, was ein Soldat, der noch sehr gut ausgestattet ist, nachdem Tornister und manches andere mit den Fahrzeugen verloren wurde, mit sich herumschleppt. Der Photoapparat ist in ein rotes Ta-

schentuch eingewickelt, das ich in Frankreich als Halstuch trug, damals als wir noch falsche Krieger waren. Die Kamera ist, außer Papier und Schreibzeug, mein einziger Besitz, auf den ich verzichten könnte ohne Minderung für meine quasi-soldatische funktionelle Existenz. Auch das ist Freiheit: nichts zu besitzen, was man nicht braucht.

1944

Wolynisches Fieber

Ohne Datum, Februar 44. Wir liegen in Martinosch, etwas südlich von Nowo Mirgorod. Wir erlebten auf unserer Ebene Sturmnächte mit Temperaturen um 30 Grad minus und empfanden die Wärme im Bunker um den immer brennenden Blechofen als sehr freundlich. In der kältesten und stürmischsten Nacht war ich von 11 Uhr bis 6 Uhr früh an einer Störungssuche bzw. am Bau einer Ersatzleitung beteiligt, wir waren zu viert unterwegs. In dieser Nacht sind allein im Regiment 30 Mann durch Erfrierungen ausgefallen und zwei davon gleich gestorben.

[Diese Stelle läßt nicht erkennen, welche Bedeutung die »Störungssuche« in jener eisigen Sturmnacht für mich in meiner Erinnerung gewonnen hat. In dem Erlebnis dieser Stunden eines dem Anschein nach völlig sinn- und ziellosen Marschierens, das mehr ein Stolpern war, durch eine gestaltlose Schnee-Ebene und in einem Sturm, der es nötig machte, sich die Worte in die Ohren zu brüllen; in dieser wie aus Raum und Zeit herausgehobenen Unternehmung, die schließlich entgegen aller Wahrscheinlichkeit doch den Erfolg hatte, daß einer der Soldaten, plötzlich sich bückend, das dünne scharze Kabel einer vom Schnee verwehten Fernsprechleitung in der Hand hatte – einer Leitung, von der niemand wußte, wohin sie eigentlich führte, und die auch irgendwo in der Schneewüste irreparabel unterbrochen war; in diesem Augenblick, in dem vier vermummte Gestalten – an einem von keinem der Beteiligten je wieder auszumachenden Punkt irgendwo im Innern Rußlands – beschlossen umzukehren, aber keine Ahnung hatten, in welche Richtung sie sich wenden sollten, und völlig ergebnislos nach ihren eigenen inzwischen verwehten Spuren suchten: In diesem bis zum Aberwitz sinnentleerten Tun, bei dem es nur noch darauf ankam, ein erwärmtes Erdloch wieder zu erreichen, »den immer brennenden Blechofen« irgendwo in Rußland, summierte und fixierte sich für mich der ganze Krieg, kaum war er vorbei. Darin und nur darin. So daß bis zum heutigen Tage, fällt das Wort »Krieg« in irgendeinem Zusammenhang, in meiner Vorstellung jene Sturmnacht auftaucht. Diese einerseits zum Sinnbild der Sinnlosigkeit, andererseits zu dem der Widerstandskraft des Menschen gewordene vergangene Wirklichkeit hat den Charakter einer Traumfixierung angenommen, vom Gedächtnis aufbewahrt und auf Stichwort jederzeit abrufbar.]

[Aus dem Notizkalender:]
Am 24. oder 25. Februar 44 bekam ich eine heftige Magen- und Darmgeschichte; als sie nach zwei Tagen nicht besser wurde, mußte ich den Bunker verlassen und ins Dorf zurückgehen, wo ich seither mit drei Fahrern in einer Hütte wohnte. Die Magengeschichte ist vorbei, aber ich habe einen ersten Anfall der neuesten Ostfront-Krankheit, des sogenannten Wolynischen Fiebers, einer Art Malaria. Die Nächte sind scheußlich. Ich esse fast nichts. Die Symptome: Schmerzen längs der Schienbeine und in den Knien, starke Kopfschmerzen. Ich liege den ganzen Tag ziemlich teilnahmslos auf dem Ofen.
Ich treffe zum erstenmal Obergefreite, die noch gar nicht bei der Wehrmacht waren, als ich bereits kein Obergefreiter mehr war.
Heute beginnt es mit Entschiedenheit zu tauen. Es fängt die zweite und hoffentlich letzte Schlammperiode an.
2. März 44 (Donnerstag). Die Nacht war wieder scheußlich, aber jetzt, 9 Uhr früh, bin ich wohl fieberfrei. Das Fieber hat Launen.
Heute regnet es, der Schnee ist fast verschwunden. Ich glaube nicht, daß wir noch lange hier sind, der Krieg wacht wieder auf.
3. März 44. Das Wolynische Fieber ist eine Infektion. Trau schau wem, sagen erfahrene Kranke. Man denkt, die Sache sei vorbei, aber dann kommt sie neu und vermehrt.
Aus Langweile lese ich sogar Provinzzeitungen, die irgend jemand bekommt, und finde dort herrliche Sachen wie zum Beispiel den Bericht über ein »Mädellager«, den ich ausschneide. Im »Reich« ein Aufsatz über englisch-amerikanische Fluglinien jetzt und in Zukunft ... was doch der Krieg außer Zerstörung so nebenbei hervorbringt! Die Deutschen werden sich die Augen reiben, wenn sie wieder aufwachen zu einem Weltmorgen.

Die zwei meistgebrauchten russischen Worte deutscher Landser *ponimaij* = verstehen, und *zapzerapp*, abgeleitet von *sabraljen* = stehlen, entwenden. Ich hörte einen Vers:

Es geht alles vorüber, es geht alles vorbei,
zwei Jahre in Rußland und nix ponimaij.

Der Feldwebel, der noch immer hier ist und also auch meine Post, überrieselte mich zwei Stunden lang mit Erzählungen aus Frankreich. Ich achtete darauf, er hat nicht einmal eine Anschauung von einer Situation, einem Menschen, einer Landschaft, einem Wohnmilieu vermittelt. Nur Zahlen, Maße, Orte, Namen, Daten.

4. März 44. Nachmittags. Vormittags bin ich zur Division gefahren, um Bücher zu tauschen. Dabei entwickeln sich nun meist Gespräche zwischen dem Hpt. H. und mir, geschwätzige Gespräche. Er erwähnt, er habe in Zürich bei einer Abschiedsvorlesung Thomas Mann aus Charlotte in Weimar das Gespräch zwischen Ch. und August v. Goethe lesen hören.

Aus dem gestrigen H. B. scheint mir die Erwähnung der Stadt Pleskau als Kampfraum erwähnenswert. Es geht nun doch zügig rückwärts.

Der Rückweg von der Division, etwa 2½ km, war zuviel für den wolynischen Patienten, die Beine wollten streiken. Gestern abend, auf meinem Ofen hindämmernd, hatte ich einen Anfall von Schwarzseherei, Katastrophenphantasie ging mit mir durch.

7. März 44. Weit weg ist schon der Ofenplatz. Bisher habe ich Anlaß, ihm nachzuweinen. Gestern früh sollte ich mich beim Doktor melden (am Abend hatte ich 39,9), und er schickte mich weg, denn die Truppe ihrerseits vollzog einen Stellungswechsel, auch das Revier, und er wußte nicht, wo er mit mir bleiben sollte. Ich packte also rasch eine Tasche und den Schlafsack und war eine Stunde später zum 6 km entfernten Hauptverbandsplatz unterwegs, auf einem winzigen Panjewägelchen, darauf außer mir ein Feldwebel mit Knöcheldurchschuß und ein anderer, der seit Tagen 39–40 Fieber hatte und, wie sich inzwischen feststellen ließ, eine hübsche Lungenentzündung. Vorne saßen der russische Fahrer und ein Sanitäter als Eskorte. Diese fünf Mann auf vier Rädern, die in ihren Achsen ausschlugen, durch knietiefen Schlamm zu ziehen, war das Los von drei Pferden, von denen das linke

Asthma, das mittlere ein sagenhaftes Halsgeschwür und das rechte große Fleischwunden auf dem Rücken hatte. Peitsche und Drohungen machten ihnen keinen Eindruck mehr. Nach einer Weile stieg ich ab, weil ich das Keuchen der Tiere nicht mehr hören konnte, und der Sanitäter folgte bald meinem Beispiel, ein bildschöner, dunkler Mensch, der die Unverfrorenheit besaß, schon nach ein paar 100 Metern dieses Spazierganges über Mühe und Anstrengung zu klagen. Mal fahrend, mal laufend, erreichten wir den Verbandsplatz, wurden in Listen eingetragen, der grüngeränderte Krankenzettel mit dem Soldbuch verglichen. Wir zogen in ein Haus auf Stroh, wo sich bis zum Nachmittag acht Mann einfanden, darunter ein Russe, der vor dem Krieg im nahen Maliwiska Steuerbeamter gewesen und nun ein »Hiwi« [Hilfswilliger] der deutschen Wehrmacht ist, eine Qualität, um die ich ihn nicht beneide. Es hieß, wir sollten nach Nowo Mirgorod transportiert werden, von wo aus Bahnverbindung bestünde. Wohin? Es wurde aber Abend, bis uns zwei Panjewagen aufnahmen, vor jedem nur zwei Pferdchen. Sie sollten uns nur durch eine Talsenke bis zur Rollbahn bringen, wo wir in einen Sanitätskraftwagen verladen würden. Aber auch dafür erwiesen sie sich als zu schwach, und drei von uns, die noch laufen konnten, mußten absteigen. Es war finstere Nacht und der Schlamm tief. Wir gingen und gingen, hatten längst freies Feld erreicht, die Rollbahn war nicht 500 m, sondern 2 km entfernt. Meine Taschenlampe griff ein Bild des Jammers aus der Nacht: ein Wägelchen mit zwei alten Russen darauf, Mann und Frau, die hatten sich Tücher über die Köpfe gezogen und überließen es den Pferden, sie irgendwohin zu bringen. Die Pferde hatten den Kampf mit dem Schlamm aber schon aufgegeben. So stand denn diese Karre mit den alten Leuten mitten im Morast und im Regen, und da steht sie wohl noch.
Ich tappte daran vorbei, gerade als in der Ferne Motorengeräusch zu hören war, das war unser Sankra [Sanitäts-Kraftwagen], und zwar ein nagelneuer, der auf Raupen lief, geräumig wie ein Bus, an weit zurückliegende Zeiten großartiger Motorisierung erinnernd.
Als ich, in Dreck getaucht bis zu den Hüften, diese fabelhafte, elektrisch beleuchtete Staatskarosse mit Betten be-

stiegen hatte und untergebracht worden war, konnte ich einen Lachanfall wieder einmal fast nicht unterdrücken. Ich bedachte, wie sie mich so in Europa herumtransportieren, mal dahin, mal dorthin, und wie es für sie nicht den allergeringsten Effekt hat, außer Mühe und Kosten. Für diese Mühe und diese Kosten werden wir später zu bezahlen haben, aber jetzt ist es komisch. Irgendwo sind dann ein paar Leute, die schießen, womit immer, ferner Panzer oder ein paar Flugzeuge, und die machen es dann. Dahinter der ungeheure Apparat, der Leerlauf. Als Napoleon auf dem Rückweg über die Beresina ging, hatte er noch 40000 Leute, die man Soldaten nennen durfte, darunter aber nur 5000, die noch kämpfen konnten und wollten. Außerdem wälzten sich 150000 auf die Brücke zu, die waren zu überhaupt nichts nütze. Aber dieses Verhältnis war ja noch glänzend zu dem, das hier zwischen den Kämpfenden und dem Apparat herrscht. Zum Apparat gehört schließlich das ganze Reich, auch Ihr auf Eurem Hügel über dem See. Du baust Gemüse an, um zu überleben. Staatserhaltend wertvoll ist das auch nicht gerade.

Mit schönem, zuverlässig klingendem Motorgeräusch ging es durch die Nacht, bis sich plötzlich die ganze Karre auf die Seite legte, so daß es uns von der Bank hob. Der Fahrer war in ein Loch gefahren und kam trotz Raupenketten nicht mehr heraus. Im Gegenteil, er wühlte sich immer tiefer ein. Er entfernte sich, um ein anderes Fahrzeug zu finden. Die Unbeweglichen blieben auf ihren Tragbahren im Wagen, wir andern suchten die Wärme eines nahen Hauses. Ärztlich gesehen bestand unser Vier-Mann-Trupp aus einer Pneumonie, einer Gelbsucht, Wolynischem Fieber und einer Hauterkrankung. Nach zwei Stunden war der nächste Sankra zur Stelle, machte unseren flott, und gegen Mitternacht waren wir in Nowo Mirgorod in einer ehemaligen Schule. Es gab Butterbrot, Tee, Kekse. Wir wurden mal wieder in Listen eingetragen. Dann schlief ich so gut wie seit zehn Tagen nicht. Um 7 Uhr früh wurden wir zur Bahn gebracht und in einen Kurierzug gesetzt.

8. März 44. Der 2. Eisenbahn-Reisetag. Ich habe in meinem Hängelager nicht schlecht geschlafen. Wir sind irgendwo zwischen Golta und Balta. Diese öde Strecke

fahre ich nun zum 3. Mal – Oktober, Januar, März. Angeblich werden wir bald ausgeladen. Im Wagen nur Leichtverwundete und Kranke. Nichts zu lesen.
9. März 44. Wir sind den dritten Tag in dem »B.V.Z.« = Behelfsmäßiger Verwundetenzug. Die drei Güterwagen mit etwa 100 Verwundeten und Kranken sind an einen langen anderen Zug angehängt. Er hat es nicht eilig. Gestern stand er fast zwölf Stunden irgendwo herum. Das Begleitpersonal sind drei Sanitätsgefreite, kein Arzt. Wir sollen angeblich in Birzula ausgeladen werden.
11. März 44. Heute früh hatte die Reise endlich ihr Ende. Das Lazarett ist eine ehemalige russische Kaserne, sie liegt auf einem Abhang, ich übersehe vom Bett aus Bahngleise und die Hügel jenseits des Tales. In den Sälen liegen bis zu 50 Mann. Mein Saal im 1. Stock wird erst belegt. Wir sind nur zehn oder zwölf. Zwei Mann meiner Division sind darunter. Die Heeresberichte sagen, daß die Russen in Richtung Südwesten bei Uman und bei Kriwoi Rog vorstoßen, wodurch sie, wenn sie Erfolge haben sollten, die Unseren schwer ins Gedränge brächten. Man muß sich die Karte anschauen. Sie müßten sich vielleicht anderswo auch die Karte anschauen. Aber wenn sie das zum ersten Male offenen Auges tun werden, mag ihnen ein Stadtplan genügen.
12. März 44. Wodurch dieses Institut den Namen »Lazarett« verdient, ist nicht zu erkennen. Es ist eine Massenunterkunft mit ärztlicher Überwachung. Etwas Rüderes als diese Genesenen läßt sich nicht vorstellen. Der Weg zum Häuschen ist ihnen zu lang, sie scheißen deshalb in der Nacht in den anstoßenden, noch leeren Saal. Anblick und Geruch heute früh waren überraschend, besonders für die Sanitäter. Zwei Wiener, die neben mir liegen, nahmen es zum Anlaß, das Wirken der deutschen Landser in Europa zu charakterisieren. Wiener aus den unteren Schichten sind von einer erstaunlichen Einheitlichkeit in ihrer geistigen und moralischen Ausbildung, in ihren Interessen. Nichts Menschliches ist ihnen fremd, und kein Schatten von Moral verengt ihr Urteil. Sie erzählen mit großem Freimut diffizile Details aus ihrem Leben und finden ebendiese und sonst nichts interessant. Ihre Ironie findet ihre Grenze an ihrer Sentimentalität. Sie können stundenlang von Mahlzeiten reden, die sie bei

ihrer Hochzeit oder bei anderen Hochzeiten gegessen haben. Auch über die Garderobe von Filmleuten unterhalten sie sich mit Verve. Der eine sagt heute früh nach einem traurigen Rückblick über den Saal: Bei der ärmsten Hur wann ich schlafen tät, die am Stuhl schlaft weils kein Bett hat, wär ich besser untergebracht. Die Hur ohne Bett schien ihm nicht unbekannt zu sein. Vor einer Stunde sind sie draufgekommen, daß heute vor sechs Jahren Österreich zum Reich kam. Seitdem machen sie das große Gaudium: Kommt, Kameraden, gratuliert uns!
Gestern abend gab es so etwas wie Varieté, aber ich blieb in meinem Schlafsack, der nun auch die 1. Entlausung hinter sich hat. Das Waschen gestern mit heißem Wasser war ein Fest.
13. März 44. Vor den Fenstern dicker Morgennebel. Bahn und Hügel sind verschwunden. Der Saal, in Erwartung der Visite, benimmt sich lazarettmäßig. Dafür war die Nacht tumultuarisch. Das Bier, das gestern noch fehlte, war später beim Rechnungsführer zu kaufen. Ich sah zwei Kästen mit 50 Flaschen herumstehen. Es war nicht stark genug, um eine allgemeine Besäufnis zu erzeugen. Zwei kamen auch zu Wein und Schnaps, einer von ihnen, in den Saal zurückkehrend, schlug lang hin und stand nicht mehr auf. Sein blaugestreifter Lazarettanzug war bekotzt, sein Gesicht aufgeschlagen und blutig. Er wurde zwei Betten von mir entfernt auf einen Strohsack gelegt, und man hielt ihn für tot, was weiter niemand zu stören schien. Nach einer Stunde war er aber wieder so lebendig, daß er nun auch das Bett und sich im Liegen vollkotzte. Mir war es störend. Ich ging zur Schreibstube, tastete mich die dunklen Treppen hinunter; ein Feldwebel und zwei Sanitäter kamen mit Taschenlampen und versuchten eine Viertelstunde lang, die Identität des Besoffenen festzustellen, was schließlich gelang. Es wurde entschieden, er könne liegenbleiben, wenn er sich ruhig verhielte. Eine Weile ging es gut, dann begannen die Eruptionen von neuem. Nun wurde der Mann samt Strohsack in den anschließenden kalten Raum getragen, in das Ersatz-Scheißhaus. Es war plötzlich ein Plätschern wie aus einer Gießkanne zu hören, und meine Taschenlampe entdeckte ein junges Bürschlein, das wankend mitten im Saal auf einem Tisch saß und es laufenließ. Niemand wußte,

woher er kam. Ich griff zur Selbsthilfe und warf ihn hinaus. Draußen aber war es kalt, und Kotzer Nr. 2 kehrte zurück. Diesmal sprangen vier oder fünf aus ihren Betten und entfernten den Jungen. Sie legten ihn zu Nr. 1 hinaus.
Die Nachtschau zu vollenden, kam Nr. 1 durch die Kälte wieder zu sich und tappte plötzlich zwischen unseren Betten herum, im Licht der Taschenlampe anzusehen wie ein Mörder nach der Tat, blutüberströmt.
15. März 44. So man nur abwartet, erledigt sich manches von selbst. Ich wollte den Arzt schon bitten, mich zu verlegen, und sei es zur Truppe, denn dies hier ist ein Saustall, da kam er vorhin und nahm in großer Eile fast alle Krankenblätter mit. Das Lazarett wird geräumt, wir werden verlegt, zweifellos weiter zurück. Ich frage mich, ob der Durchbruch der Russen bis zum mittleren Bug auf der Höhe von Uman und die gleichzeitige Offensive bei Kriwoi Rog, die vorgestern zur Räumung von Cherson führte, nun eine endgültige Zurücknahme der ganzen Südfront erzwingen. Es sieht fast so aus. Wo ich dann meine Truppe wiederfände? Ich denke, daß wir übermorgen ins Rollen kommen.
Meine Tage sind ganz friedlich, meine Nächte sind es nicht. Ich schlafe miserabel. Das Fieber ist nicht nennenswert.
17. März 44. Der Abtransport hat begonnen. Ich liege schon in einem Tragbett im Zug. Das Nest, das wir verlassen, heißt Cholbadnaja.
18. März 44. Wir sind gestern in den Lazarettzug eingeladen worden, und damit wir uns gleich an das Tempo rumänischer Eisenbahn gewöhnten, blieben wir bis 7 Uhr früh auf den Bahnhofgleisen stehen. Der Zug, wenn auch behelfsmäßig, ist viel besser ausgestattet als der vorige. Die Lager sind gefedert, 21 Mann füllen einen Waggon, sechs mehr, als Betten vorhanden sind. Sie liegen auf dem Boden. Die Nacht war meine schlechteste seit 14 Tagen. Die Schmerzen in den Beinen nehmen zu.
[Mit sich endlos hinziehenden Aufenthalten erreicht der Lazarettzug am 26. März 44 Krakau, wo die Kranken der Sammelstelle zugeführt werden. Starke Fieberanfälle wechseln mit besseren Stunden.]
28. März 44. Noch in Krakau, des nächsten Zuges har-

rend. Nun bin ich gerade einen Monat lang krank. Hier gibt es viele Soldaten, die vorne waren, als die Russen loslegten. Offenbar war der Zug, in den ich verladen wurde, einer der letzten, der von Nowo Mirgorod abging.
30. März 44. Der Reisende befindet sich wieder im Zug, 2. Klasse, weil er so sehr krank ist. Ist er aber nicht. Der Zug hält im Augenblick in Graudenz. In dieser Stadt hielt sich der Reisende für drei Stunden auf, als er Ende Mai 1941 mit einem Vorkommando nach Ostpreußen ging, worauf dann der russische Krieg bald begann. So schließen sich die Kreise. Höchstwahrscheinlich fährt der reisende Soldat jetzt wieder nach Ostpreußen und wird, so will es ein Gerücht wissen, in Marienburg ausgeladen.
[Ich bleibe ein paar Wochen als Rekonvaleszent im Lazarett zu Marienburg. In dieser Zeit schreibe ich fast nichts; nur der Notizkalender wird regelmäßig weitergeführt. Dann bekomme ich »Genesungsurlaub«, den ich in Überlingen verbringe, halte mich jedoch vorher ein paar Tage in Berlin auf.]

[An Agnes Ruoff]
21. April 44, Berlin. Ich war in unserer alten Wohnung am Roseneck. Wie Du weißt, hat S. sie übernommen. Sie bewohnt nur noch das große Zimmer, und auch dort sind die Scheiben teilweise durch Pappe ersetzt. Die Wände haben Sprünge und der hintere Raum ein Loch in der Außenwand, durch das ich kriechen könnte. Der Wind wehte von der Ruine gegenüber Glassplitter auf die Straße, das Geräusch war unsere Tafelmusik. Morgen werde ich in Überlingen sein. Da sind die Scheiben noch heil.

[Am 5. Mai 44 endet der Urlaub. Der Marschbefehl lautet auf eine Kaserne in Kornwestheim bei Ludwigsburg in Württemberg. Dort bleibe ich bis zum 11. Mai und werde dann zu einer Ersatzeinheit nach Esslingen kommandiert. Die Kaserne liegt über der auf einen steilen Hang gebauten alten Reichsstadt, die bis dahin von Bombenangriffen verschont geblieben war.]
14. Mai 44. Stuttgart, Hotel »Marquardt«. In diesem Hotel fand der Bote König Ludwigs II. den flüchtenden Richard Wagner. Zu uns kommt kein Bote und verkündet, er wolle uns ins Paradies versetzen. Ein Teil der Fenster ist

durch Bretterverschläge ersetzt, auch das unterscheidet 1944 von 1863.
18. Mai 44. Heute früh durfte ich schon wieder nach Stuttgart. Den schlechten Füßen, denen ich so manches verdanke, verdankte ich auch diese Fahrt zum Orthopäden. Erst seitdem so viel Wesens von ihnen gemacht wird, sind sie wirklich enorm platt und schwer beweglich.
In einer Buchhandlung ging die ältliche Verkäuferin, die den Chef vertrat, nach einer langen Unterhaltung an ein geheimes Lager und hatte die Gnade, mir Fabre-Luce, das vielgerühmte Tagebuch über Frankreich 1939/40, zu verkaufen. So lese ich jetzt drei Bücher parallel, die nicht verschiedener sein könnten: einen Fontane, den Franzosen und einen dünnen Band mit einem blöden Titel: ... und die Quellen behalten das letzte Wort. Die Verfasserin heißt Anna Schieber. Das Bändchen kaufte ich, weil es von Esslingen handelt.
In dieser Kaserne werden 150 Italiener gedrillt. Italienische Kommandos hallen über den Exerzierplatz, sie klingen nicht melodiöser als deutsche. 150 Italiener im Speisesaal riechen anders und machen sich akustisch anders bemerkbar als eine gleiche Zahl von Deutschen. Wenn ich mir die spiegelbildliche Situation vorstelle, Deutschland ist aus dem Krieg geworfen, ich kämpfe in Italien weiter und muß in Padua exerzieren, dann tun mir diese Burschen in der Seele leid. Sie aber sind so froh darüber, nicht an der Front zu sein, daß sie in den Laden hier geradezu eine heitere Note bringen.
Diese Schwaben sind immer noch nicht vollständig korrumpiert. Sie haben sich in der Arbeit einen Rest von Sorgsamkeit bewahrt. Der Mann, der in Stuttgart die Gipsabgüsse meiner Füße für die Einlagen machte, brachte nach der Prozedur eine Schüssel mit Wasser und Handtuch, er wusch und trocknete meine Füße sorgfältig. Ich kam mir vor wie ein Jünger Christi auf der Bühne von Oberammergau.
Heute lernte ich einen Mann kennen, der Hildebrandt heißt. Er ist Musik-Studienrat an einem rheinischen Gymnasium; als Germanist Schüler von Ernst Bertram, als Musiker von Braunfels, blieb er nicht in der Schule hängen. Er wurde Dirigent. Seine Frau ist eine angehende Bach-Sängerin, und nach den Bildern zu schließen, hat er

eine entzückende Tochter namens Regine, drei Jahre alt. Er macht sich auch seine Gedanken, und so habe ich plötzlich jemand, mit dem ich reden kann.
Esslingen, Sonntag [ohne Datum, Ende Mai 44]. Hildebrandt sagte gestern aus gegebenem Anlaß: Haben denn die Leute keine Kraft mehr zur Trauer? Du siehst, er spricht ein wenig unsere Sprache. Die Bekanntschaft mit ihm, die sich entwickelt, verändert meine Tage insofern, als ich nicht mehr ganz stumm zu sein brauche.
Den Zeitungen entnehme ich, daß die englische Regierung ein Verbrechen begeht, weil sie es offenbar doch auf eine Kraftprobe und damit auf eine Katastrophe für England ankommen lassen will, statt die Segel zu streichen und der »Neuordnung Europas« still zuzusehen. Dieser Churchill, ich muß schon sagen ...! Sollten unsere Zeitungen so laut bellen, weil etwas im Busch ist?
26. Mai 44 [Stuttgart]. Im Hotel »Graf Zeppelin« trinke ich mit Hildebrandt Tee oder was sich so nennt, und anschließend gehen wir in Mozarts »Idomeneo«. Heute beim Schießen fragte der Feldwebel: Wo haben Sie das gelernt?, nachdem ich 9, 12, 11 Ringe mit den drei befohlenen Schüssen erreicht hatte. (Zuletzt war ich in Ingolstadt auf dem Schießstand und hatte dort kaum die Scheibe getroffen.) Daß ein Feldwebel ein gutes Haar an mir fand, weckte in mir den Gedanken, wie ich wohl durch den Krieg gekommen wäre, wenn ich mir 1939 ein taktisch vernünftiges Konzept gemacht hätte?
Auf zu Mozart. Hildebrandt sagt: Nun hör schon auf zu schreiben, das bringt ja doch nichts!!
27. Mai 44. »Idomeneo« war insofern eine Enttäuschung, als ich dachte, die Oper wäre von Mozart, sie war aber von Strauss, d. h. eine Überarbeitung von ihm, und er hat nichts getan, sich stilistisch zu verbergen, worin man allenfalls einen moralischen, aber bestimmt keinen musikalischen Vorzug sehen kann. Man hörte an diesem Flekkerlteppich, mit wie wenig Mitteln ein Genie auskommt und wie viele ein Talent braucht. Idomeneo sah wie eine Mischung aus Ludwig II. und Balbo [ital. Minister für Flugwesen] aus. Im 2. Akt bekam eine Frau im Parkett einen epileptischen Anfall und schrie, bis man sie endlich hinaustrug. Allen gefiel die Frau viel besser als die Vorgänge im Orchester und auf der Bühne.

28. Mai 44. Um 18 Uhr gingen wir in »Arabella« und hielten drei Stunden aus. Dann beschlossen wir, nicht mehr so oft in die Oper zu gehen. Wir bekommen das Stuttgarter Mittelmaß langsam über. Arabella wog mindestens 2 Zentner.

[Aus dem Notizkalender:]
1. Juni 44. Abends in Stuttgart, Edith und Thomas auf dem Bahnhof abgeholt. Sie beziehen die Stube bei Frau Klein. Wir essen im »Hirsch«.
6. Juni 44. Die beiden sind nun bald eine Woche da. Bei Frau Klein ist es nett. Thomas ist glücklich, bei der 7jährigen Ursula Klein schlafen zu dürfen in einem weißen Schlafzimmer. So etwas hat er noch nie gesehen. Hildebrandt kommt manchmal herüber, heute ging ich mit ihm die Partitur von Pfitzners ... [unleserlich] durch, um Stricharten in die Geigenstimmen einzutragen. Er dirigiert am 15. Mai das Landesorchester in Stuttgart. Gestern nacht hat die Invasion begonnen. Als ich zu E. hinüberkam und ihr die Nachricht brachte, rief sie: Gott sei Dank, Gott sei Dank!
7. Juni 44. Gegen Abend erfahre ich, daß ich zum »Festungskommandanten« nach Brest abgestellt bin. Ich verbringe den Abend mit E., der es nicht gutgeht. Ihr Zustand ist anders als bei Thomas, und sie tippt auf Gabriele [zutreffenderweise, wie sich im Oktober erwies].
8. Juni 44. In großer Hetze erledige ich den »Laufzettel« und bin mittags für mein Kriegsende ausgestattet. Ich kaufe noch für 13 Mark eine Sonnenbrille in Erwartung des Sommers in der Bretagne. Ob wir noch bis Brest kommen? Zunächst geht's nach Straßburg.

Und noch einmal durch Frankreich

9. Juni 44, Straßburg [auf vier Ansichtspostkarten]. Das Physik. Institut ist ein großer Bau neben der Universität. Da sitze ich. In einer halben Stunde sehe ich Weizsäcker

[Carl Friedrich v. W., Atomphysiker und Philosoph]. Helmuth Becker [damals Rechtsanwalt, heute Direktor des Max- Planck-Inst. f. Bildungsforschung in Berlin] ist mit Frau Weizsäcker und ihren Kindern nach Kreßbronn, kommt aber so bald wieder, daß ich ihn noch sehen werde. Mit Finklenburg [Physiker] hatte ich eine freundliche Unterhaltung. Er sitzt in diesem Haus im ersten Stock, Weizsäcker im zweiten. Mein Eindruck ist, daß sich in diesem Straßburg so etwas wie eine Kolonie von halben und ganzen Nicht-Nazis gebildet hat, die gut lebt.

Ich sah Läden, in denen Berge von Gemüse aufgehäuft sind.

Um Nachturlaub habe ich eingegeben mit der Begründung, Du seist hier.

10. Juni 44, Straßburg. Es sieht so aus, als käme die Sache am Kanal langsam in Schwung. Und Viterbo ist englisch, der italienischen Schnecke wachsen Flügel. An jedem zehnten Haus wird hier der Heeresbericht angeschlagen, und solange er frisch ist, drängen sich die Leute, ihn zu lesen. Sie sind hier noch bei weitem nicht so müde, desinteressiert und gleichgültig wie »im Reich«. Die Frauen machen sich nach wie vor so hübsch, wie sie können, und in Soldatenkreisen heißt es, die meisten von ihnen trieben l'amour gewerblich.

15. Juni 44, Straßburg. 8 Uhr früh, doch habe ich schon zwei Stunden Kaserne und den Vortrag eines Oberleutnants über die Invasion hinter mir. Er meinte, nun hätten wir den Feind direkt vor der Flinte, und das sei gut. Diese Morgenstunden, der Weg zwischen Pension »Elisa« [wo ich ein Zimmer mit Rosentapeten gemietet hatte] und Kaserne durch mucksmäuschenstille, leere Straßen in wundervollem Licht – es ist wie ein Abschied von Europa. Ich erinnere mich, ich gebrauchte diesen Ausdruck, als ich durch Warschau kam auf dem Weg nach Rußland. Ist es nicht merkwürdig? Zwischen diesen beiden Inkarnationen dessen, was ich Europa nenne (Weizsäcker sprach von »Abendland«), liegt das »Reich« mit Köln, Nürnberg, Thorn und Königsberg, mit Kant, Beethoven und Goethe; dessen Bewohner aber, das Volk, leben mit der europäischen Kultur nur in ganz oberflächlicher Berührung. Vom 19. Jahrhundert haben die Deutschen nur die Technik

begriffen und den militanten Nationalismus, vom 20. nur die Bestialität der Massenkraft.
Der »Klub«, das Plutokratenheim, wie die Klubmitglieder ironisch sagen, ohne daß die Ironie am zutreffend bezeichneten Tatbestand etwas ändern würde, liegt in einem Viertel, das nach 1870 entstanden ist und in der wilhelminischen Zeit die Reichsämter und die Wohnungen der deutschen Herrenschicht enthielt, die damals wie heute in Straßburg lebt und ihr Unwesen treibt wie die Engländer in Indien. Nach 1918 wohnten hier wohlhabende Juden und aus Paris importierte Franzosen, und jetzt sind es Nazis und ihr Troß von privilegierten Intellektuellen, die glauben, sie nutzten die Nazis schlau aus, während es in Wahrheit umgekehrt ist.
Der Schubertabend gestern war schön, obschon der stimmungslose große Saal für ein so intimes Musizieren gänzlich ungeeignet war und der Pianist viel zu wünschen übrigließ. Helmuth Becker muß im Plutokratenkreis mit meinen Manuskripten hausieren gegangen sein – anders ist nicht zu erklären, was ich in der Pause und nach dem Konzert erlebte. Es kamen allerhand Leute, die ich gar nicht kenne, und machten viel Wesens von mir her. Auch das ist ganz typisch für einen mehr oder weniger snobistischen Kreis: er braucht immer jemand, der nicht dazugehört, aber vorzeigbar ist, um sich selbst als exklusiv zu empfinden.
Rosbaud, der hiesige Musikdirektor, läßt seinen Sinfoniekonzerten belehrende Abende vorausgehen, an denen er mit der Partitur am Flügel sitzt und singend, spielend, redend, pfeifend die Werke analysiert. Er benützt dafür das Kleine Haus, es sei immer ausverkauft. Dieselben Leute, die dorthin gehen, sind dann auch im Konzert. Alle kennen sich. Man redet sich mit Vornamen an, und alles wird in einem Topf gekocht wie auf der Rehmenhalde, nur in größerem Maßstab.
Ich saß auf der Galerie in der 1. Reihe, hatte den Saal unter mir, sah Weizsäcker, Becker, Beckers Freundin – eine Straßburgerin – und das Weizsäckersche Kindermädchen nebeneinander sitzen. W. verschwand mit dem letzten Ton, mit B. und Freundin ging ich in den Klub. Dort war das halbe Publikum aus dem Konzert, und zuletzt saßen wir mit den Musikern in der »Gauleiterek-

ke« ohne Gauleiter. Unter anderen gefiel mir das Fräulein Christine Kaißler. Als Emilia Galotti hat sich die Anfängerin Straßburg erobert. Am späten Abend setzte sich Frau N. neben mich, die Bibliothekarin des jur. Seminars. Mit ihr geriet ich an Thema Nr. 1, während sich die ganze übrige Gesellschaft dadurch auszeichnete, daß kein Wort über Krieg oder Politik gesprochen wurde. Frau N. hatte kürzlich eine Zusammenkunft mit Reichwein, und so schließt sich die Umrißlinie einer Welt, deren Einsichtigkeit nur von ihrer Ohnmacht übertroffen wird. Sie können alle nichts anderes tun, als auf diesen amerikanischen Hindenburg warten.
Heute abend Reger, die Karte habe ich von W. Jetzt gehe ich in die Universität, dort treffe ich Becker, der mir Weizsäckers Buch bringt. Daß ich auf dem Weg nach Brest bin, kommt mir ganz aus dem Sinn.

[In diesen Straßburger Tagen des Sommers 1944 begann ich ein Manuskript, das ich »Besinnung« nannte. Auszug:]
Hier in Straßburg sind eine Menge ansehnlicher Leute versammelt, die vom Dritten Reich und vom Krieg so viel wie möglich verpassen wollten. Was mich an diesem Kreis stört, ist sein elitäres Gehabe, und was ich am wenigsten vertrage, ist Ironie gegenüber den Nazis, die sich gefahrlos äußert. Diese Kultur- und Wissenschafts-Plutokraten tragen ein unsichtbares Schild um den Hals: Wir sind die anderen Deutschen. Wer glaubt, ein »anderer« Deutscher zu sein, und sich dennoch als Repräsentant der Deutschen schlechthin fühlt, beteiligt sich an dem Schwindel, die deutsche Führung, Hitler, Goebbels, Göring, Schacht, Bormann, Heydrich seien keine exemplarischen Deutschen. Das aber sind sie. Wer sich nicht zu deren Komplizen machen will, muß auch die Taue kappen, die ihn mit seinem Volk verbinden. Denn nicht die »andern« Deutschen repräsentieren das Volk, sondern die NS-Führung, früher der General v. Seeckt (der empört wäre, in einem Atemzug mit jenen genannt zu werden), Ernst Jünger, der darüber noch empörter wäre, Hindenburg, Hugenberg, Wilhelm II. und so weiter. Das Volk, das diesen Krieg geführt hat, und den Ersten Weltkrieg, bringt diese Typen als seine legitimen Söhne hervor, und wer darauf beharren will, auch ein legitimer

Sohn der Nation zu sein, der ist auch der Bruder Heydrichs. Der alles trennende Graben zwischen den Deutschen und den Nationalsozialisten existiert nirgendwo – außer in der heuchlerisch-opportunistischen Ideologie der »andern« Deutschen. Die Nationalsozialisten, sie sind das Volk. Tolerante, freiheitliche Minderheiten waren stets eine Quantité négligeable und in ihrer Qualität dem Volk widerwärtig, ja verhaßt.

16. Juni 44, Straßburg. Früh halb vier. Um 4.30 ist Wecken in der Kaserne. In wenigen Minuten verlasse ich die »Élisa«. Der Schreibtisch ist abgeräumt, die Bücher sind zurückgegeben, eine Existenz, die ich leicht ein halbes Jahr so hätte fortsetzen können, formte sich in vier Tagen und löst sich jetzt wieder auf ohne Spur. Das Reger-Konzert war schöner noch als der Schubert-Abend. Nach dem Konzert und nach einer Stunde bei Frau N. ging ich um Mitternacht zu Helmuth Becker, der Tee kochte. Wir holten bis eben jetzt das Gespräch nach, zu dem es bisher nicht kam. Er wird als Jurist in die Nachkriegszeit einsteigen, aber ich gewann den Eindruck, daß ihn das väterliche Beispiel verhindern wird, es dabei zu belassen. [Der Vater war in der Weimarer Demokratie sozialdemokratischer Kultusminister von Preußen.]
Es macht mir erstaunlich wenig aus, hier abzufahren. Das ist nicht meine Welt. Diese klugen, so ironischen, feinen Leute gehen auf Zehenspitzen. Es überrascht mich, wie störend ich das empfinde.
19. Juni 44. Seit gestern nachmittag werden wir im Kreis um Paris herumgefahren. Abends war schattenhaft im Nebel der Eiffelturm zu sehen. Beweis, daß wir wirklich wenn nicht in, so doch bei Paris sind. Jetzt stehen wir irgendwo hinter Clichy.
Jetzt, gegen 17 Uhr, sind wir in Versailles. An einem Zeitungsstand erwarb ich Ernst Jüngers »Blätter und Steine«. Infanteristen, die seit drei Tagen die »Tour de France« um Paris machen, äußern, diese Art, die Truppentransporte im Kreis fahren zu lassen, sei raffinierte Sabotage. Daß ich das Bahnhofsschild »Versailles« vor mir habe, kommt mir vor, als träumte ich. Das Buch, das mir Frau N. in Straßburg mitgegeben hat, »Leviathan« von Julien Green, ist glänzend geschrieben.

Heute früh nahm mich der Leutnant erst zur Transportleitung als Dolmetscher mit, dann ging ich mit vier anderen in die Stadt. Es war Pariser Wetter, Sonne und weiße Wolken vor blauem Himmel. Die Stadt funkelte. Wir gingen vom Triumphbogen die Champs-Elysées hinunter bis zur Insel, wo sich uns vor der Kathedrale ein Herr als ein »vom Oberbefehlshaber genehmigter Führer« vorstellte, ein Historiker von der Universität, wie sich im Gespräch ergab. In Paris beginnt sich der Hunger auszubreiten. Wir wurden einige Male angebettelt.
Fast hätte ich's vergessen zu schreiben: Gestern nacht sahen wir die Geheimwaffe mit eigenen Augen. In großer Entfernung stieg ein rotleuchtender Körper steil zum Himmel empor und verschwand in Wolken. Wir beobachteten die Erscheinung zehn- bis zwölfmal in verschiedenen zeitlichen Abständen. Einige von uns gerieten in Jules-Verne-Stimmung.

[Aus »Besinnung«:]
Wenn ich sagte, ich hätte in Straßburg »Abschied von Europa« genommen, so erschöpft sich darin nicht die Bedeutung dieser Tage. Die Wahrheit ist, ich habe dort Abschied vom Krieg genommen, er liegt hinter mir, ich bin durch, I am through. Diese Kolonie von Intellektuellen lehrte mich erkennen, daß sie nach dem Krieg an einem andern Punkt einsetzen werden als ich. In dem, was sie sagten, klang immer durch, daß es ihrer Ansicht nach nur einer Veränderung der Herrschaftsverhältnisse bedürfe, damit »das Neue« installiert sei. Nun verstehen sie aber unter Veränderung der Verhältnisse im wesentlichen nur Veränderung politischer Art, das heißt also, grob gesagt, Hitler und Göring ersetzen durch Stresemann und Rathenau (wobei ich mit letzteren Namen nicht die Individuen, sondern politische Typen bezeichnen will), und somit also die Wiedererrichtung einer parlamentarischen Demokratie an Stelle der Diktatur. Sicher ist, daß ohne solchen Umbau der Herrschaftsverhältnisse – für den die Sieger sorgen werden – »das Neue« überhaupt nicht anfangen könnte, aber dadurch allein wird sich mit Sicherheit nichts verwirklichen, was ich als »das Neue« anerkennen könnte. Dadurch wird nichts geschehen, was mich veranlassen wird, meine Mei-

nung über dieses Volk zu ändern, das ja nicht allein dadurch ein anderes würde, daß es, statt Hitler zuzujubeln, »demokratische« Politiker wählen ginge.
Es gäbe nur eine echte Alternative: Revolution, und die eben gibt es nicht in einem – und durch ein – Volk, dem Vernunft nichts bedeutet. Es ist unfähig, die Mitteilungen zu verstehen, durch welche die Emotionen ausgelöst werden könnten, die es veranlaßten zu schießen. (Außerdem wurde jetzt so viel geschossen, man ist es vielleicht gerade dann leid zu schießen, wenn es richtig wäre, es zu tun.) Über den Rand des Krieges schauend, was ich seit Straßburg kann, sehe ich wie alle die Ruinenlandschaft, aber ich weiß: Dieses Volk lehren Ruinen nichts. Eine Weile mag es anders aussehen; fremder Macht unterworfen, werden meine Landsleute sich Tugenden zulegen wie Masken.
Wollen Sie denn Bürgerkrieg? hatte Helmuth Becker in unserem letzten Gespräch ganz entsetzt gefragt. Die Amerikaner werden genauso denken. Und die Sowjets auch. Sie feiern ihren eigenen Bürgerkrieg, aber jetzt regeln sie das Notwendige mit stillerer Gewalt. Als ich antwortete: Was denn sonst?, sagte er: Die Kraft dazu ist verbraucht, die Städte zerstört, nicht genug zu essen, usw. So ist es. Also werden wir die Gleise reparieren, die Brücken, die Städte neu bauen – nur mit uns selber wird nichts passieren. Indem wir aufräumen werden statt Krieg zu führen, werden wir uns vorkommen, als seien wir auch neue Menschen. Dieser tolle Begriff: eine neue Ordnung, in Straßburg außer dem noch feineren: Strukturen, dauernd gebraucht, meint das Volk schon jetzt wieder nicht. Wie gehabt, beziehen sich politische Vorstellungen nur auf Herrschaftsorganisation. Das Mehl wird von einer Tüte in die andere geschüttet.

[Am 29. Juni 44 erreichte der »Ersatz-Haufen«, dem ich angehörte, nach langen Umwegen und Wartezeiten, zuletzt mit Bussen von Quimper aus den französischen Kriegshafen Brest, unser Ziel.]
Brest, 30. Juni 44. »Ah, les vacances, les vacances – voir Brest et puis – non, pas mourir, marcher seulement!« Diese Exklamation finde ich in einem Büchlein über Brest, das ich mir unterwegs kaufte. Dieser Bührer be-

ginnt mit dem Satz: Wenn man den bösen Zungen glauben wollte, würde Brest die häßlichste Stadt der Welt sein.

Ich wohne vorerst in einem Häuschen, das aus zwei Stuben und einer Küche besteht. Vor dem Haus ist ein Rosengebüsch wie überall hier, und dahinter dehnt sich ein Stück Gartenland.

7. Juli 44. Ich will die beiden Kriegsbühnen, auf denen sich mein Leben abspielt, »Im Bunker« und »Im Camp« nennen.

[Solange die Beschießung von Brest durch die Amerikaner noch auf sich warten ließ, hatten wir vom »Festungsstab« unsere Quartiere in kleinen Arbeiterhäusern nahe dem gewaltigen, von Bomben bereits angeschlagenen Gebäudekomplex der ehemaligen französischen Marineschule, die von den U-Boot-Besatzungen okkupiert worden war. Unser Dienst – Nachrichten – wurde unter der Erde geleistet. In den Besatzungsjahren war eine bergwerkartige unterirdische Anlage entstanden, welche die U-Boot-Bunker mit ihren 4 und 5 m dicken Betondekken, unmittelbar vor dem Felsensturz der Steilküste ins Meer hinausgebaut, ergänzte.]

10. Juli 44. Der Tag ist gleich vorbei, es geht auf 11 Uhr. Die drei aufeinanderfolgenden Arbeitsschichten von je 8 Stunden mit 8 Stunden Pause dazwischen sind ernsthafte Arbeit. Wir sitzen an der Telefonzentrale für die ganze Festung, und die Arbeit am Vermittlungsschrank, die natürlich jedes Telefonmädchen machen könnte, erfordert strenge Konzentration. Man schläft hernach gut. Die Zeit vergeht enorm schnell.

Der vierzehnte Juli 1944 in Frankreich! Wir sind zu ganz besonderer Wachsamkeit aufgefordert worden. Niemand tanzt, die Freude ist ausgestorben, der Haß schwelt. Wie am Abend eines Herbsttages langsam der Nebel aus den Wiesen steigt, so breitet sich hier unter den Deutschen das Gefühl aus, daß sich eine riesige Hand nach ihnen ausstreckt, um sie zu packen.

In der Nacht vom 14./15. Juli 44. Als ich heute früh gegen 6 Uhr den Bunker durch den oberen Ausgang verließ, stand dort der dicke N. Posten. Er ist aus Pforzheim und spricht auch so. Er deutete auf die Reede hinaus, die im Sonnenglanz unter uns lag (und nach Osten zu sich zu

einem Fjord verengt, über den eine kolossale Brücke gespannt ist), und sagte: »Das sollte ein Kanal sein bis an den Rhein, und ein Motorboot drauf mit Wein und Cognac, die Flasche zu 20 frs., und obendrauf eine Musikkapelle. Rollschinken sollten von der Decke hängen.« Das hatte sich dieser verhinderte Welteroberer in den Stunden seiner Wache ausgedacht.
15. Juli 44. Meine Karten schauen mich von den Wänden an. Was für eine bizarre Form hat die deutsche Welt angenommen! Das südliche Italien ist weg, auf dem Balkan gibt es die Tito-Serbien-Insel, die Normandie ist besetzt, Norwegen hängt da oben noch wie vergessen. 17 Staaten und Stätchen zähle ich, die von uns am Zügel gehalten werden müssen, darin eingebettet zwei Neutrale. Eine Macht, deren Stärke ihr Heer ist, hat Tausende von km Küste zu verteidigen und über Meere Nachschub zu transportieren. Der ganze Nordteil hängt in der Luft.
17. Juli 44. Einer der schlimmsten Burschen, die wir hier haben, ist ein Oberfeldwebel Kreiensen, der zuweilen die Aufsicht am Klappenschrank führt. Mit ihm habe ich mich leider auf eine politische Diskussion eingelassen. Die Folge ist, daß ich keinen Dienst am Klappenschrank mehr mache. Man hat mich zum sogenannten »Störtrupp« eingeteilt. Er besteht aus einem Wachtmeister und vier Mann, die eigentlich dazu da sind, Störungen auf den provisorischen Leitungen zu beheben. Da es hier aber so friedlich zugeht, gibt es keine Störungen, und so haben wir einen anderen Auftrag. Schon seit Wochen zieht dieser »Störtrupp« mit einem zweirädrigen Wägelchen vor die Stadt hinaus, baut dort französische Ziviltelefonleitungen ab und kommt jeden Abend mit einer kleinen Ladung Kupferdraht ins Quartier zurück. Dieser Kupferdraht wird in einem Keller gelagert und soll nach seinem Transport in die Heimat mithelfen, die Schwierigkeiten bei der Versorgung mit Kupfer etwas zu verringern. Die Heimatfabriken, in denen dieser französische Telefondraht eingeschmolzen werden sollte, befanden sich immer schon mindestens 1700 km von Brest entfernt. Wir durchqueren mit dem Wägelchen die ganze Stadt, ein Wachtmeister und vier Reichssoldaten, behangen mit Waffen aller Art, ausgerüstet mit Marschverpflegung. Gestern waren wir gegen 9 Uhr am Tatort. Der

Wachtmeister ist Gott sei Dank ein Mann, der auch das geruhsame Leben liebt.
Meinem neuen Freund, dem österreichischen Stabsfeldwebel, las ich aus Swift [Tuchmacherbriefe] den bescheidenen Vorschlag vor, »wie man die Kinder der Armen hindern kann, ihren Eltern und dem Lande zur Last zu fallen, und wie sie vielmehr eine Wohltat für die Öffentlichkeit werden können ... Mir ist versichert worden ..., daß ein junges, gesundes, gut genährtes einjähriges Kind eine sehr wohlschmeckende nahrhafte Speise ist, einerlei, ob man es dämpft, brät oder kocht ... Ein Kind wird bei einer Freundesgesellschaft zwei Schüsseln ergeben, und wenn die Familie allein speist, so wird das Vorder- oder Hinterviertel ganz ausreichen ... Ich gebe zu, daß diese Kinder als Nahrungsmittel etwas teuer kommen werden, aber eben deshalb werden sie sich sehr für den Großgrundbesitzer eignen; da die Gutsherren bereits die meisten Eltern gefressen haben, so haben sie offenbar auch den nächsten Anspruch auf die Kinder ... Wer wirtschaftlicher ist (und ich muß gestehen, die Zeiten drängen dazu), kann den Leichnam häuten; die Haut wird, kunstvoll gegerbt, wundervolle Damenhandschuhe und Sommerstiefel für elegante Herren ergeben ...« usw.
Die andern, die zuhörten, fragten, was das für ein Unsinn sei, und ich antwortete, ich läse einen Artikel aus dem »Stürmer« vor.
20. Juli 44. Unsere »Kupferbergungsaktion« artet immer mehr zu einem Ferienvergnügen aus. Pammer [so hieß der Stabsfeldwebel] erzählte mir, daß er zum Adjutanten des Festungskommandanten befohlen worden sei und man ihn dort in Anwesenheit meines Vorgesetzten, des Oberstleutnants Stenzel, gefragt habe, ob er Post von mir nach Landerneau mitgenommen und dort aufgegeben hat. Er verneinte wahrheitsgemäß. Er wurde aufgefordert, über dieses Gespräch strengstes Stillschweigen zu bewahren. So ist mein Verdacht, meine Sachen seien durchwühlt worden, vielleicht begründet.
22. Juli 44. Ich lerne nur schwer, daß man hier buchstäblich jedes Wort auf die Waagschale legen muß, und das Gefühl verdichtet sich in mir, daß es gut wäre, wenn sich die Amerikaner mit Brest etwas beeilen würden, damit

hier nicht der Geist der Inquisition ausbricht, zu dessen ersten Opfern ich gehören würde.

2. August 44. Wir bekamen heute zum erstenmal Frontzulage, das sind 20 Franc mehr am Tag.

[Etwa in diesen Tagen fing ich an, meine täglichen Aufzeichnungen zu verstecken. Es war mir zur Gewißheit geworden, daß meine Sachen durchsucht wurden. Post hätte nur noch durch U-Boote befördert werden können, von solcher Gelegenheit wurde immer wieder gesprochen. Ich schrieb dafür besondere, »harmlose« Lebenszeichen und übergab der Feldpost auch eine Rolle mit Zeichnungen, die nicht mehr angekommen ist.]

5. August 44. Die Kupferaktion ist schlagartig beendet worden. Wir haben jetzt den Auftrag, zusammen mit ein paar Marinesoldaten provisorische Telefonleitungen durchs Gelände zu legen. Es ergab sich, daß ein Oberleutnant mich in seinem Wagen ein Stück mitnahm, um mir seinen Gefechtsstand zu zeigen, der angeschlossen werden sollte (er fand ihn nicht), und als wir den Hügel hinaufgingen, sagte er: »Es ist also soweit, wir sind eingeschlossen.«

Die Haltung der Franzosen ist fabelhaft, seitdem die gestern befohlene Evakuierung der Stadt begonnen hat. Füße und Fahrräder sind die einzigen der Bevölkerung verbliebenen Fortbewegungsmittel. Viele Frauen schieben Kinderwagen vor sich her, in denen ein Kind, Gepäck oder beides liegen. Elegantere Frauen tragen trotz der Hitze gestrickte Handschuhe in den Farben ihrer Kleider und sind geschminkt, als gingen sie auf einen Ball. Viele junge Frauen und Mädchen kommen in sportlich kurzen Höschen, alle gehen heiter, geduldig und freundlich miteinander um, und jeder Zuruf ist eine überlegte Stärkung für den anderen. Zuweilen kann ich mich des Eindrucks nicht erwehren, daß sie auf unsere Kosten heiter sind. Diese Franzosen haben nichts mehr mit jenen gemein, die ich 1940 über die Landstraßen flüchten sah, niedergeschlagen, verzweifelt und auf ihre Regierung, die sie verraten habe, schimpfend.

Als ich gegen 18 Uhr nach Hause kam, erfuhr ich, daß der österreichische Stabsfeldwebel von seinem Kurierweg nicht zurückgekommen ist. Er war wie immer mit einem zweiten Mann unterwegs, der auf einem unübersichtlichen Straßenstück vor ihm hergefahren ist (auf dem Rad). Als sich der Begleiter nach einer Weile umdrehte, war der Stabsfeldwebel nicht mehr hinter ihm. [Pammer war zu den französischen Partisanen übergelaufen. Ich geriet in den Verdacht, der geistige Urheber dieses Schrittes gewesen zu sein.]

8. August 44. Im Soldatenheim gegen 10 Uhr. Seit gestern nachmittag um 15 Uhr ist über die Stadt Belagerungszustand verhängt. Er wird aber noch nicht konsequent durchgeführt, zunächst dauerte er bis heute früh um 9 Uhr, dann durften die Franzosen wieder auf die Straße, Wasser zu holen an den Straßenbrunnen und Besorgungen zu machen. Nur wenige Geschäfte sind noch geöffnet. Die Straßen sind nahezu leer. Rote Anschläge, in wenigen Exemplaren da und dort angeklebt, verkünden der Bevölkerung die Bedingungen des Belagerungszustandes. Die Plakate zeigen Korrekturen. Das Datum und die Unterschrift »v. d. Mosel« sind mit Tusche geändert.

9. August 44. Es hat sich bestätigt, daß drei amerikanische Parlamentäre hier waren: ein Oberst, ein Oberleutnant, ein Dolmetscher. Sie wurden in den Bunker zu v. d. Mosel geführt und ihnen dort die Binde abgenommen. Der Oberst soll ein Schreiben übergeben haben, das Mosel gelesen, sorgsam wieder gefaltet und stumm zurückgereicht habe. Die amerikanischen Offiziere sollen keineswegs elegant gewesen sein, was von unseren Landsern mit Geringschätzung verbreitet wird.

Das Leben in den Häuschen des Camps ist eine hinter uns liegende Episode. Wir schlafen jetzt auch im Bunker. Für die vielen Menschen, die jetzt unter der Erde zusammenströmen, werden Feldküchen provisorisch eingerichtet. Für den Rauch ihrer Feuerungen sind keine Abzüge vorgesehen, er sammelt sich in den Stollen.

10. August 44. Abends. Das schönste an unserer neuen Existenz im Bunker ist die Nähe des großen Süßwasser-Schwimmbeckens vor der Marineschule. Es ist von Tarnnetzen überspannt und wirkt wie eine Halle. Ich schwimme darin. Brest wird heute im Heeresbericht erwähnt.

11. August 44. 16 Uhr. Gerade haben wir den ersten stärkeren Bombenangriff erlebt. Das Licht versagte bald, und die meisten Fernsprechverbindungen sind ausgefal-

len. Diese »Festung« scheint für den Frieden gebaut zu sein! Angeblich brennt ein Flügel der Marineschule.
12. August 44. Die Amerikaner verwenden sehr schwere Bomben. Bis in unseren Wohnbunker hinunter, also 30 m unter der Oberfläche, sind die Einschläge noch zu spüren und natürlich zu hören. Das Gelände um den Ausgang ist in eine Wüste verwandelt. Trichter an Trichter ist in den Felsen geschlagen. Jede Spur von Pflanzenwuchs vernichtet.
Nach dem bisher letzten Angriff saß ich eine Stunde lang vor dem Bunkerausgang. Ich wurde zweimal aufgestört, zunächst durch einen Kraftwagen, der den Oberst und in seiner Begleitung den General der Fallschirmjäger Ramcke brachte, unseren neuen Kommandeur, dann durch die Sirene. Jetzt bin ich wieder auf meinem Bett. Heute hat die amerikanische Artillerie bis in den Hafen geschossen, als ich dort Leitungen kontrollierte, und zugleich griffen Flieger an. Ich wartete den Angriff in dem großen oberirdischen Bunker ab, in dem sich jetzt auch der Divisionsgeneral Rauch einquartiert hat. Auf die Außenwände dieses Bunkers sind große rote Kreuze gemalt.
[Die Information, daß ein General seinen Befehlsstand in einem Bunker einrichtete, der fälschlich durch ein aufgemaltes rotes Kreuz den amerikanischen Fliegern als Lazarett annonciert wurde, ist die erste von vielen anderen, welche die Verteidiger der »Festung Brest« nicht eben in ein gutes Licht rückt. Zehn Jahre später strahlte der Norddeutsche Rundfunk ein Hörbild über das Kriegsende in Brest von mir aus, welches sowohl die Staatsanwaltschaft von Amts wegen wie als Nebenkläger den General Ramcke und den Bund der Fallschirmjäger veranlaßte, mich als Autor und den Fernseh-Produzenten Rüdiger Proske – inzwischen durch Berichte über Zukunfts-Technik bekanntgeworden – vor Gericht zu bringen. Der Prozeß fand vor dem erweiterten Schöffengericht in Hamburg statt (Februar 1959) und dauerte drei Tage, ein Gespensterzug von Zeugen marschierte auf. Ich konnte alles beweisen, was ich behauptet hatte. Es erfolgte Freispruch mangels Tatverdacht. Der ganze Vorgang ist in dem rororo-Taschenbuch Nr. 327 unter dem Titel »Nur noch rauchende Trümmer/Das Ende der Festung Brest« 1959 dargestellt worden. Das Bändchen ist längst vergriffen.]

13. August 44. Die Kämpfe spielen sich noch im Vorfeld der Stadt ab, die man eine Festung nennt. Geradesogut könntest Du die Rehmenhalde eine Festung nennen. Das Wetter ist so lind und schön wie im französischen Feldzug und im Sommer 1941.

16. August 44. Drei Tage laufen hin, ohne daß Besonderes geschieht. Unser Bunkerleben treibt merkwürdige Blüten. Geringe Mengen alkoholischer Marketenderwaren, wahrscheinlich vermehrt durch organisierte Bestände, genügen, allabendlich einige Unteroffiziere und Feldwebel stockbetrunken zu machen, die dann bis in den Morgen hinein Objekte suchen, an denen sie ihre Führereigenschaften auslassen können. Es ist ihr Pech, wenn sie in solchem Zustand in die aufgestellten großen Pißtöpfe im Flur vor den Schlafkabinen hineintreten, worauf dann aus allen Kammern, deren Türen meistens offenstehen, das Hohngelächter der dort nüchtern und schlaflos liegenden Volksgenossen niederen Ranges tönt.

Worte wie Schicksal, Ende, Apokalyptische Reiter gehen jetzt um. Ich höre sie überall, wo Gespräche über unsere Zukunft im Gange sind. Es wird später einmal unmöglich sein, den Geisteszustand präzis darzustellen, in dem sich unser Volk im Jahre 1944 befunden hat. Diejenigen werden ebenso über Beweise verfügen, die feststellen, es sei noch gläubig und vertrauensvoll gewesen, wie jene, die es verzweifelt und hoffnungslos nennen werden.

Die französische Marineschule, bis vor wenigen Tagen Unterkunft deutscher Marinestäbe, die hier vier Jahre des Krieges verschlafen konnten, ist verlassen. Beim Schwimmen im Bassin überraschte mich ein Fliegerangriff, und ich rannte, die Uniform über dem Arm, die Stiefel in der Hand, splitternackt in das Gebäude.

Abends am 20. August 44. Man sagt, die Brotration werde auf die Hälfte gekürzt, und bei den Terroristen in Landerneau sei ein Feldwebel der Luftwaffe und ein Stabsfeldwebel des Heeres. [Es war der Stabsfeldwebel Pammer.]

22. August 44. In acht Tagen beginnen wir das sechste Kriegsjahr. Mit welchen Maßstäben werden diese Männer alle wieder ein normales Leben beginnen wollen, wenn sie vor diese Möglichkeit gestellt sind? Einige, die besten nämlich, werden in ihre Existenz zurückkehren, wie sie in die lange nicht getragenen Zivilanzüge schlüp-

fen werden. Sie passen ihnen, nur einige Tage lang werden sie ihnen ungewohnt sein. Und die anderen, gerade diejenigen, die es zu silbernen Litzen gebracht haben und dank ihrer jeder körperlichen Arbeit enthoben sind und eine praktisch unbeschränkte Befehlsgewalt haben, die sie zur Erhöhung ihrer Bequemlichkeit benützen, indem sie z. B. sogar jetzt und hier sich die Stiefel putzen und das Essen holen, die Kabine kehren, das Wasser bringen und die Zigarette anzünden lassen – was werden sie tun? Nachts betrinken sie sich, so daß 40 nüchterne Leute nicht schlafen können. Sie brüllen, toben, streiten sich am anderen Tag untereinander, schlafen dann bis zum Abend und beginnen von neuem (ich vergesse: sie verrichten ihre Bedürfnisse jeder Art in der Betrunkenheit in Eimer, übergeben sich, und am andern Morgen tragen ein paar Deppen den Eimer 84 Stufen zur Erdoberfläche empor und verwischen die Spuren. Der Gestank bleibt, denn die Lüftung ist nicht in Betrieb). Was werden diese Leute tun, wenn sie zu ihren Familien zurückgekehrt sind? Ich glaube, sie werden genauso gemein, so dumm und so würdelos sein, wie sie als Soldaten waren, nur mit dem Unterschied, daß sie wieder mit ihrer Hände Arbeit ihr Brot verdienen müssen. Das wird ihnen ein Ansporn sein, feinere Methoden der Schurkerei zu entwickeln und ihre Brutalität zu tarnen.
25. August 44. Seit gestern nachmittag liegt unser Bunkergelände unter Artilleriebeschuß. In progressiver Steigerung nimmt das Feuer zu, und heute früh ist es nun so, daß wir nicht mehr aus dem Bunker gehen sollen. Der erste Tote der Abteilung ist der Wachtmeister Eggebrecht aus Spandau, der bei uns mit wenig Glück Spieß spielte und denkbar unbeliebt war. 50 m vor dem Bunkereingang wurden ihm beide Beine abgeschossen. Wenig später starb er im Lazarett. Ein seltener Fall, daß der Spieß der erste Tote einer Abteilung ist.
Der Rollentausch zwischen den sogenannten Pessimisten und Optimisten ist im Gange. Die ersteren steigen im Kurs und zeigen nun, daß sie es sind, die gleichmütig, zuversichtlich und ausdauernd bleiben.
Abends. Zu der sich verstärkenden Artillerie traten heute nachmittag Jagdbomber, die es auf die auf der Reede liegenden kleinen Schiffe abgesehen hatten. Göring hat

durch Funkspruch Ramcke aufgefordert, die Festung bis zum Letzten zu halten.

26. August 44. Seit heute bin ich nun wieder ohne Einschränkung im Kriege, sofern man unter Krieg eine unmittelbare Lebensgefahr einerseits und Glück und Gleichmut andererseits verstehen will. Das amerikanische Artilleriefeuer liegt pausenlos auf unserem Bereich und wechselt so unvermutet seine Ziele, daß eine Herabsetzung der Gefahr durch Wahrscheinlichkeitsberechnungen überhaupt nicht möglich ist. Dazu kommt ein ebenso pausenloser Einsatz der Jagdbomber, deren Bordwaffenfeuer im Sturzflug wie das tausendfach vergrößerte Geräusch einer Zahnarztbohrmaschine klingt. In diesem Feuerzauber gehen wir Störungssucher mit unseren umgehängten Karabinern umher wie die Abessinier im italienischen Feldzug. Der Vergleich, nicht von mir, sondern: Volkes Stimme Gottes Stimme, trifft insofern zu, als die Amerikaner ohne Verluste zu erleiden unbehindert über uns sind und auf unserer Seite nicht ein Flugzeug vorhanden ist.

Das ist ein merkwürdiger Krieg. Außerhalb des Bunkers wird er mit aller Härte geführt, unter der Erde im Stollen herrscht tiefer Frieden, jedenfalls soweit es den Feind betrifft, das Radio läuft, weit und breit gibt es keine Gefährdung. Nach allgemeiner Ansicht haben wir Störtruppleute das schlechteste Los gezogen, weil wir hinaus müssen. Hinaus als einzige vom ganzen Festungsstab.

27. August 44. Vormittags gab es keine Arbeit für mich, und ich saß vor einem Stollenausgang in der Sonne, las »Dor und der September« und war Lichtjahre entfernt von dieser Narrensposse. Durch die ganze unterirdische Stadt auf den jetzt schon gewohnten Wegen ging ich zum Befehlsbunker zurück und kam gerade zurecht, um zu erfahren, daß draußen unser Geräteschuppen in Brand geschossen worden war. Die Flammen schlugen lichterloh empor. Zu dritt holten wir die Kabel heraus und bekamen sogar den Befehl, die letzten der aus Straßburg mitgebrachten Fahrräder zu bergen, die sich dort noch befanden! Es erfüllt mich mit wirklicher Heiterkeit, daß ich dem Befehl von Männern unterstellt bin, die offenbar jetzt noch glauben, deutsche Soldaten würden wieder Gelegenheit haben, in und bei Brest mit Fahrrädern um-

herzufahren. Wichtiger als die Fahrräder war mir, einen Sack mit Fruchtkonserven zu retten, den ich durch Zufall auf meinen Streifzügen zwischen Trümmern gefunden hatte. Unterwegs mußte ich durch den großen Eßraum der U-Flottille. Dort war gerade katholischer Gottesdienst, dessen Schluß ich beiwohnte. Ein Soldat in der ersten Reihe heulte hörbar. Etwa 80 andere Soldaten taten es nicht, aber fast alle nahmen das Abendmahl. Eine überraschende Religiosität bricht plötzlich in diesem Nazivolk aus.

Es ging auf 5 Uhr, da wurde ich geweckt und sollte mit zwei anderen eine Kabelleitung schalten, und zwar an einem Schaltpunkt in jener Bucht bei La Trinité draußen, in der wir Kartoffeln brieten, als wir noch Kupferleitungen abbauten. Wir erreichten hinter St. Anne eine bedeutende Höhe, von der aus das offene Meer weit hinaus zu sehen war. Im strahlendsten Augustsonnenlicht lagen die tiefblaue Reede und ihre Verbindung zum Ozean unter uns, darin die Inselfelsen und rundum die Steilküsten zum Greifen nahe. Auf dem blauen Spiegel schwammen noch einige unserer Schiffe. Sie lagen still, und aus dem blauen Himmel stürzten sich silberglänzend die Bombenvögel gleich Habichten feuerspeiend auf sie herab. Das Meer rings um die Schiffe kochte von den Geschoßgarben, die ihr Ziel nicht erreichten, und die Schiffe gingen in Flammen auf. Einige fuhren wie große Feuerkörbe auf dem blauen Spiegel dahin, andere zogen gewaltige Rauchsäulen hinter sich her, vielleicht in der Hoffnung, doch noch einen Strand zu erreichen. Boote wurden ausgesetzt. Kein Schuß unsererseits erwiderte die Überfälle.

Wir erledigten den Telefonkram, und ich badete im klaren Meer und wusch mich dann mit Süßwasser an der schüsselgroßen Rinnsalstauung, die ich selbst vor drei Wochen zu diesem Zweck gebaut habe, und pflückte nackt an den Hecken entlanggehend Hände voll Brombeeren.

29. August 44. Ich schreibe jetzt zum ersten Male ohne Kopie, die doch keinen Zweck mehr hat.

30. August 44. Im Innenhof der Marineschule, dessen Quadrat auf allen vier Seiten von einem gedeckten Wandelgang umzogen ist.

Im Bestreben, so wenig wie möglich in dem unterirdischen Loch zu sein, halte ich mich hier oben auf und gehe durch die endlosen Gänge, bis irgendwo die Trümmer und Abstürze den Weg versperren, und hebe da und dort ein Buch auf, um darin zu blättern, oder seh mir die Bilder an, reproduziere Aquarelle von bretonischen Motiven, kleinen Hafenorten, Märkten im Schatten hoher Kirchen, alten Segelbooten, die auf den Strand gezogen sind. Zuweilen mache ich einen Fund, der mir wert dünkt, mitgenommen zu werden, so gestern von Bergengruen »Der Großtyrann und das Gericht«, oder eine Handvoll Briefe; sie liefern die Dokumentation zu einem Artikel in der Brester Abendpost (darin stand, man möchte doch nicht gedankenlos den Nachlaß eines Soldaten nach Hause schicken und damit das Andenken an den Toten belasten, sondern die Briefe der Johanna ausscheiden, wenn die Witwe Rosa heißt).

Längst ist der Oberst von der Mosel nicht mehr unser Kommandant. Jetzt ist es der Generalleutnant Ramcke, ein kleiner Holsteiner mit Krückstock (mit dem er im Zorn auch zuschlägt), Verteidiger von Cassino, wofür er das Eichenlaub bekommen hat, und Verfasser des Buches: Vom Schiffsjungen zum General. Ich kenne es nicht. Brest wird ihm zweifellos die Schwerter eintragen.

31. August 44. Gestern nachmittag saß ich eine Weile vor dem Bunkerausgang gegenüber der U-Box, als aus den großen blauen Eisermann-Bussen (Thale) einige hundert gefangene Amerikaner ausgeladen wurden. Sie trugen alle den Stahlhelm und braune leichte Uniformen, solid und praktisch. Einige waren mir nahe genug, so daß ich mit ihnen ins Gespräch kommen konnte. In der Quintessenz war ihre Ansicht, der Krieg sei ein Abenteuer für sie.

9. September 44. Gestern abend hatte ich von 24 bis 2 Uhr Wache. Die Stadt war ein Wald von Flammen. Die hohen, sich windenden Feuerstämme trugen ihre Kronen aus Rauch und Qualm, in denen der Wind wühlte. Von unten noch hell beleuchtet, verloren sie sich nach oben in einer großen kompakten Wolke, die einen Teil des klaren Nachthimmels bedeckte und sich nach Armorique hinüberzog, dabei mehr und mehr das mächtige Aussehen eines atmosphärischen Gebildes annehmend.

Ich habe in fünf Jahren Krieg noch niemals eine so breite

»geistige Nachfolgeschaft« gehabt wie in den letzten 14 Tagen, und zwar ohne daß ich mich im mindesten hervortue oder etwas Besonderes rede; im Gegenteil, es geschieht fast nie, daß ich ein Wort über die alltäglichen Notwendigkeiten hinaus sage. Es widersteht mir im tiefsten, die Lage auszunützen, um meine Mühlchen zum Klappern zu bringen; diese Neu-Pessimisten erscheinen mir noch minderwertiger als die Kriegsoptimisten, zu denen sie übrigens noch vor drei Wochen gehörten und morgen wieder gehören würden, wenn ein Wunder geschähe und wir hier heil und ungefangen herauskämen.
10. September 44. Ausspruch von K.: Ich wußte nie, wie es in einem Irrenhaus zugeht. Jetzt weiß ich es.
Allgemein verbreitet sich plötzlich die Ansicht, daß es rasch zu Ende gehe. Eine Verlautbarung wird bekannt über Rechte und Pflichten in der Gefangenschaft. Von der Stadt bleibt nichts übrig, die Beschießung nimmt noch zu.
11. September 44. Abends mit Gläser und G. auf Störgang zu einem Festungswerk zwischen Marineschule und Kriegshafen. Bei Tag kann man dort keinen Schritt gehen, da das Gelände zum Wasser fällt und von Armorique her eingesehen werden kann. Wir gingen über eine Erde, die nicht anders aussieht als die Höhen um Verdun 1917. Kein Grashalm mehr, nichts mehr in seiner ursprünglichen Gestalt. Auf allen Tischen (auch bei uns) Stapel von Francs-Scheinen und Spiel um dieses wertlose Geld. Viele benützen es bereits als Klo-Papier. Heute Löhnungstag, es wurde charakteristischerweise ausgerufen, das Geld *müsse* abgeholt werden. Ich verschenkte an Spieler 1000 frc. G. ist von der Wertlosigkeit noch nicht überzeugt und ist gierig auf Spielgewinne. Man sagt, am 15. soll Schluß sein.
14. September 44. Eben wird der Heeresbericht aufgenommen: Aachen Kriegsgebiet. Aktionsgebiet der Flieger: der Westen des Reiches bis nach Mitteldeutschland hinein. Von Brest eine wenig zutreffende Notiz (bezüglich Heeresartillerie). Unsere Existenz ist durchaus unwirklich.
14. September 44, in der U-Box. Sie werfen die Lastwagen in die Bassins zu einem doppelten Zweck: jene zu vernichten, diese unbrauchbar zu machen (was aber nicht

gelingen kann, allzu leicht sind sie wieder zu entleeren). Wir rechnen damit, daß es morgen zu Ende geht. Der General Ramcke geht heute abend über die Reede nach Espagnoles, um von dort den Widerstand mit den Truppen auf Crozon fortzusetzen.
[Am nächsten Tag hinzugefügt:] Tags darauf verbrennen 64 Mann, weil das Benzin der versenkten Wagen in Brand gerät.
15. September 44. Bei der Marine sollen die Leute schon ihre Gewehre vernichten. Derselbe Unteroffizier M., der mir zu verstehen gab, daß sich zwei Büchsen Aprikosen möglicherweise in einen Orden verwandeln ließen, war vorhin hier, um nach Leuten zu suchen, die noch rasch befördert werden könnten. Er legt es darauf an, von mir gebeten zu werden, aber ich ließ ihn so abfallen, daß er ohne mein Soldbuch ging. Sechs Leute haben das Ritterkreuz, es könnte allmählich genug sein.
16. September 44, gegen Mittag. Was sich auf so unwürdige Weise äußert, ist die Todesfurcht. Das Ende hier bedeutet den Schritt in die andere Welt, in der wir freilich als Menschen dritter Klasse gelten müssen, als Gefangene.
17. September 44. Es ist mir beschieden, das Kriegsende, das Ende des Krieges für mich, so zu erleben, daß der Geist, der über und in den Deutschen Macht hat, mit der Einfachheit und Deutlichkeit eines Holzschnittes sichtbar wird. Von 8 bis 10 Uhr früh hatte ich Wache im »Tobruk«. Um 8 Uhr war die Sicht noch auf den unmittelbaren Umkreis des Wachstandes begrenzt, Nebel lag über der Erde. Nach einer halben Stunde wurde die Sonne als eine rote Scheibe sichtbar, und ein Streifen des Meeres begann zu blinken. Wenig später waren auch die geringsten Einzelheiten auszumachen, eine noch in Feuchtigkeit funkelnde lichtglänzende Welt unter blauem Himmel war um uns. Etwa 80 bis 100 m vor uns zieht sich von unserm niedrigen und für Beobachtung überhaupt ungünstigen Standpunkt der Panzergraben durch die aufgewühlte Erde, und dort liegen in Bombentrichtern und kleinen Erdaufschüttungen Fallschirmjäger, etwa 20 bis 30 Mann auf einer Linie von 300 bis 400 m Länge. Das ist die vorderste Grenze der von uns noch beherrschten Welt.

Auch die Offiziere der Fallschirmjäger, die vor acht Tagen noch gesagt haben: Bis Weihnachten! – rechnen nun doch mit Tagen, ja mit Stunden. Am Schwarzen Brett der Marine sind Telegramme von Model und Goebbels angeschlagen, aus denen ich entnehme, daß wir in die Geschichte eingegangen sind (»mit goldenen Lettern in das Buch der Geschichte eingetragen«).
Heute früh wurden bei uns wieder Kreuze ausgeteilt. Ich bin nun unter etwa 80 Mann der *einzige* mit dem untersten Dienstgrad und einer der ganz wenigen, der gar kein Kreuz hat.
18. September 44, früh 7 Uhr. Gestern abend gegen 11 Uhr mit F. noch eine Leitung von Bunker 116 nach 117 gebaut. Das Nachtbild einer Schlacht, Leuchtkugeln, die Fanale der Abschüsse weit in der Runde, die Feuer und Flammen der Detonationen auf unserem kleinen Raum. Oft in den Schmutz geworfen.
Die Rede des Leutnants an die 20 Artilleristen, bevor sie in die Vorpostenlöcher zogen (gestern abend im Periskopraum): »Sie ziehen auf Gefechtsvorposten. Jeder, der seinen Platz verläßt oder sich sonst feige benimmt, wird erschossen. Durch Funk wird den Angehörigen mitgeteilt, daß Sie wegen Feigheit vor dem Feind erschossen wurden. Die Konsequenzen werden Ihnen klar sein. Die Namen von allen werden notiert, ich kontrolliere morgen früh. Sie dürfen nur dann zurückgehen, wenn übermächtiger Feinddruck Sie zurückwirft.« Alle zwanzig hörten sich das an ohne ein Wort der Erwiderung.
18. September 44, 11 Uhr. Ich gehe zum Bunkerausgang, um ein Bedürfnis zu verrichten. Dort stehen in der Sonne der Fallschirmjäger-Major K. (mit Ritterkreuz), andere Fallschirmjäger und einige unserer Feldwebel. Der Major schaut durchs Glas und sagt: Die Parlamentäre kommen zurück. Na, hoffentlich knallt es jetzt wieder! – die Feldwebel, die seit Wochen keinen Schritt aus dem Bunker zu tun wagten, und einige Fallschirmjäger stimmen zu. Wir warten. Die Parlamentäre, vier Offiziere, kommen heran, Major K. ruft ihnen entgegen: Na, geht's weiter? – Ne, mein Lieber, entgegnet einer der Offiziere. – Nein? fragt der Major zurück.
Die Offiziere reden über Einzelheiten. Ich schlage mich seitwärts, gehe ruhig und aufrecht zu einem entfernten

Bombentrichter und tue, wozu ich gekommen war. Ein einzelnes Flugzeug zieht nahe und langsam über den Himmel, und ich verstecke mich nicht vor ihm. Fünf Jahre Soldatsein sind vorbei.